묵 시 록 해 설 [9]

―묵시록 10장 1-11절 · 11장 1-6절 영해(靈解)―

예 수 인

묵 시 록 해 설 [9]

―묵시록 10장 1-11절 · 11장 1-6절 영해(靈解)―

E. 스베덴보리 지음
이　　영　　근 옮김

예 수 인

THE APOCALYPSE EXPLAINED

by

EMANUEL SWEDENBORG

차 례

옮긴이의 머리말[1] · 13
옮긴이의 머리말[2] · 17

묵시록 10장··21
　제 10장 본문(10장 1-11절) · 21
　제 10장 상세한 영적인 해설(10장 1-11절) · 23
묵시록 11장··254
　제 11장 본문(11장 1-6절) · 254
　제 11장 상세한 영적인 해설(11장 1-6절) · 255

옮긴이의 머리말[1]

작금의 기독교계에서 이해하기 가장 어려운 성경책이 있다면 아마도 ≪묵시록≫일 것입니다.

많은 교회들이나, 그 교회에 속한 사람들은 ≪묵시록≫이 성경의 편집 구조상 "마지막 책"이기 때문에, 앞서의 성경책의 내용의 결론처럼 생각하고 있습니다. 따라서 이른바 그들의 말세사상(末世思想)에 입각(立脚)해서 묵시록서를 이해하고, 해설하고 있습니다. 우리가 잘 알고 있듯이, 그들의 "말세사상" 또는 "말세론적인 가르침"은 한마디로 "이 세상이 끝이 나고, 새로운 세상이 도래(到來)한다"는 것입니다. 뿐만 아니라, 여기에다 말도 되지 않는 이른바 "세상창조 6,000년 설"을 꿰맞추어서 ≪묵시록≫의 말씀을 해석하기 때문에, 그들은 온갖 그릇된 교리(敎理)를 날조(捏造)하게 되었습니다.

이와 같이 날조된 허무맹랑(虛無孟浪)한 종지(宗旨)나 미망(迷妄)은 소위 사이비기독교(似而非基督敎) 또는 사이비교회(似而非敎會)를 양산(量産)하는데 일조(一助)하는 결과를 빚고 말았습니다. 이런 고약한 짓을 서슴치 않고 자행(恣行)하는 자들을 우리 주님께서는 "교회의 마지막 때"(=시대의 종말)에 창궐(猖獗)할 "거짓 그리스도들" "거짓 예언자들"이라고 말씀하셨습니다(마태 24 : 24).

저자 스베덴보리 선생님께서는 이 책 즉 ≪묵시록 해설≫에서 이런 것들이 야기(惹起)된 근본적인 원인들로 크게 "두 가지"를 지적하고 있는데, 그 첫째는 성경말씀(聖言)에 대한 그릇된 이해의 오류(誤謬)이고, 그 둘째는 교회에 대한 그릇된 신념(信念)이라고 하였습니다.

먼저 성경말씀에 대한 근본적인 이해의 오류에 관해서 말씀드리겠습니다. 저자는 그의 수많은 저서 곳곳에서 언급, 주장하고 있듯이, 성경말씀은, 그것의 겉뜻인 문자적인 뜻(文字意)과 그 문자 속에 숨겨져 있는 영적인 뜻(靈意)으로 이루어졌다는 것입니다. 이 두 뜻의 관계는 마치 우리 사람의 경우에 비교한다면, 바로 전자는 우리의 육체이고 후자는 우리의 영혼이다는 관계와 같다는 것입니다. 성경말씀(聖言)이 그와 같이 이루어져야만 하는 것은, 태초 전부터 존재한 말씀(聖言)이 이 세상, 즉 시간(時間)과 공간(空間) 안에 존재하기 위해서는 반드시 시공(時空)적인 매체(媒體)를 사용할 수밖에 없었는데, 그 매체가 바로 문자

(文字)요, 문체(文體)이기 때문입니다. 이런 사실을 요한복음서는 "말씀이 육신이 되어 우리 가운데 사셨다"(요한 1 : 14)고 선포하고 있습니다. 그리고 저자는 이 책 여러 곳에서 주님께서는 "모든 것들 안에 존재하는 모든 것"이라고 하였고, 그리고 주님께서는 궁극적인 것 안에 존재하신다고 설파(說破)하였습니다.

이 책을 읽는 독자들께서는 저자가 이 책에 기술한 이른바 성언(聖言)의 문자적인 뜻과 영적인 뜻에 관해서 밝히 아시겠지만, 한마디로 성언의 영적인 뜻은 성경말씀의 문자들이나 문자적인 뜻 안에 숨겨져 있으며, 그리고 성언의 영적인 뜻은 시공(時空)을 초월(超越)한 이 세상 너머의 뜻으로, 영들(spirits)이나 천사들의 사회에서 통용되는 뜻이라고 하겠습니다.

또한 저자는 다른 책에서 이러한 뜻, 즉 영적인 뜻은 성경말씀에 속한 대응(對應) · 표징(表徵) · 표의(表意)의 지식이나, 그 어떤 낱말이 가지고 있는 고유의 뜻에 관한 지식에 의해서만 알 수 있다고 하였습니다(저자의 저서 ≪새로운 교회의 사대교리≫ 중 제 2편 "성경에 관한 새 여루살렘의 교리" 참조).

그럼에도 불구하고 작금의 기독교계는 성경말씀의 문자적인 뜻에만 매달려서, 그리고 그들의 잘못된 교리적인 신조(信條)에 얽매여서, 다시 말하면 그들의 그릇된 미망(迷妄)이나 종지(宗旨)에 사로잡힌 채 성경말씀을 이해하고, 해석하려고 하고 있습니다. 우리가 경험하였듯이, 그 결과는 무가치(無價値)한 것이고, 혹세무민(惑世誣民)적인 신기루(蜃氣樓)였습니다. 그 대표적인 예를 든다면 "붉은 용"(묵시록 12 : 3)이 소위 "공산당"이나 공산주의자들의 괴수인 "소련"이라는 것이고, 그리고 "666"(묵시록 13 : 18)을 마귀의 숫자로 규정하고, 그것을 이른바 '바 · 코드(bar code)화'해서, 그 칩을 사람의 머리에 삽입(挿入)시켜, 마귀들이 그 사람들을 자신들의 의도대로 이끌고 간다는 매체로서 해석한다는 것 등등이 되겠습니다.

밝히 말씀드리지만, 저자는 성경에 기록된 모든 것들은―그것이 낱말이든, 인물이든, 지명이나 나라이든, 심지어 금수(禽獸)에 이르기까지, 또는 그 어떤 역사적인 사건들까지도―높게는 주님에 관해서, 낮게는 주님의 나라나 교회에 관해서, 아주 낮게는 우리 사람에 관해서 서술하고 있다는 것입니다. 그러므로 묵시록서에 서술된 것들도, 그것이 어떤 것이든, 바로 위에 언급된 것들에 관한 것입니다.

그리고 저자가 지적하고 있는 두 번째 원인인 "교회에 관한 그릇된 신념"에 관해서 말씀드리겠습니다. 우리가 잘 알고 있듯이 "교회"는 어떤 사람들이 정의하고 있듯이, 이른바 가시적인 "하나의 공동체"를 뜻하는 것은 아닙니다. 여기서 가시적인 것들이라고 하는 것은 교회의 건물을 비롯하여, 그 건물에서 행해지는 예배의 예전이나, 그 예배에 속한 사람들과 그 예전에 사용되는 수많은 집기(什器)들의 공동체를 가리키는데, 사실 이런 의미의 공동체가 교회일 수는 없습니다. 굳이 공동체라는 말을 한다면, 예배 받는 주체인 우리 주님과 예배하는 객체인 우리 사람의 공동체입니다.

본질적으로 교회는, 주님께서 요한복음서에서 여러 차례 말씀하셨듯이, "주님께서 사람 안에, 사람이 주님 안에 존재할 때, 그 사람이 교회"인 것입니다. 이런 교회를 가리켜 우리 예수님은 자기 자신을 성전(聖殿)이라고 말씀하셨습니다(요한 2 : 19-22). 그리고 서간문은 여러 곳에서 우리 사람이 곧 하나님의 집, 또는 성전이라고 설파하였습니다(고린도 전서 3 : 9 ; 3 : 16 ; 6 : 19 ; 고린도 후서 6 : 16 ; 베드로 전서 2 : 5). 그리고 출애굽기서는 사람이 주님을 만나는 곳(會幕)이라고 하였습니다(출애굽기 33 : 7).

따라서 진정한 교회는, 단순한 예전적인 예배나, 그 예전이 집전되는 건물이 아니고, 우리 주님을 창조주요, 구원주로 고백하고, 예배하며, 그리고 그분의 말씀(=가르침 · 진리)에 순종하는 삶이 있을 때, 교회입니다. 이 두 초석—주님의 시인과 그의 말씀에 순종하는 삶—이 바로 묵시록서에서 언급된 "두 증인" 즉 "두 그루의 올리브 나무"요, "두 개의 촛대"가 뜻하는 것입니다.

그럼에도 불구하고 이 두 초석은 시간과 공간 속에서, 시간의 경과와 더불어 변절(變節)되었는데, 이것이 바로 저자가 말하는 "교회의 종말과 시작"입니다. 그리고 또한 교회의 종말과 시작의 연속적인 역사가 우리 주님의 인류구원의 대업(人類救援 大業)입니다.

저자가 기술하고 있는 내용은, 묵시록서에 기술된 모든 예언적인 사건들은—개별적인 것이든 전체적인 것이든—바로 우리 주님의 인류구원의 대업에 관한 것이다는 것입니다. 말세론적인 말로 표현된 것을 빌려서 말한다면 하나의 교회의 종말은 곧 새로운 교회의 시작으로 이어지고 있다는 것입니다. 왜냐하면 인류구원이 단절(斷絶)된다면, 주님나라는 존속될 수 없고, 그리고 주님나라가 계속해서 존재하지 않는다면, 주님께서는 주님 자신의 속성(屬性)이나 명분(名分)을 상실하는 것이기 때문입니다.

따라서 묵시록서는 크게 나누면 첫째는 교회의 본질적인 것에 관해서(1-3장), 둘째는 교회들의 심판에 관해서(4-7장), 셋째는 개혁교도, 또는 개혁교회에 대한 심판에 관해서(8-10 · 13 · 15 · 16장), 넷째는 로마 가톨릭 종파에 대한 심판에 관해서(17 · 18장), 그리고 마지막으로 그 심판들이 있은 뒤, 새롭게 세워질 새로운 교회에 관해서(3 · 11 · 12 · 14 · 19-22장) 기술하고 있습니다.

저자는 "묵시록 영해"에 관해서 두 책을 저술하였습니다. 그 하나는 ≪묵시록 계현≫(黙示錄 啓顯 · the Apocalypse Revealed)이고, 다른 하나는 ≪묵시록 해설≫(黙示錄 解說 · the Apocalypse Explained)입니다. 우리의 ≪묵시록 해설≫은 후자의 번역이 되겠습니다. 번역에 사용된 책은 미국 새교회 재단(Swedenborg Foundation)이 1968년도에 발간한 표준판(Standard Edition)입니다.

이 번역서가 나오기까지 격려와 조언을 아끼지 않은 예수교회 소속의 여러 목사님들과 남양주시에서 목회하시는 김기표 목사님, 여러 면에서 재정적인 도움을 주신 논산시의 안영기 집사 내외분과 자당 어른되시는 윤순선 전도사님, 무척 어려운 가운데서도 헌신적으로 word processing에 수고하신 조근휘 목사님, 그리고 경제적으로 작고, 크게 도움을 주신 여러분들에게 감사의 말씀을 드리고, 끝으로 번역에 참여해 주신 박예숙 권사님에게 이 자리를 빌어서 감사의 말씀을 드립니다.

끝으로 와병(臥病) 중에 계신 <예수+교회 동산 예배당>의 방성찬 복음사의 쾌유를 두 손 모아 우리 주님에게 간절히 기도드립니다.

독자 여러분의 편달(鞭撻)과 지도(指導)를 거듭 말씀드립니다. 감사합니다.

2007년 11월 1일
예수+교회 제일 예배당 서재에서
이 영 근

옮긴이의 머리말[2]

제 짧은 인생에서 우리나라 기독교계의 두 번의 비극적인 사건을 보았습니다. 하나는 1992년의 이른바 "휴거소동"이고, 또 하나는 2014년의 "양푼 비빔밥 성만찬" 사건입니다. 전자는 매스컴을 통해 떠들썩하게 잘 알려졌으므로 특별히 소개하지 않겠습니다. 그러나 후자 "양푼 비빔밥 성만찬" 사건은 크게 알려진 것은 아니지만, ≪한겨레 신문≫에 기재된 것은 이런 내용입니다. 교단은 알 수 없고, "동녘 교회"(김경환 목사 시무)에서 있었던 일입니다. 이 사건은 한마디로 말하면 성만찬의 "빵"(=떡) 대신에 교인들 가정에서 각자 준비한 우리나라 음식인 "비빔밥"을 준비하고, 그것들을 모두 큰 그릇에 넣어서 만든 비빔밥을 사용하였고, 그리고 어른들은 "포도주"로, 어린 아이들은 "포도 주스"로 성만찬 예배를 드렸다는 것입니다. 그 이유를 그 교회의 담임목사는 예수님 당시에는 일상적인 음식이 "빵이었고, 포도주"였기 때문에, 오늘날 우리에게는 일상적인 음식이 "밥"이기 때문에, 특히 "공동체"인 교회에서는 "비빔밥"이 성만찬에서는 제격이라는 설명입니다.

이쯤 되면 정말 꼴불견의 극치(極致)입니다. 왜냐하면 기독교회의 "성만찬"이나 성만찬 예배는 예배의 진수(眞髓)이기 때문입니다. 성만찬의 "빵과 포도주"는 일상의 먹거리나 마실거리로 먹는 것은 더욱 아닙니다. 왜냐하면 우리가 잘 알고 있듯이 "성만찬의 빵(=떡)과 포도주"는 우리 주님의 살과 피를 표징하고, 그리고 그것은 곧 우리 주님의 신령선과 신령진리를 표징(表徵)하는 것이기 때문이지, 결코 조달(調達)하기 쉽기 때문에 그것들이 사용된 것은 아니기 때문입니다.

근자 기독교계통의 TV방송사들이 많은지라 여기서도 때로는 "꼴불견들"이 더러더러 소개되는 것을 볼 수 있습니다. 그중의 하나는 근자 교황님의 방문 시 "영성체"를 모실 때 그것의 빵에 대해서 설명하는 어느 가톨릭 신자는 그것을 가리켜 "양념이 하나도 들어가지 않은 것"이라고 방송에서 말하는 것을 들었습니다. 또 하나는 서울의 대형교회를 자처하는 성만찬 예배를 집전하는 목사의 말입니다. 술을 마시면 기분이 좋기 때문에 "성만찬에서 포도주가 사용되는 것"이라는 취지(趣旨)의 설명입니다.

이런 사건, 사실에 대하여 비극(悲劇)이라는 낱말을 사용한 것은 시쳇말로 지나치게 "뻥 튀긴 것입니까?" 우리의 것·우리의 문화·우리의 유산이 값진 것이기 때문에 육성(育成)하고, 보호, 장려한다는 데는 동의하지만, 위의 사건들은 우리 문화나 전통과는 아주 무관(無關)한 것이라고 생각됩니다. 제가 아주 역설하는 말입니다.

우리나라 개신교회가 지키는 11월의 이른바 "추수감사주일"이나 "추수감사예배"는 우리의 것이 아니고 미국의 명절을 우리가 지키는 것입니다. 특히 그 주일을 성경말씀이 정하고 있는 것도 아니라면, 우리의 것으로, 우리의 문화에 맞는 것이 더 좋은 것이 아니겠습니까! 따라서 11월 추수감사주일은 우리 민족의 전통 명절인 "한가위" 명절 때로 바뀌어야 제격이라고 생각합니다. 차치(且置)하고 "휴거소동"은 이른바 "종말론적 말세론"이나 성경말씀의 잘못된 해석인 이른바 "주님의 재림신앙"에서, 그리고 "이 세상 창조 6,000년설"에서 빚은 촌극(寸劇)이라고 한다면, 지나친 과언(過言)입니까? 그리고 "비빔밥 성찬" 사건은 성경말씀의 영적인 뜻을 모르고, 그저 단순한 "편의주의"(便宜主義)나 개혁(改革)이면 다 좋다는 "개혁 고신론자"나 "개혁 만능주의자"들의 씻을 수 없는 과오(過誤)라고 지적하고 싶습니다.

왜 이런 비극이 일어나는 것일까요? 한마디로 그 이유를 말한다면 "무지 무식"(無知 無識)의 결과라고 생각합니다. 다시 말하면 성경말씀을 "문자로만" 그리고 "문자적인 뜻으로만" 읽고, 그렇게 이해하고, 믿기 때문입니다.

그런 과오를 저지르면서도 그들 대부분은 때로는 성경말씀의 "영적인 뜻"이라고 말하기도 하지만, 사실 그들의 그 영적인 뜻까지도 어느 심리학자, 어느 시인, 어느 철학자나 어느 종교가가 말하는 뜻이나 해석을 빌리는 것이 대부분입니다. 왜냐하면 성경말씀이 뜻하는 영적인 뜻이 아니기 때문에, 그들의 "영적인 뜻"은 일관성(一貫性)이 없고, 따라서 체계적이지 못하기 때문입니다. 그러므로 그들의 "영적인 뜻"으로는 성경말씀의 전반적인 뜻이나 개별적인 뜻까지도 해석되지 않은 것은 물론, 이해되지도 않습니다. 저자 스베덴보리 선생님은 성경말씀의 영적인 뜻을 시공(時空)을 초월(超越)한 것이고, 따라서 주님나라에서 통용(通用)되는 것으로 정의(定義)하고 있습니다. 그리고 그것은 체계적이고, 일관성이 있는 것이고, 따라서 성경말씀 어디에나 적용될 수 있는 것입니다.

이런 초지(初志)의 일관된 변함없는 영적인 뜻으로 저자는 묵시록서를 해설하고 있습니다. 저자는 자신의 "영계처럼" 가운데 있었던 것이나, 천사들과의 대화(對話)에서, 때로는 성경말씀에 대한 해박(該博)한 지식으로, 또는 저자 자신의 심오(深奧)한 이성(理性)적인 판단(判斷)이나 직관(直觀)에 의하여 본서 ≪묵시록 해설≫을 저술하였습니다.

번역하는 사람이 불학무식(不學無識)하고, 기독교회의 가르침에 밝지 못하기 때문에 저자의 뜻을 바르게 번역하지 못한 과오도 많이 있으리라 생각하지만, 무식한 우격다짐으로 여러분에게 일독(一讀)을 강권(强勸)합니다. 왜냐하면 여기에 한국 기독교회의 소망이 있고, 사명이 있고, 진정한 기독교회의 가르침인 "구원"(救援)이 있기 때문입니다.

이 책의 출판을 위해 워드 · 프로세싱에 헌신적으로 수고하신 ≪사단법인 한국상담심리연구원≫의 안시영 실장님에게 이 난을 빌어 감사의 말씀을 드립니다.
지금까지 격려해 주시고, 편달(鞭撻)을 주신 독자 여러분, 그리고 동역자 목사님 여러분에게 감사말씀을 드립니다. 감사합니다.

2014년 11월 23일
양천구 우거(寓居)에서
이 영 근 드림

제10장 본 문(10장 1-11절)

1 또 나는 힘센 다른 천사 하나가 구름에 싸여서 하늘에서 내려오는 것을 보았습니다. 그의 머리 위에는 무지개가 둘려 있고, 그 얼굴은 해와 같고, 발은 불기둥과 같았습니다.
2 그는 손에 작은 두루마리 하나를 펴서, 들고 있었습니다. 그는 오른발로는 바다를 디디고, 왼발로는 땅을 디디고 서서,
3 마치 사자가 울부짖듯이 큰소리로 부르짖었습니다. 그가 부르짖으니, 일곱 천둥이 각각 제 소리를 내면서 말하였습니다.
4 그 일곱 천둥이 말을 다 하였을 때에, 나는 그것을 기록하려고 하였습니다. 그 때에 나는 하늘로부터 음성을 들었는데 "그 일곱 천둥이 말한 것을 인봉하여라. 그것을 기록하지 말아라" 하였습니다.
5 그리고 내가 본 그 천사, 곧 바다와 땅을 디디고 서 있는 그 천사가 오른손을 하늘로 쳐들고,
6 하늘과 그 안에 있는 것들과 땅과 그 안에 있는 것들과 바다와 그 안에 있는 것들을 창조하시고, 영원무궁 하도록 살아계시는 분을 두고, 이렇게 맹세하였습니다. "때가 얼마 남지 않았다.
7 일곱째 천사가 불려고 하는 나팔 소리가 나는 날에는, 하나님께서 하나님의 종 예언자들에게 전하여 주신 대로, 하나님의 비밀이 이루어질 것이다."
8 하늘로부터 들려 온 그 음성이 다시 내게 말하였습니다. "너는 가서, 바다와 땅을 밟고 서 있는 그 천사의 손에 펴 있는 작은 두루마리를 받아라."
9 그래서 내가 그 천사에게로 가서, 그 작은 두루마리를 달라고 하니, 그는 나에게 "이것을 받아 먹어라. 이것은 너의 배에는 쓰겠지만, 너의 입에는 꿀같이 달 것이다" 하였습니다.

10 나는 그 천사의 손에서 그 작은 두루마리를 받아서 삼켰습니다. 그것이 내 입에는 꿀같이 달았으나, 먹고 나니, 뱃속을 쓰라렸습니다.

11 그 때에 "너는 여러 백성과 민족과 언어와 왕들에 관해서 다시 예언을 하여야 한다" 하는 음성이 내게 들려 왔습니다.

제10장 상세한 영적인 해설(10장 1-11절)

592. 1절. **또 나는 힘센 다른 천사 하나가 구름에 싸여서 하늘에서 내려오는 것을 보았습니다. 그의 머리 위에는 무지개가 둘려 있고, 그 얼굴은 해와 같고, 발은 불기둥과 같았습니다.**
[1절] :
"또 나는 힘센 다른 천사 하나가 하늘에서 내려오는 것을 보았습니다" 라는 말씀은 말씀(聖言·the Word)의 측면에서 주님을 뜻하고, 여기서 성경말씀의 문자적인 뜻이라고 하는 성언의 궁극적인 것과 관계를 가지고 있습니다(본서 593항 참조). "구름에 싸였다"(=구름으로 옷입었다)는 것은 성경말뜻(聖言)의 궁극적인 것을 뜻하고(본서 594항 참조), "그의 머리 위에 있는 무지개"는 성경말씀의 내면적인 것들을 뜻하고(본서 595항 참조), "해와 같은 그의 얼굴"은 천계와 교회에 있는 성경말씀을 가리키는, 신령진리가 그것에서 비롯된 주님의 신령사랑을 뜻하고(본서 596항 참조), "불기둥과 같은 그의 발"은 신령진리를 뜻하고, 또한 그것 안에 있는 내면적인 것들을 유지(維持), 간수(看守)하는 궁극적인 것들 안에 있는 성언(=성경말씀)을 뜻하고, 그리고 또한 사랑의 선으로 충만한 것을 뜻합니다(본서 597항 참조).

593. 1절. **또 나는 하늘에서 내려오는 힘센 다른 천사를 보았습니다.**
이 말씀은 성언(=성경말씀·聖言)에 관해서 주님을 뜻하고, 여기서는 성경말씀의 문자적인 뜻(文字意)이라고 불리우는 그것의 궁극적인 뜻(its ultimate sense)의 측면에서 주님을 뜻합니다.

이러한 뜻은, 이것에 관해서 곧 언급, 설명하겠지만, 성언의 측면에서 주님을 가리키는 "힘센 천사"(=다른 힘센 천사 · a strong angel)의 뜻에서 명확합니다. 그리고 그것은 성경말씀의 문자적인 뜻(文字意)이라고 불리우는, 성경말씀의 궁극적인 뜻 안에 있는 성경말씀(=성언)에 관한 것을 뜻합니다. 그 이유는 그 뜻으로 말미암아 주님께서는 "힘세다"(strong)고 불리웠기 때문입니다. 왜냐하면 신령진리에 속한 모든 힘이나 모든 능력은 성경말씀의 궁극적인 것 안에, 결과적으로는 이것에 관해서도 곧 언급, 설명하겠지만, 성언(=성경말씀)의 문자적인 뜻(文字意) 안에 존재하기 때문입니다.

[2] 성경말씀의 문자적인 뜻이 이런 것을 뜻하기 때문에, 그러므로 "하늘에서 내려오는" 천사를 보았다고 언급하였습니다. 그것은 신령진리를 가리키는, 성언에 관해서 언급하고 있습니다. 이것이 주님으로부터 천계를 통해서 이 세상에 내려왔습니다. 결과적으로 그것은 세(3) 천계들에 있는 천사들의 지혜에 적용되었고, 그리고 또한 자연계에 있는 사람들에게 적용되었습니다. 이런 이유 때문에 모든 것의 첫째 근원에 존재하는 성언(聖言 · the Word)은 온전히 신령적이고(wholly Divine), 그 뒤에 천적이고(celestial), 그 다음에는 영적이고(spiritual), 그리고 마지막에는 자연적(natural)입니다. 그것은, 천적인 천사들이라고 불리우는, 극내적인 천계(the inmost heaven)의 천사들, 즉 삼층천(the third heaven)의 천사들을 위해서는 천적이고, 그리고 그것은, 영적인 천사들이라고 불리우는 이층천, 즉 중간천계(the middle heaven)의 천사들을 위해서는 영적이고, 그리고 그것은, 천적 자연적인 천사들(celestial-natural angels)이나, 영적 자연적인 천사들(spiritual-natural angels)이라고 불리우는 궁

극적인 천계의 천사들, 즉 일층천의 천계의 천사들을 위해서는 천적 자연적이고, 그리고 영적 자연적입니다. 그리고 그것은 이 세상에 있는 사람들을 위해서는 자연적입니다. 왜냐하면 사람들이 물질적인 몸(a material body) 안에 사는 한, 그들은 자연적으로 생각하고, 말하기 때문입니다. 그렇다면 이것은 성언(=성경말씀)이 각각의 천계의 천사들과 함께 존재하는 이유이지만, 그러나 그들의 지혜·총명·지식(=과학지)의 계도(階度·degrees)들에 따라서 각각 차이가 있습니다. 그리고 그것이 각각의 천계에 있는 그것의 뜻에서 각각 다르다고 해도, 그럼에도 불구하고 그것은 동일한 성언(the same Word)입니다. 그 이유는 그것이 신령존재 자체(the Divine itself)이기 때문인데, 그것은 그것이 극내적인 천계, 즉 삼층천에 내려왔을 때 신령 천적인 것(Divine celestial)이 되는, 주님에게서 비롯된 성언(聖言) 안에 존재합니다. 그리고 그것은 그것이 거기에서부터 중간천계, 즉 이층천에 내려왔을 때, 신령 영적(Divine spiritual)이 되는, 주님에게서 비롯된 성언(聖言) 안에 존재합니다. 그리고 그것은 그것이 거기에서부터 궁극적인 천계, 즉 일층천에 내려왔을 때 신령 천적 자연적(Divine celestial-natural)이나 또는 영적 자연적(spiritual-natural)이 되고, 그리고 그것은 그것에서부터 이 세상에 내려왔을 때 신령 자연적 성언(a Divine natural Word)이 되고, 그리고 그런 것은 우리와 더불어 문자 안에 있습니다. 주님 당신에게서 발출하는 신령진리의 연속적인 파생들(=도출·派生·導出·successive derivations)은, 창조 자체에서 세워진 높은 것들과 낮은 것들 사이에 있는 대응(對應)의 효능(效能)에 의하여 존재하고, 그리고 이런 관점에서 보면, 이것에 관해서는 뒤에 더 자세하게 언급, 설명하겠지만, 그것은 주님께서 원하시는 것입니다.

[3] 모든 힘이나 능력(all strength and all power)은 신령 진리의 궁극적인 것들 안에 있는데, 따라서 문자의 뜻을 가리키는, 성경말씀의 자연적인 뜻(the natural sense of the Word) 안에 존재하는데, 그것은 이 뜻이 모든 내면적인 뜻(all the interior senses)의 수용그릇(the containant)이기 때문입니다. 다시 말하면 앞에서 언급한 영적인 것이나 천적인 것의 수용그릇이기 때문입니다. 그리고 그것이 수용그릇이기 때문에 그것은 역시 기초(基礎)이고, 그리고 이 기초 안에는 힘 자체가 자리잡고 있습니다. 왜냐하면 만약에 보다 높은 것들이 그들의 기초 위에 놓여 있지 않다면 그것들은 모두 쓰러질 것이고, 산산이 흩어질 것이기 때문입니다. 그러므로 만약에 성경말씀의 영적인 것들이나 천적인 것들이 그것의 자연적인 뜻, 즉 문자적인 뜻에 머물지 않는다면 그것은 역시 쓰러지고, 흩어질 것입니다. 왜냐하면 이것은 내면적인 뜻들을 떠받치고, 유지할 뿐만 아니라, 그것들 안에 담고 있기 때문입니다. 결과적으로 성언, 즉 신령진리는 그것의 능력 가운데 있을 뿐만 아니라, 이 뜻 안에 있는 그것의 충만함 가운데 있기 때문입니다. 이 주제에 관해서는 이미 앞에서 다루었습니다. 다시 말하면 그 힘은 궁극적인 것 안에 있다는 것인데, 그 이유는 신령존재는 그것의 충만함 가운데 있기 때문입니다(본서 346 · 567항 참조). 내면적인 것들이 계속해서 외면적인 것들(exteriors)에 입류(入流)한다는 것, 심지어 가장 극외적인 것이나 궁극적인 것에 입류한다는 것, 그리고 그것들이 거기에 공존(共存)한다는 것 등등은 《천계비의》 634 · 6239 · 6465 · 9215 · 9216항을 참조하십시오. 그리고 그것들이 부단히 계속적으로 입류할 뿐만 아니라,

10장 1-11절

질서 가운데, 동시적인 것인 그것들의 궁극적인 것 안에서, 형체를 이룬다는 것은 같은 책 5897 · 6451 · 8603 · 10099항을 참조하십시오. 그러므로 힘이나 능력(strength and power)이 궁극적인 것 안에 있다는 것은 같은 책 9836항을 참조하시고, 그러므로 응답(應答)들이나 계시(啓示)들이 궁극적인 것들 안에 있다는 것은 같은 책 9905 · 10548항을 참조하시고, 그러므로 궁극적인 것은 내면적인 것들에 비하여 더 거룩하다는 것은 같은 책 9824항을 참조하십시오. 이상에서 볼 때 역시 교회의 교리에 속한 모든 것은 성경말씀의 문자적인 뜻으로 말미암아 반드시 형성되어야 하고, 확증되어야 한다는 것이 뒤이어지고, 그리고 교리 또한 그것으로 말미암아 그것의 능력을 갖는다는 것 역시 뒤이어집니다(본서 356항 참조). 이러한 일련의 내용이 "하늘에서 내려오는 천사가 힘세다"고 언급된 이유입니다. 성경말씀에서 "천사"(天使 · angel)가 최고의 뜻으로는 주님을 뜻하고, 상대적인 뜻으로는 주님에게서 비롯된 신령진리에 속한 모든 수용그릇을 뜻하고, 추상적인 뜻으로는 신령진리 자체를 뜻한다는 것 등은 본서 130 · 302항에서 잘 볼 수 있고, 그러므로 여기서 "천사"는 성언의 측면에서 주님을 뜻하는데, 그것은 성언이 신령진리 자체이기 때문입니다. 주님 당신께서 여기서 "천사"가 뜻하는 것이라는 것은 우리의 책 묵시록의 첫째 장에서 얼굴이나 발에 관한 주님 당신의 동일한 표징(表徵)에서 잘 볼 수 있겠는데, 거기에는 주님을 가리키는 사람의 아들(人子 · the Son of man)에 언급되었습니다. 묵시록서의 말씀입니다.

    그의 발은 화덕에 달구어 낸 놋쇠와 같고,…… 그의 얼굴은 해가 세차게 비치는 것과 같았습니다(묵시록 1 : 15, 16).

594[A]. 구름으로 옷입었다(=구름에 싸였다).
이 말씀은 성언(=성경말씀)의 궁극적인 것을 뜻합니다. 이러한 뜻은 어떤 것의 외적인 것(=바깥)에 의한 것을 가리키는 "옷입었다"(=싸였다)는 말의 뜻에서 명확합니다. 왜냐하면 주위(=주변·周邊·round about)를 가리키는 것은 역시 외부에 있기 때문입니다. 왜냐하면 그것은 원둘레의 떨어진 곳을 가리키기 때문입니다. 그러므로 여기서는 궁극적인 것을 뜻합니다. 궁극적인 것 안에 있는 신령진리를 가리키는 "구름"의 뜻에서 보면 결과적으로 성언은 문자의 뜻 안에 있다고 하겠습니다. 이런 뜻이 "구름"의 뜻이라는 것은 영계에 있는 외현들(外現)에서 명확합니다. 그리고 또한 어디에서나 "구름들"이 언급된 성경말씀에서도 잘 알 수 있습니다. 영계의 외현들(=겉모습)에서는 이런 것이 뒤이어집니다. 다시 말하면 보편적인 천사적인 천계는 오로지 주님에게서 발출하는 신령진리로 이루어진다는 것, 그리고 이것의 수용은 천사들을 형성한다는 것 등입니다. 가장 높은 천계에서 이 진리는 이른바 에텔(ether)이라고 부르는 순수한 기운(a pure aura)처럼 나타납니다. 그 아래의 낮은 천계에서는 우리의 공기라고 부르는 거의 대기(大氣·atmosphere)와 같은 덜 순수한 기운(less pure aura)처럼 나타나고, 그리고 그 아래의 가장 낮은 천계에서는 구름과 같은 증기(vapor)를 가리키는 그 어떤 엷은 물같은 것이 덮고 있는 것 같이 나타납니다. 이런 부류의 겉모습들은, 그것의 내려옴(下降)의 계도에 일치하는 신령진리의 외현(=겉모습)입니다. 거기에는 보다 높은 천계의 천사들이 신령진리에 관해서 말할 때에도 이와 동일한 외현이 있습니다. 그들이 말한 것은 그 때, 여기저기

10장 1-11절

떠 있는 구름의 외현 아래에 있는 가장 낮은 천계에 있는 자들의 시야에는 그런 모습으로 드러납니다. 그리고 그들 중에서 보다 총명스러운 자들은 그것의 움직임이나 밝음(movement and brightness)에서 알고, 그리고 그들은 서로 각자가 언급한 보다 높은 천계의 천사들을 형성합니다. 이러한 내용은 "구름"이 궁극적인 것들 안에 있는 신령진리를 뜻하는 이유입니다. 성경말씀의 대부분의 것들은 영계의 외현들에게서 그 모양을 취하기 때문에, 그리고 그것으로부터 그들이 거기에서 가지고 있는 것과 동일한 뜻을 가지기 때문에, 그러므로 그들은 "구름들"과 같습니다.

[2] 성경말씀에서 "구름"이 궁극적인 것들 안에 있는 신령진리를 가리키는, 문자적인 뜻을 뜻한다는 것은 아래의 장절들에게서 잘 알 수 있겠습니다. 복음서의 말씀입니다.

> 예수께서는 베드로와 야고보와 그의 동생 요한을 데리시고, 따로 높은 산으로 가셨다. 그런데 그들이 보는 앞에서 그의 모습이 변하였다. 그의 얼굴은 해와 같이 빛나고, 옷은 빛과 같이 희게 되었다. 마침 모세와 엘리야가 그들에게 나타나더니, 예수와 더불어 말을 나누었다.…… 베드로가 아직도 말을 채 끝내지 않았는데, 갑자기 빛나는 구름이 그들을 뒤덮었다. 그리고 구름 속에서 "이는 내 사랑하는 아들이다. 내가 그를 좋아한다. 너희는 그의 말을 들어라" 하는 소리가 들려왔다(마태 17:1-6 ; 마가 9:2-8).

누가복음서의 말씀입니다.

> 베드로가 이렇게 말하고 있는데, 구름이 일어나서 그들을 뒤덮었다. 그들은 구름 속으로 들어갔을 때에, 두려움에 사로잡혔다. 그리고 구름 속에서 소리가 나기를 "이는 나의 아들, 곧 내가 택한 자다.

너희는 그의 말을 들어라" 하셨다(누가 9 : 34, 35).

예수님의 이 변화(顯聖容 · transfiguration)에서 주님은, 성언을 가리키는 신령진리를 나타내셨습니다. 왜냐하면 주님께서 이 세상에 계실 때, 그분의 인성을 신령진리로 완성하셨기 때문이고, 그리고 그분께서 이 세상을 떠나셨을 때, 그분께서는 수태(受胎)로부터 그분 안에 계셨던 신령존재 자체와 그것의 합일(合一)에 의하여 그분의 인성을 신령선으로 완성하셨습니다. 주님께서 이 세상에 계셨을 때 그분의 인성(His Human)을 신령진리로 완성하셨고, 그 뒤에 신령선으로 이루셨다는 것은 《새 예루살렘의 교리》303-306항에서 잘 볼 수 있고, 그리고 주님께서 성언이시라는 것은 같은 책 263항을 참조하십시오. 결과적으로 주님께서 변화하셨을 때 보여진 개별적인 것들은 주님의 신령선에서 비롯된 신령진리의 발출(the proceeding of Divine truth)를 뜻합니다. 그 분 안에 있는 신령사랑에 속한 신령선과, 그리고 그것에서 그분의 인성 안에 있는 신령진리를 가지셨다는 것 등은 "그의 얼굴은 해와 같이 빛났다"는 말씀에 의하여 드러났고, 표징되었습니다. 왜냐하면 "얼굴"(face)은, 이런 것이 얼굴을 통해서 빛을 발하였기 때문에, 내면적인 것들을 표징하기 때문입니다. 그리고 "해"(the sun)는 신령사랑을 뜻하기 때문입니다(본서 401[B] · 412[B]항 참조). 신령진리는 빛과 같이 희게 된 "옷"(garments)이 표징합니다. 성경말씀에서 "옷들"(衣裳)은 진리들을 뜻하고, 그리고 "주님의 옷"(the Lord's garments)은 신령진리를 뜻합니다(본서 64 · 271 · 395[D]항 참조). 이런 것이 그것들이 "빛과 같이" 드러난 이유입니다. 왜냐하면 신령진리는 천사적인 천계에서는 빛을 이루기 때문이고, 그리고 그러므로 성경말씀에서 "빛"(light)은 신령진리를 뜻하기 때문입니다. 이런 내용에 관해서는 《천계와 지옥》 126-140항을 참조하십시오. 그것이 신령진리를 가리키는 성언이기 때문에, 그리고 그것을 표징하기 때문에 그러므로 "그분과 말씀을 나누시는 모세와 엘리야가 나타나셨다"고 언급되었습니다. 여기서 "모세와 엘리야"는 성언을 뜻하기 때문입니다. 그리고 "모세"는 역사적인 말씀(the historical Word)을 뜻하고, "엘리야"는 예언적인 말씀(the prophetical Word)을 뜻합니다. 문자 안에 있는 말씀(聖言)은 "제자들을 뒤덮었고, 그리고 그들이 그 속에 들어간 구름"이 표징합니다. 왜냐하면 "제자들"은 성경말씀에서 교회를 표징하기 때문이고, 그리고 그 때나, 그 뒤에도 문자의 뜻(文字意)의 뜻에서 비롯된 진리들 안에 있었기 때문입니다. 그리고 이 단락의 앞에서 언급한 것과 같이, 계시(啓示)들이나 응답(應答)들이 궁극적인 것들 안에 있는 신령진리에 의하여 이루어졌기 때문에, 그리고 이 진리가 성경말씀의 문자적인 뜻에 속한 진리가 이런 부류이기 때문에, 그 때 "구름 속에서 소리가 들려왔는데, 이는 내 사랑하는 아들이다, 너희는 그의 말을 들어라"는 일이 일어났는데, 이런 일은 그분께서 신령진리, 즉 성언이시라는 것을 뜻하기 때문입니다.

594[B]. [3] "구름"이 성경말씀의 영적인 뜻으로 문자 안에 있는 성언을 뜻한다는 것을 알지 못하는 사람은 이 장절 안에 있는 비의(秘義)가 무엇인지 알 수 없습니다. 복음서의 말씀입니다.

> 그 때(=세상 끝 날)에 인자가 올 징조가 하늘에서 나타날 터인데, …… 인자가 큰 권능과 영광으로 하늘 구름을 타고, 오는 것을 볼 것이다(마태 24:30 ; 마가 13:26 ; 14:61, 62 ; 누가 21:27).

묵시록서의 말씀입니다.

> 보아라, 그(=예수 그리스도)가 구름을 타고 오신다. 눈이 있는 사람은 다 그를 볼 것이다(묵시록 1:7).

같은 책의 말씀입니다.

> 내가 보니, 흰 구름이 있고, 그 구름 위에는 '인자 같은 이'가 앉아 있었습니다(묵시록 14:14).

다니엘서의 말씀입니다.

> 내가 밤에 이러한 환상을 보고 있을 때에
> 인자 같은 이가 오는데,
> 하늘 구름을 타고 와서,······
> (다니엘 7:13)

"하늘의 구름"(the clouds of heaven)이 문자의 뜻으로 성경말씀(=성언)의 진리들을 뜻한다는 것을 알지 못하는 무지(無知)한 사람은, 시대의 종말 때, 다시 말하면 교회의 마지막(the end of the church) 때에, 주님께서 하늘의 구름들 가운데 오신다는 것, 그리고 주님께서 당신 자신을 이 세상에 밝히 드러낼 것이라는 것 이외의 다른 것은 알지 못합니다. 그러나 주지하여야 할 것은 성경말씀이 이미 주어졌기 때문에, 주님께서는 그것을 통해서 당신 자신을 드러내신다는 것입니다. 왜냐하면 신령진리를 가리키는 성언(=성경말씀)은 천계와 교회에 있는 주님 자신이라는 것이기 때문입니다. 이렇게 볼 때 밝히 알 수 있는 것은, 여기서 예언된 표현은 성경말씀에 있는 그분의 명시(=현현 · 明示 · 顯現 · His manifestation)를 뜻한다는 것이고, 그리고 성성말씀에서 그분의 명시(=현현)는 성언의 속뜻이나, 영적인 뜻을 여는 그분의 엶(開放 · His opening)과 계시(啓示 · revealing)을 통해서 이루어진다는 것 등입니다. 왜냐하면 그 뜻에서 그분의 명시는 신령진리 자체이기 때문이고, 그리고 그것은 곧 천계에 있는 그것이고, 그리고 천계에 있는 신령진리는 거기에 계신 주님 당신 자신이기 때문입니다. 이러한 내용은 "영광으로 하늘 구름을 타고(=구름 가운데) 오시는 주님의 강림"이 성경말씀의 영적인 뜻으로 말미암아 성경말씀의 문자의 뜻 안에 있는 주님의 계시(啓示)를 뜻한다는 것을 명확하게 합니다. "하늘 구름"(=하늘의 구름)은 문자의 뜻에 속한 것들을 뜻하고, "영광"(glory)은 영적인 뜻에 속한 것들을 뜻합니다. 이러한 내용은 《천계와 지옥》 1항에서 볼 수 있습니다. 그리고 "영광"이 영적인 뜻의 계시 자체를 뜻한다는 것은 《백마》(the White Horse)라는 작은 책자에서 볼 수 있습니다. 그리고 "인자"(=사람의 아들 · 人子 · the Son of man)는 신령진리와의 관계에서 주님을 뜻합니다(본서 63 · 151항 참조).

[4] "구름"이 궁극적인 것들 안에 있는 신령진리를 뜻한다는 것, 결과적으로는 문자의 뜻 안에 있는 성언을 뜻한다는 것은 아래에 이어지는 장절들에게서 더 잘 알 수 있겠습니다. 이사야서의 말씀입니다.

주께서 빠른 구름을 타고
이집트로 가실 것이니,
이집트의 우상들이 그 앞에서 떨고,
이집트 사람들의 간담이 녹을 것이다.
(이사야 19 : 1)

여기서 "이집트"는 이집트를 뜻하지 않고, 영적인 것들에서 분리되었을 때, 그 때 거짓들이나 악들 안에 있는 자연적인 사람을 뜻하고, 그리고 자연적인 사람은 이런 것들을 통하여 교회에 속한 모든 진리들과 선들을 왜곡, 타락시켰습니다. 그리고 자연적인 사람은, 이런 거짓들이나 악들에 의하여 파괴, 소멸되었다는 것은 그 때 주님으로부터 입류한 선에게서 비롯된 진리가 속뜻으로 이해된 예언자의 이런 말씀들에 의하여 기술되었습니다. 주님께서 진리들로 이해하시는 것을 밝히 조요하신다는 것을 뜻하기 위하여 "빠른 구름을 타셨다"고 여호와에 대해서 언급되었습니다. 이 구절에서 여호와, 즉 주님과의 관계에서 "탄다"(=말을 탄다)는 것은 이해를 밝게 하시는 것을 뜻하기 때문이고, "빠른 구름"(a light cloud)은 진리를 뜻합니다. 그 때 "이집트의 우상이 주 앞에서 떤다, 이집트 사람들의 간담이 녹을 것이다"는 말씀은 영적인 것에서 분리된 자연적인 사람의 악들이나 거짓들을 뜻하고, 그리고 그 때 그것들이 자연적인 사람을 파괴한다는 것을 뜻합니다. 여기서 "우상들"은 거짓들을 뜻하고, "간담"(=마음·heart)은 악들을 뜻하고, 그리고 "이집트"는 자연적인 사람을 뜻합니다.
[5] 신명기서의 말씀입니다.

 이스라엘 백성아,
 너희의 하나님과 같은 신은 달리 없다(=여수룬의 하나님과 같으신 분은 아무도 없다).
 하나님이 너희를 도우시려고,
 하늘에서 구름을 타시고, 위엄 있게 오신다.
 옛부터 하나님은 너희의 피난처가 되시고,
 그 영원한 팔로 너희를 떠받쳐 주신다.
 너희가 진격할 때에

> 너희의 원수를 쫓아내시고,
> 진멸하라고 명령하신다.
> (신명기 33 : 26, 27)

이 구절에서도 역시 "하늘에서 구름을 타신다"는 것은, 성경말씀의 문자적인 뜻의 진리를 가리키는 자연적인 진리에 유입한 영적인 진리의 입류에 의한 이해를 밝히시는 것(照耀)을 뜻합니다. 천계의 신령진리는 영적이기 때문에, 그리고 이 땅의 신령진리는 자연적이기 때문에, 그리고 후자는 전자에 의하여 조요되기 때문에, 그러므로 "구름을 타시고 위엄 있게 오신다"(=창공에 그의 탁월하심을 보이시는도다)는 말씀이 언급되었습니다. "옛부터 하나님은 너희의 피난처가 되신다"(=영원하신 하나님이 너의 피난처시다)는 말씀은 천사들과 함께하는 신령진리를 뜻하고, "세상의 팔"(=그 영원하신 팔)은 사람들과 함께 하는 신령진리들을 뜻합니다. 성경말씀의 문자적인 뜻에 속한 진리들은 "세상의 팔"(=그 영원하신 팔 · the arms of the world)이 뜻합니다. 왜냐하면 그 뜻은 신령진리의 진정한 힘이시고, "팔"(arms)은 힘을 뜻하기 때문입니다. 신령진리에 속한 힘이 문자적인 뜻(文字意)에 있다는 것은 바로 위의 단락에서 잘 볼 수 있겠습니다.

[6] 시편서의 말씀입니다.

> 주께서 구름을 타고 날아오셨다.
> 바람 날개를 타고 오셨다.
> 어둠을 장막삼아 두르시고
> 빗방울 머금은 먹구름과
> 짙은 구름으로 둘러서
> 장막을 만드셨다.

> 주 앞에서는 광채가 빛나고,
> 짙은 구름은 불꽃이 되면서,
> 우박이 쏟아지고, 벼락이 떨어졌다.
> (시편 18 : 10-12)

이 장절 역시 성언의 조요(照耀)를 기술하고, 그리고 따라서 교회에 속한 조요를 기술하고 있습니다. 천계에서 비롯된 신령진리의 입류에 의한 조요는 "주께서 구름을 타시고 날아오셨다. 바람 날개를 타고 오셨다"는 말씀이 뜻합니다. 조요된 궁극적인 것들 안에 있는 신령진리는 "바람의 날개"(=the wings of the wind)가 뜻하고, "그의 장막을 두른 검은 물"(=빗방울 머금은 먹구름)이나 "하늘의 짙은 구름"(=짙은 구름)은 조요를 수용하는 이해의 다양한 계도들을 뜻합니다. 궁극적인 뜻에 속한 불영명(不英明)들이 그것에 의하여 흩어졌다는 것은 "그의 앞에 있는 광채에서 그의 짙은 구름이 지나갔다"(=주 앞에서 광채가 빛나고, 짙은 구름은 불꽃이 되었다)는 말씀이 뜻합니다.

[7] 같은 책의 말씀입니다.

> 하나님을 찬양하여라.
> 그의 이름을 노래하여라.
> 구름을 타고 오시는 분에게(=광야에서 수레를 타고 오시는 분에게),
> 길을 열어 드려라.
> 주의 이름을 찬양하며
> 그 앞에서 크게 기뻐하여라.
> (시편 68 : 4)

여기서도 역시 "구름을 타신 분"은 조요(照耀)의 측면에서 주님을 뜻합니다. 그것은 "구름"이 조요된 궁극적인 것들 안에 있는 진리들을 뜻하기 때문이고, 그리고 이것들은 빛의 입류에 의하여 조요되었는데, 그것은 영계, 즉 천계에서 비롯된 신령 진리를 가리킵니다.
[8] 나훔서의 말씀입니다.

> 회오리바람과 폭풍은
> 당신이 다니시는 길이요,
> 구름은 발 밑에서 이는 먼지이다.
> (나훔 1:3)

성경말씀의 문자적인 뜻의 진리를 가리키는 궁극적인 것들 안에 있는 진리가 "구름은 여호와의 발 밑에서 이는 먼지"라고 불리웠는데, 그것은 그것이 자연적인 진리이고, 그리고 가장 낮은 진리(the lowest truth)이기 때문인데, 영적인 것을 가리키는 천계의 신령진리가 그것에 입류, 종결(終結)되었고, 그리고 그것은 그것에서 보존(保存), 존재하기 때문입니다. 천계에서 비롯된 조요가 없다면, 전혀 거의 이해되지 않기 때문에, 궁극적인 것들 안에 있는 신령진리는 토의(討議)나 논쟁(論爭)의 주제입니다. 그리고 이러한 내용은 "여호와께서 다니시는 길인 회오리바람과 폭풍"이 뜻하는데, 영적인 "회오리바람과 폭풍"은 그럼에도 불구하고 진리를 열망하는 자들에게 있는 본연의 뜻에 관한 토의를 뜻하는데, 주님께서는 입류에 의하여 조요하십니다.
[9] 시편서의 말씀입니다.

> 그 자손이 영원토록 이어지고,
> 그 왕위는 내 앞에서 태양과 같을 것이니,
> 저 달처럼, 하늘에 있는 진실한 증인처럼,

영원토록 견고하게 서 있을 것이다.
(시편 89 : 36, 37)

이 말씀은 주님에 관해서 언급하고 있는데, "영원토록 이어지는 그 자손"(=씨 · seed)은 그분에게서 비롯된 신령진리를 뜻합니다. "해처럼, 달처럼 영원토록 견고하게 서 있을 왕위"(=보좌 · throne)는 사랑의 선과 믿음의 진리의 측면에서 천계와 교회를 뜻하고, "해처럼"이라는 말은 사랑의 선에 관한 것을, 그리고 "달처럼"이라는 말은 믿음의 진리에 관한 것을 뜻합니다. "구름 가운데 있는 진실한 증인"은, 그분께서 신령진리이시다는 것을 뜻합니다. 왜냐하면 주님에 관한 "증인"(證人 · witness)은 그분에게서 발출하는 것을 뜻하고, 그리고 그것은 마치 그분의 소유라는 것을 뜻하기 때문인데, 그것은 그분에 관해서 증언, 입증하기 때문입니다.

[10] 같은 책의 말씀입니다.

주, 하나님은
물 위에 누각의 들보를 놓으시고,
구름으로 병거를 삼으시며,
바람 날개를 타고 다니십니다.
(시편 104 : 3)

여기의 몇 말씀은 천계와 교회를, 그리고 동시에 성언에서 비롯된 교리를 기술하고 있습니다. "주, 하나님께서 물 위에 누각의 들보를 놓으셨다"는 말씀은 주님께서 신령진리들로 말미암아 천계와 교회를 형성하셨다는 것을 뜻합니다. 여기서 "물"(water)은 신령진리들을 뜻하고, "여호와의 누각"은 천계와 교회를 뜻하고 "들보를 놓는다"는 것은 형성하는 것(to

form)을 뜻합니다. "그분께서 구름으로 그분의 병거를 삼으신다"는 것은 궁극적인 신령진리들(uitimate Divine truths)에서 비롯된 교리를 뜻합니다. 그리고 "구름들"(clouds)은 궁극적인 신령진리들을 뜻하는데, 이런 것들은 성경말씀의 문자적인 뜻 안에 있습니다. 그리고 "병거"(兵車 · 戰車 · a chariot)는 교리를 뜻하는데, 이것은 교회의 모든 교리는 성경말씀의 문자적인 뜻에서 형성되기 때문이고, 그 뜻에 의하여 확증되기 때문입니다. "그분께서 바람날개를 타고 다니신다"(=바람의 날개들 위로 거니신다)는 것은 교리가 영적인 입류로부터 취하는 생명(life)을 뜻하고, "걷는다"(to walk)는 사는 것(to live)을 뜻하고, 주님에 관해서는 생명 자체를 뜻합니다. "바람의 날개들"(the wings of the wind)은 성경말씀의 영적인 것들을 뜻합니다. "물"이 진리들을 뜻한다는 것은 본서 71 · 483 · 518 · 537 · 538항을 참조하십시오.
[11] 이사야서의 말씀입니다.

    내가 그 밭(=포도원)을 황무지로 만들겠다.……
    내가 또한 구름에게 명하여,
    그 위에 비를 내리지 못하게 하겠다.
    (이사야 5 : 6)

이 말씀은 교회가 신령진리의 이해나 성경말씀의 이해를 전혀 가지지 못할 것이라는 것을 뜻합니다. 여기서 "포도원"(vineyard)은 교회를 뜻하고, "구름"은 문자 안에 있는 성언을 뜻하고, "비를 내리지 못하게 한다"는 것은 성경말씀(=성언)에서 비롯된 신령진리의 이해가 전혀 없을 것이라는 것을 뜻합니다.
[12] 시편서의 말씀입니다.

주님은 하늘을 구름으로 덮으시고,
땅에 내릴 비를 준비하시어,
산에 풀이 돋게 하신다.
(시편 147 : 8)

"구름으로 하늘을 덮는다"는 것은, 성경말씀의 문자적인 뜻 가운데 있는 자연적인 진리들에 의하여 천계에 있는 성언에 속한 영적인 것들을 지키고, 보존, 유지하는 것을 뜻합니다. "땅에 내릴 비를 준비한다"(=땅을 위하여 비를 예비한다)는 것은 교회를 위하여 그것에서 비롯된 교육을 뜻하고, "산에 풀이 돋게 하신다"(=산들 위에 풀을 자라게 하신다)는 것은 그것에 의하여 사랑의 선 안에 있는 자들을 위한 양육(養育 · nourishment)을 뜻합니다.

594[C]. [13] 이사야서의 아래의 말씀도 동일한 것을 뜻합니다. 이사야서의 말씀입니다.

너 하늘아, 위에서부터 의를 내리되,
비처럼 쏟아지게 하여라.
너 창공아, 의를 부어 내려라.
땅아, 너는 열려서,
구원이 싹나게 하고, 공의가 움돋게 하여라.
(이사야 45 : 8)

사사기서의 말씀입니다.

주님, 주께서 세일에서 나오실 때에,
주께서 에돔 땅에서 출동하실 때에,
땅은 흔들리고, 하늘은 물을 쏟아내고,
구름은 비를 쏟았습니다.

(사사기 5 : 4)

"세일에서 나온다, 에돔 땅에서 출동한다"(=세일에서 나가시고, 에돔의 들에서 행진한다)는 것은, 여호와의 관계에서는, 주께서 인성을 입으셨을 때, 주님에 의한 이방 사람들의 조요를 뜻합니다. "땅이 흔들린다"는 것은 그 때 변화된 교회의 상태를 뜻하고, "하늘은 물을 쏟아내고, 구름은 비를 쏟는다"(=하늘들이 내려앉았고, 구름들도 물을 내렸다)는 것은 신령진리에 속한 교육 · 입류 · 지각(知覺 · perception)을 뜻합니다. 여기서 "물들"(waters)은 진리들을, "하늘들"은 진리의 내면적인 것들을, "구름들"은 진리의 외면적인 것들을 뜻하는데, 이런 것들은 성경말씀의 문자적인 뜻(文字意) 안에 있습니다.

[14] 시편서의 말씀입니다.

구름이 물을 쏟아 내고,
하늘이 천둥소리를 내니,
주의 화살이 사방으로 날아다닙니다.
(시편 77 : 17)

"구름이 물을 쏟아낸다"는 것은 성경말씀의 문자적인 뜻에서 비롯된 진정한 진리들이 있다는 것을 뜻하고, "하늘이 천둥소리를 낸다"(=하늘들도 소리를 보낸다)는 것은 천계에서 비롯된 입류(入流 · influx)를 뜻하고, "주의 화살이 사방으로 날아다닌다"(=주의 화살도 멀리 나갔다)는 것은 그것에서 비롯된 신령진리들을 뜻합니다. 욥기서의 말씀입니다.

구름 속에 물을 채우시고,
물이 구름 밑으로 터져 나오지 못하게

막고 계시는 분이 바로 하나님이시다.
하나님은 보름달을 구름 뒤에 숨기신다(=그는 그의 보좌의 앞을 붙드시고, 그 위에 그의 구름을 펼치신다).
(욥기 26:8, 9)

여기서도 역시 "구름들"(clouds)은 질서 가운데 있는 궁극적인 진리들을 뜻하고, 그리고 이것들은 자신들 안에 담고 있기 때문에, 그리고 그것들이 흩어지지 않게 하기 위하여 영적인 진리들을 에워싸고 있기 때문에, "하나님께서는 구름 속에 물을 채우시고, 물이 구름 밑으로 터져 나오지 못하게 막고 계신다"(=구름이 물들 밑에서 찢어지지 아니한다)는 말씀에 의하여 기술되었고, 그리고 뜻합니다. 그리고 자연적인 것이라고 불리는 외면적인 진리들은, 영적이라고 부르는, 내면적인 진리들을 감싸고, 에워싸고 있기 때문에, 그리고 천계의 천사들의 고유의 것이기 때문에, 이러한 내용은 "하나님은 그의 보좌 위에 그의 구름을 펼치신다"는 말씀에 의하여 기술되었고, 뜻합니다.

[15] 이사야서의 말씀입니다.

주께서 나에게 이렇게 말씀하셨다.
"내가 나의 처소에서
조용히 내려다보겠다."
추수철 더운 밤에,
이슬이 조용히 내려앉듯이,
한여름 폭염 속에서
뙤약볕이 고요히 내리쬐듯이(=내가 쉴 것이요, 내가 나의 거처를 수풀 위에 맑은 더위처럼, 추수기의 더위에 이슬 구름처럼 여기리라).
(이사야 18:4)

여기서 "이슬 구름"(a cloud of dew)은 선으로부터 열매를 맺

10장 1-11절

는 진리를 뜻합니다. 같은 책의 말씀입니다.

> 주께서는,
> 시온 산의 모든 지역과
> 거기에 모인 회중 위에,
> 낮에는 연기와 구름을 만드시고,
> 밤에는 타오르는 불길로 빛을 만드셔서,
> 예루살렘을 닫집처럼 덮어서
> 보호하실 것이다.
> (이사야 4 : 5)

"시온 산의 모든 거처"(=모든 지역)는 천적 교회의 선을 뜻하고, "거기에 모인 회중"(=그 집회)은 그 선에 속한 진리를 뜻하고, 그리고 그것이 너무나 밝음에 의하여 해를 입지 않기 위한, 그리고 너무나 짙은 흑암에 의하여 역시 해를 입지 않게 하기 위한 보호나 방어가 "낮에는 연기와 구름을 만드시고, 밤에는 타오르는 불길로 빛을 만드셨다"(=낮이면 구름과 연기를, 밤이면 불꽃의 빛을 만드신다)는 말씀이 뜻합니다. 모든 영적인 선이나 영적인 진리는 자연적인 선이나 자연적인 진리에 의한 해(害)로부터 보호, 유지되어야 하기 때문에, "이는 그 모든 영광 위에 덮개가 될 것이다"(=덮어서 보호하실 것이다)는 말씀이 언급되었습니다. 여기서 "영광"(glory)은 영적인 선이나 영적인 진리를 뜻합니다.

[16] 아래의 장절들로 동일한 내용을 뜻하고 있습니다.

> 낮에는 주의 구름이 성막 위에 있고, 밤에는 구름 가운데 불이 있었다(출애굽 40 : 36-38 ; 민수기 9 : 15-17 ; 10 : 11, 12, 34 ; 14 : 14 ; 신명기 1 : 33).

> 주께서는 그들이 밤낮으로 행군할 수 있게, 낮에는 구름기둥으로 앞서 가시며 길을 인도하시고, 밤에는 불기둥으로 앞 길을 비추어 주셨다(출애굽 13:21).
> 구름기둥이 이스라엘 진과 이집트 진 사이를 가로막고 섰다(출애굽 14:19-21).

시편서의 말씀입니다.

> 하나님은
> 낮에는 구름으로,
> 밤에는 불빛으로 인도하셨다.
> (시편 78:14)

다른 곳의 말씀도 동일한 내용을 뜻합니다.

> 그들이 떠날 때 이집트가 기뻐하였으니, 이것은 그들을 두려워함이 자기들 위에 떨어졌기 때문이다. 그가 구름을 덮개로 펴 주셨고, 밤에는 불로 밝히셨다(=이집트 사람은 두려움에 떨고 있었으므로 그들을 기꺼이 내보내겠다. 그는 구름을 펼치셔서 덮개로 삼으시고, 불로 밤길을 밝혀 주셨다)(시편 105:38, 39).

여기서 "낮에는 구름을 성막 위에 두셨고, 밤에는 성막 위에 불을 두셨다"고 언급되었는데, 그것은 "성막"이 천계나 교회를 표징하기 때문이고, "구름"은 신령진리를 통한 주님의 현존(=임재·the Lord's presence)를 뜻하고, "불"은 신령선을 통한 주님의 현존(=임재)를 뜻하는데, 그것은 믿음의 선이라고 불리웠고, 그리고 질서에는 각각의 궁극적인 것이 있었습니다. 그러므로 그것들은 성막을 덮는 덮개였습니다. 이런 이유 때문에 위에 인용된 이사야서나 시편서의 말씀에는 "그 모든 영광

10장 1-11절

위에 덮개가 될 것이다" "주님께서는 덮개를 위해 구름을 펼치셨다"는 말씀이 언급되었습니다.

594[D]. 아래의 구절말씀도 동일한 것을 뜻합니다.

> 모세가 시내 산에 오르니, 구름이 산을 덮었다(출애굽 24 : 15-18).

역시 같은 내용을 뜻합니다.

> 그 때 주께서 구름에 싸여 내려오셔서, 그와 함께 서서, 거룩한 이름 '주'를 선포하셨다(출애굽 19 : 16, 18 ; 34 : 5).

같은 책의 말씀입니다.

> 모세가 장막에 들어서면, 구름기둥이 내려와서 장막 어귀에 서고, 주께서 모세와 말씀하신다(출애굽 33 : 9, 10).

[17] 그러므로 다시 에스겔서의 "구름"에 관한 것입니다.

> 그 때에 내가 바라보니, 북쪽에서 폭풍이 불어오는데, 큰 구름이 밀려오고, 불빛이 계속 번쩍이며, 그 구름 둘레에는 광채가 나고, 그 광채 한가운데서는 불 속에서 빛나는 금붙이의 광채와 같은 것이 반짝이었다(에스겔 1 : 4).

같은 책의 말씀입니다.

> 그 사람이 들어갈 때에, 그룹들은 성전의 오른쪽에 서 있고, 안뜰에는 구름이 가득 차 있었다. 그 때에 주의 영광이 그룹들에게서 떠올라 성전 문지방으로 옮겨갔고, 성전에는 구름이 가득 차고, 안뜰은 주의 영광에서 나오는 광채로 가득 찼다(에스겔 10 : 3, 4).

여기서 "그룹"(cherubim)은 보호(=경계 · 지킴)에 관한 주님을 뜻하는데 그것은 사랑의 선을 통한 것을 제외하면 그 어떤 근접(=접근)이 허락되지 않았습니다. 그러므로 역시 "그룹"은 천계를 뜻하고, 개별적으로는 극내적 천계, 즉 삼층천을 뜻합니다. 그 이유는 거기에 있는 천사들은 사랑의 선(the good of love) 안에서 신령진리를 영접, 수용하기 때문입니다. 그러므로 그룹은 본질적으로 사랑의 선을 가리키는 신령진리인데, 그것이 사랑의 선을 경계하고, 보호합니다. 그 신령진리는, 마치 극내적인 천계(=삼층천)에서 낮은 천계에 내려오는 것과 같이, 종국에는 사람들이 있는 이 세상에 내려오는데, 신령진리는 보다 순수한 것에서부터 계도들에 따라서 보다 더 농도가 짙게 되고, 결과적으로는 가장 낮은 계도에서는 일종의 구름처럼 나타납니다. 이러한 현상(=사실)은 그것이 영적 자연적 존재를 가리키는 가장 낮은 천계에 있는 천사들의 이해력(=견해 · apprehension)에 맞게 조절된 신령진리를 뜻하는 이유입니다. 그리고 종국에는 자연계에 있는 사람들의 이해력에 맞게 조절된 신령진리를 뜻합니다. 더욱이 이런 계도에 있는 신령진리는 성경말씀의 문자적인 뜻의 측면에서의 성언과 같기 때문에, "구름"은 성경말씀의 문자적인 뜻에 관해서 성언을 뜻합니다. 이것은 바로 안뜰을 가득 채운 구름과 같은 신령진리입니다. 그리고 종국에 그것은, 그것의 오른쪽에 그룹이 서 있는 "성전"을 가득 채운 신령진리 바로 그것입니다. 그리고 이 신령진리는 천계적인 빛을 발하는 내적으로는 영적이기 때문에, 그러므로 그것은 "영광"이라고 불리웠고, 그리고 그것은 "성전에는 구름이 가득 차고, 안뜰은 주의 영광에서 나오는 광채(=주의 영광의 광채)로 가득 찼다"라고 언급되었습니다. 욥기서의 말씀입

10장 1-11절

니다.

> 하나님이 어떻게 명하시는지,
> 그 구름 속에서 어떻게
> 번갯불이 번쩍이게 하시는지를 (당신은) 아십니까?
> (욥기 37 : 15)

[18] 보다 높은 천계는 빛이나 밝은 구름으로 덮힌 낮은 천계의 천사들의 안전(眼前)에 나타나기 때문에, 이런 이유 때문에 낮은 천계의 천사들은, 그들 자신의 성품에 일치하는 것 이상의 보다 높은 신령한 것, 즉 내면적인 신령한 것은 볼 수 없는데, 그러므로 보다 높은 천계에 있는 신령진리는, 역시 동일한 뜻이지만, 보다 높은 천계 자체는, 성경말씀의 어떤 장절들에게서는 "구름들"이 뜻하고 있습니다. 왜냐하면 여러분께서 신령진리를, 또는 천계를 말하든, 그것은 동일하기 때문입니다. 그것은 천계가 신령진리에서 비롯된 천계이기 때문이고, 그리고 거기에 있는 천사들은 신령진리의 수용으로 말미암아 천사들이기 때문입니다. 이런 뜻으로 이사야서에서는 "구름들"이 언급, 거명되었습니다. 이사야서의 말씀입니다.

> (새벽별아!)
> 네가 평소에 늘 장담하더니
> "내가 가장 높은 하늘로 올라가겠다.
> 하나님의 별들보다 더 높은 곳에
> 나의 보좌를 두고,
> 저 멀리 북쪽 끝에 있는 산 위에
> 신들이 모여 있는 그 산 위에,
> 자리잡고 앉겠다.
> 내가 저 구름 위에 올라가서,

가장 높으신 분과 같아지겠다" 하더니,
그렇게 말하던 네가 스올로,
땅 밑 구덩이에서도
맨 밑바닥으로 떨어졌구나.
(이사야 14 : 13-15)

예레미야서의 말씀입니다.

우리가 바빌로니아를
치료하려고 하였으나,
낫지 않으니,
이제는 바빌로니아를 내버려 두고,
각자 고향 땅으로 돌아가자.
바빌로니아의 재앙이 하늘에까지 닿았고,
창공에까지 미쳤다.
(예레미야 51 : 9)

시편서의 말씀입니다.

너희는 하나님의 능력을 선포하여라.
그의 위엄은 이스라엘을 덮고,
그의 힘은 구름 위로 뻗는다.
(시편 68 : 34)

여기서도 "구름들"은 동일한 것을 뜻합니다. 창세기서의 말씀입니다.

하나님이 이처럼 창공을 만드시고서, 물을 창공 아래에 있는 물과 창공 위에 있는 물로 나누시니, 그대로 되었다(창세기 1 : 7).

10장 1-11절

시편서의 말씀입니다.

> 하늘 위의 하늘아,
> 주님을 찬양하여라.
> 하늘 위에 있는 물아,
> 주님을 찬양하여라.
> (시편 148 : 4)

왜냐하면 "구름들"은 물로 이루어지기 때문입니다. 그리고 "물"이 신령진리를 뜻한다는 것은 본서 71 · 483 · 518[A-D]항을 참조하십시오.
[19] 보다 밝고, 보다 빛나는 구름들이 있기 때문에, 그리고 역시 보다 짙고, 보다 검은(=어두운) 구름들이 있기 때문에, 보다 밝고 빛나는 구름들은 천계 아래에 나타나지만, 그 때문에, 여기서 명확한 사실은, "구름들"이 반대의 뜻으로는 선에서 비롯된 진리들에 정반대되는, 악에 속한 거짓들을 뜻한다는 것입니다. 아래의 장절에서는 이런 사실을 뜻합니다. 에스겔서의 말씀입니다.

> 이집트 땅은 구름에 뒤덮일 것이고,
> 이집트의 딸들은 포로로 끌려갈 것이다.
> (에스겔 30 : 18)

같은 책의 말씀입니다.

> 캄캄하게 구름 낀 날에, 흩어진 모든 곳에서, 내 양 떼를 구하여 내겠다(에스겔 34 : 12).

그러므로 악에 속한 거짓들에 빠져 있는 자들이 멸망하게 될 때를 최후심판이라고 불리웠습니다. 요엘서의 말씀입니다.

> 그 날은 캄캄하고 어두운 날,
> 먹구름과 어둠에 뒤덮이는 날이다.
> (요엘 2 : 2 ; 스바냐 1 : 15)

같은 뜻을 뜻하는 말씀입니다.

> (시내 산에서 이스라엘 자손에게 율법이 주어질 때)
> 어둠과 짙은 구름이 산을 덮었다(신명기 4 : 11-15 ; 5 : 22-26).

왜냐하면 비록 여호와께서, 즉 주님께서 밝은 구름 가운데 산에 내려오셨다고 해도, 그럼에도 불구하고, 그것은 짙고 어두운 구름과 같이, 악에 속한 거짓들 안에 있는 자들인 그 백성의 안전(眼前)에는 그와 같이 나타났습니다(《천계비의》1861 · 6832 · 8814 · 8819 · 9434 · 10551항 참조).

595. 그의 머리 위에는 무지개가 둘려 있었다.

이 말씀은 성경말씀의 내면적인 것들을 뜻합니다. 이러한 내용은, 이것에 관해서 곧 설명하겠지만, 영적인 뜻으로 성언의 신령진리를 가리키는 "무지개"(the rainbow)의 뜻에서 명확합니다. 그리고 또한 내면적인 것을 가리키는 "머리 위"(above the head)의 뜻에서 명확합니다. 왜냐하면 "위"(above)나 "높다"(higher)라는 낱말은 "안"(within)이나 내면적인 것을 뜻하기 때문입니다. 이러한 사실은 천계에서 내면적인 것은 보다 높다(higher)는 뜻을 언급한 때의 이런 것에서 잘 볼 수 있습니다. 왜냐하면 내면적이거나 내면적으로 현명한 천사들의 천계는, 보다 더 외적이거나 겉보기에 현명한 천사들의 천계 위에 나타나기 때문입니다. 이런 이유 때문에 세 천계들(the three heavens)은 그것들의 높이에 의하여 서로서로 구분, 분별되는데, 극내적인 천계, 즉 삼층천은 중간천계, 즉 이층천 위에 나타나고, 이 이층천은 궁극적인 천계, 즉 일층천 위에 나타납니다.

[2] "보다 높다"(higher)는 것은 내면적인 것을 뜻하는데, 높은 것들이나 낮은 것들이 함께 있을 때, 다시 말하면 사람의 머리 안에 있는 것과 같이, 동시적인 것들(simultaneous)을 형성하기 때문에, 그것들은 위에 존재하는 연속적인 질서(successive order)에 있는 것들은 안에(within) 자리 잡고 있고, 그리고 아래(below)에 존재하는 연속적인 질서 안에 있는 것들은 밖에(without) 자리 잡고 있는, 그런 부류의 질서 가운데 함께 존재합니다. 이러한 것은, 보다 높은 것들이 내면적인 것들을 뜻하는 이유이고, 그리고 보다 낮은 것들(lower things)이 외면적인 것들을 뜻하는 이유입니다. 이러한 설명은, 보다 순수한 것들(purer things)은 원심(the center)에 있고 보다 조잡한 것들(grosser things)은 원주(圓周)에 있다는 표면의 개념(the idea of a surface)에 의하여 이해력에 설명, 입증하기 위한 것입니다. 이렇게 볼 때 바로 위에서 언급된 "구름에 싸여 있는 천사"가 뜻하는 것이 무엇인지 밝히 알 수 있겠습니다. 왜냐하면 "에워싼다"(to be encompassed)는 것은 밖(without)이나 아래(below)에 의하여 뜻하는 동일한 이유나 동일한 개념 때문입니다.

[3] "무지개"는 내면적인 신령진리를 뜻하는데, 이런 것은 영적인 뜻으로 성언과 같은 것입니다. 그것은 천계의 빛이, 이 세상의 빛과 꼭 같이, 대상물들이나 그것들 안에 있는 그것의 변화나 변형에 일치하여 색깔의 다종다양한 채색(彩色)이나 무지개들을 드러내기 때문입니다. 이런 것들은 천사적 천계에서 내가 보는 일이 가끔 허락되었습니다. 이런 일은 《천계비의》 1623-1625항에 기술되었습니다. 그러나 천사적인 천계에 나타나는 무지개들은 이 세상에서 보는 무지개들과는 전혀 달랐

습니다. 그리고 그 천계의 무지개들은 영적인 근원의 무지개들
과 달랐습니다. 한편 이 세상의 무지개들은 자연적인 근원에서
비롯되는 무지개들입니다. 왜냐하면 천계의 무지개들은, 태양
이신 주님에게서 일어나는 그 빛에서 생기기 때문이고, 그리고
그 태양은 그것의 본질에서는 주님의 신령사랑이기 때문에, 그
리고 그것에서 비롯되는 그 빛은 그것의 본질에서는 신령진리
이기 때문에, 무지개들의 색채들과 같이 드러내는 그 빛의 다
종다양한 색깔들은 천사들에게 있는 총명이나 지혜의 다종다
양들입니다. 이런 사실에서 볼 때 거기에 있는 무지개들은 신
령진리의 영적인 모습(form)이나 아름다움을 뜻한다는 것입니
다. 그러나 이 세상의 무지개들은 자연적인 근원에서 비롯된
것입니다. 다시 말하면 이 세상의 태양이나 그것의 빛에서 비
롯된 것입니다. 그러므로 그것들은 단순한 변형들이고, 결과적
으로는 구름에서 떨어지는 물방울들에 의한 빛의 다양화나 색
채들에 불과합니다. 그리고 그것에는 자연계에 있는 것과 같은
영계에 있는 색채의 외현들과 같기 때문에, 그리고 이것들은
그것들에 대응하기 때문에, 그러므로 이 세상의 무지개들은 천
계의 무지개들과 같은 유사한 의미나 표의(表意)를 가지고 있습
니다. 다시 말하면 그것들의 모습이나 아름다움에서 그것들은
영적 신령적 진리들입니다. 이런 진리들은 영적인 뜻으로 성경
말씀의 그런 것들입니다.
[4] "무지개들"이 에스겔서에서도 동일한 뜻을 가지고 있습니
다. 에스겔서의 말씀입니다.

> 그들의 머리 위에 있는 창공 모양의 덮개 위에는, 청옥처럼 보이는
> 보석으로 만든 보좌 형상을 한 것이 있었고, 그 보좌 형상 위에는,
> 사람의 모습과 비슷한 형상이 있었다. 또 나는 그의 허리처럼 보이
> 는 그 위쪽에서 금붙이의 광채와 같은 것이 불꽃(=살아 있는 석탄)처

10장 1-11절

럼 안팎으로 그를 둘러싼 것을 보았는데 그의 허리처럼 보이는 그 아래쪽에서도, 나는 불꽃(=살아 있는 석탄)과 같은 모양을 보았다. 이렇게 그는 광채로 둘러싸여 있었다. 그를 둘러싼 광채의 모양은, 비 오는 날 구름 속에 나타나는 무지개 같이 보였는데, 그것은 주의 영광이 나타난 모양과 같았다. 그 모습을 보고, 나는 얼굴을 땅에 대고 엎드렸다(에스겔 1:26-28).

"그룹"(the cherubim)이 사랑의 선을 통한 것을 제외하면 주님에게 근접하지 못하도록 막는 섭리(攝理 · providence)나 보호(=지킴 · guard)를 뜻하기 때문에, 거기에는 보좌가 나타났고, 그 보좌 위에는 사람의 모습이 있었습니다. 여기서 "보좌"(宝座 · throne)는 보편적인 천계(the universal heaven)를 뜻하고, "보좌 위에 있는 사람"은 주님 당신을 뜻하고, 그리고 "그의 허리나 그 위의 모습에서 비롯된 불꽃"(=살아 있는 석탄의 모습 · the appearance of a living coal)은 천적인 신령사랑을 뜻하는데 그것이 보다 높은 천계에서 다스립니다. 왜냐하면 보다 높은 천계는, 허리에서부터 인체의 상위 부위에 의하여 표징되고, 그것들은 그것에 대응하기 때문입니다. 왜냐하면 이런 것들이, 천계를 가리키는 최대인간(最大人間)의 그 부위를 형성하기 때문입니다. "불꽃과 같은 불"(=살아 있는 석탄과 같은 불 · fire like a living coal)은 그 사랑을 뜻하고, 그러므로 "허리"(loins)는 그것을 형성합니다. 왜냐하면 "허리"는 선과 진리의 혼인(marriage of good and truth)에 대응하는데, 보다 높은 천계에 있는 자들은 그것을 가지고 있기 때문입니다. 이것이 천계가 "혼인"(a marriage)이라고 불리운 이유이고, 그리고 또한 교회가 "신부"나 "아내"라고 불리운 이유입니다. "그의 허리부터 그 아래의 부위로 말미암아서는 그는 무지개와 같은 불꽃의 밝음으로 나타난다"는 말씀은 영적인 신령사랑을 뜻하는데, 이것은 낮은 천계에 있는 것들을 다스립니다. 왜냐하면 허리부터 그 아래의 발바닥까지의 인체의 부위는 그 사랑에 대응하기 때문입니다. 그리고 그 사랑이 천적 신령사랑에서 발출하기 때문에 "불과 그것의 밝음"이라고 불리웠습니다. 사랑에 속한 신령선에서 비롯된 신령진리는 밝은 것을 뜻하고, 그리고 무지개의 외현을 나타냅니다. 이런 사실은 자연적인 신령진리를 통한 영적인 신령진리의 투명(透明)이 천계에 있는 외현들을 생성한다는 것을 명확하게 합니다. 결과적으로 그것이 뜻하는 것은 앞에서 언급한 것과 같지만, 그러나 이러한 사실은 《천계와 지옥》에서 천계에 관해서 언급된 것에서 보다 더 명료하게 이해할 수 있겠습니다. 그리고 주님의 신령인성으로부터는 그것은 한 사람(One Man)을 표징하고(같은 책 59-86항 참조), 천계의 모든 것들과 사람의 모든 것들의 대응에 관해서는 같은 책 87-102항을 참조하시고, 허리의 대응들에 관해서는 《천계비의》3021 · 4280 · 4462 · 5050-5062항을 참조하십시오.

[5] "구름 안에 있는 활"(the bow in the cloud), 즉 무지개는 창세기서와 동일한 뜻을 갖습니다. 창세기서의 말씀입니다.

> 하나님이 노아에게 말씀하셨다. "내가, 너희 및 너희와 함께 있는 숨쉬는 모든 생물 사이에 대대로 세우는 언약의 표는, 바로 무지개이다. 내가 무지개를 구름 속에 둘 터이니, 이것이 나와 땅 사이에 세우는 언약의 표가 될 것이다. 내가 구름을 일으켜서 땅을 덮을 때마다, 무지개가 구름 사이에서 나타나면, 나는, 너희와 숨쉬는 모든 짐승, 곧 살과 피가 있는 모든 것과 더불어 세운 그 언약을 기억하고, 다시는 홍수를 일으켜서 살과 피가 있는 모든 것을 물로 멸하지 않겠다. 무지개가 구름 사이에서 나타날 때마다, 내가 그것을 보고, 나 하나님이 살아 숨쉬는 모든 것들, 곧 땅 위에 있는 살과 피를 지닌 모든 것과 세운 영원한 언약을 기억하겠다." 하나님이 노아에게 말씀하셨다. "이것이, 내가, 땅 위의 살과 피를 지닌 모든 것과 더불

어 세운 언약의 표다"(창세기 9 : 12-17).

만약에 성경말씀의 모든 개별적인 것들 안에 영적인 뜻이 있다는 것을 알지 못한다면, 아마도 구름 속에는 이른바 무지개라고 부르는 "굽은 것"(=활 · bow)이 홍수에 의하여 이 땅은 결코 더 이상 파괴되지 않을 것이라는 증표가 나타날 것으로 상상하고, 그리고 그럼에도 불구하고 그 활(=굽은 것 · 무지개)은 자연 안에 있는 원인들로 말미암아 존재하고, 그리고 그것은 해에서 비롯된 태양 광선이 구름에서 비롯된 비의 물방울들을 통과할 때, 간접적으로 생성되는데, 그것은, 동일한 굽은 것들, 즉 무지개들이 홍수 이전에도 존재하였다는 것을 입증, 보여 주고 있습니다. 이런 이유 때문에, 결론적으로 영적인 것들과 자연적인 것들 사이에 대응이 존재하는데, 사람들이 이 땅에서부터 보는 그런 무지개들 따위는 영계에 있는 천사들도 그런 무지개들을 본다는 것을 뜻하고, 그런 무지개의 모든 것은 거기에 있는 영적 자연적 영기(the spiritual-natural sphere) 안에 있는 천계의 빛이나 그것의 변형(變形 · modification)에서 일어나고, 그리고 따라서 영적인 신령진리에서, 그리고 자연적인 신령진리 안에 있는 그것의 투명(透明)에서 생겨납니다. 왜냐하면 천계에 있는 모든 빛이나, 그리고 그것의 본질은 주님에게서 발출하는 신령진리이기 때문입니다. 이렇게 볼 때 밝히 알 수 있는 사실은 "구름 속에 있는 굽은 것, 즉 무지개"는 자연적인 신령진리를 통한 영적인 신령진리의 투명을 뜻한다는 것이고, 그리고 거기에는, 신령진리와 그것에 일치하는 삶에 의하여 주님에 의해 개혁되고, 중생하는 자들에게 있는 그런 부류의 투명성(透明性)이 있다는 것입니다. 천계에서 역시 이런 부류의 투명이나 투명성은 무지개처럼 나타납니다. 여기서 "언약의 표"(the sign of a covenant)는 주님의 임재(=현존)이나 그런 것들과의 결합을 뜻합니다. 왜냐하면 "언약"(covenant)은 결합(結合 · conjunction)을 뜻하기 때문입니다. 그 때 인류가 "홍수"에 의하여 멸망되었기 때문에 주어진 이 표(=증표)는 악에 속한 지독한 거짓들을 뜻합니다. 그리고 이것으로 말미암아 태고교회의 후손은 멸망하였습니다. 그것의 본질 안에 있는 인애를 가리키는 영적인 선에 결합된 신령진리에 의한 고대교회라고 불리는 새로운 교회의 회복이나 설시는 천계에서 표징적으로 명확하게 드러나는 무지개가 무엇인지, 그리고 그것으로 말미암아 이 세상에 있는 무지개가 뜻하는 것이 무엇인지를 가리킵니다. 그러나 이런 낱말들이 간략하게 설명된 것에 비하여 보다 더 많은 비의(秘義)를 내포하고 있다는 것은 그것들에 속한 구체적인 설명을 위한 것입니다(《천계비의》 1031-1059항 참조).

596. 그 얼굴은 해와 같았습니다.

이 말씀은, 천계와 교회에 있는 성언(=성경말씀)을 가리키는 모든 신령진리가 비롯된 근원인 주님의 신령사랑을 뜻합니다. 이러한 내용은, 본서 74 · 412[A-E]항에서 볼 수 있듯이, 주님과의 관계에서는, 신령사랑 · 신령자비(the Divine mercy) · 모든 선을 가리키는, "얼굴"의 뜻에서 명확합니다. 그리고 또한 주님과 관련해서는 신령사랑을 뜻하는 "해"(the sun)의 뜻에서 명확합니다(본서 401[A-E] · 525 · 527항 참조). 천사적 천계의 모든 빛이 태양이신 주님에게서 발출하기 때문에, 그리고 거기서 그 빛은 신령진리이기 때문에, 그 빛은 그것에서 비롯된 모든 신령진리를 뜻합니다. 그리고 성언(=성경말씀 · the Word)은 모든 신령진리를 내포하고 있기 때문에, 그리고 이 세상에 있는 성언(=성경말씀)이 천계에 있는 것과 동일한 말씀이기 때문에, 그리고 "하늘에서 내려오는 힘센 천사"는 성언의 측면에서 주님을 뜻하기 때문에(본서 593항 참조), 그러므로 천계나 교회에 있는 신령진리는 성언(聖言 · the Word)이라고 언급되었습니다. 이 세상에 있는 동일한 성언이 천계에 역시 있다는 것은 《천계와 지옥》259 · 261 · 303-310항을 참조하십시오.

597. 발은 불기둥과 같았습니다.
이 말씀은 신령진리, 즉 궁극적인 것들 안에 내재한 성언(聖言 · the Word)을 뜻하는데, 여기서 궁극적인 것들은 거기에 내면적인 것들을 담고, 유지하는 자연적인 것을 뜻합니다. 그리고 궁극적인 것들 안에 내재한 성언은 사랑에 속한 선으로 채워졌습니다. 이러한 내용은, 주님과의 관계에서 신령질서 가운데 있는 궁극적인 것을 가리키는, 자연적인 신령사랑의 신령선을 가리키는 "발"(feet)의 뜻에서(본서 65 · 69항 참조), 그리고 보다 높은 것을 담고, 유지하는 낮은 진리들(lower truths)을 가리키는 "기둥들"(pillars)의 뜻에서(본서 219항 참조), 그리고 주님과의 관계에서는 신령사랑을 가리키는 "불"(fire)의 뜻에서(본서 68 · 496 · 504[A-D]항 참조), 잘 알 수 있습니다. 이상에서 볼 때 명확한 것은, "불기둥과 같이 보인 천사의 발"은 궁극적인 것들 안에 있는 신령진리, 즉 성언을 뜻한다는 것입니다. 그리고 그것은 내면적인 것들을 담고, 유지하는 자연적인 것을 가리키기 때문에, 사랑에 속한 선으로 채워졌습니다. 궁극적인 것들 안에 있는 신령진리가 문자의 뜻 가운데 내재한 성언을 뜻합니다. 그리고 이 뜻이 자연적이기 때문에, 그리고 자연적인 것이 신령질서에 속한 궁극적인 것이기 때문에, 그러므로 이것은 영적인 신령진리나, 궁극적인 신령진리를 담고, 유지하는 것을 뜻하는데, 그것은 마치 기둥들이 하나의 가옥을 계속해서 떠받치는 것과 꼭 같고, 그리고 발이 몸을 유지(維持), 떠받치는 것과 꼭 같습니다. 왜냐하면 영적인 것이나 천적인 것을 가리키는 성언의 내면적인 것들은 성언의 자연적인 뜻이 없다면, 마치 가옥의 기둥들이 제거되었을 때의 하나의 가옥과 같이, 산산조각으로 붕괴(崩壞)될 것입니다. 그러므로 성경말씀의 자연적인 뜻이나 궁극적인 뜻 안에 있는 개별적인 것들이나 전체적인 것들은 변함없는 대응들입니다. 다시 말하면 그것들은 천계에 있는 영적인 것들이나 천적인 것들에 대응합니다. 그리고 따라서 역시 그것들은 그런 것을 뜻합니다. 이렇게 볼 때 우리가 어느 정도는, 이 세상에 있는 성언을 가리키는 자연적인 신령진리가 어떻게 천계에 있는 신령진리를 가리키는 영적인 신령진리나 천적인 신령진리를 담고, 유지하고 있는지 알 수 있겠습니다. 이러한 사실은, 천사의 발이 "마치 불기둥같이" 보여진 이유를 명료하게 합니다. 더욱이 성경말씀의 궁극적인 뜻이나, 자연적인 뜻 안에 있는 말씀이 사랑에 속한 선으로 가득 채워졌다는 것은 주님께서 말씀하신 말씀들에게서 잘 알 수 있는데, 마태복음서의 말씀입니다.

> 예수께서 그에게 말씀하셨다. "'네 마음을 다하고, 네 목숨을 다하고, 네 뜻을 다하여, 주 너의 하나님을 사랑하여라' 하셨으니, 이것이 가장 중요하고, 으뜸 가는 계명이다. 둘째 계명도 이것과 같은데 '네 이웃을 네 몸 같이 사랑하여라' 한 것이다. 이 두 계명에 모든 율법과 예언자들의 본 뜻이 달려 있다"(마태 22 : 37-40).

여기서 "율법과 예언자들"은 전체적인 것들 안에, 또는 개별적인 것들 안에 있는 성언(聖言)을 뜻합니다. 결론적으로 이들 낱말들은 주님사랑에 속한 선이나, 이웃사랑의 선에 본 뜻이 달려 있다는 성경말씀 안에 있는 개별적인 것들이나 전체적인 것들을 뜻합니다.

598. 2-4절. 그는 손에 작은 두루마리 하나를 펴서, 들고 있었습니다. 그는 오른발로는 바다를 디디고, 왼발로는 땅을 디디고 서서, 마치 사자가 울부짖듯이 큰소리로 부르짖었습니다. 그가 부르짖으니, 일곱 천둥이 각각 제 소리를 내면서 말하였

습니다. 그 일곱 천둥이 말을 다 하였을 때에, 나는 그것을 기록하려고 하였습니다. 그 때에 나는 하늘로부터 음성을 들었는데, "그 일곱 천둥이 말한 것을 인봉하여라. 그것을 기록하지 말아라" 하였습니다.

[2절] :
"그는 손에 작은 두루마리 하나를 펴서, 들고 있었습니다"(=그의 손에는 작은 책이 펴 있었다)는 말씀은 성언이 열려 있다는 것을 뜻합니다(본서 599항 참조). "그는 오른발로는 바다를 디디고, 왼발로는 땅을 디디고 서 있다"(=오른쪽 발은 바다를, 왼쪽 발은 땅을 밟고 있다)는 말씀은, 천계나 교회의 모든 것들이 그것 안에 있는, 자연적인 것을 가리키는 문자의 뜻을 뜻합니다(본서 600항 참조).

[3절] :
"그는 마치 사자가 울부짖듯이 큰소리로 부르짖었다"(=사자가 포효하는 것처럼 큰 음성으로 외쳤다)는 말씀은 교회의 신령진리의 폐허(=황폐) 때문에 생긴 심한 고통의 증거(=입증)를 뜻합니다(본서 601항 참조). "그가 부르짖으니, 일곱 천둥이 각각 제 소리를 내면서 말하였다"(=그가 외칠 때 일곱 천둥이 소리를 발하였다)는 말씀은 천계에서 비롯된 가르침(敎育)을 뜻하고, 그리고 교회의 마지막 때에 관한 지각을 뜻합니다(본서 602항 참조).

[4절] :
"그 일곱 천둥이 말을 다 하였을 때에, 나는 그것을 기록하려고 하였다"(=그 일곱 천둥이 소리를 발할 때 내가 막 기록하려고 하였다)는 말씀은 그가 그 상태를 밝히는 것을 원하였다는 것을 뜻합니다(본서 603항 참조). "그 때에 나는 하늘로부터 음성을 들었는데, '그 일곱 천둥이 말한 것을 인봉하여라. 그것을 기록하지 말아라' 하였습니다"(=하늘에서 한 음성이 내게 들리며, 말하기를 '일곱 천둥이 말한 것들을 봉인하고, 기록하지 말아라'고 하였

다)는 말씀은 이런 것들이 반드시 유보(留保)되어야 하고, 아직은 개방(開放)되지 않아야 한다는 주님에 의한 명령을 뜻합니다(본서 604항 참조).

599. 2절. **그는 손에 작은 두루마리 하나를 펴서, 들고 있었습니다**(=그의 손에는 작은 책이 펴 있었다).
이 장절은 성언이 열려 있다는 것을 뜻합니다. 이러한 내용은 열려 있는 성언을 가리키는 "펴 있는 작은 책"의 뜻에서 명확합니다. "펴 있는 작은 책"이 뜻하는 것이 이런 내용이라고 알 수 있는 것은 "손에 작은 두루마리(=작은 책) 하나를 펴서 들고, 하늘에서 내려오는 힘센 천사"가 성언의 측면에서 주님을 표징하기 때문입니다. 그리고 사실은 문자의 뜻이라고 불리우는 그것의 궁극적인 뜻의 측면에서 주님을 뜻하기 때문입니다(본서 593항 참조). 그리고 성언은 천사들에게나 사람들에게 모두 열려 있기 때문에 "펴져 있는 작은 책"(a little book opened)이라고 언급되었습니다.

600[A]. **그는 오른발로는 바다를 디디고, 왼발로는 땅을 디디고 서 있다**(=오른쪽 발은 바다를, 왼쪽 발은 땅을 밟고 있다).
이 말씀은 천계나 교회에 속한 모든 것들이 그것 안에 있는, 자연적인 것을 가리키는 문자의 뜻(文字意)을 뜻합니다. 이러한 내용은 궁극적인 것들 안에 있는 신령진리, 즉 문자의 뜻을 가리키는 자연적인 뜻 안에 있는 성언과의 관계에서 천사 그분이 주님을 뜻하는 천사와의 관계를 가리키는 "발"(feet・足)의 뜻에서(본서 65・69항 참조) 명확합니다. 일반적인 뜻으로 "발"(feet)은 자연적인 것들을 뜻하는데, 그 이유는 사람은 머리에서부터 발의 뒤꿈치까지 천계에 대응하기 때문입니다. 사실 그것의 복합체의 측면에서 그것은 하나의 사람을 표징하고, 그리고 머리는 극내적인 천계, 즉 삼층천에 대응하고, 그리고 거기의 천사들은 천적입니다. 가슴 아래의 허리까지는 중간천계, 즉 이층천에 대응하고, 그 천계의 천사들은 영적이라고 부릅니다. 그리고 발은 궁극적인 천계, 즉 일층천에 대응하고, 그 천계의 천사들은 천적 자연적(celestial-natural)이나 영적 자연적(spiritual-natural)이라고 하고, 발의 발바닥은 자연적인 것들 모두가 거기에 있는 이 세상에 대응합니다. 이러한 내용은 "발"이 자연적인 것들을 뜻하는 이유인데, 이것에 관한 대응은 《천계와 지옥》 59-86 · 87-102항을 참조하십시오.

[2] 이렇게 볼 때, 여기서 성언의 측면에서 주님을 표징하는 여기서 "그 천사의 발"이 성언의 문자의 뜻 안에 있는 성언의 자연적인 뜻을 뜻하는 이유를 밝히 알 수 있겠습니다. 위의 이러한 내용은 천계나 교회의 모든 것들을 가리키는 "바다를 디딘 오른쪽 발과 땅을 디딘 왼쪽 발"의 뜻에서 명확합니다. 왜냐하면 "오른쪽"(the right)은 진리의 근원을 가리키는 선에 속한 모든 것들을 뜻하기 때문이고, 그리고 "왼쪽"(the left)은 선에서 비롯된 진리에 속한 모든 것들을 뜻하기 때문입니다. 그리고 "바다와 땅"(the sea and the earth)은 천계나 교회의 모든 것들인 외면적인 것이나 내면적인 것을 뜻하는데, 여기서 "바다"는 외면적인 것들을 뜻하고, "땅"은 내면적인 것들을 뜻합니다. 그리고 천계나 교회의 모든 것들은 선과 진리와 관계를 가지고 있기 때문에, 그리고 역시 외면적인 것이나 내면적인 것들과 관계를 가지고 있기 때문에, 그러므로 이런 낱말들은 일반적으로 천계의 모든 것들이나 교회의 모든 것들을 뜻합니다. 천사가 "바다와 땅을 밟고 서 있는 것"으로 보여졌는데, 그것은 자연계에서와 같이, 영계에 있는 모든 것들의 비슷한 외현 때문입니다. 다시 말하면 영계에도 자연계와 꼭 같이, 바다와 땅(seas and lands)이 있기 때문이고, 땅 주위에는 그리고 땅들 사이에는 바다들이 있기 때문입니다(본서 275 · 342 · 538[A · C]항 참조). 이러한 내용은 "바다와 땅"이 천계나 교회

의 모든 것들을 뜻하는 이유를 보여 줍니다.
[3] 성경말씀의 수많은 장절들에는 "오른쪽과 왼쪽"이 언급되었기 때문에, 그리고 어떤 곳에서는 "오른쪽"만, 또는 "왼쪽"만 언급되었기 때문에, 나는 그것들의 각각이 뜻하는 것이 무엇인지, 또는 그 둘이 함께 뜻하는 것이 무엇인지, 몇 가지 내용을 설명하겠습니다. 이러한 것은 영계에 있는 방위들(方位 · the quarters)에게서 잘 알 수 있는데, 거기에서 남쪽은 오른쪽에 있고, 북쪽은 왼쪽에 있고, 동쪽은 정면에, 그리고 서쪽은 뒷면에 있습니다. 천사는 변함없이 태양이신 주님을 향해 있습니다. 따라서 천사 앞에는 동쪽을 가리키는 주님이 계시고, 천사 뒤에는 서쪽을 가리키는 주님이 계십니다. 그리고 그의 오른쪽 팔은 남쪽이고, 그의 왼쪽 팔은 북쪽입니다. 이러한 것은, "오른쪽"이 빛 가운데 있는 진리를 뜻하고, 그리고 "왼쪽"은 그늘 가운데 있는 진리를 뜻한다는 대면(對面)하는 모습에서 명확합니다. 같은 말이지만, "오른쪽"은 밝음 가운데 있는 진리를 가리키는 영적인 선을 뜻하고, "왼쪽"은 그늘 안에 있는 진리를 가리키는 영적인 진리를 뜻합니다. 그러므로 역시 "오른쪽"은 진리의 근원을 가리키는 선을 뜻하고, "왼쪽"은 선에서 비롯된 진리를 뜻합니다. 이런 것이 인체의 모든 오른쪽 부위나 왼쪽의 부위의 뜻이고, 그리고 머리의 뜻입니다. 오른쪽 눈과 왼쪽 눈, 오른쪽 손과 왼쪽 손, 그리고 오른쪽 발과 왼쪽 발, 그리고 그 밖의 것들이, 각각의 기관이나 부위의 본연의 뜻이고, 그런 뜻을 지니고 있습니다. 이와 같은 지극히 작은 내용들이나 뜻에서 우리는 신 · 구약 성경말씀의 일반적인 것이나 개별적인 것이 뜻하는 것이 무엇인지 잘 알 수 있겠습니다. 예를 들면 아래의 장절들에서의 뜻이 되겠습니다.
[4] 마태복음서의 말씀입니다

너는 자선을 베풀 때에는, 네 오른손이 무엇을 하는지를 네 왼손이 모르게 해야 한다. 이렇게 하여, 네 자선을 숨겨 두어라(마태 6 : 3, 4).

이 말씀은 선으로 말미암아서, 그리고 선을 목적해서 행해져야 한다는 것, 그리고 겉모습을 목적해서 자기 자신이나 세상 때문에 행해져서는 안 된다는 것을 뜻합니다. 여기서 "자선"(=보시 · 普施 · alms)은 모든 선한 일(善行)을 뜻하고, 그리고 "오른손이 무엇을 하는지를 왼손이 모르게 하여야 한다"는 말씀은 선은 반드시 선 자체로 말미암아 선을 행하여야 한다는 것, 그리고 선이 없이 선을 행한다는 것은 선이 아니라는 것을 뜻합니다. 그것은 그런 선은 선이 될 수 없기 때문입니다. 여기서 "오른손"은 진리의 근원을 가리키는 선을 뜻하고, "왼손"은, 위에서 언급한 것과 같이, 선에서 비롯된 진리를 뜻합니다. 이들 양자는 사랑의 선이나 인애 안에 있는 자들 안에서는 한 몸처럼 행동하지만, 그러나 그들이 행하는 선들 안에 자기자신이나 세상에 대한 고려(考慮)나 주목(注目)을 가지고 있는 자들에게서는 한 몸처럼 행동하지 않습니다. 그러므로 여기서 "왼손"은 선이 없이 알고, 행하는 것을 뜻합니다. 그리고 "네 자선을 숨겨 두어라"는 말씀은, 그것이 겉모습(外現)의 목적 때문이 아니어야 한다는 것을 뜻합니다.

[5] 같은 책의 말씀입니다.

(그 왕은) 양은 그의 오른쪽에, 염소는 그의 왼쪽에 세울 것이다. 그 때에 임금은 자기 오른쪽에 있는 사람에게 말하기를 "내 아버지께 복을 받은 사람들아, 와서, 창세 때로부터 너희를 위하여 준비한 이 나라를 차지하여라."…… 그 때에 그는 또 왼쪽에 있는 사람들에게도 말할 것이다. "저주받은 자들아, 내게서 떠나서, 악마와 그 부하들을 가두려고 준비한 영원한 불 속으로 들어가거라"(마태 25 : 33,

34, 41).

이 말씀에서 뜻하는 본래의 올바른 뜻으로 "양들"이 뜻하는 것이 무엇인지, 그리고 그 뜻으로 "염소들"이 뜻하는 것이 무엇인지를 알지 못하는 사람은 "양들"은 선한 모두를 뜻하고, "염소들"은 악한 모두를 뜻한다고 생각할 것입니다. 그러나 본래의 올바른 뜻으로 "양들"은 이웃을 향한 인애의 선 안에 있는 자들을 뜻하고, 그리고 그것에서 비롯된 믿음 안에 있는 자들을 뜻합니다. 그리고 "염소들"은 인애에서 분리된 믿음 안에 있는 자들을 뜻합니다. 따라서 교회의 마지막 때의 심판은 이들 위에 임할 것입니다. 왜냐하면 주님사랑의 선 안에 있는 모두나, 그리고 그것에서 비롯된 인애의 선이나 믿음 안에 있는 모두는 최후심판 전에 천계(=주님나라)로 올리워졌기 때문입니다. 한편, 인애의 선 안에 있지 않는 자들이나, 그것에서 비롯된 믿음 안에 있지 않는 자들은, 결과적으로 내적으로, 그리고 동시에 외적으로 악한 모두는 최후심판이 행하기 전에 지옥으로 내던져졌기 때문입니다. 그러나 내적으로는 선하지만, 외적으로는 그와 같지 않은 자는 모두, 그리고 또한 내적으로는 악하지만, 겉보기에 선 안에 있는 자는 모두, 내적으로 선한 자들이 천계에 올리워지고, 내적으로 악한 자들이 지옥으로 내쫓겨질 때인, 최후심판 때까지 남아 있습니다. 이런 것에 관해서는 《최후심판》*1) 이라는 나의 저서에서 보고, 들을 수 있습니다. 이상에서 볼 때 "염소들"은 인애에서 분리된 믿음 안에 있는 자들을 뜻합니다. 이런 자들은 예를 들면, 다니엘서 8장 5-25절의 숫염소이고, 에스겔서 34장 17절의 숫염소입니다. 이러한 내용은 "양들"이 있는 "오른손"은 인애의 선이나, 그것

---

1) 이 책은《최후심판과 말세》라는 이름으로 1995년 <예수인>에서 번역, 발간하였다(역자 주).

10장 1-11절

에서 비롯된 믿음의 선을 뜻하고, "염소들"이 있는 "왼손"은 인애에서 분리된 믿음을 뜻합니다. 그래서 양들에게는 "내 아버지께 복을 받은 사람들아, 와서 창세 때로부터 너희를 위하여 준비한 이 나라를 차지하여라"라고 언급되었는데, 그것은 그들의 오른쪽은 남쪽이고, 남쪽에는 선에서 비롯된 진리들 안에 있는 자들 모두가 있기 때문입니다. 왜냐하면 남녘에는 "창세 때로부터 준비한 나라"가 뜻하는 신령발출 자체(the Divine proceeding itself)가 있기 때문입니다. 그러므로 또한 그들은 "아버지의 복을 받은 자"라고 불리웠는데, 여기서 "아버지"(the Father)는 천계의 삼라만상(森羅萬象)이 비롯된 근원을 가리키는 신령선을 뜻합니다. 그러나 왼쪽에 있는 "염소들"에 관해서는, "창세 때로부터 준비한 나라"라고 언급되지 않고, "악마와 그 부하들을 가두려고 준비한 영원한 불 속으로 들어가거라"고 언급하였는데, 그것은 여기서 악마는 자기 자신들을 위하여 그들의 지옥을 준비하기 때문입니다. 그들이 "저주받은 자"(the cursed)라고 불리웠는데, 그것은 성경말씀에서 "저주받은 자"는 주님으로부터 스스로 외면(外面), 떠나버리는 자들 모두를 뜻하기 때문입니다. 왜냐하면 이런 부류의 인물들은 교회에 속한 인애나 믿음을 배척하기 때문입니다. "영원한 불"(the eternal fire)이 뜻하는 것이 무엇인지는 《천계와 지옥》 566-575항을 참조하십시오.

[6] "주님의 오른쪽에서 십자가에 못박힌, 그리고 왼쪽에서 못박힌, 두 강도들"(마태 27:38 ; 마가 15:17 ; 누가 23:39-43)도 "양들"과 "염소들"이 뜻하는 동일한 것을 뜻하기 때문에, 그러므로 주님께서 시인하신 전자에게는 "너는 오늘 나와 함께 낙원에 있을 것이다"고 언급되었습니다.

[7] 요한복음서의 말씀입니다.

> 예수께서 그들에게 "그물을 배 오른쪽에 던져라. 그러면 잡을 것이다" 하고 말씀하셨다. 제자들이 그물을 던지니, 고기가 너무 많이 걸려서, 그물을 끌어올릴 수가 없었다(요한 21:6).

성경말씀에서 "고기잡이"(fishing)는, 그 때 이방 사람들 대부분이 거기에 있었던, 외적인 선이나 자연적인 선 안에 있는 사람들의 교육이나 개종(改宗 · 전환 · conversion)을 뜻하기 때문입니다. 그래서 "물고기"(fish)는 자연적인 사람에 속한 모든 것들을 뜻하고 "배"(boat)는 성경말씀에서 비롯된 교리를 뜻합니다. 그러므로 "배의 오른쪽"은 삶에 속한 선을 뜻합니다. 이러한 내용은 주님께서 말씀하신 것이 무엇인지 명료하게 합니다. 다시 말하면 그들이 삶에 속한 선(=선한 삶 · the good of life)을 가르쳐야 한다는 것을 뜻합니다. 그들이 이와 같이 이방 사람들을 그 교회로 개종(改宗)시켰다는 것은, "제자들은 고기가 너무 많이 걸려서, 그물을 끌어 올릴 수가 없었다"고 언급된 그런 넉넉함으로 알게 된 그들의 깨달음이 뜻합니다. 만약에 오른쪽이 이런 뜻을 가지고 있지 않다면, 주님께서 그들에게 "그물을 배의 오른쪽에 던져라" 라고 말씀하시지 않았을 것이라는 것을 누구가 모르겠습니까.

[8] 마태복음서의 말씀입니다.

> 네 오른 눈이 너로 죄를 짓게 하거든, 그것을 빼어서 내버려라. 신체의 한 부분을 잃는 것이, 온몸이 지옥에 던져지는 것보다 더 낫다. 또 네 오른 손이 너로 죄를 짓게 하거든, 그것을 찍어서 내버려라. 신체의 한 부분을 잃는 것이, 온몸이 지옥에 던져지는 것보다 더 낫다(마태 5:29, 30).

여기서 "오른 눈"이나 "오른 손"이 주님께서는 오른 눈이나 오른 손을 뜻하지 않는다는 것은, 그것이 너로 죄를 짓게 하거든, 어느 누구나 "그것을 빼어서 버려라"는 눈이나 "그것을 찍어서 내버려라"는 손에 관해 언급한 것이 아니라는 것을 잘 알고 있습니다. 그러나 여기서 "눈"이 영적인 뜻으로 이해에 속한 모든 것을 뜻하기 때문에, 그리고 그것에서 비롯된 생각에 속한 모든 것을 뜻하기 때문에, 그리고 "오른손"이 의지에 속한 모든 것들, 그리고 그것에서 비롯된 정동에 속한 모든 것을 뜻하기 때문에, 따라서 여기서 밝히 알아야 할 것은 "만약에 오른 눈이 너로 죄를 짓게 하거든, 그것을 빼어서 버려라"는 말씀이 만약에 어느 누구가 악을 생각한다면 그 악은 반드시 생각에서부터 배척되어야 한다는 것을 뜻하고, 그리고 또한 "만약에 오른 손이 너로 죄를 짓게 하거든, 그것을 찍어서 버려라"는 말씀은 만약에 악이 의도, 원하는 것이라면 의지에 속한 악은 반드시 찍어서 버려져야 한다는 것을 뜻한다는 것입니다. 왜냐하면 눈 자체는 죄를 짓게 할 수 없기 때문이고, 그리고 또한 오른 손도 역시 그렇게 할 수 없기 때문입니다. 그러나 이해에 속한 생각이나, 의지에 속한 정동은, 그것들이 그런 것에 대응하기 때문에, 능히 그렇게 할 수 있기 때문입니다. "오른 눈"이나 "오른 손"이라고 언급되었지만 그것은 오른 눈이나 오른 손을 뜻하지 않습니다. 그리고 "오른쪽"(the right)은 선을 뜻하고, 반대의 뜻으로는 악을 뜻하기 때문입니다. 이에 반하여 만약에 거짓이 악에 속한 거짓이 아니라면, "왼손"은 진리를 뜻하고, 반대의 뜻으로는 거짓을 뜻하고, 그리고 죄를 짓게 하는 모든 원인은 악에서 비롯된 것이지, 거짓에서 비롯된 것이 아니기 때문입니다. 이런 것들이 속사람에 관해서 언급된 것이고, 그리고 속사람의 부위는 생각하고(to think), 그리고 원하는 것(to will)이라는 것이고 그리고 겉사람에 속한 그런 부위는 그렇게 하지 못한다는 것, 그리고 겉사람의 부위는 보고(to see), 행동한다는 것(to act)이라는 것은 "다른 여인"에 관해서 그 직시 이어진 말씀, 즉 "여자를 보고 음욕을 품는 사람은 누구나 이미 마음으로 그 여자와 간음한 것이다"는 말씀에서 잘 알 수 있습니다.

600[B]. [9] 복음서의 말씀입니다.

> 세베대의 아들들의 어머니가 아들들과 함께 예수께…… 무엇인가를 청하였다. 예수께서 그 여자에게 물으셨다.…… 여자가 대답하였다. "나의 이 두 아들을 선생님의 나라에서, 하나는 선생님의 오른쪽에, 하나는 선생님의 왼쪽에 앉게 해주십시오" 그러나 예수께서는 대답하여 말씀하셨다. "너희는 너희가 구하는 것이 무엇인지를 모르고 있다.…… 그러나 내 오른쪽과 왼쪽에 앉히는 그 일은, 내가 할 수 있는 것이 아니다. 그 자리는 내 아버지께서 정해 놓으신 사람들에게 돌아갈 것이다"(마태 20:20-23 ; 마가 10:35-40).

세베대의 아들들의 어머니, 즉 야고보와 요한의 어머니가 이와 같이 물으셨는데, 그것은 그 "어머니"가 교회를 뜻하기 때문입니다. 그리고 "야고보"(James)는 인애를 뜻하고, "요한"은 행위 안에 있는 인애에 속한 선을 뜻합니다. 이런 둘들, 즉 그런 것들 안에 있는 자들은 천계에서 주님의 오른쪽과 왼쪽에 있습니다. 오른쪽은 남녘이고, 왼쪽은 북녘입니다. 그리고 남쪽에는 명료한 선에서 비롯된 진리의 빛 가운데 있는 자들이 있고, 북녘에는 불영명한 선에서 비롯된 진리의 빛 가운데 있는 자들이 있습니다. 태양이신 주님에게서 발출하는 신령존재 자체는 이런 방위들에 있는 신령한 영기(a Divine sphere)를 생성합니다. 이런 이유 때문에 선에서 비롯된 진리들 안에 있는 자들을 제외하면 거기에서 살 수 있는 자는 아무도 없습니다. 이러한 사실은 "내 오른쪽과 왼쪽에 앉히는 그 일은, 내가 할 수 있는 것이 아니다. 그 자리는 내 아버지께서 정해 놓으신 사람들에게 돌아갈 것이다"는 말씀의 뜻입니다. 여기서 "아버지"(the

Father)는, 천계와 천계의 모든 것이 비롯된 근원인, 신령사랑에 속한 신령선을 뜻하기 때문에, 그러므로 주님께서 하신 말씀들은, 천계에서 그분의 오른쪽과 왼쪽에 앉는다는 것은 주님에 의하여 남쪽과 북쪽에 있는 자들에게 할당(割當)된 상속(相續)을 가지기 위하여 세상의 창조 때부터 그들을 위하여 준비된 자들에게 주어진다는 것을 뜻합니다.

[10] "오른쪽"이 천계에서 남녘을 뜻한다는 것은 시편서에서 명확합니다. 시편서의 말씀입니다.

> 하늘은 주의 것, 땅도 주의 것,
> 세계와 그 안에 가득한 모든 것이 모두
> 주께서 기초를 놓으신 것입니다.
> 북녘과 남녘을 주님이 창조하셨으니,
> 다볼과 헤르몬이
> 주의 이름을 크게 찬양합니다.
> (시편 89:11, 12)

여기서 "하늘과 땅"(heaven and earth)은 높은 천계와 낮은 천계, 마찬가지로 내적인 교회와 외적인 교회를 뜻합니다. "세계와 그 안에 가득한 모든 것"은 일반적으로 선과 진리의 측면에서 천계와 교회를 뜻합니다. 여기서 "세계"(the world)는 선의 측면에서 천계와 교회를 뜻하고, "그 안에 가득한 모든 것"은 진리의 측면에서 교회를 뜻합니다. 그것들 안에는 이런 원칙들(principles), 즉 그것들 안에 있는 자들이 북쪽과 남쪽에 있기 때문에, 그리고 남쪽은 주님의 오른쪽이기 때문에, "북쪽과 오른쪽"이라고 언급되었습니다. 그리고 이런 방위들 안에 있는 신령선에 결합된 신령진리는, 위에서 언급한 것과 같이, 세상의 기초에서 비롯된 그런 것들이기 때문에, "주께서 기초를 놓으셨다" "주께서 창조하셨다"고 언급되었습니다.

[11] 이사야서의 말씀입니다.

> 주께서 너희에게
> 환난의 빵과 고난의 물을 주셔도,
> 다시는 너의 스승들을
> 숨기지 않을 것이니,
> 네가 너의 스승들을 직접 볼 것이다.
> 네가 오른쪽이나 왼쪽으로 치우치려 하면,
> 너의 뒤에서 "이것이 바른 길이니,
> 이 길로 가거라" 하는 소리가
> 너의 귀에 들릴 것이다.
> (이사야 30 : 20, 21)

이 장절은 시험들 안에 있는 자들을 다루고 있고, 그리고 그들은 시험들에 의하여, 그리고 시험들을 겪은 뒤에, 교리의 진리들로 가르침(敎育)을 수용, 영접하였습니다. 그 시험들 자체들은 "환난의 빵과 고난의 물"(=고난의 빵과 고통의 물 · the bread of distress and the waters of oppression)이 뜻하는데, 여기서 "환난의 빵"(=고난의 빵)은 사랑의 선에 대한 시험들을 뜻하고, "고난의 물"(=고통의 물)은 믿음에 속한 진리들에 대한 시험들을 뜻합니다. 왜냐하면 시험들은 두 종류가 있는데, 다시 말하면 사랑에 속한 선에 대한 시험들과, 믿음에 속한 진리들에 대한 시험들이 있기 때문입니다. 여기서 "빵"(bread)은 사랑에 속한 선을 뜻하고, "물"(water)은 믿음에 속한 진리들을 뜻하고, "환난"(=고난 · distress)이나 "고난"(=고통)은 시험의 상태들을 뜻합니다. 교리에 속한 진리들의 가르침(敎育)은 "네 눈이 네 선생들을 볼 것이다"(=네가 너의 스승들을 직접 볼 것이다)는 말씀이 뜻합니다. 여기서 "눈"(eyes)은 이해나 믿음을 뜻하고, "선생들"(=스승들)은 교리를 뜻합니다. 교리의 진리들에 일치하는 삶의 선(=선한 삶)은 "네 귀가 네 위에서 한 말을 들을 것이다"(=이것이 바른 길이니, 이 길로 가거라 하는 소리가 너의 귀에 들릴 것이다)는 말씀이 뜻합니다. 그리고 "귀"(ears)가 복종(=순종·obedience)을 뜻하는데, 그리고 복종(=순종)이 삶에 속한 것이기 때문에, 그러므로 "이 말을 듣는다"는 것은 교리에 속한 진리들에 일치하는 삶을 뜻합니다. 더 상세한 가르침이나 복종(=순종)은 "네가 오른쪽이나 왼쪽으로 치우치려 하면, 너의 귀에서 '이것이 바른 길이니, 이 길로 가거라' 하는 소리가 너의 귀에 들릴 것이다"는 말씀에 의하여 기술되었습니다. 여기서 "길"(way)은 인도하는 진리를 뜻하고, 그리고 인도하는 진리는 "오른쪽으로 간다"는 말이 뜻하는데 그것은 천계에서 남쪽으로 인도합니다. 그리고 북쪽으로 인도하는 진리는 "왼쪽으로 치우친다"(=왼쪽으로 간다)는 말이 뜻합니다.

[12] 같은 책의 말씀입니다.

> 너의 장막 터를 넓혀라.
> 장막의 휘장을 아끼지 말고 펴라.
> 너의 장막 줄을 길게 늘이고
> 말뚝을 단단히 박아라.
> 네가 좌우로 퍼져 나가고,
> 너의 자손이 이방 나라들을 차지할 것이며,
> 황폐한 성읍들마다
> 주민들이 가득할 것이다.
> (이사야 54 : 2, 3)

이 말씀은 이방 사람들 가운데 있는 교회의 설시를 다루고 있습니다. 여기서 "너의 장막의 터를 넓혀라"는 말씀은 선에서 비롯된 예배에 관한 교회의 증대(增大)를 뜻하고, "장막의 휘장을 아끼지 말고 펴라"(=네 처소의 휘장을 펴게 하라)는 말씀은 교리의 진리들에 관한 교회의 증대를 뜻하고, "너의 장막줄을 길게 늘여라"(=네 줄을 길게 하라)는 말씀은 이런 진리들의 확장이나 확대를 뜻하고, "말뚝을 단단히 박아라"(=네 말뚝을 견고히 하여라)는 말씀은 성언에서 비롯된 확증을 뜻하고, "좌우로 퍼져 나가라"(=좌우로 터져 나가라)는 말씀은 인애의 선이나 믿음의 진리에 관한 확장이나 증대(enlargement)를 뜻하는데, 여기서 "오른쪽"은 인애의 선에 관한 것들을 뜻하고, "왼쪽"은 그 선에서 비롯된 믿음의 진리에 관한 것을 뜻합니다. 그리고 "이방 나라들을 차지한 너의 자손"(=이방 사람들을 유업으로 받을 너의 자손)은 선들이 그것들을 통해서 있을 진리를 뜻하는데, 여기서 "자손"(=씨 · seed)은 진리를 뜻하고, "나라들"(=민족들 · nations)은 선들을 뜻합니다. "주민들이 가득할 황폐한 성읍들"은 삶의 선들(=선한 삶들)에서 비롯된 진리들을 뜻하고, 여기서 "황폐한 성읍들"은 전에는 진리들이 전혀 없었던 교리의 진리들을 뜻하고, "민족들"(=주민들)은 그 진리들이 비롯된 근원을 가리키는 삶의 선들(=선한 삶들)을 뜻하고, "가득할 것이다"(=거주한다 · to inhabit)는 것은 사는 것을 뜻합니다.

[13] 같은 책의 말씀입니다.

> 만군의 주의 진노로 땅이 바싹 타버리니,
> 그 백성이 마치 불을 때는 땔감같이 되며,
> 아무도 그 형제자매를 아끼지 않을 것이다.
> 오른쪽에서 뜯어먹어도 배가 고프고,
> 왼쪽에서 삼켜도 배부르지 않아,
> 각각 제 팔뚝의 살점을 뜯어먹을 것이다.
> (이사야 9 : 19, 20)

이 말씀은 거짓에 의한 선의 멸절(the extinction of good)을 뜻하고, 악에 의한 진리의 멸절을 기술하고 있습니다. 그들이 탐구(探究)하고 찾을 모든 선이나 진리의 멸절은, "그가 오른쪽에서 뜯어먹어도 배가 고프고, 왼쪽에서 삼켜도 배부르지 않을 것이다"는 말씀이 뜻합니다. 여기서 "오른쪽"은 진리가 비롯된 근원인 선을 뜻하고, "왼쪽"은 선에서 비롯된 진리를 뜻합니다. 그리고 "뜯어먹고, 삼킨다"(=낚아 채고, 먹는다)는 것은 찾고, 탐색하는 것(to search for)을 뜻하고, "배고프고, 배부르지 않는다"(=만족하지 않는다)는 것은 찾지 못할 것이고, 그리고 찾는다고 해도 여전히 영접, 수용되지 않는다는 것을 뜻합니다. 더 상세한 내용은 그 장절이 설명된 본서 386[B]항을 참조하십시오.

[14] 에스겔서의 말씀입니다.

>   그 네 생물의 얼굴 모양은 제각기, 앞쪽은 사람의 얼굴이요, 오른쪽은 사자의 얼굴이요, 왼쪽은 황소의 얼굴이요, 뒤쪽은 독수리의 얼굴이었다(에스겔 1 : 10).

이 구절은 "게르빔"이 뜻하는 것인데, 그것은 "그들의 얼굴들", 즉 사람의 얼굴 · 사자의 얼굴 · 황소의 얼굴 · 독수리의 얼굴이 뜻하는 것으로 그것들의 내용은 본서 377-281항에서 볼 수 있습니다. 오른쪽에 보인 사람의 얼굴들이나 사자의 얼굴들은 "사람"이 빛 가운데, 또는 총명 가운데 있는 신령진리를 뜻하기 때문이고, 그리고 "사자"(a lion)는 그것에서 비롯된 능력 가운데 있는 신령진리를 뜻하기 때문인데, 이런 부류는 남쪽의 천계에 있습니다. 그리고 "왼쪽"에서 보인 황소의 얼굴은 불영명 상태에 있는 진리의 선을 뜻하는데 그것은 "황소"(an ox)가, 천계에서 북녘에 살고 있는 자들 가운데 있는 자연적인 사람의 선을 뜻하기 때문입니다.

[15] 스가랴서의 말씀입니다.

그 날에 내가, 유다의 지도자들을, 나뭇단 사이에 놓인 과열된 도가니처럼, 곡식단 사이에서 타는 횃불처럼 만들겠다. 그들이 주변의 모든 민족을 좌우로 닥치는 대로 불사를 것이다. 그러나 예루살렘은 다치지 않고 제자리에 그대로 남아 있을 것이다(스가랴 12 : 6).

이 장절도 천적인 교회의 설시, 즉 주님사랑의 선 안에 있을 교회의 설시를 다루고 있습니다. 그 교회는 바로, "유다의 집"이 뜻합니다. 그리고 그 교회의 "지도자들"은 그 교회의 진리들과 함께 하는 선들을 뜻합니다. 그리고 이것들에 의한 온갖 악들이나 거짓들의 흩어짐(分散)은, "나뭇단 사이에 놓인 과열된 도가니처럼, 곡식단 사이에서 타는 횃불처럼 만들겠다"는 말씀이 뜻하고, 그리고 "그들이 주변의 모든 민족을 좌우로 닥치는 대로 불사를 것이다"는 말씀이 뜻합니다. 여기서 그 교회에 의하여 소멸될 온갖 악들은 "나뭇단 사이에 놓인 과열된 도가니"나 "곡식단 사이에서 타는 횃불"이 뜻하고, 그리고 역시 온갖 거짓들은 "좌우로 닥치는 대로 삼킬 것이고, 불살라 버릴 주변의 모든 민족"이 뜻합니다. 그리고 온갖 악들이나 거짓들의 맹공(猛攻)에서 안전한 이 교회나, 그리고 교리의 진리들에 일치하는 선한 삶에서 살 이 교회는 "예루살렘은 그 본래의 자리, 곧 예루살렘에 다시 거하게 될 것이다"(=예루살렘은 다치지 않고 제자리에 그대로 남아 있을 것이다)는 말씀이 뜻합니다. 여기서 "거한다"(=남아 있다)는 것은 선한 삶에 관해서 서술하고, "예루살렘"은 교리의 진리들의 측면에서 교회를 뜻합니다.

[16] 에스겔서의 말씀입니다.

내가 성문마다
살육하는 칼을 세워 놓았다.
번개처럼 번쩍이는 칼,

10장 1-11절

> 사람을 죽이려고 날카롭게 간 칼이다.
> 칼아, 날을 세워 오른쪽을 치며
> 방향을 잡아 왼쪽을 쳐라.
> 어느 쪽이든지 너의 날로 쳐라.
> (에스겔 21 : 15, 16)

이 말씀은 지독한 거짓들에 의한 진리의 파괴를 기술합니다. 여기서 "칼"(a sword)은 진리를 파괴하는 그런 부류의 거짓들을 뜻하고, 그리고 그 거짓의 비참함이나 극악함은 "번개처럼 번쩍이는 칼, 사람을 죽이려고 간 칼"에 의하여 기술되었습니다. 그리고 이런 부류의 거짓 안에 있는 자들이 선이나 진리에 속한 것을 아무것도 가지지 못한다는 것, 그러나 그들이 그것에 대하여 연구, 찾으려는 많은 열정을 가지고 있다는 것은 "칼아, 날을 세워 오른쪽을 치며, 방향을 잡아 왼쪽을 쳐라. 어느 쪽이든지 너의 날로 쳐라"(=너는 이 길로나 저 길로나 오른편이나 왼편이나 얼굴이 향한 곳이면 어디로든지 가라)는 말씀이 뜻합니다.

[17] 스가랴서의 말씀입니다.

> 양 떼를 버리는 쓸모 없는 목자에게
> 재앙이 닥칠 것이다.
> 칼이 그의 팔과 오른 눈을
> 상하게 할 것이니,
> 팔은 바싹 마르고,
> 오른 눈은 아주 멀어 버릴 것이다.
> (스가랴 11 : 17)

"양 떼를 버리는 쓸모 없는 목자"는 진리를 가르치지 않는 자들을 뜻하고, 그리고 진리에 의하여 선한 삶에 인도하지 못하는 자들을 뜻하고, 그리고 그들이 가르치는 것이 진리인지 거짓인지 전혀 마음을 쓰지 않는 자들을 뜻합니다. "칼이 그의 팔을 상하게 한다"(=임할 것이다)는 것은 의지에 속한 모든 선을 파괴하는 거짓을 뜻하고, "칼이 그의 오른 눈을 상하게 할 것이다"는 것은 이해에 속한 모든 진리를 파괴하는 거짓을 뜻합니다. 그리고 "바싹 마른 팔과 아주 멀어 버릴 그의 오른 눈"은 그들이 모든 선과 진리를 빼앗길 것이라는 것을 뜻합니다. 이 장절의 자세한 내용은 본서 131[B]·152항을 참조하십시오.

600[C]. [18] 인체의 오른쪽 옆역(=부위)이나 오른쪽 영역(=부위)의 기관들은 그것을 통해서 선이 들어온 진리를 뜻하기 때문에, 그러므로 아론과 그의 아들들이 제사장 직분에 임명될 때 이런 말씀이 명령되었습니다. 출애굽기서의 말씀입니다.

> 그 숫양을 잡고, 피를 받아서, 아론의 오른쪽 귓불과 그의 아들들의 오른쪽 귓불에 바르고, 그 오른손 엄지와 오른발 엄지에도 발라라. 그리고 남은 피를 제단 둘레에 뿌려라(출애굽기 29 : 20).

여기서 이와 같이 명령된 것은, "피"가 신령진리를 뜻하고, 그리고 그것에 의하여 사랑에 속한 선이기 때문입니다. 왜냐하면 이 선은 "아론"이 표징하기 때문이고, 그 진리는 "그의 아들들"이 표징하기 때문입니다. 그리고 사랑에 속한 신령선을 표징하는 임명(任命·敍品·consecration)은, "오른쪽 귓불과 오른손 엄지와 오른발 엄지에 바른 피"가 표징하는 신령진리에 의하여 이루어지기 때문입니다. "오른쪽 귓불"은 지각에서 비롯된 순종(=복종)을 뜻하고, "오른손 엄지"는 의지 안에 있는 선을 뜻하고, "오른발 엄지"는 행위 안에 있는 선을 뜻합니다. [19] "나병환자"(a leper)가 거짓에 의하여 파괴된 선을 뜻하기 때문에 신령한 방법에 의하여 이런 부류의 악에 빠진 자가

10장 1-11절

치유되는 길이 나병환자의 치유과정에 의하여 기술되었다는 것은 내가 유일하게 인용하려는 장절의 영적인 뜻으로 이해되겠습니다. 레위기서의 말씀입니다.

> 제사장은 속건제물의 피를 받아다가 정하게 되려는 사람의 오른쪽 귓불과 오른손 엄지와 오른발 엄지에 발라야 한다. 그런 다음에, 제사장은 기름 한 록(the log)에서 얼마를 덜어, 왼손 바닥에 붓고, 오른쪽 손가락으로 왼손 바닥에 부은 기름을 찍어, 그 손가락에 묻은 기름을 주 앞에서 일곱 번 뿌린다(레위기 14:14-16 ; 14:24-28).

여기서 "오른쪽 귓불"이나 "오른손 엄지"와 "오른발 엄지"는 위에 언급, 기술된 동일한 뜻을 가지고 있기 때문에, 그러므로 "피"도 역시 신령진리를 뜻합니다. 왜냐하면 이것은 사람 안에 있는 선들을 파괴한 온갖 거짓들로부터 그 사람을 깨끗하게 정화(淨化)하기 때문입니다. 그리고 그 사람이 이런 것들로부터 정화되었을 때, 선은 진리들에 의하여 생성될 수 있고, 그리고 그 사람은 이렇게 해서 나병에서 치유될 것입니다. 이런 일련의 것에서 볼 때 우리가 밝히 알 수 있는 것은 "오른쪽과 왼쪽(左右)이, 위에서 설명한 것과 같이, 진리가 비롯된 근원인 선과 그리고 선에서 비롯된 진리를 뜻한다는 것입니다. 왜냐하면 피가 신체의 기관들의 오른쪽 부위에 바르는 또 다른 목적이 무엇이고, 그리고 왼손 바닥에 부은 기름을 오른쪽 손가락으로 뿌리는 또 다른 목적이 무엇이겠습니까?

[20] 동일한 내용의 에스겔서의 말씀입니다.

> 너(=예언자 에스겔)는 또 왼쪽으로 누워서, 이스라엘 족속의 죄악을 네 몸(=네 옆)에 지고 있거라. 옆으로 누워 있는 날 수만큼, 너는 그들의 죄악을 떠맡아라(에스겔 4:4).

왜냐하면 여기서 "예언자"(=선지자)는 가르치는 자를 뜻하고, 그리고 추상적인 뜻으로는 교회에 속한 교리를 뜻하기 때문입니다. 그리고 "왼쪽"(the left side)은 선에서 비롯된 진리에 속한 교리를 뜻하고, 그리고 그와 같은 일은 사람을 그의 죄악으로부터 정화하는 선에서 비롯된 진리들을 통해서 이루어지기 때문입니다.
[21] 솔로몬은 놋쇠 물통들(lavers)을 이런 식으로 놓았습니다. 열왕기 상서의 말씀입니다.

> 받침대 다섯 개는 성전의 오른쪽에, 다섯 개는 성전의 왼쪽에 놓았고, 바다 모양 물통은 성전 오른쪽의 동남쪽 모퉁이에 놓았다(열왕기 상 7:39)

이런 이유 때문에 "집이나 성전"(the house or temple)은 천계나 교회를 표징합니다. 그리고 "놋쇠 물통들"은 거짓들이나 악들로부터의 정화(淨化)들을 표징하고, 그리고 따라서 천계나 교회에 들어가기 위한 준비들을 표징합니다. "집의 오른쪽 어깨"(=성전의 오른쪽 어깨)는 천계의 남쪽을 뜻하는데, 거기에는 신령진리가 그것의 빛 가운데 있고, "그것의 왼쪽 어깨"(=성전의 왼쪽 어깨)는 북쪽을 뜻하는데, 거기에는 신령진리가 그것의 그늘 가운데 있습니다. 따라서 이들 "열 개의 놋쇠 물통들"(=바다들)은 정화에 속한 모든 것들을 뜻하고, 그리고 정화된 사람 모두를 뜻합니다. 그리고 "한쪽 어깨의 다섯 개와 다른 쪽 어깨의 다섯 개"는 이런 것들을 뜻하고, 그리고 또한 빛 가운데 있는, 또는 그늘 가운데 있는 신령진리가 그에게 있는, 모든 종류의 사람들을 뜻합니다. 여기서 "열"(10 · ten)은 모든 사물들이나 모든 인물들을 뜻하고, "다섯"(5 · five)은 일부분이나 한 종류를 뜻합니다. 구리 바다(the brazen sea)는 일반적인 정화하는 것을 표징합니다. 이러한 것이 "성전 오른쪽의 동남쪽 모퉁이에 놓았다"는 그 자리를 차지한 이유입니다. 그것은 정화하는 신령진리가 주님의 신령사랑에서 발출하기 때문입니다. 왜냐하면 동쪽(the east)은 주님께서 태양으로 나타나시는 곳이기 때문이고, 그리고 그 태양에서 비롯되는 천계의 빛을 가리키는 신령진리는 그 태양에서 비롯되는 천계의 빛을 가리키는 신령진리는 그것의 밝음이나 일광(日光) 가운데 남쪽에 있기 때문입니다. 이러한 뜻이 일반적인 성작 수건(聖爵·purificator)을 "성전의 동남쪽 모퉁이"에 두는 이유입니다. 성경말씀에 속한 이런 비의(祕義)는, 이 세상의 방위(方位)들과 전혀 다른, 천계의 바위들이 이해되기 전까지는 이 세상에서는 전혀 알 수 없습니다. 천계의 방위에 관해서는 《천계와 지옥》141-153항을 참조하십시오.

[22] 영계에 있는 모두는 동일한 지배적인 사랑(a ruling love) 안에 인도되는 그 길들을 통해서 들어가고 걸어가기 때문에, 그리고 모두는 그가 원하는 어떤 길을 가든 자유이기 때문에, 따라서 누구나 자신의 사랑이 자기 자신을 인도하는 그 어떤 길로, 그 길에 의하여 자유스럽게 갑니다. 그리고 오른쪽으로 가는 길들이나 왼쪽으로 가는 길들은 이 사랑이나 저 사랑에 당도하고, 따라서 접목(椄木)된 것이 되어버려 그 사랑에 당도하기 때문에, 그러므로 "오른쪽과 왼쪽"(right and left)은 선택의 즐거움(pleasantly)이고, 자유(freely)를 뜻합니다. 이것이 창세기서의 말씀입니다.

> (아브람이 롯에게 말하였다.) "네가 보는 앞에 땅이 얼마든지 있으니, 따로 떨어져 살자. 네가 왼쪽으로 가면 나는 오른쪽으로 가고, 네가 오른쪽으로 가면 나는 왼쪽으로 가겠다"(창세기 13 : 9).

그리고 아브라함의 종은, 리브가가 이삭의 아내로서 적합한지

질문을 받았을 때, 라반에게 이렇게 말하였습니다. 창세기서의 말씀입니다.

> 내게 말해 주서서, 나로 하여금 오른편이나 왼편으로 돌이키게 하소서(창세기 24 : 49).

뒤로 물러나지 말고, 오른편이나 왼편으로 돌이키게 한다는 것은 주님께서 친히 인도하시는 길 이외의 다른 길에 가지 않는다는 것을 뜻하고, 그리고 그 길은 천계의 선이나 진리, 그리고 교회의 선이나 진리가 인도하는 길을 뜻하고, 따라서 타락의 길을 가지 않는다는 것을 뜻합니다. 예를 들면 이런 길이 되겠습니다.

> 그들이 너희에게 내리는 지시와 판결은 그대로 받아들여서 지켜야 한다. 그들이 너희에게 내려 준 판결을 어겨서, 우로나 좌로나 벗어나면 안 된다(신명기 17 : 11, 20 ; 28 : 14 ; 여호수아 1 : 7 ; 사무엘 하 14 : 19).
> 우리는 다만 '왕의 길'만 따라 가겠습니다. 임금님의 영토 경계를 다 지나갈 때까지, 오른쪽으로나 왼쪽으로 벗어나지 않겠습니다(민수기 20 : 17).
> '임금님의 땅을 지나가게 하여 주십시오. 오른쪽으로나 왼쪽으로 벗어나지 아니하고, 길로만 따라 가겠습니다(신명기 2 : 27).

더욱이 "오른쪽"(=오른 손)은 충분한 능력을 뜻하고, 그리고 주님과의 관계에서는 신령전능(神靈全能 · the Divine omnipotence)을 뜻합니다. 이런 내용에 관해서는 본서 298[A · B]항을 참조하십시오.

601[A]. 3절. **마치 사자가 울부짖듯이 큰소리로 부르짖었습니다.**

이 말씀은 교회 안에 있는 신령진리의 파괴 때문에 생긴 심한 고통의 입증(立證)을 뜻합니다. 이러한 뜻은, 그것에 관해서 곧 설명하겠지만, 심한 고통의 입증을 가리키는 "큰소리로 부르짖는다"는 말의 뜻에서, 그리고 교회 안에 있는 신령진리의 파괴 때문이라는 것을 가리키는 "사자의 울부짖음 같다"는 말의 뜻에서, 명확합니다. 왜냐하면 여기서 "사자"(a lion)는 그것의 능력에서 신령진리를 뜻하기 때문입니다(본서 278항 참조). 그리고 "부르짖는다"(to roar)는 것은 진리의 파괴 때문에 생긴 고통의 결과를 뜻합니다.

[2] 이런 내용이 바로 "마치 사자가 울부짖듯이 큰소리로 부르짖었다"는 말씀의 뜻이라는 것은 우리의 본문장에 이어지는 것에서 잘 알 수 있겠습니다. 거기에는 그 교회 안에 있는 신령진리의 파괴에 관해서 다루어졌습니다. 왜냐하면 "하늘에서 내려오는 힘센 천사"는, 신령진리를 가리키는 성언과의 관계에서, 주님을 뜻하기 때문입니다. 그리고 그 뒤에 그분에 관해서 "그 천사가 오른손을 하늘로 쳐들고, 영원무궁 하도록 살아 계시는 분을 두고, '때가 얼마 남지 않았다'고 맹세하였다"고 언급되었는데, 이 말씀은 더 이상 신령진리의 이해가 없을 것이고, 그리고 그것으로 말미암아 그 교회의 상태가 더 이상 없다는 것을 뜻합니다.

[3] 그리고 그 뒤에, "일곱째 천사가 불려고 하는 나팔 소리가 나는 날에는, 하나님의 비밀이 이루어질 것이다"는 말씀이 언급되었는데, 이 말씀은, 인애의 선이 없기 때문에 신령진리 안에 전혀 믿음이 없는 때가 임하는 것을 가리키는 최후심판(the Last Judgment)을 뜻합니다. 이렇게 볼 때 밝히 알 수 있는 것은, "그가, 사자가 울부짖듯이 큰소리로 부르짖었다"는 말씀이 그 교회 안에 있는 신령진리의 파괴 때문에 생긴 심한 고통의 입증을 뜻한다는 것입니다.

[4] 더욱이 "사자"(a lion)는 자주 성경말씀에 거명되는데, 최고의 뜻으로 "사자"는 신령진리와의 관계에서 주님을 뜻하고, 그리고 주님에게서 비롯되는 신령진리에 관해서는 천계와 교회를 뜻합니다. 그리고 이런 뜻에서 "사자"는 능력에 관해서 신령진리를 뜻합니다(본서 278항 참조). 이러한 내용은, "울부짖는다는 것, 또는 울부짖음"이 뜻하는 것이 무엇인지 명료하게 합니다. 다시 말하면 그것은 천계나 교회의 방어(防禦)를 위한 열렬한 정동을 뜻한다는 것입니다. 따라서 그것은, 신령진리나 그것의 능력에 의한 악에 속한 거짓들의 파괴에 의하여 행해지는 천계의 천사들이나 교회의 사람들을 보호, 구원하기 위한 열렬한 정동을 뜻한다는 것입니다. 그러나 반대의 뜻으로는, "사자가 울부짖는다. 또는 사자의 울부짖음"은, 악에 속한 온갖 거짓들에 의하여 신령진리의 파괴에 의하여 행해지는 것을 가리키는, 교회를 파괴하는 것이나 황폐하게 하려는 열렬한 욕구(欲求)나 욕망(欲望)을 뜻합니다. "사자의 울부짖음"이 이러한 것을 뜻한다는 것은, 사자가 배가 고프고, 그리고 먹이를 찾을 때를 가리키기 때문에, 그리고 그 때는 자기의 적이나 경쟁자에 대하여 몹시 분노, 격분하기 때문입니다. 이것이 바로 사자가 울부짖는 관습입니다.

[5] 성경말씀에서 "울부짖는다"(to roar), "울부짖음"의 뜻이 이러한 것이라는 것은 아래의 인용 장절에서 잘 알 수 있겠습니다. 이사야서의 말씀입니다.

　　　주께서 나에게 이런 말씀을 하셨다.
　　　"사자가 으르렁거릴 때에,
　　　힘센 사자가 먹이를 잡고 으르렁거릴 때에,
　　　목동들이 떼지어 몰려와서 소리 친다고
　　　그 사자가 놀라느냐?
　　　목동들이 몰려와서 고함친다고

10장 1-11절

그 사자가 먹이를 버리고 도망가느냐?"
그렇듯, 만군의 주께서도
그렇게 시온 산을 보호하신다.
(이사야 31 : 4)

이 장절에서 여호와(=주님)는 사자의 울부짖음에 비유되었는데, 그것은 사자가 신령진리와 그것의 능력과의 관계에서 주님을 뜻하기 때문이고, 그리고 "울부짖는다"(to roar)는 것은 온갖 악들이나 거짓들에 대하여 교회를 방어하려는 열망을 뜻하기 때문입니다. 그러므로 "만군의 주께서도 그렇게 시온 산과 그 언덕을 보호하신다"(=이와 같이 만군의 주께서도 시온 산과 그 언덕으로 싸우려고 내려오신다)는 말씀이 언급되었습니다. 여기서 "시온 산"(Mount Zion)은 천적인 교회를 뜻하고, 그리고 "그 언덕, 또는 예루살렘"은 영적인 교회를 뜻합니다. "으르렁거리는 사자의 먹이"는 지옥으로부터의 구출을 뜻합니다.

[6] 요엘서의 말씀입니다.

주께서 시온에서 외치시고
예루살렘에서 큰소리를 내시니,
하늘과 땅이 진동한다.
그러나 주께서는,
당신의 백성에게 피난처가 되실 것이다.
이스라엘 자손에게 요새가 되실 것이다.
(요엘 3 : 16)

신령진리에 의한 주님의 신실한 사람의 보호가 "주께서 시온에서 외치시고, 예루살렘에서 큰소리를 내신다"는 말씀에 의하여 기술되었습니다. 신령진리의 열정적인 능력, 그리고 결과적으로 무서운 공포(terror)가 "하늘과 땅이 진동한다"는 말씀에 의하여 기술되었습니다. 그리고 구원이나 보호(salvation and

protection)는 "주께서는 당신의 백성에게 피난처가 되실 것이고, 이스라엘 자손에게는 요새가 되실 것이다"는 말씀에 의하여 기술되었습니다. 여기서 "주의 백성"(=여호와의 백성)이나 "이스라엘의 자손"은 교회에 속한 신실한 사람을 가리킵니다.
[7] 호세아서의 말씀입니다.

> 내가 다시는
> 에브라임을 멸망시키지 않겠다.……
> 주께서 사자처럼 부르짖으신다.
> 이스라엘 사람들이
> 주의 뒤를 따라 진군한다.
> 주께서 친히 소리 치실 때에,
> 그의 아들딸들이
> 서쪽에서 날개 치며 빨리 날아올 것이다.
> 이집트 땅에서 참새 떼처럼 빨리 날아오고,
> 앗시리아 땅에서 비둘기떼럼 날아올 것이다.
> "내가 끝내 그들을
> 고향집으로 돌아오게 하겠다."
> (호세아 11 : 9-11)

여기서 "에브라임"은 진리의 이해에 관한 교회를 뜻하고, 그러므로 그것에 관해서 뒤이어 언급되었습니다. "주의 뒤를 따라 진군한다"(=주를 따라간다)는 말은 주님을 예배하는 것을 뜻하고, 그리고 그분으로 말미암아 살아가는 것을 뜻합니다. "주께서 사자처럼 부르짖으신다"(=그가 사자같이 포효할 것이다)는 것은 신령진리에 의한 그런 것의 보호나 방어를 뜻하고, "그의 아들딸들이 서쪽에서 날개치며 빨리 날아올 것이다"(=그 자손들이 서쪽에서부터 떨 것이다)는 것은 자연적인 선 가운데 있는 자들은 그 교회에 가까이 갈 것이라는 것을 뜻합니다. "그들은 이집트에서 날아온 새처럼 떨 것이다"(=이집트 땅에서 참새 떼처럼 빨리 날아오른다)는 것은 참된 지식들(=과학지들)에서 비롯된 그들의 자연적인 생각(思想)을 뜻하고, 여기서 "새"(=참새 · a bird)는 생각(思想)을 뜻하기 때문이고, 그리고 "이집트"는 자연적인 진리를 가리키는 지식(=과학지)을 뜻합니다. "앗시리아 땅에서 비둘기처럼 날아올 것이다"는 말씀은 그들이 합리적인 선과 진리를 소유할 것이라는 것을 뜻합니다. 여기서 "비둘기"는 합리적인 선(national good)을 뜻하고, "앗시리아 땅"은 합리적인 진리의 측면에서 교회를 뜻합니다. 왜냐하면 사람 안에는 자연적인 선과 진리와 그리고 합리적인 선과 진리 양자가 있기 때문입니다. 여기서 자연적인 것은, 이 세상을 우러르는 낮은 것(lower), 즉 외면적인 것이고, 합리적인 것은 영적인 것과 자연적인 것이 결합하는 높은 것, 즉 내면적인 것입니다. 자연적인 것은 "이집트"가 뜻하고, 합리적인 것은 "앗시리아"가 뜻하고, 영적인 것은 "이스라엘"이 뜻합니다. "내가 끝내 그들을 고향집으로 돌아오게 하겠다"(=내가 그들을 그들의 집에 두겠다)는 말씀은 선에 속한 의지에서 비롯된 삶(=생명)과 진리에 속한 이해에서 비롯된 삶(=생명)을 뜻하고, 그리고 이런 것들로 형성되는 것이 인간적인 마음이라는 것은 "집"(house)이 뜻하고, "둔다"(to dwell)는 것은 사는 것(to live)을 뜻합니다.

[8] 아모스서의 말씀입니다.

> 참으로 주 하나님은, 당신의 비밀을
> 그 종 예언자들에게 미리 알리지 않고서는,
> 어떤 일도 하지 않으신다.
> 사자가 으르렁거리는데,
> 누가 겁내지 않겠느냐?
> 주 하나님이 말씀하시는데,
> 누가 예언하지 않을 수 있겠느냐?
> (아모스 3:7, 8)

여기서 "주 하나님은 당신의 비밀을 그 종 예언자들에게 미리 알리지 않고서는, 어떤 일도 하지 않으신다"는 말씀은 주님께서 선에서 비롯된 진리들 안에 있는 자들에게 성언에 속한 내면적인 것들을 공개하시고, 그리고 교리에 속한 내면적인 것들을 공개하신다는 것을 뜻합니다. "비밀을 예언한다"는 것은 성언에 속한 내면적인 것들을 분명하게 알리고, 공개하는 것을 뜻합니다. "그의 종 예언자들"은 교리에 속한 진리들 안에 있는 자들이나, 그것들을 영접, 수용한 자들을 뜻하고, "사자가 으르렁거리는데, 누가 겁내지 않겠느냐?"라는 말씀은 감동시키는 계시와 신령진리의 표명(=명시)를 뜻하고, "주 하나님이 말씀하시는데, 누가 예언하지 않을 수 있겠느냐?"는 말씀은 그것의 영접의 수용과 표명이나 명시를 뜻합니다. 선이 다루어질 때 주님께서는 "주 하나님"(=주 여호와 · Lord Jehovah)이라고 불리셨습니다.

[9] 스가랴서의 말씀입니다.

> 목자들이 통곡하는 소리를 들어라.
> 목자들이 자랑하는
> 푸른 풀밭(=영광)이 거칠어졌다(=훼손되었다).
> (스가랴 11 : 3)

여기서 "그들의 자랑하는 푸른 풀밭(=그들의 영광)이 훼손되었다는 목자들이 통곡하는 소리"는, 교회에 속한 선이 멸망하였기 때문에, 가르치는 자들의 슬픔을 뜻하고, "목자들"(shepherds)은 진리를 가르치고, 그리고 진리에 의하여 선한 삶으로 인도하는 자를 뜻하고, "영광"(=자랑 · magnificence)은 교회에 속한 선을 뜻하고, "요단 강이 자랑하는 밀림이 훼손되었다는 어린 사자들의 울부짖는 소리"는 교회에 있는 신령진리들의 훼손(=폐허) 때문에 생긴 슬픔을 뜻합니다. 신령진리들 안에 있는 자들이

10장 1-11절

"사자들"이라고 불리웠고, 그리고 "울부짖음"(roaring)은 슬픔을 뜻하고, "훼손된 요단 강의 자랑"은 신령진리가 생성하는 것에 대한 교회를 뜻합니다.
[10] 욥기서의 말씀입니다.

> 천둥과 같은 하나님의 음성이 들립니다.
> 번개불이 번쩍이고 나면,
> 그 위엄한 천둥소리가 울립니다.
> 하나님이 명하시면,
> 놀라운 일들이 벌어집니다.
> 도저히 이해할 수 없는
> 신기한 일들이 일어납니다.
> (욥기 37 : 4, 5)

여기서 "부르짖는다" 또는 "천둥 소리를 낸다"는 것은 신령진리, 즉 성언의 능력과 효험(效驗·efficacy)을 뜻합니다.
601[B]. [11] 인용된 여러 장절들에서 "울부짖는다"(to roar)는 것은, 넓은 뜻으로는 천계나 교회에서 방어에 속한 열렬한 정동을 뜻하고, 그리고 또한 신령진리와 그것의 능력에 의하여 악에 속한 거짓들의 파괴에 의하여 행해지는 천계의 천사들이나, 교회의 사람들의 보호에 관한 열렬한 정동을 뜻합니다. 그러나 반대의 뜻으로 "울부짖는다"(to roar)는 것은, 이런 일은 악에 속한 거짓들에 의하여 신령진리를 파괴하는 것에 의하여 행해지는 교회를 타락(墮落)시키고, 파괴시키려는 간절한 욕망을 뜻합니다. 이런 뜻으로 "울부짖는다"는 것은 아래의 장절에서 잘 인용되었습니다. 예레미야서의 말씀입니다.

> 바빌로니아가 폐허 더미로 변하고,
> 여우 떼의 굴혈이 되어,

아무도 살 수 없는 곳이 될 것이며,
놀라움과 조롱거리가 될 것이다.
바빌로니아 사람들은
모두 사자처럼 으르렁거리고,
어미 사자에게 매달리는 새끼들처럼
부르짖을 것이다.
그래서, 그들이 목이 타고 배가 고플 때에,
나는 그들에게 잔치를 베풀어
모두 취하여 흥겹도록 만들 터이니,
그들이 모두 기절하고 쓰러져서,
영영 깨어날 수 없는 잠에 빠지게 하겠다.
(예레미야 51 : 37-39)

이 장절은 바빌론의 멸망에 관한 것으로, 따라서 거기에 선과 진리가 전혀 없을 것이라는 것은 "바빌로니아는 폐허 더미로 변하고(=무더기가 되고), 여우 떼의 굴혈이 되고(=용들의 거처가 되고), 놀라움과 조롱거리가 될 것이다"(=놀람과 경멸거리가 된다)는 말씀이 뜻합니다. 여기서 "바벨론"(=바빌로니아)는 지배를 목적으로 거룩한 것들을 남용(濫用), 악용(惡用)하는 자들을 뜻하고, 악에 속한 거짓들에 의한 신령진리를 파괴하려는 그들의 열렬한 욕망은 "바빌로니아 사람들은 모두 사자처럼 으르렁거리고, 새끼 사자들처럼 부르짖을 것이다"는 말씀이 뜻합니다. 이와 같은 흉악한 짓거리를 행하는 것에서 결합된 자들의 열망은 "그들이 열기가 오르면(=그들이 목이 타고 배가 고플 때에) 내가 그들에게 잔치를 베풀고, 모두 취하여 흥겹도록 만들 것이다"(=연회를 베풀어 취하게 할 것이다)는 말씀이 뜻합니다. 그들이 악에 속한 거짓들로 말미암아 미치광이가 될 것이다는 것은 "그들은 취하게 되고, 그들이 기뻐할 것이다"(=모두 취하여 흥겹도록 만들겠다)는 말씀이 뜻합니다. 그들이 진리의 그 어떤 것도 이해하지 못하고, 따라서 생명을 전혀 알지 못할 것이라는 것은 "모두 기절하며 쓰러져서, 영영 깨어날 수 없는 잠에 빠지게 하겠다"(=그들이 기뻐하다가 영영 잠이 들어 깨어나지 못한다)는 말씀이 뜻합니다.
[12] 같은 책의 말씀입니다.

> "이스라엘이 노예냐?
> 집에서 태어난 종이냐?
> 그런데 어찌하여 잡혀 가서,
> 원수들의 노예가 되었느냐?
> 원수들이 그를 잡아 놓고,
> 젊은 사자들처럼 그에게 으르렁거리며,
> 큰소리를 질렀다.
> 그들이 이스라엘 땅을 황폐하게 만들었다.
> 성읍들은 불에 타서, 아무도 살지 않는다."
> (예레미야 2 : 14, 15)

"이스라엘이 노예냐? 집에서 태어난 종이냐?"라는 말씀은 진리들이나 선들 안에 있었던 교회를 뜻하지만, 그러나 지금은 더 이상 그렇지 않다는 것을 뜻합니다. 여기서 "이스라엘"은 교회를 뜻하고, "노예"(=종 · servant)는 진리들 안에 있는 자들을 뜻하고, "집에서 태어난 노예"는 선들 안에 있는 자들을 뜻합니다. "어찌하여 노예가 되었느냐?"는 말씀은 교회의 황폐나 파멸을 뜻하고, "젊은 사자들처럼 그에게 으르렁거리며 큰소리를 질렀다"는 말씀은 악에 속한 거짓들에 의하여 그 교회 안에 있는 신령진리의 파괴(=폐허)를 뜻하고, "그들이 그의 땅(=이스라엘 땅)을 황폐하게 만들었다"는 말씀은 악들에 의한 그 교회 자체의 파괴를 뜻하고, "성읍들은 불에 타서, 아무도 살지 않는다"는 말씀은 온갖 악들에 의한 그 교회의 교리적인 것들의 파괴를 뜻하고, 그러므로 거기에 교회의 선이 아무것도 남아 있지 않다는 것을 뜻합니다.
[12] 에스겔서의 말씀입니다.

> 그 새끼들 가운데서 하나를 키웠거니,
> 젊은 사자가 되었다.
> 그가 사냥하는 것을 배워,
> 사람을 잡아 먹으니,……
> 그들의 거처를 모두 파괴하니,
> 성읍들이 황량해지고
> 그의 으르렁대는 소리에
> 땅과 그 안에 가득 찬 것이
> 황폐해졌다.
> (에스겔 19 : 3, 7)

이 말씀은, 여기서는 "사자들의 어미"가 뜻하는, 유대교회에 관해서 언급하고 있습니다. 그리고 여기서 "젊은 사자"는 그 교회의 진리를 파괴하려는 열망의 상태에 빠져 있는 악에 속한 거짓을 뜻합니다. "먹이를 잡는다"(=먹이를 찢는다)는 것은 그 교회의 진리나 선의 파괴를 뜻합니다. "그것이 사람들을 삼켰고, 그것이 과부들을 강탈하였고, 성읍들을 훼손하였다"(=사람들을 잡아 먹으니, 그들의 거처를 모두 파괴하니, 성읍들이 황량해졌다)는 말씀은 진리들에 속한 모든 이해의 파괴나, 진리를 열망하는 선의 모든 파괴를 뜻하고, 마찬가지로 교리적인 것들의 파괴를 뜻합니다. 여기서 "과부들"(widows)은 진리를 열망하는 선을 뜻하고, "성읍들"은 교리적인 것들을 뜻하고, "그의 울부짖는 소리로 인하여 땅과 거기의 충만한 것들이 황폐하게 되었다"(=그의 으르렁대는 소리에 땅과 그 안에 가득 찬 것이 황폐해졌다)는 것은 악에 속한 거짓에 의한 교회의 파괴를 뜻하고,

그리고 성언에서 비롯된 모든 진리의 멸절(滅絶)을 뜻하는데, 여기서 "땅"(land)은 교회를 뜻하고, "가득 찬 것"(fulness)은 성언에서 비롯된 교회의 진리들을 뜻하고, "으르렁대는 소리"는 파괴하는 악에 속한 거짓을 뜻합니다.
[14] 예레미야서의 말씀입니다.

> 내가 내 이름으로 불리는 저 도성에서부터 재앙을 내리기 시작하였는데, 너희가 무사하게 넘어갈 수 있겠느냐? 너희는 절대로 무사하게 넘어가지 못한다. 이는 내가 온 세계에 전쟁을 일으켜서, 모든 주민을 칠 것이기 때문이다.……
> 그러므로 너는 이 모든 말로
> 그들을 규탄하여 예언하여라.
> 너는 그들에게 이렇게 말하여라.
> "주께서 저 높은 곳에서 고함 치신다.
> 그분의 거룩한 처소 하늘 꼭대기에서
> 벽력 같은 목소리를 내신다.
> 그분의 목장에다 대고 무섭게 고함 치신다.
> 포도를 밟은 자들처럼
> 이 땅의 모든 주민을 규탄하여
> 큰소리를 내신다.
> 주께서 만인을 신문하실 것이니,
> 그 우렁찬 소리가 땅 끝에 퍼질 것이다.
> 모든 사람을 심판하실 것이니,
> 악인들을 칼로 쳐서 죽게 하실 것이다."
> (예레미야 25 : 29-31)

이 장절은, 비록 사람들이 그것의 원인이지만, 교회의 폐허를 여호와의 탓으로 돌리고 있습니다. "내가 온 세상에 전쟁을 일으켜서, 모든 주민을 칠 것이다"는 말씀은 보편적인 교회 안에는 모든 진리를 파괴하는 거짓이 있다는 것을 뜻합니다. "주께서 저 높은 곳에서 고함 치신다. 그 분의 거룩한 처소 하늘 꼭대기에서 벽력 같은 목소리를 내신다"는 말씀은 신령진리의 황폐 때문에 천계에 있는 슬픔의 입증을 뜻합니다. "주께서 이 땅의 모든 주민을 규탄하여 큰소리를 내신다"는 것은 교회에 속한 모든 이런 것들에 대한 매우 심한 슬픔이나 애도(哀悼)를 뜻하고, "그 우렁찬 소리(=소동)가 땅 끝에까지 퍼질 것이다"는 말씀은 처음에서부터 마지막까지 교회에 속한 모든 것들의 소동(騷動)이나 방해(妨害)를 뜻합니다. "왜냐하면 주께서 모든 사람을 심판하실 것이기 때문이다"는 말씀은 악들 안에 있는 자들 모두에게 있는 재난(災難)이나 심판을 뜻하고, "악인들을 칼로 쳐서 죽게 하실 것이다(=악한 자들을 칼에 넘겨 줄 것이다)는 말씀은 온갖 거짓들에 의한 그들의 파괴나 멸망을 뜻합니다.
[15] 아모스서의 말씀입니다.

"주께서 시온에게 부르짖으시며
예루살렘에서 큰소리로 외치시니,
목자의 초장이 시들고
갈멜 산 꼭대기가 메마른다."
(아모스 1 : 2)

"시온에게 부르짖는다"는 것은 매우 심한 고통을 뜻하고, "예루살렘에서 큰소리로 외치신다"는 것은 애도를 뜻하고, "목자의 초장이 시들고(=목자들의 처소들은 애통하며), 갈멜 산 꼭대기가 메마른다"는 말씀은 그것이 교회에 속한 모든 선들과 진리들의 폐허 때문이다는 것을 뜻합니다. 여기서 "목자의 초장"(=목자들의 처소들)은 교회에 속한 모든 선들을 뜻하고, "갈멜 산 꼭대기"는 모든 그것의 진리들을 뜻하고, "애통하고, 메마른다"(=시들고, 마른다)는 것은 그것의 황폐를 뜻합니다. "갈멜 산 꼭대기"가 교회에 속한 진리들을 뜻하는데, 그것은 갈멜 산에는 포도원들이 있고, 그리고 "포도주"는 교회의 진리를 뜻하기 때문입니다.
[16] 이사야서의 말씀입니다.

> 그러므로 주께서 백성에게 진노하셔서
> 손을 들어 그들을 치시니,
> 산들이 진동하고,
> 사람의 시체가
> 거리 한가운데 버려진 쓰레기와 같다.
> 그래도 주께서는 진노를 풀지 않으시고,
> 심판을 계속 하시려고
> 여전히 손을 들고 계신다.
> 주께서 깃발을 올리셔서
> 먼 곳의 민족들을 부르시고,
> 휘파람으로 그들을
> 땅 끝에서부터 부르신다.
> 그들이 달려오고 있다.……
> 그 군대의 함성은 암사자의 포효와 같고,
> 그 고함 소리는
> 새끼 사자의 으르렁거림과 같다.
> 그들이 소리 치며 전리품을 움켜 가 버리나,
> 아무도 그것을 빼앗지 못한다.
> 바로 그 날에, 그들이 이 백성을 보고서,
> 바다의 성난 파도 같이 함성을 지를 것이니,
> 사람이 그 땅을 둘러보면,
> 거기에는 흑암과 고난만 있고,
> 빛마저 구름에 가려져 어두울 것이다.
> (이사야 5 : 25-30)

이 장절에서도 역시 "그 군대의 함성은 암사자의 포효와 같고, 그 고함 소리는 새끼 사자의 으르렁거림과 같다"는 말씀은, 악들에 속한 거짓들에 의한 그 교회 안에 있는 신령진리의 황폐에 대한 슬픔과 애도를 뜻합니다. "그들이 소리 치며 전리품을 움켜 가 버리나 아무도 그것을 빼앗지 못한다"는 말씀은 선에서 비롯된 진리들 안에 있는 자들의 구출과 구원을 뜻합니다. 그 폐허나 황폐 자체는 "거기에는 흑암과 고난만 있고, 빛마저 구름에 가려져 어두울 것이다"는 말씀에 의하여 기술되었습니다. 여기서 "어둠"(darkness)은 거짓들을 뜻하고, "고난"(=고통)은 악을 뜻하고, "빛의 어두움"은 신령진리의 소멸을 뜻하고, "파멸들이나 황폐들"(=ruins)은 전체적인 멸망이나 전복(顚覆 · total overthrow)을 뜻합니다.

[17] 시편서의 말씀입니다.

> 원수들이
> 주의 성소를 이렇게 훼손하였으니,
> 희망이 없으리만큼 폐허가 된 땅이지만
> 주의 발걸음을 그리로 옮겨놓아 주십시오.
> 주의 대적들이
> 집회 장소 한가운데로 들어와서,
> 승전가를 부르며,
> 승리의 표로 깃대를 세웠습니다.
> (시편 74 : 3, 4)

여기서 "원수들"은 지옥에서 비롯된 악을 뜻하고, "성소"(聖所 · the sanctuary)는 교회를 뜻하고, "잔치"(=집회 · 회중 · feast)는 예배를 뜻합니다. 이런 일련의 뜻은 시리즈로 이어진 낱말들이 뜻하는 것을 명확하게 합니다. "고함친다"(=승전가를 부른다)는 것은 마음의 슬픔에서 비롯된 극심한 애도를 뜻한다는 것은 이런 장절들에게서 잘 알 수 있습니다. 시편서의 말씀입니다.

10장 1-11절

내가 입을 다물고
죄를 고백하지 않았을 때에는,
온종일 끊임없는 신음으로
내 몸은 탈진하고 말았습니다(=내 뼈가 쇠하였습니다).
(시편 32 : 3)

같은 책의 말씀입니다.

내가 지은 죄 때문에,
이 몸이 성한 데가 없습니다(=나의 죄로 인하여 내 뼈에 안심함이 없습니다)(시편 38 : 3).

욥기서의 말씀입니다.

밥을 앞에 놓고서도, 나오느니 탄식이요,
신음 소리 그칠 날이 없다(=내가 먹기 전에 나의 탄식이 나오며, 나의 울부짖는 소리가 물처럼 쏟아져 나왔도다)(욥기 3 : 24).

602. 그가 부르짖으니, 일곱 천둥이 각각 제 소리를 내면서 말하였습니다(=그가 외칠 때 일곱 천둥이 소리를 발하였다). 이 말씀은 그 교회의 마지막 상태에 관한 천계에서 비롯된 가르침(instruction)과 지각(perception)을 뜻합니다. 이러한 뜻은, 가르치는 것을 가리키는 "소리를 낸다"(=소리를 발한다 · speaking the voices)는 말의 뜻에서, 그리고 여기서는 천계에서 비롯된 것을 가리키는 뜻에서 잘 알 수 있는데, 그 이유는 "일곱 천둥이 각각 제 소리를 내었다"(=일곱 천둥이 소리를 발하였다)고 언급되었기 때문입니다. 그리고 또한 이해나 지각에 관한 신령진리를 가리키는 "일곱 천둥"(the seven thunders)의 뜻에서(본서 273항 참조), 잘 알 수 있습니다. 천둥들이 "일

곱"(7 · seven)이라고 언급되었는데, 그것은 "일곱"(seven)이 모든 것들이나 충만함을 뜻하기 때문이고, 그리고 낱말은 거룩한 것들이 다루어질 때, 사용되기 때문입니다(본서 20 · 24 · 257 · 300항 참조). 이러한 것은, 그 상태가 우리의 문장에서 다루어졌기 때문에 천둥 같은 소리들에 의하여 요한은 천계에서 비롯된 그 교회의 마지막 상태인 가르침을 가리키는데, 이러한 내용은 아래에 이어지는 내용에서 명확합니다. 그 내용인즉슨, "일곱째 천사가 불려고 하는 나팔 소리가 나는 날에는, 하나님께서 하나님의 종 예언자들에게 전하여 주신 대로, 하나님의 비밀이 이루어질 것이다"(묵시록 10:7)는 것이고, 그리고 그 가르침(=계시)은, 마지막을 가리키는 그 상태가 올 때까지 그 교회에서 계속될 것이라는 것은 우리의 본문장의 마지막 말씀이 뜻하고 있는데, 그것은 "너는 여러 백성과 민족과 언어와 왕들에 관해서 다시 예언을 하여야 한다"(묵시록 10:11)는 말씀입니다. 이렇게 볼 때 "일곱 천둥이 각각 제 소리를 내면서 말하였다"는 우리의 본문은 그 교회의 마지막 상태에 관한 천계에서 비롯된 가르침과 지각을 뜻한다는 것을 잘 알 수 있겠습니다.

603. 4절. 그 일곱 천둥이 말을 다 하였을 때에, 나는 그것을 기록하려고 하였습니다.

이 말씀은 그가 그 상태를 까발리기를 원하였다는 것을 뜻합니다. 이러한 내용은, 그 교회의 마지막 상태에 관한 천계에서 비롯된 가르침이나 지각을 가리키는 "일곱 천둥이 말을 다 하였을 때"라는 말의 뜻에서 명확합니다(본서 602항 참조). 그리고 드러내고, 까발리기를 원하는 것을 뜻하는 "나는 그것을 기록하려고 하였다"는 말의 뜻에서 명확한데, 여기서 "기록한다"(to write)는 말은 들추어낸다, 밝힌다는 것을 뜻합니다.

604. 그 때에 나는 하늘로부터 음성을 들었는데, "그 일곱 천

10장 1-11절

둥이 말한 것을 인봉하여라. 그것을 기록하지 말아라" 하였습니다.
이 말씀은 이런 것들이 반드시 비축(備蓄), 보관(保管)되어야 하지만, 그럼에도 불구하고 그것들이 드러나고, 까발려져서는 안 된다는 주님에 의한 명령을 뜻합니다. 이러한 내용은 주님에 의한 명령을 가리키는, 그것은 곧 "그것을 기록하지 말라"는 것을 가리키는 "하늘로부터 음성을 들었다"는 말의 뜻에서, 그리고 그 교회의 마지막 상태에 관해서 그들에게 가르쳐진 것들이나, 그가 지각한 것들이 비밀로 지켜져야 한다는 것들을 가리키는 "일곱 천둥이 말한 것을 인봉하여라"는 말의 뜻에서, 그리고 또한 바로 위에서 언급한 것과 같이(본서 603항 참조), 그것들은 반드시 까발려져서는 안 된다는 것을 가리키는 "그것을 기록하지 말아라"라는 말의 뜻에서, 아주 명확합니다. 여기서 "인봉한다"(to seal up)는 것은 다른 때가 올 때까지 비밀로 지켜져야 하고, 보관되어야 한다는 것은 이 책의 아래에 이어지는 것에서 잘 볼 수 있습니다. 왜냐하면 아래에 이어지는 것은, 여섯째 천사와 일곱째 천사의 소리의 중간에 드는 그 교회의 중간상태를 다루고 있기 때문입니다. 다시 말하면 그 교회의 마지막 상태의 이전 상태와 마지막 상태 사이의 중간을 다루고 있기 때문입니다. 그러므로 마지막 상태에 일어나는 것들은 반드시 보관되어야 하고, 아직은 개봉, 드러나면 안 된다는 것입니다.

605. 5-7절. 그리고 내가 본 그 천사가, 곧 바다와 땅을 디디고 서 있는 그 천사가 오른손을 하늘로 쳐들고, 하늘과 그 안에 있는 것들과 땅과 그 안에 있는 것들과 바다와 그 안에 있는 것들을 창조하시고, 영원무궁 하도록 살아 계시는 분을 두고, 이렇게 맹세하였습니다. "때가 얼마 남지 않았다. 일곱째 천사가 불려고 하는 나팔 소리가 나는 날에는, 하나님께서 하

나님의 종 예언자들에게 전하여 주신 대로, 하나님의 비밀이 이루어질 것이다."
[5절] :
"내가 본 그 천사는 바다와 땅을 디디고 서 있다"는 말씀은 천계와 교회에 속한 모든 것들이 그분에게 종속(從屬)되어 있는, 주님을 뜻합니다(본서 606항 참조). "하늘로 그의 손을 쳐들고 있다"는 것은, 그 교회의 상태에 관해서 천사들 앞에 드러난 증거를 뜻합니다(본서 607항 참조).
[6절] :
"영원무궁 하도록 살아 계신 분을 두고 맹세하였다"는 말씀은 그분의 신성(His Divine)에서 비롯된 진실성(眞實性 · the verity)을 뜻하고(본서 608항 참조), "하늘과 그 안에 있는 것들과 땅과 그 안에 있는 것들과 바다와 그 안에 있는 것들을 창조하신 분"은 천계와 교회에 속한 내면적인 것들이나 외면적인 것들에 관해서 주님을 뜻하고(본서 609항 참조), "때가 얼마 남지 않았다"는 것은 신령진리의 이해가 더 이상 없다는 것을 뜻하고, 그리고 그것에서 비롯된 그 교회의 상태가 더 이상 남아 있지 않다는 것을 뜻합니다(본서 610항 참조).
[7절] :
"일곱째 천사가 불려고 하는 나팔 소리가 나는 날"은 교회의 마지막 때의 신령진리의 상태와 계시를 뜻하고(본서 611항 참조), "하나님께서 하나님의 종 예언자들에게 전하여 주신 대로, 하나님의 비밀이 이루어질 것이다"는 말씀은 그 교회의 마지막이 임박(臨迫)하였을 때, 충분하게 이루어질, 주님의 강림에 관한 성경말씀에 있는 예언(豫言)을 뜻합니다(본서 612항 참조).

606. 5절. 내가 본 그 천사는 바다와 땅을 디디고 서 있었다.
이 말씀은, 천계와 교회에 속한 모든 것들이 그분에게 종속되어 있는, 주님을 뜻합니다. 이러한 내용은 주님을 가리키는

"하늘에서 내려온 천사"의 뜻에서(본서 593항 참조), 그리고 천계와 교회에 속한 모든 것들이 그분에게 종속되어 있다는 것을 가리키는 "바다와 땅을 디디고 서 있다"는 말씀의 뜻에서(본서 600[A]항 참조) 잘 알 수 있는데, 그것은 "그것들 위에 디디고 서 있다"는 말씀은 그것들이 그분에게 종속되었다는 것을 뜻하기 때문입니다. 따라서 시편서의 말씀입니다.

> 주께서 손수 지으신 만물을
> 사람이 다스리게 하시고,
> 모든 것을 사람의 발 아래에 두셨습니다.
> (시편 8 : 6)

이 말씀은 주님에 관해서 언급하고 있는데, 그리고 천계와 교회에 속한 모든 것들에 대한 그분의 통치(統治 · His dominion)는 "그의 발(His feet · 사람의 발) 아래에 두었다는 모든 것들"이 뜻합니다. 이사야서의 말씀입니다.

> 이렇게 하여서
> 내가 나의 발 둘 곳을 영화롭게 하겠다.
> (이사야 60 : 13)

"주님의 발이 놓일 장소"는, 일반적인 뜻으로는 태양이신 주님께서 천계들 위에 계시기 때문에, 천계와 교회에 속한 모든 것들을 뜻하지만, 그러나 개별적인 뜻(=특별한 뜻)으로는 "그분의 발이 놓일 곳"(the place of His feet)은 교회를 뜻합니다. 왜냐하면 주님의 교회는 자연계에서 사람들과 함께 있기 때문이고, 그리고 자연적인 것은, 신령존재(the Divine)가 거기에서 마감되는, 가장 낮은 것이기 때문이고, 그리고 그것은 말하자면 그것에 종속되기 때문입니다. 이러한 내용이, 땅 위에 있는 교회가 같은 책에 "하나님께서 발을 놓으시는 발판"이라고 언급된 이유입니다. 이사야서의 말씀입니다.

> 하늘은 나의 보좌요,
> 땅은 나의 발 받침대다.
> (이사야 66 : 1 ; 마태 5 : 35)

애가서의 말씀입니다.

> (주께서는)
> 어찌하여 이스라엘의 영광을
> 하늘에서 땅으로 던지셨는가?
> 진노하신 날에,
> 주께서 성전조차도 기억하지 않으시다니!
> (애가 2 : 1)

시편서의 말씀입니다.

> 그분 계시는 곳으로 가자(=그의 성막들에 들어가서).
> 그 발에 엎드려 경배하자.
> (시편 132 : 7)

이 말씀은 주님에 관해서 언급하고 있는데, 그리고 여기서 "그 발 아래"(=그의 발판)는 땅 위에 있는 교회를 뜻합니다.
[2] 이상에서 볼 때 밝히 알 수 있는 것은 "바다와 땅을 디디고 서 있다"는 말씀은 주님과의 관계에서는 천계와 교회에 속한 모든 것들은 그분(=주님)에게 종속되어 있다는 것입니다. 그러나 "그분이 그분의 발을 두신 바다와 땅"은 개별적인 뜻으로는 가장 낮은 천계와 그리고 땅 위에 있는 교회를 뜻하는데, 이런 것은 바로 위에서 언급되었습니다. 왜냐하면 천사에 속해

있는 몸의 윗 부위는 보다 높은 천계를 뜻하기 때문인데, 그 이유는 그것들이 그것들에 대응하기 때문입니다. 왜냐하면 극내적인 천계(=삼층천)는 머리에 대응하기 때문이고, 그리고 중간천계(=이층천)는 가슴 아래에서 허리에 대응하기 때문이고, 그리고 궁극적인 천계(=일층천)는 발(=수족 · the feet)에 대응하기 때문입니다. 그러나 땅 위의 교회는 발의 뒷꿈치에 대응하고, 결과적으로 그 교회는 "그 분의 발판"(His footstool)이 뜻합니다. 이와 같은 대응에서 볼 때 결론지을 수 있는 것은, 주님을 뜻하는 "천사가 바다와 땅을 디디고 서 있다"는 말씀은, 일반적으로나 개별적으로, 다시 말하면 그(=천사)는 보편적인 천계(the universal heaven)를 표징한다는 것입니다. 왜냐하면 주님께서는 천계이시고, 그리고 그분의 신령인성(His Divine Human)은 그것 자체의 형상에 대하여 천계를 형성하기 때문입니다. 이러한 내용은 전 천계(the whole heaven)는 한 사람으로서 주님의 안전(眼前)에 존재한다는 이유입니다. 그리고 전 천계는 사람에 속한 모든 것들에 대응하는 이유입니다 그러므로 역시 천계는 최대인간(最大人間 · the Greatest Man)이라고 불리웠습니다. 이것에 관해서는 《천계와 지옥》59-102항에 언급된 것을 참조하십시오.

607. 그 천사가 오른손을 하늘로 쳐들고 있다.
이 말씀은 그 교회의 상태에 관한 천사들 앞에 드러난 입증을 뜻합니다. 이러한 내용은 천사들 앞에 드러난 입증을 가리키는 "하늘로 손을 쳐들고 있다"는 말의 뜻에서 명확합니다. 그것이 그 교회의 상태에 관한 것을 뜻한다는 것은 그 아래에 이어지는 내용에서 명확합니다. 천사들 앞에 드러난 입증은 여기서는 "하늘로 손을 쳐들고 있다"는 말이 뜻하는 것이라는 것은 이렇게 언급된 것에서 얻을 수 있는 결론인데, 그것은 바로 드러난 증거의 입증이 "하늘로 손을 든다"는 말에 의하여 표현되었습니다. 그리고 이것으로 말미암아 "영원무궁 하도록 살아 계시는 분을 두고, 때가 얼마 남지 않았다고 맹세하였다"는 말씀이 즉시 뒤이어지고 있기 때문입니다. 그리고 "맹세한다"는 것은 그러낸 입증의 표현을 가리키고, "때가 얼마 남지 않았다"는 말은 그 교회의 상태를 뜻합니다.

608[A]. 6절. 영원무궁 하도록 살아 계시는 분을 두고 맹세하였다.

이 말씀은 그분 자신의 신성(His own Divine)에서 비롯된 진실성(眞實性 · verity)을 뜻합니다. 이러한 내용은, 이것에 관해서 곧 언급하겠지만, 주님과의 관계에서 진실성을 가리키는 아주 강한 주장(主張)이나 확증을 가리키는 "맹세한다"는 말의 뜻에서, 그리고 홀로 살아 있다는, 그리고 보편적으로 있는 천사들이나 사람들 양자에게 생명의 근원을 가리키는, 영원부터 계신 신령존재(the Divine)를 가리키는 "영원무궁 하도록 살아 계신 분"의 뜻에서 명확합니다. 이러한 내용이 "영원무궁 하도록 살아 계신 분"이 뜻한다는 것은 본서 289 · 291 · 349[A · B]항을 참조하십시오. "맹세한다"(to swear)는 말이 단호한 주장(asseveration)과 확증(confirmation)을 뜻한다는 것, 그러나 여기서는, 맹세한 천사가 주님을 뜻하기 때문에, 그것이 진실성을 뜻한다는 것은 이런 말씀 즉, 그것이 그 사안(事案 · a thing)이 그러하다는 것을 단호하게 주장하고, 확증하는 것을 뜻한다는 "맹세한다"는 말의 뜻에서, 그리고 주님에 의하여 행해질 때 신령한 진실성을 뜻하는 "맹세한다"는 말의 뜻에서 잘 알 수 있겠습니다. 왜냐하면 맹서(盟誓)나 서약(誓約) 따위는 내면적으로 진리 자체에 있지 않는 자들에 의하여 이루어지기 때문입니다. 다시 말하면 내면적인 사람들이 아니고, 외면적인 사람들에 의하여 이루어지기 때문입니다. 결과적으로 맹세나 서약 따위는 천사들에 의하여 결코 행해질 수 없는데, 하물며 어떻게 주님에 의하여 행해질 수 있겠습니까! 그러나 주님께서는 성경말씀에서 맹세하시는 것으로 언급되고 있고, 그리고 이스라엘 사람들에게는 하나님에게 맹세하는 것이 허락되었는데, 그것은 그들이 다만 외면적인 사람들이었기 때문이고, 그리고 속사람(the internal man)의 단호한 주장이나 확증 따위는 그것이 겉사람에게 들어올 때 그것은 맹세의 형체로 표현되기 때문입니다. 이스라엘 교회에 있는 모든 것들은, 내적인 것들을 표징하고, 뜻하는 외적인 것들입니다. 그것은 문자적인 뜻 안에 있는 성경말씀과 유사합니다. 이렇게 볼 때 밝히 알 수 있는 것은 "천사가 영원무궁 하도록 살아 계신 분을 두고 맹세한다"는 말은 그가 그와 같이 맹세하는 것을 뜻하지 않고, 다만 이것이 진실성이라고 그가 자기 자신 안에서 말하였다는 것을 뜻한다는 것입니다. 그리고 이것이 자연적인 영기(靈氣 · the natural sphere)에 내려왔을 때 그것은 대응에 일치하여 맹세의 형체로 변하였습니다.

[2] 지금 "맹세한다"는 것이 속사람의 마음에 속한 확증에 대한 외적인 대응(an external corresponding)을 가리키기 때문에, 그리고 그러므로 그것이 그것의 표의적인 것이기 때문에, 그러므로 구약의 성경말씀에는 하나님을 두고 맹세하는 것이 적법한 것으로 언급되었습니다. 아니, 사실은 하나님 당신이 맹세하는 것으로 언급되었습니다. 이것이 확증이나 주장이나 단순한 진실성을 뜻한다는 것, 또는 그것이 진실이라는 것을 뜻한다는 것은 아래의 여러 장절들에게서 잘 알 수 있겠습니다. 이사야서의 말씀입니다.

주께서 그의 오른손, 곧
그의 능력 있는 팔을 들어 맹세하셨다.
(이사야 62 : 8)

예레미야서의 말씀입니다.

> 만군의 주께서 그의 삶(=그의 영혼 · His soul)을 들고 맹세하셨다(예레미야 51 : 14 ; 아모스 6 : 8).

아모스서의 말씀입니다.

> 주 하나님이
> 당신의 거룩하심을 두고 맹세하신다.
> (아모스 4 : 2)

같은 책의 말씀입니다.

> 주께서 야곱의 자랑을 걸고 맹세하신다(아모스 8 : 7).

예레미야서의 말씀입니다.

> 내가 나의 큰 이름을 걸고 맹세한다(예레미야 44 : 26).

주께서 "그의 오른손을 들고 맹세한다" "그의 영혼(=삶)을 두고 맹세한다" "당신의 거룩하심을 두고 맹세한다" "주님의 이름으로 맹세한다"고 언급된 것은 곧 신령진실성에 의하여 맹세하는 것을 뜻합니다. 왜냐하면 "여호와의 오른손" "그분의 강한 팔" "그분의 거룩함" "그분의 이름" "그분의 영혼" 등등은 신령진리와의 관계에서, 주님을 뜻하고 따라서 주님에게서 발출하는 신령진리를 뜻합니다. 동일한 것이 "야곱의 자랑"이 뜻합니다. 왜냐하면 "야곱의 전능하신 분"은 신령진리와의 관계에서 주님을 뜻하기 때문입니다.

[3] "맹세한다"(to swear)는 말이 여호와와의 관계에서 그분

10장 1-11절

자신에 의한 확증을 뜻한다는 것은, 다시 말하면 그분의 신성(His Divine)에서 비롯된 확증을 뜻한다는 것은 이사야서에서 명확합니다.

> 내가 나를 두고 맹세한다.
> 나의 입에서 공의로운 말이 나갔으니,
> 그 말이 거저 되돌아오지는 않는다.
> (이사야 45 : 23)

예레미야서의 말씀입니다.

> 내가 스스로 맹세하지만, 너희가 이 명에 순종하지 않으면, 바로 이 왕궁은 폐허가 될 것이다(예레미야 22 : 5).

여호와의 관계에서 "맹세한다"는 말이 신령진실(Divine verity)을 뜻하기 때문에, 시편서에는 이렇게 언급되었습니다.

> 주께서 다윗에게 맹세하셨으니,
> 그는 성실하셔서 변경하지 아니하신다.
> (시편 132 : 11)

[4] 여호와 하나님, 즉 주님께서는 결코 맹세하지 않으십니다. 왜냐하면 맹세한다는 것은 하나님 그분에게, 즉 신령진리에게 어울리지 않기 때문입니다. 그러나 하나님, 즉 신령진실(the Divine verity)이 사람들 앞에서 어떤 것을 확증하려고 할 때, 그 때 자연적인 영기(靈氣)으로의 하락에서 그 확증은 맹세나 서약의 형체나 표현형식 따위에 빠져들기 때문입니다. 이러한 사실은 이 세상에서 사용되고 있습니다. 이러한 것은 자연적인 뜻을 가리키는 성경말씀의 문자적인 뜻에서, 비록 그분께서는

결코 맹세하지 않으시지만 하나님께서 맹세하신다고 언급된 이유입니다. 그 때 이 말은, 인용된 앞서의 장절들이나 뒤에 이어지는 장절들에서 여호와, 즉 주님과의 관계에서 "맹세한다"는 말의 뜻입니다. 이사야서의 말씀입니다.

> 만군의 주께서 맹세하여 말씀하신다.
> "내가 계획한 것을 그대로 실행하며,
> 내가 뜻한 것을 그대로 이루겠다."
> (이사야 14:24)

시편서의 말씀입니다.

> 나는, 내가 선택한 사람과 언약을 맺으며,
> 내 종 다윗에게 맹세하였다.……
> 내가 나의 거룩함을 두고
> 한 번 맹세하였는데,
> 어찌 다윗을 속이겠느냐?……
> 주님, 주의 신실하심을 두고,
> 다윗과 더불어 맹세하던 그 첫사랑(=주의 자애)은
> 지금 어디에 있습니까?
> (시편 89:3, 35, 49)

같은 책의 말씀입니다.

> 주께서 맹세하셨으니,
> 후회하지 아니하시리라.
> (시편 110:4)

에스겔서의 말씀입니다.

> 내가 너에게 맹세하고, 너와 언약을 맺어서, 너는 나의 사람이 되었다(에스겔 16 : 8).

시편서의 말씀입니다.

> 내가 노하여서
> "그들은 나의 안식에
> 들어오지 못할 것이다"
> 하고 맹세까지 하였다.
> (시편 95 : 11)

이사야서의 말씀입니다.

> 노아 때에,
> 다시는 땅을 홍수로 멸망시키지 않겠다고
> 내가 약속하였다(=맹세하였다).
> (이사야 54 : 9)

누가복음서의 말씀입니다.

> 주께서 우리 조상에게 자비를 베푸시고,
> 당신의 거룩한 언약을 기억하셨다.
> 이것은 주께서 우리에게 주시려고,
> 우리 조상 아브라함에게 하신 맹세이다.
> (누가 1 : 72, 73)

시편서의 말씀입니다.

> 그는, 맺으신 언약을 영원히 기억하신다.……
> 그것은 곧 아브라함과 맺으신 언약이요,
> 이삭에게 하신 맹세이다.

(시편 105 : 8, 9)

예레미야서의 말씀입니다.

> 내가 그들의 조상에게 젖과 꿀이 흐르는 땅을 주겠다고 맹세한 약속을 지키겠다고 하여, 오늘에 이르렀다(예레미야 11 : 5 ; 32 : 22).

신명기서의 말씀입니다.

> 내가 너희의 조상에게 주기로 맹세한 땅이다(신명기 1 : 35 ; 10 : 11 ; 11 : 9, 21 ; 26 : 3, 15 ; 31 : 20 ; 34 : 4).

[5] 이상에서 볼 때 "그 천사가 오른손을 하늘로 쳐들고, 영원 무궁 하도록 살아 계시는 분을 두고 맹세한다"는 말씀이 뜻하는 것이 무엇인지 잘 알 수 있겠는데, 이러한 내용은 다니엘서에 언급된 것에서도 마찬가지입니다.

> 내가 들으니, 모시 옷을 입고, 강물 위쪽에 있는 사람이, 그의 오른손과 왼손을 하늘로 쳐들고, 영원히 살아 계신 분에게 맹세하면서 말하셨다(다니엘 12 : 7).

그 교회의 상태에 관한 천사들 안전의 증거를 입증하는 것을 뜻하는데, 뒤이어지는 것은 신령진실을 가리킵니다.

608[B]. [6] 이스라엘 자손으로 이루어진 그 교회가 표징적인 교회(a representative church)이기 때문에 그 교회 안에 있는 모든 명령된 것들은, 영적인 것들을 표징하고, 뜻하는 자연적인 것들인데, 그 교회와 더불어 존재하는 이스라엘 자손들은 여호와에게, 그리고 그분의 이름으로 맹세하는 것이 허락되었는데, 그것은 마치 그 교회의 거룩한 것들로 맹세하는 것과 같

은 것입니다. 그리고 이것이 내적인 확증이나 역시 진실성을 표징하고, 따라서 뜻한다는 것은 아래의 장절들에게서 잘 알 수 있겠습니다. 이사야서의 말씀입니다.

> 땅에서 복을 비는 사람은
> 진리(=아멘)이신 하나님을 두고 빌며,
> 땅에서 맹세하는 사람도
> 진리이신 하나님을 두고 맹세할 것이다.
> (이사야 65 : 16)

예레미야서의 말씀입니다.

> 네가 '주의 살아 계심을 두고'
> 진리와 공평과 정의로 서약하면,
> 세계 만민이 주의 복을 받고,
> 그들도 주를 자랑할 것이다.
> (예레미야 4 : 2)

신명기서의 말씀입니다.

> 너희는 주 너희의 하나님을 경외하며, 그를 섬기며, 그의 이름으로만 맹세하여라(신명기 6 : 13 ; 10 : 20).

이사야서의 말씀입니다.

> 그 날이 오면,
> 이집트 땅의 다섯 성읍에서는
> 사람들이 가나안 말을 하며,
> 만군의 주만을 섬기기로
> 충성을 맹세할 것이다.

(이사야 19:18)

예레미야서의 말씀입니다.

> 그들이 내 백성에게, 바알의 이름을 부르며 맹세하도록 가르쳤지만, 그들이 내 백성의 도를 확실하게 배우고, 내 이름을 부르며 '주의 살아 계심을 두고' 맹세하면, 그들도 내 백성 가운데 들게 될 것이다(예레미야 12:16).

시편서의 말씀입니다.

> 하나님의 이름으로 맹세하는 사람들은,
> 다 함께 승리를 기뻐하겠지만,
> 거짓말을 하는 사람들은
> 말문이 막힐 것이다.
> (시편 63:11)

여기서 "하나님을 두고 맹세한다"는 것은 진리를 말하는 것을 뜻합니다. 왜냐하면 "거짓말을 하는 사람들은 말문이 막힐 것이다"(=거짓말하는 자들의 입은 막힐 것이다)는 말씀이 부연되었기 때문입니다. 그들이 하나님을 두고 맹세한다는 것은 창세기 21:23, 24, 31 ; 여호수아 2:12 ; 9:20 ; 사사기 21:7 ; 열왕기 상 1:17을 참조하십시오.

[7] 고대사람들은 여호와 하나님의 이름을 두고 맹세하는 것이 허락되었기 때문에 뒤이어지는 것은, 거짓을 맹세하는 것이나 거짓말로 맹세하는 것은 극악무도(極惡無道)한 악이었는데, 이러한 것은 아래의 장절들에게서 명확합니다. 말라기서의 말씀입니다.

> 내가 너희를 심판하러 가겠다. 점치는 자와, 간음하는 자와, 거짓으

로 증언하는 자와, 일꾼의 품삯을 떼어먹는 자와, 과부와 고아를 억압하고 나그네를 학대하는 자와, 나를 경외하지 않는 자들의 잘못을 증언하는 증인으로, 기꺼이 나서겠다(말라기 3:5).

레위기서의 말씀입니다.

나의 이름으로 거짓맹세를 하여 너희 하나님의 이름을 더럽혀서는 안 된다(레위기 19:12 ; 신명기 5:11 ; 출애굽기 20:7 ; 스가랴서 5:4).

예레미야서의 말씀입니다.

예루살렘에 사는 사람들아,
예루살렘의 모든 거리를 두루 돌아다니며,
둘러보고 찾아보아라.……
그들이 주께서 살아 계심을 두고 맹세하고,
주님을 섬긴다고 말하지만,
말하는 것과 사는 것이 다르다.……
"예루살렘아, 내가 너를
어떻게 용서하며 줄 수가 있겠느냐?
너의 자녀들이 나를 버리고 떠나서,
신도 아닌 것들을 두고 맹세하여 섬겼다.
(예레미야 5:1, 2, 7)

호세아서의 말씀입니다.

이스라엘아,……
주의 살아 계심을 걸고 맹세하지 말아라.
(호세아 4:15)

스바냐서의 말씀입니다.

> 내가 손을 들어서,
> 유다와 예루살렘의 모든 주민을 치겠다.……
> 주에게 맹세하고 주를 섬기면서도
> 말감(=몰렉)을 두고 맹세하는 자들,
> 주를 등지고 돌아선 자들,
> 주를 찾지도 않고
> 아무것도 여쭙지 않는 자들을
> 내가 없애 버리겠다.
> (스바냐 1:4-6)

스가랴서의 말씀입니다.

> 이웃을 해칠 생각을
> 서로 마음에 품지 말고,
> 거짓으로 맹세하기를 좋아하지 말아라.
> 이 모든 것은, 내가 미워하는 것이다.
> (스가랴 8:17)

이사야서의 말씀입니다.

> 야곱의 집안아,
> 이스라엘이라 일컬음을 받는
> 유다의 자손아,
> 주의 이름을 두고 맹세를 하고,
> 이스라엘의 하나님을 섬긴다고는 하지만,
> 진실이나 공의라고는 전혀 없는 자들아,
> 이 말을 들어라.
> (이사야 48:1)

10장 1-11절

시편서의 말씀입니다.

> 죄 없는 손과 깨끗한 마음을 가진 사람,
> 헛된 것에 뜻을 두지 않고,
> 거짓 맹세를 하지 않는 사람이다.
> 그런 사람은 주께서 주시는 복을 받고,
> 그를 근원하신 하나님께로부터
> 의로움을 인정받을 사람이다.
> (시편 24 : 4, 5)

[8] 이렇게 볼 때 잘 알 수 있는 것은, 교회에 속한 표징들이나 표의들 가운데 있었던 고대사람들은 진리에 대한 확증을 위하여 여호와 하나님을 두고 맹세하는 것이 허락되었고, 그리고 그 맹세나 서약에 의하여 그들이 참된 것을 생각하고, 선한 것을 원한다는 것을 뜻하였습니다. 특히 이러한 것은 야곱의 자손들에게 허락되었는데, 그 이유는 그들이 전적으로 겉사람들이나 자연적인 사람들이었을 뿐, 결코 속사람들이나 영적인 사람들이 아니었기 때문이고, 그리고 그들은 그저 순전히 겉사람들, 즉 자연적인 사람들은 맹세나 서약들에 의하여 확증된 진리들이나 입증된 진리들을 소유하기를 원하였기 때문입니다 그러나 속사람들, 즉 영적인 사람들은 이런 것을 원하지 않았습니다. 사실 그들은 맹세들이나 서약에서 외면(外面), 피하고, 그리고 그런 것들에 대하여 몹시 싫어합니다. 특히 그런 것들에 하나님이 계시고, 천계나 교회에 속한 거룩한 것들 안에 있는 자들은 호소(呼訴)하였고, 그리고 한 사물이 진실한지, 또는 그러한지 그것을 말하고, 말하는 것에 만족하였습니다.

[9] 맹세한다는 것은 속사람이나 영적인 사람에게 속한 것이 아니기 때문에, 그리고 또한 주님에게 속한 일이 아니기 때문에, 주님께서 이 세상에 계실 때 주님께서는 사람들에게 속사

람이나 영적인 사람이 되는 것을 가르치셨고, 그리고 이것 때문에 교회의 외적인 것들은 폐지(廢止), 파기(破棄)하였고, 그리고 교회의 내적인 것들을 전개(展開)하셨습니다. 그러므로 주님께서는 하나님을 두고 맹세하는 일이나, 천계나 교회에 속한 거룩한 것들을 두고 맹세하는 일을 금지하셨습니다. 이러한 사실은 마태복음서의 이런 말씀에서 명확합니다.

> 옛 사람들에게 이르기를 '너는 거짓 맹세를 하지 말아야 하고, 네가 맹세한 것은 그대로 주께 지켜야 한다'한 것을, 너희가 또한 들었다. 그러나 나는 너희에게 말한다. 아예 맹세하지 말아라. 하늘을 두고도 맹세하지 말아라. 그것은 하나님의 보좌이기 때문이다. 땅을 두고도 맹세하지 말아라. 그것은 하나님께서 발을 놓으시는 발판이기 때문이다. 예루살렘을 두고도 맹세하지 말아라. 그것은 큰 임금의 도성이기 때문이다. 네 머리를 두고도 맹세하지 말아라. 너는 머리카락 하나라도 희게 하거나 검게 할 수 없기 때문이다. 너희는 '예'할 때에는 '예'라는 말만 하고, '아니오'할 때에는 '아니오'라는 말만 하여라. 이보다 지나친 것은 악에서 나오는 것이다(마태 5:33-37).

여기서 누구가 거룩한 것들을 두고 맹세하지 말 것을 언급하고 있는데, 다시 말하면, "하늘"(=천계)·"땅"·"예루살렘"·"머리" 등을 두고 맹세하지 말 것이 언급되었는데, 여기서 "하늘"(=천계)은 천사적인 천계를 뜻하고, 따라서 그것은 "하나님의 보좌"라고 하였습니다. "하나님의 보좌"가 천계를 뜻한다는 것은 본서 253·462·477항을 참조하십시오. "땅"이 교회를 뜻한다는 것은 본서 29·304·413·417항을 참조하시고, 그러므로 그것은 "하나님의 발의 발판"이라고 하였는데, "하나님의 발의 발판"이 교회를 뜻한다는 것은 본서 606항을 참조하십시오. "예루살렘"은 교회의 교리를 뜻하는데, 그러므로 그것은 "큰 임금의 도성"이라고 하였는데, 여기서 "도성"(city)은 교리를 뜻한다는 것은 본서 223항을 참조하시고, "머리"는 그것에서 비롯된 총명을 뜻하고(본서 553 · 577항 참조), 그러므로 "너는 머리카락 하나라도 희게 하거나 검게 할 수 없다"는 말씀이 언급되었는데, 그 말은 사람 자신은 아무것도 이해할 수 없다는 것을 뜻합니다.

[10] 역시 같은 책의 말씀입니다.

> 눈먼 인도자들아, 너희에게 화가 있다! 너희는 '누구든지 성전을 두고 맹세하면 아무래도 좋으나, 누구든지 성전의 금을 두고 맹세하면 지켜야 한다' 하고 말한다. 어리석고 눈먼 자들아! 어느 것이 더 중하냐? 금이냐? 그 금을 거룩하게 하는 성전이냐? 또 너희는 '누구든지 제단을 두고 맹세하면 아무래도 좋으나, 누구든지 그 제단 위에 있는 제물을 두고 맹세하면 지켜야 한다' 하고 말한다. 눈먼 자들아! 어느 것이 중하냐? 제물이냐? 그 제물을 거룩하게 하는 제단이냐? 제단을 두고 맹세하는 사람은, 제단과 그 위에 있는 모든 것을 두고 맹세하는 것이요, 성전을 두고 맹세하는 사람은, 성전과 그 안에 계시는 분을 두고 맹세하는 것이다. 또 하늘을 두고 맹세하는 사람은 하나님의 보좌와 그 보좌 위에 앉아 계신 분을 두고 맹세하는 것이다(마태 23 : 16-22).

어느 누구나 반드시 "성전이나, 제단을 두고 맹세하지 말 것"을 언급하고 있는데, 그것은 이런 것들을 두고 맹세한다는 것은 주님 · 천계 · 교회를 두고 맹세하는 것이기 때문입니다. 왜냐하면 "성전"은, 최고의 뜻으로는, 신령진리와의 관계에서 주님을 뜻하기 때문이고, 그리고 상대적인 뜻으로는 진리에 관하여 천계나 교회를 뜻하기 때문이고, 그리고 마찬가지의 뜻으로는 신령진리에서 비롯된 모든 예배를 뜻하기 때문입니다(본서 220항 참조). 그리고 "제단"은 신령선과의 관계에서는 주님을 뜻하고, 상대적인 뜻으로는 그 선에 관한 천계와 교회를 뜻하고, 그리고 마찬가지로 신령선에서 비롯된 모든 예배를 뜻합니다(본서 391항 참조). 그리고 주님께서는 당신에게서 비롯된 모든 신령한 것들을 뜻하기 때문에, 그것은 주님께서 그것들 안에 계시기 때문이고, 그리고 그것들이 당신의 것이기 때문인데, 그러므로 그분을 두고 맹세하는 사람은 그분의 모든 것들을 두고 맹세하는 것입니다. 마찬가지로 하늘(=천계)이나 교회를 두고 맹세하는 사람은 천계나 교회에 속한 모든 거룩한 것들을 두고 맹세한 것입니다. 왜냐하면 천계(=하늘)은 이런 것들의 복합체이고, 그것들을 담는 그릇이기 때문입니다. 그러므로 마찬가지로 교회는 그런 것이기 때문입니다. 그러므로 성전은 성전의 금보다 더 크다고 언급되었습니다. 그것은 성전이 그 금을 거룩하게 하기 때문이고, 제단은 그것 위에 놓이는 제물보다 더 크기 때문입니다. 그 이유는 제단이 그 제물을 거룩하게 하기 때문입니다.

609. 하늘과 그 안에 있는 것들과 땅과 그 안에 있는 것들과 바다와 그 안에 있는 것들을 창조하셨다.
이 말씀은, 천계나 교회에 속한 내면적인 모든 것들이나, 외면적인 모든 것들에 관해서 주님을 뜻합니다. 이러한 내용은, 존재하는 원인일 뿐만 아니라 변함없이 영원히 존재하는 것을 가리키는, 그리고 그것이 함께 하는 것에 의하여, 그리고 신령발출(神靈發出 · the Divine proceeding)에 의하여 존속하는 것을 가리키는 "창조하다"(to create)는 말의 뜻에서 명확합니다. 왜냐하면 천계는 존재를 가지고 있고, 그리고 변함없이 영원히 존재를 소유하기 때문인데, 다시 말하면 신령선에 결합된 신령 진리라고 부르는 주님의 신령한 것(the Lord's Divine)에 의하여 보존, 존속하기 때문입니다. 천사들이 영접, 수용한 것은 천계를 완성합니다. 여기에서 뒤이어지는 것은 천계와 함께 언급될 때 그것은 주님을 뜻한다는 것입니다. 그 이유는 천사들이 있는 천계는 주님에게의 비롯된 천계이기 때문이고, 그것은 주님에게서 비롯된 신령발출로 말미암은 것입니다. 교회나, 교회에 속한 사람들과의 관계에서 "창조한다"(to create)는 것은 다시 창조하는 것(to create anew), 다시 말하면 중생하는 것을 뜻한다는 것은 본서 294항을 참조하십시오. 이상 언급된 것이 확실한 것은, 천계나 교회에 속한 내면적인 모든 것들이나 외면적인 모든 것들을 가리키는 "하늘·땅·바다와 그것들 안에 있는 모든 것들"의 뜻에서 명확합니다. "하늘·땅·바다"가 여기서는 개별적으로는 보다 높은 천계나 보다 낮은 천계를 뜻하는데, 그것은 영계에서 그것들의 표면은 자연계에 있는 것들과 비슷하기 때문인데, 다시 말하면 거기에는 산들·땅들·바다들이 있기 때문입니다. 그리고 거기에 있는 산들은 보다 높은 천계(the higher heaven)를 가리키는데, 그것은 그 천계의 천사들은 산에서 살기 때문이고, 그리고 땅이나 바다는 낮은 천계(the lower heaven)을 가리키기 때문입니다. 왜냐하면 이들 천계의 천사들은 산 아래, 땅 위에서 살기 때문입니다. 말하자면 바다들 안에 있기 때문입니다. 이러한 내용은 본서 594항 [D]항을 참조하십시오. 이것에서 이어지는 것은 이런 것들을 말하고 있는 천사는 "땅과 바다를 밟고 서 있는 것"으로 보였다고 언급되었습니다. "땅과 바다와 그것들 안에 있는 것들"은, 내면적인 것이나 외면적인 것의 양면에서 교회에 속한 모든 것들을 뜻하는데, 그것은 교회 안에 있는 것들은 내면적인 것들이나, 외면적인 것들이기 때문입니다. 그것은 마치 천계에 있는 것들은 높은 것과 낮은 것이 있는 것과 같고, 그리고 전자는 후자에 대응하기 때문입니다. "바다와 땅"이 외면적인 것들이나 내면적인 것들의 측면에서 교회를 뜻한다는 것은 본서 600항을 참조하십시오. 문자의 뜻에 일치하여 "하늘·땅·바다"는 가시적인 천계(the visible heaven) · 주거할 수 있는 땅(the habitable earth) · 항해할 수 있는 바다(the navigable sea)를 뜻하고, 그리고 "거기에 있는 것들"은 새들(birds) · 짐승들(beasts) · 물고기들(fishes)을 뜻합니다. 그러나 이 낱말의 뜻이 이런 것들을 뜻하지 않는다는 것은 이런 사실에서 명확합니다. 즉 요한이 "땅과 바다를 밟고 서 있는" 천사를 보았을 때, 그는 "영 안에서 보았다"고 한 말씀에서(묵시록 1 : 10) 명확합니다. 그리고 "영 안에서 보았다"는 것은 자연계 안에서 본 것이 아니라는 것이고, 영계에서 보았다는 것인데, 그 곳에 관해서는 바로 위에 언급되었습니다. 즉 거기에는 땅들이나 바다들이 있고, 그것들 안에는 천사들이나 영들이 있다는 내용입니다. 그러나 그 세계의 바다들의 외현(外現)에 관해서, 그리고 그것들 안에 있는 자들에 관해서는 본서 342항을 참조하십시오.

610. 때가 얼마 남지 않았다.

이 말씀은 거기에 더 이상 신령진리의 어떤 이해도 결코 없다는 것을 뜻하고, 그리고 또한 그 교회의 상태가 그것에서 비롯된다는 것을 뜻합니다. 이러한 내용은, 여기서 성경말씀의 이해에 관하여 사람의 상태를 가리키는, 따라서 교회의 상태를 가리키는 "때"(time)의 뜻에서 명확합니다. 그것은 전자와 후자 모두가 우리의 본문장에서 다루어지고 있기 때문입니다. "때"(time)가 상태를 뜻하는데, 그것은 영계에서 때들(=시간들 · times)은 생명의 개별적인 상태나 일반적인 상태에 의하여 결정되고, 분별, 구분되기 때문입니다. 이러한 사실이나 내용은 주님을 가리키는 그 세상의 태양 때문인데, 그 태양은 움직이지 않지만, 그러나 천계의 동일한 장소에 남아 있고, 그리고 그 장소는 동쪽입니다. 그 태양은, 마치 자연계에 있는 태양이 움직이는 것처럼 보이는 것과 같이, 천계를 통하여 거기에서 회전(回轉)하지 않습니다. 자연계의 태양의 외견상의 회전에 의하여 때들(=시간들 · times)은 일반적으로나 개별적으로 결정됩니다. 그리고 이와 같이 그것들은 존재를 가지고, 그리고 일반적으로는 봄 · 여름 · 가을 · 겨울이라고 부르는 한 해(the year)와 그것의 사계절이 있습니다. 더욱이 한 해의 네 계절들은, 그것의 일반적인 영적인 상태들(it's general spiritual states)를 가리키는, 영계에 있는 상태들의 동일한 숫자에 대응하는 자연계의 네 자연적인 상태들입니다. 개별적으로 자연계에 있는 이런 일반적인 상태들 안에는 달들이나 주들(weeks)이라고 하는 결정되고, 고정된 때들이 있는데, 그러나 특히 날들(days)이 있습니다. 그리고 이 날들은 아침 · 낮 · 저녁 · 밤이라고 부르는 네(4)의 자연적인 상태들로 나뉘어 있는데, 이것들은 영계에 있는 네 상태들에 대응하고 있습니다. 영계에는 이미 언급한 것과 같이 태양이 있는데, 그 태양은 천계에서 회전(回轉)을 하지 않고, 오히려 그것의 동녘에 변함없이 고정, 움직이지 않고 남아 있기 때문에, 영계에는 이른바 연(年) · 달(月) · 주(週) · 날(日) · 시간(時間) 따위는 없어서, 결과적으로는 영계에는 때들에 의한 측정(測定 · determinations)들은 없고, 다만 일반적이고 개별적인 삶의 상태(state of life)에 의한 측정(determinations)들만 있을 뿐입니다. 그러므로 영계에는 시간이 무엇인지 알지 못하고, 다만 상태가 무엇인지 알 뿐입니다. 왜냐하면 한 사물의 측정은 그것의 개념이 무엇인지를 제공하기 때문이고, 그리고 그 개념에 일치하여 그 사물이 명명(命名)되기 때문입니다. 따라서 비록 자연계와 꼭 같이 서로서로 이어지는 그런 것들이 있기는 해도 시간들(=때들 · times)이 무엇인지 영계에서 알지 못하는 이유이지만, 그러나 때들 대신에 거기에는 상태들이나 상태들의 변화들이 있습니다. 이것은, 성경말씀에서 때들이 언급되었을 때, 때들이 상태를 뜻한다는 이유이기도 합니다. 영계에서 시간이나 때들에 관해서는 《천계와 지옥》162-169항을 참조하시고, 그리고 천사들의 상태들의 변화들에 관해서는 같은 책 154-161항을 참조하십시오. 그 밖의 여분에 관해서 주지하여야 할 것은 "낮에 대한 나의 약정과 밤에 대한 나의 약정을 너희가 깨뜨려서, 낮과 밤이 제시간에 오지 못하게 할 수 있겠느냐?"(예레미야 33 : 30 ; 스가랴 14 : 7)는 말씀입니다.

[2] "시간"(=때 · time)이 자연계에 있는 시간(=때)에 속한 것들을 뜻하기 때문에, 그리고 그것들은 년(year)이나 일(day)에 속해 있기 때문에, 그리고 한 해의 그것들은 파종(播種)의 때나 추수기를 가리키기 때문에, 날에 속한 그것들은 아침과 저녁과 같습니다. 때들에 속한 이런 것들에 의하여 교회의 상태들이 성경말씀에 기술되었는데, 여기서 "씨를 뿌리는 파종기"는 교회의 설시를 기술하고, 뜻하고, "추수기"는 그것의 열매를 맺는 것을 기술, 뜻하고, "아침"은 그것의 처음의 때를, "한낮부터 저녁까지"는 그것의 진전(進展 · its progression)을 기술, 뜻합니다. 이와 같은 자연적인 상태들이나 조건들은 역시 천계나 교회의 상태들을 가리키는 영적인 상태들에 대응합니다. 교회에 관해서 보면, 일반적으로 교회는 이런 상태들을 통해서 지나가기 때문에, 그러므로 교회에 속한 사람 각자는 개별적으로도 그러합니다. 더욱이 교회에 속한 각자는 그의 최초의 시기부터 이런 상태들에서 시작하지만, 그러나 그 교회가 종말에 이르게 되었을 때 그 사람은 결코 시작, 출발하지 않습니다. 왜냐하면 그는 신령진리를 영접, 수용하지 않고, 오히려 그것을 배척하고, 곡해, 악용하기 때문에 그러므로 그 사람은 파종기도 없고, 추수기도 없습니다. 다시 말하면 세우는 일도 없고, 열매를 맺는 일도 없고, 또한 그는 아침도 저녁도 없고, 다시 말하면 시작(beginning)도 진전(porogression)도 없습니다. 이런

상태들이 성경말씀에서 "때들"(=시기들 · times)이 뜻하고, 의미되고 있습니다. 그리고 교회의 마지막 때(=말기 · 末期)에는 이런 상태들이 그 교회의 사람들과 함께 소멸하기 때문에, 그러므로 여기에는 "때가 얼마 남지 않았다"고 언급되었고, 그리고 이 말씀은 거기에 신령진리의 이해, 또는 성경말씀의 이해가 더 이상 없다는 것을 뜻합니다. 결과적으로는 교회의 그 어떤 상태도 없다는 것을 뜻합니다.
[3] 에스겔서의 "때"(time)도 동일한 것을 뜻합니다.

> 주 하나님이 이렇게 말씀하신다.
> "재앙이다.
> 너희가 들어보지 못한 재앙이다.
> 이미 다가왔다.
> 끝이 왔다.
> 너희를 덮치려고 일어났다.
> 이미 다가왔다.
> 이 땅에 사는 사람들아,
> 정해진 멸망이 너희에게 들이닥쳤다.
> 그 시각이 왔고, 그 날이 다가왔다.
> 산에서 즐겁게 환호하지 못할
> 당황할 날이 가까이 왔다.
> (에스겔 7:5-7)

이 말씀 역시 그 교회의 상태에 관해서 언급하고 있습니다. 옛 교회의 종말이 먼저 기술되었고, 그리고 그 뒤에는 새로운 교회의 설시가 기술되었는데, 옛 교회의 종말은 "보라, 재앙이 임박하였도다. 끝이 왔도다. 그 끝이 왔도다. 끝이 너를 찾나니, 보라, 끝이 왔도다"(=재앙이다. 너희가 들어보지 못한 재앙이다. 이미 다가왔다. 끝이 왔다. 너희를 덮치려고 일어났다. 이미 다가왔다. 그 땅에 사는 사람들아, 정해진 멸망이 너희에게 들이닥쳤다)는 말이 뜻하고, 그리고 새로운 교회의 설시는 "오 그 땅에 거하는 자여, 그 아침이 네게 왔도다. 그 때가 왔도다"(=이 땅에 사는 사람들아, 정해진 멸망이 너희에게 들이닥쳐왔다. 그 시각이 왔고, 그 날이 다가왔다)는 말씀이 뜻합니다. 여기서 "아침"은 새로운 상태, 즉 시작하는 교회의 상태를 뜻하고 "그 때"는, 그 교회의 계속적인 진전의 상태를 뜻하고, 따라서 앞에 언급된 "파종기와 추수기"와 "아침과 저녁"의 유사한 뜻을 가리키고, 결과적으로는 그것은 진리에 속한 이해나 선에 속한 의지에 관한 그 교회의 상태를 뜻합니다.

[4] 다니엘서의 말씀입니다.

> 그(=넷째 짐승)가 가장 높으신 분께 대항하여 말하며,
> 가장 높으신 분의 성도들을 괴롭히며,
> 정해진 때와 법을 바꾸려고 할 것이다.
> 성도들은 한 때와 두 때와 반 때(=일 년과 이 년과 반 년)까지
> 그의 권세 아래에 놓일 것이다.
> (다니엘 7:25)

여기서 "넷째 짐승"은 철저하게 교회를 황폐하게 하려는 악을 뜻하고, 그리고 교회의 진리들을 멸망시키려는 거짓들은, "가장 높으신 분께 대항하여 하는 말"과 "가장 높으신 분의 성도들을 괴롭힌다"(=지극히 높으신 분의 성도들을 지치게 한다)는 말이 뜻하는데, 여기서 "가장 높으신 분의 성도들"은 추상적인 뜻으로는 신령진리들을 뜻합니다. 성경말씀의 진리들이나 그것의 선들이 그 때 악들이나 거짓들로 바뀐다는 것은 "그가 정해진 때와 법을 바꾸려고 할 것이다"는 말씀이 뜻하는데, 여기서 "정해진 때"는 진리의 이해에 관한 교회의 상태를 뜻합니다. 그 교회의 종말과의 관계에서 그 상태의 기간은 "한 때와 두 때와 반 때까지"가 뜻하는데, 그것은 황폐의 충분한 상태를

뜻합니다.
[5] 그러므로 역시 다니엘서의 아래 말씀들도 마찬가지입니다.

> 내가 들으니, 모시 옷을 입고 강물 위쪽에 있는 사람이, 그의 오른 손과 왼손을 하늘로 쳐들고, 영원히 살아 계신 분에게 맹세하면서 말하였다. "한 때와 두 때와 반 때가 지나야 한다. 거룩한 백성이 받는 핍박이 끝날 때에, 이 모든 일이 다 이루어질 것이다"(다니엘 12 : 7).

여기서 "때"(time)는 상태를 뜻하고, "한 때와 두 때와 반 때"는 황폐의 충분한 상태(a full state of vastation)를 뜻합니다. 그러므로 "그가 거룩한 백성의 권세를 흩어 버리는 것을 마치게 될 때"(=거룩한 백성이 받는 핍박이 끝날 때)라는 말씀이 언급되었는데, 여기서 "거룩한 백성"(the people of haliness)은 신령진리들 안에 있는 교회에 속한 자들을 뜻하고, 그리고 추상적인 뜻으로는 신령진리들을 뜻합니다. 비슷한 뜻의 말씀이 묵시록서에 언급되었습니다.

> 그 여자는,…… 광야에 있는 자기 은신처로 날아가서,……
> 한 때와 두 때와 반 때 동안 부양을 받았습니다(묵시록 12 : 14).

[6] "때"(time)가 때에 속한 것들을 뜻하기 때문에 그리고 이런 것들로는 봄·여름·가을·겨울 등이 있기 때문에 이런 것들은 중생하는, 중생한 사람의 상태들을 뜻하고, 그리고 이런 때들에 속한 것들, 예를 들면 파종기와 추수기는 진리의 이식(the implantation)이나 그것에서 비롯된 선의 결실(the fructification of good)에 관한 교회의 상태들을 뜻합니다. 그리고 동일한 내용이나 뜻이 그 날의 때들(the times of the day), 예를 들면 아침·한낮·저녁·밤이 뜻하기 때문에 그러므로

이런 때들은 아래의 장절들에서도 같은 뜻을 가지고 있습니다. 창세기서의 말씀입니다.

> 땅이 있는 한,
> 뿌리는 때와 거두는 때,
> 추위와 더위,
> 여름과 겨울,
> 낮과 밤이 그치지 아니할 것이다.
> (창세기 8 : 22)

이 장절의 내용은 《천계와 비의》930-937항에 설명된 것을 참조하십시오. 시편서의 말씀입니다.

> 낮도 주님의 것이요,
> 밤도 주님의 것입니다.
> 주께서 빛과 해를 창조하셨습니다.
> 주께서 땅의 모든 경계를 정하시고,
> 여름과 겨울도 만드셨습니다.
> (시편 74 : 16, 17)

예레미야서의 말씀입니다.

> 낮에는 해를 주셔서 빛을 밝혀 주시고, 밤에는 달과 별들이 빛을 밝히도록 정하여 놓으시고, 바다를 뒤흔들어 파도가 소리 치게 하시는 분, 그 이름은 만군의 주이시다.…… "이 정해진 질서가 내 앞에서 사라지지 않는 한, 이스라엘 자손도 내 앞에서 언제까지나 한 민족으로 남아 있을 것이다(예레미야 31 : 35, 36).

같은 책의 말씀입니다.

10장 1-11절

나 주가 말한다. 나의 주야의 약정이 흔들릴 수 없고, 하늘과 땅의 법칙들이 무너질 수 없는 것과 마찬가지로, 야곱의 자손과 나의 주 다윗의 자손도, 내가 절대로 버리지 않을 것이다(예레미야 33：25, 26).

"해 · 달 · 별들의 법칙들"이나, "주야의 약정들"(=나의 언약들)이나, "하늘과 땅의 법칙들"은, "때들"(times)이 그 법칙들이나 약정들(=언약들)에게서 비롯되기 때문에, "때들"이 가지는 뜻과 동일한 것을 가지고 있습니다. "파종기와 추수기, 그리고 여름과 겨울"이나 "낮과 밤"(=주야)이 위의 "때들"과 같은 뜻을 가지고 있다는 것은 이미 앞에서 언급하였습니다.
[7] 뒤이어지는 창세기서의 "때들"도 역시 같은 뜻을 갖습니다.

하나님이 말씀하시기를 "하늘 창공에 빛나는 것들이 생겨서, 낮과 밤을 가르고, 계절과 날과 해를 나타내는 표가 되어라(창세기 1：14-19).

여기서 "하늘 창공의 광명들"(=빛나는 것들 · the two luminaries)인 해와 달은 사랑과 믿음을 뜻합니다. 왜냐하면 창세기서의 이 장은 영적인 뜻으로 새로운 창조(the new creation), 즉 교회에 속한 사람의 중생(重生)을 다루고 있기 때문이고, 그리고 해와 달에 관해서 언급된 것들은 주로 사람을 중생시키고, 교회를 세우는 것들을 뜻하기 때문입니다. 그러므로 이런 낱말들이나, 그 뒤에 이어지는 말씀들은 그것에 의하여 중생이 이루어지는 과정을 기술하고 있고, 그리고 그것은 또한 그것들의 상태들을 기술하고 있습니다. 이러한 내용은 "때가 얼마 남지 않았다"는 말씀이 무엇을 뜻하는지 명확하게 합니다.

611. 7절. 일곱째 천사가 불려고 하는 나팔 소리가 나는 날에는……

이 말씀은 그 교회의 마지막 상태를 뜻하고, 그리고 그 때의 신령진리의 계시를 뜻합니다. 이러한 내용은 그 교회의 마지막 상태를 가리키는 "일곱째 천사가 부는 나팔 소리가 나는 날"의 뜻에서 명확합니다. 왜냐하면 그 교회의 상태의 계속적인 변화들이 일곱째 천사의 나팔 소리에 의하여 기술되었기 때문에, 그러므로 "일곱째 천사의 나팔 소리"는 마지막 상태를 뜻하기 때문입니다. 그리고 또한 그 때의 신령진리의 계시를 가리키는 "그가 불려고 한다"는 말씀의 뜻에서 잘 알 수 있습니다. "나팔이나 뿔피리를 분다"(to sound a trumpet or horn)는 말이 신령진리의 입류(入流)나 그것의 계시를 뜻한다는 것은 앞서의 설명에서 잘 볼 수 있겠습니다(본서 502항 참조). 여기서는 그것의 계시를 뜻합니다. 이러한 내용은 우리의 본문절의 나머지 부분에서 명확한데, 거기에는 "하나님께서 하나님의 종 예언자들에게 전하여 주신 대로, 하나님의 비밀이 이루어질 것이다"는 말씀이 언급되었는데, 그 말씀은 그 때 주님의 강림이 이루어질 것이라는 것에 관한 예언을 뜻합니다. 그리고 여기서 주님의 강림(the Lord's coming)은 신령진리의 계시를 뜻합니다.

612. 하나님께서 하나님의 종 예언자들에게 전하여 주신 대로, 하나님의 비밀이 이루어질 것이다.

이 말씀은 교회의 종말이 임박(臨迫)했을 때 이루어질 주님의 강림에 관한 성경말씀의 예언을 뜻합니다. 이러한 뜻은 이루어지는 것을 가리키는 "이루어질 것이다"는 말씀의 뜻에서, 그리고 이것에 관해서는 곧 언급하겠지만, 주님의 강림(the Lord's coming)을 가리키는 "하나님께서 하나님의 종 예언자들에게 전하여 주신 대로(=기쁜 소식 · the good tidings) 하나님의 비밀이 이루어질 것이다"는 말씀의 뜻에서, 그리고 또한 교리에 속한 진리들을 가리키는, 여기서는 성언(聖言)을 가리키는 "하나님의 종 예언자들"의 뜻에서, 명확합니다. 선에서 비롯된 진리들 안에 있는 자들이 "주님의 종들"(servants of the Lord)이라고 불리웠다는 것은 본서 6 · 409[A]항을 참조하십시오. 그리고 교리를 가르치는 자들이 "예언자들"(prophets)이라고 불리웠고, 추상적인 뜻으로는 "예언자들"이 교리들을 뜻한다는 것은 아래에서 자세하게 설명, 언급되겠습니다. 성언을 뜻한다고 하였는데, 그것은 성언이 신령진리의 교리를 뜻하기 때문이고, 그리고 성언은 예언자들을 통하여 기록되었기 때문이고, 그리고 교리에 속한 모든 것은 반드시 성언으로 말미암아 존재하기 때문입니다. 이렇게 볼 때 뒤이어지는 것은 우리의 본문말씀 "하나님께서 하나님의 종 예언자들에게 기쁜 소식을 전하여 주신 대로, 하나님의 비밀이 이루어질 것이다"는 말씀이 교회의 마지막 때가 임박했을 때 이루어질 주님의 강림에 관한 성경말씀의 예언을 뜻한다는 것입니다. 이 말씀이 이러한 뜻을 가리킨다는 것은 바로 앞에서 언급된 것이나, 바로 뒤에 이어지는 것에서 명확합니다. 바로 앞에서 언급된 것에서는 교회의 마지막(=종말)이 임박했을 때 이런 일이 있을 것이라는 것을 뜻하는 "일곱째 천사가 불려고 하는 나팔 소리가 나는 날에"라는 말씀이 뜻합니다. 그리고 뒤이어지는 것에는, 일곱째 천사가 나팔을 분 뒤에, "이 세상의 나라들이 우리 주님의 것과 그분 그리스도의 것이 될 것이다"고 언급되었습니다. 그리고 그 뒤에는 "하늘에 있는 하나님의 성전이 열리고, 성전 안에 있는 하나님의 언약궤가 보였습니다"(묵시록 11 : 15-19)고 언급되었습니다. 이 말씀에서 동일한 뜻을 알 수 있다는 것은 교회의 마지막이 임박했을 때 성경말씀이 열리고, 새로운 교회(a new church)가 세워졌다는 것입니다. 이러한 내용은 주님의 강림을 뜻하는데, 왜냐하면 주님께서는 성언이시기 때문이고, 그러므로 주님께서 이 세상에 오실 때 성언이 열린다는 것은 잘 알 수 있겠습니다. 그리고 성경말씀의 영적인 뜻의 계시에 의하여 지금 열리었다는 것은 《백마론》(白馬論 · the White Horse)이나 《천계와 지옥》1항에서 잘 알 수 있고, 그리고 지금이 교회의 마지막이라는 것은 《최후심판》33-39 · 45-52항과 그 이하에서 잘 알 수 있겠습니다.
[2] 다니엘서에서 교회의 마지닥은 "저녁"(evening)이 뜻하고, 주님의 강림은 "아침"(morning)이 뜻합니다. 다니엘서의 말씀입니다.

> 다른 천사가 나에게 말하였다. "밤낮(=저녁과 아침) 이천삼백 일이 지나야 성소가 깨끗하게 될 것이다"(다니엘 8:14).

여기서 "저녁"(=밤 · evening)은 옛 교회의 마지막을 뜻하고, "아침"(=낮 · morning)은 주님의 강림과 새로운 교회의 시작을 뜻합니다. 에스겔서의 "아침"도 동일한 뜻을 가지고 있습니다. 에스겔서의 말씀입니다.

> 주 하나님이 이렇게 말씀하신다.
> "재앙이다(=재앙에 재앙이 겹쳐온다).
> 너희가 들어보지 못한 재앙이다.
> 이미 다가왔다.
> 끝이 왔다.
> 너희를 덮치려고 일어났다.
> 이미 다가왔다.
> 이 땅에 사는 사람들아,
> 정해진 멸망이 너희에게 들이닥쳤다.
> 그 시각(=아침)이 왔고, 그 날이 다가왔다.
> (에스겔 7:5-7)

10장 1-11절

여기서도 역시 "끝"(=마지막 · 종말 · the end)은 교회의 마지막을 뜻하고, "아침"(=시각)은 주님의 강림과 새로운 교회의 시작을 뜻합니다. 역시 동일한 뜻의 스가랴서의 말씀입니다.

> 낮이 따로 없고 밤도 없는
> 대낮만이 이어 간다.
> 그 때가 언제 올지는 주께서만 아신다.
> 저녁때가 되어도,
> 여전히 대낮처럼 밝을 것이다.
> (스가랴 14:7)

"그 때(=그 날)가 언제 올지는 주께서만 아신다"는 말씀은 주님의 강림을 뜻하고, "저녁때"(the time of evening)는 교회의 종말을 뜻하는데, 그 때 모든 신령진리는 불영명(不英明)해지고, 위화됩니다. 여기서 "빛"(=대낮 · light)은 명확하게 된 신령진리를 뜻합니다. 새로운 빛(=대낮처럼 밝은 빛 · new light), 즉 이 아침은 교회의 종말에 나타날 것이라는 것은 여기서는 "하나님께서 하나님의 종 예언자들에게 전하여 주신대로, 하나님의 비밀이 이루어질 것이다"(=완성될 것이다)는 말씀이 뜻합니다.

[3] 성경말씀에는 "좋은 소식을 선포한다" 또는 "좋은 소식"(good tidings)이 자주 언급되는데, 그리고 이 말이 주님의 강림을 뜻한다는 것은 아래에 이어지는 여러 장절들에게서 잘 알 수 있겠습니다. 이사야서의 말씀입니다.

> 좋은 소식을 전하는 시온아(=시온에 좋은 소식을 전하는 사람아),
> 어서 높은 산으로 올라가거라.
> 아름다운 소식을 전하는 예루살렘아(=예루살렘에 아름다운 소식을 전하는 사람아),

> 너의 목소리를 힘껏 높여라.
> 두려워하지 말고 소리를 높여라.
> 유다의 성읍들에게
> "여기에 너희의 하나님이 계신다"
> 하고 말하여라.
> 만군의 주 하나님께서 오신다.
> 그가 권세를 잡고 친히 다스리실 것이다.
> 보아라, 그가
> 백성에게 주실 상급을 가지고 오신다.
> 백성에게 주실 보상을 가지고 오신다.
> 그는 목자와 같이 그의 양 떼를 먹이시며,
> 어린 양들을 팔도 모으시고 품에 안으시며,
> 젖을 먹이는 어미 양들을
> 조심스럽게 이끄신다.
> (이사야 40:9-11)

이 장절은 주님의 강림에 관해서 언급하고 있다는 것은 매우 명확합니다. 그 이유는 시온과 예루살렘이 "기쁜 소식을 전하는 사람"이라고 언급되었기 때문입니다. 여기서 "시온"은 주님사랑 안에 있는 자들을 가리키는, 천적인 교회에 속한 자들 모두를 뜻하고, 따라서 "어서 높은 산으로 올라가거라"고 언급되었습니다. 그리고 여기서 "높은 산"은 주님사랑을 뜻합니다(본서 405항 참조). 여기서 "예루살렘"은 순수한 진리의 교리(the doctrine of genuine truth)에 있는 자들을 가리키는 영적인 교회에 속한 자들 모두를 뜻하고, 따라서 순수한 진리들에게서 비롯된 고백을 뜻하는, "너의 목소리를 힘껏 높여라"라고 언급되었습니다. "만군의 주 하나님께서 오신다, 그가 권세를 잡고, 친히 다스릴 것이다"는 것이 선포될 "유다의 성읍들"은 성경말씀에서 비롯될 교리적인 것들을 뜻하고, 그리고 "성읍들"(cities)은 교리적인 것을 뜻하고, "유다"는 성언을 뜻합니다. 시온과 예루살렘이 "기쁜 소식을 전하는 사람"이라고 명확하게 불리웠는데, 이런 이유 때문에, "기쁜 소식"(good tidings)은 주님의 강림을 뜻합니다. 왜냐하면 "보아라, 너희의 만군의 주 하나님께서, 그가 권세를 잡고 오신다"고 언급되었기 때문입니다. 그분께서 심판을 행하실 것이고, 그리고 그분을 시인하는 자들을 보호하실 것이라는 것은 "그는 목자와 같이 그의 양 떼를 먹이시고, 어린 양들을 팔로 모으시고 품에 안으신다"는 말씀이 뜻합니다.

[4] 같은 책의 말씀입니다.

> 놀랍고도 반가워라.
> 희소식을 전하려고
> 산을 넘어 달려오는 저 발이여!
> 평화가 왔다고 외치며,
> 복된 희소식을 전하는구나.
> 구원이 이르렀다고 선포하면서,
> 시온을 보고 이르기를
> "너의 하나님께서 통치하신다" 하는구나.
> 성을 지키는 파수꾼의 소리를
> 들어 보아라.
> 그들이 소리를 높여서, 기뻐하며 외친다.
> 주께서 시온으로 돌아오실 때에,
> 오시는 그 모습을 그들이
> 직접 눈으로 볼 수 있을 것이다
> (이사야 52 : 7, 8)

이 구절 역시 주님의 강림에 관해서 언급하고 있는데, 주님은 명확하게 "주께서 시온으로 돌아오실 때에 오시는 그 모습을 그들이 직접 눈으로 볼 수 있을 것이다"는 말씀이 뜻합니다. 그 장에 이어지는 것도 마찬가지를 뜻하는데, 그것은 "희소식을 선포한다"고 언급된 이유입니다. 그 장절의 나머지에 관한 것은 본서 365[E]항의 설명을 참조하십시오. 나훔서의 말씀입니다.

> 보아라, 좋은 소식을 전하는 사람,
> 평화를 알리는 사람이
> 산을 넘어서 달려온다.
> 유다야, 네 절기를 지키고,
> 네 서원을 갚아라.
> (나훔 1:15)

[5] 이사야서의 말씀입니다.

> 주께서 나에게 기름을 부으시니,
> 주 하나님의 영이 나에게 임하셨다.
> 주께서 나를 보내서서,
> 가난한 사람들(=겸손한 사람들)에게 기쁜 소식을 전하고,
> 상한 마음을 싸매어 주고,
> 포로에게 자유를 선포하고,
> 갇힌 사람(=눈먼 사람)에게 석방을 선언하고,
> 주의 은혜의 해와
> 우리 하나님의 보복의 날을 선언하고,
> 모든 슬퍼하는 사람들을 위로하게 하셨다.
> (이사야 61:1, 2)

이 장절도 역시 주님과 주님의 강림에 관해서 언급하고 있다는 것은 마태복음 5장 3절과 그 이하 절과 누가복음 4장 16-22절에서 아주 명백합니다. 그분 자신의 강림은 "주님의 은혜의 해와 우리 하나님의 보복의 날"이 뜻합니다. "주께서 기쁜 소식을 전할 가난한 사람들"이나 "포로"나 "갇힌 사람"

"눈먼 사람"은 성언을 가지지 못하였기 때문에 그들이 진리에 대하여 무지한 그들에게 그것이 언급될 이방 사람들을 뜻합니다. 이방 사람들은 마태복음에서 이런 사람이 뜻합니다.

>가난한 사람이 복음을 듣는다(마태 11 : 5).

시편서의 말씀입니다.

>주님께 노래하며,
>그 이름에 영광을 돌려라.
>그의 구원을 날마다 전하여라.……
>주님이 오실 것이니,
>주께서 땅을 심판하러 오실 것이니,……
>주님은 정의로 심판하시며,
>진리로 뭇 백성을 판결하실 것이다.
>(시편 96 : 2, 13)

[6] 기쁘고 즐거운 마음에서 비롯된 주님의 시인(是認)과 찬양(讚揚)이 주님의 강림 때문이라는 것은 "주님께 노래하며, 그 이름에 영광을 돌려라. 그의 구원의 기쁜 소식을 날마다 전하여라"는 말씀이 뜻합니다. 그 강림 자체는 "주님이 오실 것이다"는 말씀이 뜻하고, 그리고 최후심판이 임박했을 때 그분이 오시기 때문에 "주께서 땅을 심판하러 오실 것이다. 주님은 정의로 심판하시며, 진리로 뭇 백성을 심판(=판결)하실 것이다"라고 언급되었습니다. 여기서 "땅"은 교회를 뜻하고, "세상"은 인애의 선 안에 있는 교회 안에 있는 자들을 뜻하고, "백성"(people)은 그것에서 비롯된 진리들 안에 있는 자들을 뜻합니다. 최후심판이 임박하였을 때 주님께서 오신다는 것이 위에서와 같이 언급되었는데, 왜냐하면 그 때 악한 사람은 선한 사

람에게서 분리될 것이고, 즉 염소들은 양들에게서 분리될 것이고, 그리고 악한 사람은 지옥에 가는 것으로, 선한 사람은 천계에 가는 것으로 판결(=심판)될 것이기 때문입니다. 역시 이러한 사실은 바로 위에 언급된 이사야서의 말씀, "주의 은혜의 해와 우리 하나님의 보복의 날을 선언하고, 모든 슬퍼하는 사람들을 위로하게 하셨다"(이사야 61 : 2)는 말씀이 뜻합니다. 이러한 것이 최후심판이 다루어지는 이유이고, 그리고 "기쁜 소식을 전한다"고 언급된 것입니다. 이러한 것은 아래의 묵시록서에서도 마찬가지 입니다.

> 나는 또 다른 천사가 하늘 가운데서 날아다니는 것을 보았습니다. 그에게는 땅 위에 살고 있는 사람과 모든 민족과 종족과 언어와 백성에게 전할 영원한 복음이 있었습니다. 그는 큰소리로 "너희는 하나님을 두려워하고, 그분께 영광을 돌려라. 하나님께서 심판하실 때가 이르렀다" 하고 외쳤습니다(묵시록 14 : 6, 7).

교회의 마지막이 임박하였을 때 주님의 강림의 기쁜소식이 선포될 것이라는 것은 복음서에 주님이 친히 하신 말씀에 의하여 예언되었습니다.

> 이 하늘 나라의 복음(=기쁜 소식)이 온 세상에 전파되어서, 모든 민족에게 증언이 될 것이며, 그 때에야 끝이 올 것이다(마태 24 : 14 ; 마가 13 : 8-10).

[7] 주님의 강림이 "기쁜 소식의 전파"가 뜻한다는 것, 그리고 "기쁜 소식"이 뜻한다는 것은 아래의 말씀에서 잘 알 수 있겠습니다. 누가복음서의 말씀입니다.

> 천사가 사가랴에게 말하였다. "나는 하나님 앞에 서 있는 가브리엘이다. 나는 네게 이 기쁜 소식을 전해 주려고 보내심을 받았다"(누가

1 : 19).

같은 책의 말씀입니다.

> 천사가 그들(=목자들)에게 말하였다. "두려워하지 말아라. 나는 온 백성에게 큰 기쁨이 될 소식을 너희에게 전해 준다. 오늘 다윗의 동네에서 너희에게 구주가 나셨으니, 그는 곧 그리스도 주님이시다"(누가 2 : 10, 11).

역시 같은 책의 말씀입니다.

> 요한은 예수에 관한 기쁜 소식을 백성에게 전하였다(누가 3 : 16-18). 율법과 예언자들의 글은 요한의 때까지다. 그 뒤로부터는 하나님의 나라가 기쁜 소식으로 전파되는데, 모두 거기에 힘으로 밀고 들어가려고 애쓴다(누가 16 : 16).

그 밖의 다른 곳의 말씀입니다.

> 예수께서, 그리고 그의 제자들이 온 갈릴리를 두루 다니면서, 그들의 회당에서 가르치며, 하늘나라의 복음(=기쁜 소식)을 선포하며, 백성 가운데 모든 질병과 모든 아픔을 고쳐 주셨다(마태 4 : 23 ; 9 : 35 ; 마가 1 : 15 ; 누가 7 : 22 ; 8 : 1 ; 9 : 1, 2, 6).

여기서 "하나님의 나라"는 새로운 천계(=새 하늘 · a new heaven)를 뜻하고, 그리고 주님에게서 비롯된 새로운 교회(a new church)를 뜻합니다.

[8] "기쁜 소식을 전한다"(=전파한다)는 것은 주님의 강림을 고지(告知), 예고(豫告)하는 것을 뜻하기 때문에, 최고의 뜻으로 "기쁜 소식"(the good tidings)은, 그분의 강림과 관계해서, 그

리고 심판과의 관계, 그리고 신실한 사람의 구원과의 관계에서 아래의 마가복음서의 말씀에서는 주님 당신을 뜻합니다.

> (예수께서 말씀하셨습니다.) "누구든지 제 목숨을 구하고자 하는 사람은 잃을 것이요, 누구든지 나와 복음을 위하여 제 목숨을 잃는 사람은 구할 것이다"(마가 8:35 ; 10:29, 30).
> 또 예수께서 그들(=그의 제자들)에게 말씀하셨다. "너희는 온 세상에 나가서, 만민에게 복음(=기쁜 소식)을 전파하여라"(마가 16:15).

613. 8-10절. 하늘로부터 들려 온 그 음성이 다시 내게 말하였습니다. "너는 가서, 바다와 땅을 밟고 서 있는 그 천사의 손에 펴 있는 작은 두루마리를 받아라." 그래서 내가 그 천사에게로 가서, 그 작은 두루마리를 달라고 하니, 그는 나에게 "이것을 받아 먹어라. 이것은 너의 배에는 쓰겠지만, 너의 입에는 꿀같이 달 것이다" 하였습니다. 나는 그 천사의 손에서 그 작은 두루마리를 받아서 삼켰습니다. 그것이 내 입에는 꿀같이 달았으나, 먹고 나니, 뱃속은 쓰라렸습니다.

[8절] :
"하늘로부터 들려 온 그 음성이 다시 내게 말하였습니다"는 말씀은, 그들에게 아직까지 남아 있는 성언의 이해가 어떤 것인지를 가리키는 그 교회의 사람들의 탐사(探査)나 검사(檢査)를 뜻합니다(본서 614항 참조). "너는 가서, 바다와 땅을 밟고 서 있는 그 천사의 손에 펴 있는 작은 두루마리를 받아라"는 말씀은 주님에 의하여 천계나 교회에게 열려 있는 성언(聖言 · the Word)을 뜻합니다(본서 615항 참조).

[9절] :
"그래서 내가 그 천사에게로 가서, 그 작은 두루마리를 달라고 하였다"는 것은 성언의 성품(=질 · 質 · quality)이 무엇인지 주님에게서 비롯된 지각(知覺)하는 기능을 뜻합니다(본서 616항

참조). "그는 나에게 '이것을 받아 먹어라' 라고 말하였다"는 것은 그가 반드시 성언을 읽고, 지각하고, 그리고 그것의 안이나, 바깥의 성질이 무엇인지 조사, 탐사하여야 한다는 것을 뜻합니다(본서 617항 참조). "이것은 너의 배에는 쓰겠다"는 말씀은, 그것이 섞음질되었기 때문에, 내적으로 그것은 기쁘고 즐겁지 않을 것이라는 것을 뜻합니다(본서 618항 참조). "그러나 너의 입에는 꿀같이 달 것이다"는 말씀은 겉으로는(=외적으로는) 기쁘고 즐거울 것이다는 것을 뜻합니다(본서 619항 참조).

[10절] :
"나는 그 천사의 손에서 그 작은 두루마리를 받아서 삼켰습니다"는 말씀은 그 탐사와 조사를 뜻합니다(본서 620항 참조). "그것은 내 입에서는 꿀같이 달았다"는 말씀은 성경말씀의 겉뜻, 또는 그것의 문자의 뜻에 관해서 성경말씀(=성언)이 여전히 기쁘게 지각되었지만, 그러나 그것은 자기사랑이나 세상사랑에서 생긴 거짓에 속한 원칙들을 확증하기 위하여 섬겨졌다는 이유 때문이라는 것을 뜻하고(본서 621항 참조), "먹고 나니, 뱃속은 쓰라렸다"는 말씀은 성경말씀의 문자의 뜻에 속한 섞음질된 진리 때문에 성경말씀(=성언)이 내적으로 즐겁지 않고 불쾌하다는 것이 지각되었다는 것이나, 확인되었다는 것을 뜻합니다(본서 622항 참조).

614. 8절. 하늘로부터 들려 온 그 음성이 다시 내게 말하였습니다.
이 말씀은 그들에게 아직도 남아 있는 성경말씀의 이해에 관해서 교회의 사람들을 조사, 탐사하는 것을 뜻합니다. 이러한 내용은 우리의 본문장의 앞서 설명한 내용이나 뒤이어지는 것들에게서 명확합니다. 왜냐하면 "하늘로부터 들려 온 그 음성이 다시 내게 말하였다"는 말씀은 이런 내용들을 내포하고 있기 때문입니다. 앞서의 내용들은 신령진리의 이해에 관해서,

즉 성경말씀(=성언·the Word)의 이해를 다루고 있는데, 이러한 사실은 본문장 2-4절에서 잘 알 수 있는데, 거기에서 하늘에서 내려온 힘센 천사가 사자가 울부짖듯이 큰소리로 부르짖었다는 "음성"(voice)이나, "일곱 천둥의 소리들"은 성언의 이해에 관해서 그 교회의 상태가 무엇인지의 현현(顯現)이나 명시(明示)를 뜻합니다(본서 601·604항 참조). 뒤이어지는 것들은 아직까지 그 교회의 사람들에게 남아 있는 성경말씀(=성언)의 이해를 다루고 있습니다. 왜냐하면 "그 천사가 그의 손에 펴 있는 작은 두루마리"는 성언(聖言·the Word)을 뜻하고, "그것을 먹는다"(eating it up)는 것은 탐사나 조사를 뜻하고, 그리고 주님에 의하여 천계와 교회에 명료하게 드러난 성언을 뜻한다는 것입니다. "그것을 받아서 먹어라"는 말씀은 아래에 이어지는 것에서 입증, 설명되겠습니다.

616. 9절. 그래서 내가 그 천사에게로 가서, 그 작은 두루마리를 달라고 하였다.

이 장절은 성언의 성질이 어떤 것인지에 관해서 주님에게서 비롯된 지각하는 능력(能力·faculty)을 뜻합니다. 이러한 내용은, 그가 가서 그것을 달라고 하였기 때문에, 가장 가까운 뜻으로는 그 명령에 복종하는 것을 가리키는 "천사에게로 가서, 그 작은 두루마리를 달라고 하였다"는 말씀의 뜻에서, 그러나 내면적인 뜻인 보다 먼 뜻으로는 이 말씀이 성언의 성질이 무엇인지에 관한 주님에게서 비롯된 지각하는 능력을 뜻합니다. 주님에 의하여 모든 사람에게는 이것을 지각하는 능력이 주어졌습니다. 그럼에도 불구하고, 만약에 자기 스스로 그것을 지각하기를 원하지 않는다면 그 누구도 지각하지 못합니다. 서로서로 주고 받는 이 능력은 사람이 반드시 성언을 지각하는 능력을 영접, 수용하기 위하여 가지는 것입니다. 만약에 사람이 자기 스스로 이것을 원하고, 이 일을 행하지 않는다면 그와 같은 능력은 결코 사람에게 전유(專有)될 수 없습니다. 상호적으로 전유하는 이 능력은 반드시 사람이 성언을 지각하는 능력을 영접, 수용하기 위한 것입니다. 만약에 사람이 자기 스스로 이것을 원하지 않고, 그 일을 행하지 않는다면 그런 능력은 그 어떤 것도 그 사람에게 전유될 수 없습니다. 그렇기 때문에, 그 전유가 이루어지기 위해서는 거기에는 반드시 작용(active)과 반작용(reactive)이 있어야 합니다. 작용은 주님에게서 비롯된 것이고, 따라서 반작용도 그러합니다. 그러나 후자는 사람에게서 비롯된 것처럼 보입니다. 왜냐하면 주님 당신은 이 반작용도 주시기 때문이고, 그리고 그것으로 말미암아 그것은 사람에게서가 아니고, 주님에게서 비롯되기 때문입니다. 그러나 사람은, 그가 자기 스스로 살아간다는 것 이외에 아무것도 알지 못하기 때문입니다. 결과적으로 그가 생각하고 뜻하는 것은 자기 자신에게 비롯된다는 것 이외에는 아무것도 알지 못합니다. 그래서 그가 반드시 알아야 할 것은 이러한 사실은 그런 것이 마치 자기 자신의 고유한 삶에 속한 온당한 것으로 생각한다는 것입니다. 그리고 그가 그와 같이 행동할 때, 그 때 그것은 그 사람에게 전유된다는 것입니다.

[2] 신령진실들(Divine verities)이나 신령미덕들(Divine goodnesses)이 반작용하는 그런 능력으로부터 사람의 다른 영역에 입류한다는 것, 즉 상호적으로 작용한다는 것을 믿는 사람은 크게 속고 있는 것입니다. 왜냐하면 이런 사실은 두 손을 구워박고, 그리고 직접적인 입류(immediate influx)를 기다리는 것이기 때문입니다. 인애에서 전적으로 믿음을 분리시킨 자들이 이런 생각을 하기 때문에, 그리고 그들은 선한 삶을 가리키는 인애에 속한 선들은 사람의 의지에 속한 어떤 협력 없이 입류한다고 말하고 있기 때문에, 그럼에도 불구하고 그 때 주님께서는, 주님께서 문에 서서, 계속해서 문을 두드리고 있다는 것과, 그리

고 사람은 반드시 문을 열어야 한다는 것과 그리고 문을 연 사람에게 주님께서 들어가신다고 가르치고 계십니다(묵시록 3 : 20). 간략하게 말하면 작용과 반작용(action and reaction)은 모든 결합을 이루고, 그리고 작용과 소극적인 수동적인 반작용에는 결코 결합 따위는 없다는 것입니다. 왜냐하면 능동자(能動者)나 능동적인 것은 수동자(受動者)나 수동적인 것에 유입할 때, 그것은 단순히 통과하고, 그리고 흩어져 없어지기 때문입니다. 왜냐하면 수동자(=수동적인 것)는 포기하고, 단념(斷念), 퇴각(退却)하기 때문입니다. 그러나 능동자나 능동적인 것이 반작용을 가리키는 수동자(=수동적인 것)에 유입할 때, 그 때 그것들은 서로 결합하고, 이들 양자는 결합하여 남아 있습니다. 따라서 이것은 사람의 의지, 또는 사람의 사랑에 유입한 신령선과 신령진리의 입류의 경우입니다. 이런 이유 때문에 신령존재가 홀로 이해에 입류한다면 그것은 단순히 통과하고, 흩어져 없어지지만, 그러나 그것이, 사람 자신의 고유속성을 가리키는 의지에 입류하고, 그리고 그것이 거기에서 산다면 그것은 결합된 것에 남아 있습니다. 이렇게 볼 때 여기서 얻는 것은, 제일 처음에 "너는 가서, 바다와 땅을 밟고 서 있는 그 천사의 손에 펴 있는 작은 두루마리를 달라고 하여 받아라"는 말씀이 뜻하는 것이 무엇인지 잘 알 수 있겠습니다. 그 때 그는 "그 천사에게로 가서, 그 작은 두루마리를 말하니" 그 때 천사는 그에게 "이것을 받아 먹어라"라고 말하였고, 따라서 반작용하는 능력, 즉 상호작용하는 능력이 기술되었다는 것입니다. 이렇게 볼 때 그 때 이런 일련의 말씀들이 성언의 성질이 무엇인지 주님으로부터 영접, 지각하는 능력(=기능)을 받는다는 것을 뜻한다는 것입니다. 신령입류(Divine influx)의 수용은 성경말씀 어디에서나 이런 식으로 기술되었습니다.

617[A]. 그는 나에게 "이것을 받아 먹어라"라고 말하였습니

다.
이 말씀은 그가 성경말씀을 반드시 읽고, 깨닫고, 그리고 그것 안에나 밖에 있는 그것의 성질이 무엇인지 탐구, 탐사하여야 한다는 것을 뜻합니다. 이러한 내용은, 성경말씀(=성언)의 성질이 무엇인지 지각하는 능력을 준 것을 가리키는 "그가 나에게 이것(=작은 두루마리)을 받아 먹으라고 말하였다"는 말씀의 뜻에서, 다시 말하면 지금 그 교회에 있는 성언의 이해(the understanding of the Word)가 무엇인지를 가리키는 뜻에서(본서 616항 참조), 그리고 자신에게 결합시키고, 자신의 것으로 삼는 것(專有)을 가리키는 "받아 먹는다"(=삼킨다 · to eat up or to devour)는 말의 뜻에서 잘 알 수 있습니다. 성경말씀(=성언)은 사람이 그것을 읽고, 영접, 수용하는 것에 의하여 사람에게 결합되기 때문에 여기서는 "받아 먹어라" 또는 "삼켜라"는 말은 연구, 탐사하는 것을 뜻합니다. 그 이유는 "그 작은 두루마리는 그의 배에는 쓰겠다"고 부연된 것은 "그의 입에서는 꿀같이 달 것이다"는 말의 뜻을 깨닫게 하기 위한 것이고, 그리고 이것은 그것의 안과 밖의 그것의 이해에 관해서 성언이 무엇인지를 확인, 규명하는 것이기 때문입니다. 안에 있는 것은 "뱃속과 그것의 쓰라림"(=쓴)이 뜻하고, 그리고 밖에 있는 것은 꿀같이 단 것으로 자각된 그것이 있는 "입"(mouth)이 뜻합니다. 이렇게 볼 때 여기서 얻는 결론은 "그가 나에게 그것을 받아서 먹어라"라는 말씀은 반드시 성경말씀을 읽고, 그것의 안과 밖의 성질이 무엇인지를 깨닫고 탐사, 연구하여야 한다는 것을 뜻한다는 것입니다.
[2] 성경말씀에는 "먹는다"(to eat)는 말이나, "마신다"(to drink)는 말이 자주 나오고, 그리고 성경말씀의 영적인 뜻의 지식을 가지고 있지 않은 사람들은 그것이 자연적인 먹는 것이나, 마시는 것 이외의 다른 개념이나 뜻을 결코 가지고 있지

않는 사람들은 그것이 자연적인 먹는 것이나, 마시는 것 이외의 다른 개념이나 뜻을 결코 가지고 있지 않습니다. 그러나 "먹는다", "마신다"는 말은 영적으로 자기 자신을 살지게 하고, 육성하는 것을, 결과적으로는 자신에게 선과 진리를 전유하는 것을 뜻합니다. 여기서 "먹는다"(to eat)는 것은 자신에게 선을 전유(專有)시키는 것을 뜻하고, "마신다"(to drink)는 것은 자신에게 진리를 전유시키는 것을 뜻합니다. 성경말씀(=성언)이 영적인 것이라고 믿는 사람은 누구나 "먹는다"는 것이나 "마신다"는 것이 꼭 같이 "빵"이나 "음식"(=먹거리 · food), "포도주"나 "음료수"가 영적인 자양분을 뜻한다는 것도 잘 압니다. 만약에 그것들이 이것을 뜻하지 않는다면 성경말씀은 그저 단순한 자연적인 것이고, 그리고 동시에 영적인 것은 아니고, 따라서 성경말씀은 그저 단순한 자연적인 사람을 위한 것이지, 영적인 사람을 위한 것은 아닙니다. 그런데 어떻게 그것이 천사들을 위한 것이 되겠습니까! "빵" · "먹거리" · "포도주" · "음료수"는 영적인 뜻으로 마음에 속한 자양물이나 영양물(the nourishment of the mind)를 뜻한다는 것은 위에서 아주 자주 입증, 언급되었습니다. 그리고 또한 성언(=성경말씀)은, 비록 문자적인 뜻으로는 그것은 자연적이지만, 영적인 뜻으로는 처음부터 끝까지 영적이라는 것도 입증, 언급하였습니다. 영적으로 양육한다는 것이나 살지게 한다는 것은 가르침을 받는 것이고, 고취(鼓吹)되는 것이고, 결과적으로는 아는 것(to know)이고, 이해하는 것(to understand)이고, 현명하게 되는 것입니다. 만약에 사람이 육신의 영양물과 더불어 이 영양물을 즐기지 않는다면, 그는 사람이 아니고, 짐승일 뿐입니다. 그리고 이것이, 모든 기쁨을 진수성찬(珍羞盛饌)이나, 연회(宴會)나 축연(祝宴)에 두고, 매일매일 그것들의 미각(味覺)을 즐기는 것 등등은 영적인 것에 대하여 둔하고, 무디게(dull) 하는 이유입니다. 그러나 그들은 이 세상이나 육신에 속한 것들에 관해서 깊이 생각하고, 추론할 수 있습니다. 그러므로 죽은 뒤에 그들은 인간적인 것에 비하여 오히려 짐승스러운 삶을 삽니다. 왜냐하면 총명이나 지혜 대신에 그들은 광기(狂氣)를 가지고 있고, 어리석음을 가지고 있기 때문입니다. 이와 같은 내용을 길게 언급한 것은 여기서 "그 작은 두루마리를 삼킨다, 또는 먹는다"는 말씀이 성경말씀을 읽고, 깨닫고, 탐사, 검토하는 것을 뜻한다는 것을 잘 알게 하기 위한 것입니다. 왜냐하면 여기서 하늘로부터 내려온 천사의 손에 있는 "그 작은 두루마리"(the little book)는, 위에서 언급, 입증한 것과 같이, 성언(=성경말씀)을 뜻하기 때문입니다. 더욱이 어느 누구도 자연적으로 한 권의 책을, 따라서 성경말씀을 먹을 수 없고, 삼킬 수 없습니다. 그리고 이것은 역시 여기서 "먹는다"(to eat)는 것이 영적으로 양육되고, 살지게 된다는 것을 뜻한다는 것을 명확하게 합니다.

[3] 성경말씀에서 "먹는다"(to eat), "마신다"(to drink)는 말은 영적으로 먹고, 마시는 것을 뜻하는데, 그것은 가르침을 받는 것을 가리키고, 그리고 가르침이나 사는 것(=삶)에 의하여 선과 진리를 자기 자신에게 흡수하고, 그리고 이것을 전유(專有)하는 것, 결과적으로는 총명이나 지혜를 전유하는 것을 뜻한다는 것은 아래의 장절들에게서 잘 알 수 있겠습니다. 예레미야서의 말씀입니다.

> 주께서 저에게 말씀을 주셨을 때에,
> 저는 그 말씀을 받아먹었습니다.
> 주의 말씀은 저에게 기쁨이 되었고,
> 제 마음에 즐거움이 되었습니다.
> (예레미야 15 : 16)

여기서 "먹는다"는 것은 명확하게 영적으로 먹는 것을 뜻합니다. 그리고 그 말은 아는 것, 깨닫는 것, 자신에게 전유하는 것을 가리킵니다. 왜냐하면 본문에서 "저는 그 말씀을 받아 먹었습니다. 주의 말씀은 저에게 기쁨이 되었고, 제 마음에 즐거움이 되었습니다"라고 언급되었기 때문입니다. 여기서 "주의 말씀"(=하나님의 말씀 · the words of God)은 그분의 가르침들(敎訓 · His precepts), 즉 신령진리들을 뜻합니다. 이러한 내용은 주님께서 시험하는 자(the tempter)에게 말씀하신 것과 같습니다. 마태복음서의 말씀입니다.

> 예수께서 대답하셨다. "성경에 기록하기를
> '사람이 빵으로만 살 것이 아니라,
> 하나님의 입에서 나오는
> 모든 말씀으로 살 것이다'
> 하였다."
> (마태 4:4 ; 누가 4:4 ; 신명기 8:3)

요한복음서의 말씀입니다.

> 너희는 썩을 양식을 얻으려고 일하지 말고, 영원한 생명에 이르게 하는 양식을 위하여 일하여라. 그 양식은, 인자가 너희에게 줄 것이다(요한 6:27).

역시 주님께서는 제자들에게 이 말씀을 말씀하셨습니다. 요한복음서의 말씀입니다.

> 제자들이 예수께 "랍비님, 잡수십시오" 하고 권하였다. 그러나 예수께서는 그들에게 말씀하시기를 "나에게는 너희가 알지 못하는 먹을 양식이 있다" 하였다. 제자들은 "누가 잡수실 것을 가져다 드렸을까?" 하고 서로 말하였다. 예수께서 그들에게 말씀하셨다. "나의 양식은, 나를 보내신 분의 뜻을 행하고, 그분의 일을 이루는 것이다"

(요한 4：31-34).

[4] 이렇게 볼 때 역시 "먹는다"(to eat)는 말씀이 영적인 뜻으로 의지로 영접, 수용하고, 행하는 것을 뜻하는데, 그것으로 말미암아 결합이 있습니다. 왜냐하면 주님께서는 행하는 것에 의하여 신령존재(the Divine)를 그분의 인성과 함께 그분 안에 존재해 있는 신령존재에 결합하셨기 때문이고, 따라서 신령존재가 그분의 인성에게 전유되었기 때문입니다. 이런 것은 아래의 말씀에 적용될 수 있겠습니다. 마태복음서의 말씀입니다.

> 그들은 모두 배불리 먹었다. 남은 빵 부스러기를 모으니, 열두 광주리에 가득 찼다. 먹은 사람은 여자들과 어린 아이들 밖에, 남자 어른만도 오천 명쯤 되었다(마태 14：15-22 ; 요한 6：5, 13, 23).
> 예수께서…… 빵 일곱 개와 물고기를 손에 드시고, 감사를 드리신 뒤에, 떼어서 제자들에게 주시니, 제자들이 무리에게 나누어 주었다. 사람들이 모두 배불리 먹었다. 그런 다음에 남은 부스러기를 주어 모으니, 일곱 광주리에 가득 찼다. 먹은 사람은 여자들과 아이들 밖에도, 남자만 사천 명이었다(마태 15：35-38).

여기의 기적(奇蹟 · miracle)은 그들을 사전에 가르치셨어야 했기 때문에 행하였습니다. 그리고 그들은 그들 자신에게 그분의 가르침(His doctrine)을 영접, 수용하였고, 전유하였습니다. 이러한 내용이 그들이 영적으로 먹었다는 것의 뜻입니다. 그러므로 뒤이어진 자연적인 먹음(natural eating), 다시 말하면, 그것들이 전혀 알지 못했던 이스라엘 자손이 만나를 먹었던 것과 같은 그들에게 하늘에서 비롯된 것이 뒤이어졌습니다. 왜냐하면 주님께서 원하실 때, 영들이나 천사들을 위한 진정한 음식(=먹거리 · real food)을 가리키는 영적인 음식(=영적인 먹거리 · spiritual food)은 자연적인 음식(=먹거리)으로 바뀌는데, 그것이 바로 매일 아침 만나로 변하였습니다.
[5] 이러한 동일한 뜻이 "하나님의 나라에서 빵을 먹는다"는 말씀이 뜻하는 것입니다. 누가복음서의 말씀입니다.

> 내 아버지께서 내게 왕권을 주신 것과 같이, 나도 너희에게 왕권을 준다. 그리하여 너희로 하여금 내 나라에 있으면서 내 밥상에서 먹고 마시게 하겠다(누가 22 : 28-30).

여기서도 역시 "먹는다"·"마신다"는 것은 영적으로 먹고 마시는 것을 뜻합니다. 그러므로 여기서 "먹는다"(to eat)는 것은 주님에게서 비롯된 천계의 선을 자기 자신에 영접하고, 깨닫고, 전유하는 것을 뜻하고, 그리고 "마신다"(to drink)는 것은 그 선에 속한 진리를 영접, 수용하고, 지각하는 것, 그리고 자기 자신에게 전유하는 것을 뜻합니다. 왜냐하면 "먹는다"는 것은, "빵"이 사랑에 속한 선을 뜻하기 때문에, 선에 관해서 서술하기 때문이고, "마신다"는 것은, "물"이나 "포도주"가 그 선에 속한 진리를 뜻하기 때문에, 진리에 관해서 서술하기 때문입니다. 이러한 내용이 누가복음서의 뜻입니다.

> "하나님의 나라에서 음식을 먹는 사람은 복이 있습니다" 하고 예수께 말하였다(누가 14 : 15).

이것은 주님께서 하나님의 나라에 비유된 이유입니다. 누가복음서의 말씀입니다.

> 예수께서 그에게 말씀하셨다. "어떤 사람이 큰 잔치를 베풀고, 많은 사람을 초대하였다.…… 그러자 집주인이 노하여 종더러 말하기를 '어서 시내의 거리와 골목으로 나가서 가난한 사람들과…… 다리 저는 사람들을 이리로 데려오너라' 하였다"(누가 14 : 16-24).

10장 1-11절   147

617[B]. [6] 영혼을 살지게 하는 영적인 식사(spiritual eating)는 아래 장절에서 "먹는다"는 것이 뜻합니다. 이사야서의 말씀입니다.

> 너희가 기꺼이 하려는 마음으로 순종하면,
> 땅에서 나는 가장 좋은 소산을 먹을 것이다.
> (이사야 1:19)

"가장 좋은 소산을 먹는다"는 것은 영적인 선을 먹는 것을 뜻합니다. 그러므로 우리의 본문은 "너희가 기꺼이 하려는 마음으로 순종하면 가장 좋은 소산을 먹는다"(to eat good)는 말씀이 언급된 것입니다. 다시 말하면 그것은 너희가 그것을 행한다면 이라는 뜻입니다. 왜냐하면 영적인 양식이 주어지고, 그리고 그것과 결합하고, 그것에서 비롯된 그의 뜻하는 것이나 행하는 것에 의하여 그 사람에게 그것이 전유되기 때문입니다. 시편서의 말씀입니다.

> 주님을 경외하며,
> 주의 명에 따라 사는 사람은,
> 그 어느 누구나 복을 받는다.
> 네 손으로 일한 만큼 네가 먹으니,
> 이것이 복이요, 은혜이다.
> (시편 128:1, 2)

"네 손으로 일한 만큼 네가 먹는다"(=네가 네 손이 수고한 것을 먹을 것이다)는 말씀은 신령진리들에 일치하는 삶에 의하여 주님으로부터 사람이 받게 될 천적인 선을 뜻하고, 그리고 말하자면 자신의 애씀이나 노력이나 열정에 의하여 얻는 것을 뜻합니다. 따라서 "주님을 경외하며, 주님의 명에 따라서 사는 사람은 복을 받는다"고 언급되었는데, 그리고 뒤이어서 "네 손으로 일한 만큼 네가 먹으니, 이것이 복이요, 은혜이다"는 말씀이 부연되었습니다.
[7] 이사야서의 말씀입니다.

> 의로운 사람에게 말하여라.
> 그들에게 복이 있고,
> 그들이 한 일에 보답을 받고,
> 기쁨을 누릴 것이라고 말하여라.
> (이사야 3 : 10)

"그들이 한 일에 보답을 받는다"(=그들이 그들의 행위의 열매를 먹을 것이다)는 말씀은, 그것은 위에 언급된 것과 같이, "그들의 손의 애씀을 먹는다"는 말씀의 뜻과 동일한 것입니다. 에스겔서의 말씀입니다.

> 너는, 고운 밀가루와 꿀과 기름으로 만든 음식을 먹어서, 아주 아름답게 되고, 마침내 왕비처럼 되었다(에스겔 16 : 13).

이 말씀은, 교회를 가리키는 예루살렘에 관해서 언급된 말씀인데, 여기서는 영적인 진리들이나 선들 안에 있는, 그리고 동시에 자연적인 선 안에 있는, 고대교회(the ancient church)를 뜻합니다. 여기서 "고운 밀가루"는 진리를 뜻하고, "꿀"은 자연적인 선을 뜻하고, 또한 겉사람의 선을 뜻하고, "기름"은 영적인 선, 즉 속사람의 선을 뜻합니다. 이런 선들의 영접, 수용, 지각, 전유 등은 "고운 밀가루와 꿀과 기름으로 만든 음식을 먹는다"는 말씀이 뜻합니다. 이런 사실로 말미암아 교회는 총명스럽게 된다는 것이 "너는 아주 아름답게 된다"는 말씀이 뜻합니다. 여기서 "아름다움"(beauty)은 총명을 뜻하고, 그것으로 말미암아 교회가 되었다는 것은 "너는 마침내 왕비처럼 되었다"(=너는 왕국에서 번영을 이룩하였다)는 말씀이 뜻하는데, "왕국"은 곧 교회를 뜻합니다.
[8] 이사야서의 말씀입니다.

> 보십시오, 처녀가 잉태하여 아들을 낳을 것이며, 그가 그의 이름을 임마누엘이라고 할 것입니다. 그 아이가 잘못된 것을 거절하고 옳은 것을 선택할 나이가 될 때에, 그 아이는 버터와 꿀을 먹을 것입니다. 그러나 그 아이가 잘못된 것을 거절하고 옳은 것을 선택할 나이가 되기 전에, 임금님께서 미워하시는 저 두 왕의 땅이 황무지가 될 것입니다(이사야 7 : 14-16).

여기서 처녀가 잉태하여 낳을 "아들", 그리고 "하나님이 우리와 함께 계신다"는 그의 이름의 "아들"은 그분의 인성에 관한 주님을 뜻합니다. 인성에 대한 영적인 신령선이나 자연적인 신령선의 전유는 "그가 먹을 버터와 꿀"이 뜻하는데, 여기서 "버터"는 영적인 신령선을 뜻하고, "꿀"은 자연적인 신령선을 뜻하고, 그리고 "먹는다"는 것은 전유를 뜻합니다. 그리고 악을 거절하고, 선을 선택하는 것을 아는 것에 비례하여 영적인 신령선이나 자연적인 신령선이 전유되기 때문에, 그러므로 "그 아이가 잘못된 것을 거절하고, 옳은 것을 선택할 것이다"는 말씀이 언급되었습니다. 거짓되게 적용된 지식들(=과학지들)에 의하여, 그리고 그것에서 비롯된 추론에 의하여, 모든 선과 진리에 관해서 교회가 버려지고, 황폐하게 된다는 것은 "임금님께서 미워하시는 저 두 왕의 땅이 황무지가 될 것이다"는 말씀이 뜻입니다. 여기서 "땅"(land)은 교회를 뜻하고, 그리고 그 땅의 버림(遺棄 · desertion)이나 황폐(荒廢 · devastation)는 "그 땅이 황무지가 될 것입니다"는 말씀이 뜻합니다. 여기서 이집트의 왕과 앗시리아 왕이 가리키는 "두 왕"은, 잘못 적용된 지식들(=과학지들)과 그것에서 비롯된 추론들을 뜻합니다. 여기서 "이집트 왕"은 그런 부류의 지식들을 뜻하고, 그리고 "앗시리아 왕"은 그것에서 비롯된 추론들(reasonings)을 뜻합니다. 이들 왕들이 뜻하는 것은 이집트와 앗시리아가 언급된 17절과 18절에 이어지는 것에서 잘 알 수 있겠습니다. 더욱이 여기에 언급된 것들은 주로 그 교회를 황폐하게 한 것을 가리킵니다. 그 교회에 더 이상 진리나 선이 없을 때, 따라서 교회에 속한 것이 아무것도 남아 있는 것이 없을 때, 주님께서 이 세상에 강림하셨다는 것은 앞에서 여러 차례 언급한 바 있습니다.

[9] 같은 예언서의 말씀입니다.

> 그것들이 내는 젖이 넉넉하여, 버터를 만들어 먹을 수 있을 것이다. 그 땅에 남아 있는 사람들이 모두 버터와 꿀을 먹을 수 있을 것이다(이사야 7 : 22).

이 구절은 주님에 의하여 세워질 새로운 교회에 관해서 언급하고 있고, 여기서 "버터와 꿀"(butter and honey)은 영적인 선과 자연적인 선을 뜻하고, 그리고 "먹는다"(to eat)는 것은, 위에서 언급한 것과 같이, 전유하는 것(to appropriate)을 뜻하고, "우유"(=젖·milk)는 천적인 것에서 비롯된 영적인 것을 뜻하고, 이들 선들은 모두 그것에서 비롯됩니다.

[10] 같은 책의 말씀입니다.

> 너희 모든 목마른 사람들아,
> 어서 물로 나오너라.
> 돈이 없는 사람도 오너라.
> 너희는 와서 사서 먹되,
> 돈도 내지 말고 값도 지불하지 말고
> 포도주와 젖을 사거라.

10장 1-11절

어찌하여 너희는 양식을 얻지도 못하면서
돈을 지불하며,
배부르게 하여 주지도 못하는데,
그것 때문에 수고하느냐?
"들어라, 내가 하는 말을 들어라.
그러면 너희가 좋은 것을 먹으며,
기름진 것으로 너희 마음이 즐거울 것이다."
(이사야 55 : 1, 2)

이 장절은 "먹는다"는 말이 여기서는 주님으로부터 어느 누구에게 전유되는 것을 뜻한다는 것을 아주 명확하게 합니다. 왜냐하면 "너희 모든 목마른 사람들아, 어서 물로 나오너라. 돈이 없는 사람도 오너라. 너희는 와서 사서 먹어라"라고 언급되었는데, 이 말씀은 진리를 열망(熱望)하는 자는, 그리고 전에는 진리를 가지지 못했던 자는, 주님에게서 그것을 얻고, 전유할 수 있다는 것을 뜻합니다. 여기서 "목마른 자"는 진리를 열망하는 자를 뜻하고, "물"은 진리를 뜻하고, "돈"(銀・silver)은 선에 속한 진리를 뜻하는데, 따라서 "목마른 자"는 선에 속한 진리를 가지지 못한 자를 뜻합니다. "나오너라"(to come)는 말은 주님에게 나오는 것을 뜻하고, "산다"(to buy)는 것은 자신을 위해 몸에 익혀 획득하는 것을 뜻하고, "먹는다"(to eat)는 것은 전유하는 것을 뜻합니다. "너희는 와서, 사서 먹되, 돈도 내지 말고, 값도 지불하지 말고, 포도주와 젖을 사거라"는 말씀은 영적인 신령진리나 자연적인 신령진리는 자기 총명(self-intelligence) 없이 터득할 수 있다는 것을 뜻하는데, 여기서 "포도주"는 영적인 신령진리(spiritual Divine truth)를 뜻하고, "젖"(milk)은 영적 자연적 신령진리(spiritual-natural Divine truth)를 뜻합니다. "어찌하여 너희는 양식을 얻지도 못하면서 돈을 지불하며, 배부르게 하여 주지도 못하는데, 그것 때문에 수고하느냐?"(=어찌하여 너희는 양식이 아닌 것을 위하여 돈을 쓰며, 배부르지 않는 것을 위하여 수고하느냐?)는 말씀은 사랑에 속한 선이나, 영혼을 살지게 하는 것은 자기 자신의 자아(自我·固有屬性)로 말미암아서는 얻으려고 애쓸 필요가 없다는 것을 뜻합니다. 여기서 "돈"(銀·silver)은, "수고"(=애씀)가 뜻하는 것과 꼭 같이, 자기 자신의 고유속성에서, 즉 자기총명에서 비롯된 진리를 뜻하고, "양식"(=빵·bread)은 사랑에 속한 선을 뜻하고, "배부르게 한다"는 것은 영혼을 살지게 하는 것, 여기서는 살지게 하지 못하는 것을 뜻합니다. "내가 하는 말을 들어라"(=내게 열심히 경청하라)는 것은 그것들이 모두 오직 주님에게서 비롯된다는 것을 뜻합니다. "그러면 너희가 좋은 것을 먹으며, 기름진 것으로 너희 마음이 즐거울 것이다"(=그리하여 너희 혼이 풍요함 속에서 스스로 기뻐하게 하여라)는 말씀은 그것들이 자신에게 천적인 선을 전유하게 한다는 것을 뜻하고, 그것으로부터 모든 삶(=생명)의 기쁨이 온다는 것을 뜻하고, "풍요함 속에서 기뻐한다"(=기름진 것으로 너희 마음이 즐거울 것이다)는 말씀은 선으로 말미암아 기쁨을 누린다는 것을 뜻하고, 여기서 "영혼"(=마음·soul)은 삶(=생명)의 기쁨이 온다는 것을 뜻합니다.

[11] 같은 책의 말씀입니다.

> 두로가 장사를 해서 벌어들인 소득은
> 주의 몫이 될 것이다.
> 두로가 제 몫으로 간직하거나
> 쌓아 두지 못할 것이다.
> 주를 섬기며 사는 사람들이,
> 두로가 벌어 놓은 것으로,
> 배불리 먹을 양식과 좋은 옷감을 살 것이다.
> (=두로의 상품과 삯이 주께 거룩함이 될 것이다. 그것은 저장되거나, 쌓아

10장 1-11절

올려지지 아니하리니, 이는 그녀(=두로)의 상품이 주 앞에 거하는 자들에게 배불리 먹을 것과 좋은 옷이 될 것이기 때문이다(이사야 23 : 18).

"두로의 장사"(the merchandise of Tyre)는 온갖 종류의 선의 지식들이나 진리의 지식들을 뜻하고, "주를 섬기며 산다"(=주 앞에서 거한다)는 것은 주님으로 말미암아 사는 것을 뜻합니다. "배부르게 먹는다"는 것은 영혼을 살지게 하는 것을 위해 넉넉한 선의 지식들을 자기 자신에게 영접, 수용하고, 지각하고, 전유하는 것을 뜻하고, "좋은 옷이 될 것이다"(=좋은 옷감을 살 것이다)는 말씀은 순수한 진리의 지식들로 고취(鼓吹)되고, 물들게 되었다는 것을 뜻합니다. 왜냐하면 "가린다"(=덮는다 · to cover)는 것은 진리들에 관해서 서술하기 때문인데, 그것은 "옷"(=의상 · garments)이 선을 감싸는 진리들을 뜻하기 때문이고, 그리고 "경험이 많은 자"(ancient)는 순수한 것에 관해서 서술하기 때문입니다. 순수한 진리들은 옛 성현들(the ancients)에게 있었기 때문입니다. 같은 뜻의 레위기서의 말씀입니다.

너희는 배불리 먹고, 너희 땅에서 안전하게 살 것이다(=너희가 음식을 배불리 먹고, 너희 땅에서 안전하게 거하리라)(레위기 26 : 5).

같은 책의 말씀입니다.

너희는, 먹기는 먹어도 여전히 배가 고플 것이다(레위기 26 : 26).

신명기서의 말씀입니다.

너희는 배불리 먹고 살 것이다(신명기 11 : 15).

[12] 이사야서의 말씀입니다.

집을 지은 사람들이
자기가 지은 집에 들어가 살 것이며,
포도나무를 심은 사람들이
자기가 기른 나무의 열매를 먹을 것이다.
자기가 지은 집에
다른 사람이 들어가 살지 않을 것이며,
자기가 심은 것을
다른 사람이 먹지 않을 것이다.
(이사야 65 : 21, 22)

어느 누구나 문자의 뜻 안에 있는 이들 말씀들이 뜻하는 것이 무엇인지 잘 알 것입니다. 그러나 그것의 속뜻 안에 있는 성경 말씀은 이런 것들이 뜻하는 영적인 것이고, 영적인 것들입니다. 다시 말하면 그런 것들은 천계에 속한 것이고, 교회에 속한 것입니다. 왜냐하면 이런 것들은 영적인 것들이기 때문입니다. "집을 짓고, 거기에서 산다"는 것은 천계나 교회에 속한 선들로 마음의 내면적인 것들을 가득 채우는 것을 뜻하고, 그리고 그것에 의하여 천적인 삶을 즐기는 것을 뜻합니다. 여기서 "집들"(houses)은 마음의 내면적인 것들을 뜻하고, "거기에서 산다"는 것은 그것에서 비롯된 삶(=생명)을 뜻합니다. "포도나무를 심고, 그것들의 열매를 먹는다"는 것은 영적인 진리들로 부유(富裕)하게 되는 것을 뜻하고, 그리고 그것에서 비롯된 선들을 자기 자신에게 전유하는 것을 뜻하고, 여기서 "포도밭"(=포도나무)은 영적인 진리들을 뜻하고, "열매들"은 그것에서 비롯된 선들을 뜻하고, "먹는다"(to eat)는 것은 자기 자신에게 영접, 수용하고, 지각하고, 전유하는 것을 뜻합니다. 왜냐하면 모든 선은 진리들에 의하여 사람에게 전유되기 때문입니다. 다시 말하면 그것들에 일치하는 삶에 의하여 전유하는 것을 뜻합니다. 이와 같이 언급된 내용은 "자기가 지은 집에 다른 사람이 들어가 살지 않을 것이다"는 말씀이 무엇을 뜻하는지 명확하게 합니다. 여기서 "다른 사람"(another)은 거짓을 뜻하고, 그리고 진리와 선을 파괴하는 악을 뜻합니다. 왜냐하면 진리들이나 선들이 사람에게서 멸망, 소멸할 때, 거짓들이나 악들이 그 사람에게 들어오기 때문입니다. 예레미야서의 말씀입니다.

> 너희는 그 곳에 집을 짓고 정착하여라. 과수원도 만들고 그 열매도 따 먹어라(예레미야 29 : 5, 28).

여기의 말씀들도 역시 바로 앞에서 설명된 동일한 뜻을 가지고 있습니다.
[13] 신명기서의 말씀입니다.

> "주 너희의 하나님이, 너희의 조상 아브라함과 이삭과 야곱에게 맹세하여, 너희에게 주기로 약속하신 그 땅에, 너희를 이끌어들이실 것이다. 거기에는 너희가 세우지 않은 크고 아름다운 성읍들이 있고, 너희가 채우지 않았지만 온갖 좋은 것으로 가득 찬 집이 있고, 너희가 파지 않았지만 이미 파놓은 우물이 있고, 너희가 심지 않았지만 이미 가꾸어 놓은 포도원과 올리브 밭이 있으니, 너희가 거기서 마음껏 먹게 될 것이다(신명기 6 : 10, 11).

자연적인 사람은 이것들을 오직 문자의 뜻에 따라서 이해하지만, 그러나 만약에 개별적인 것들을 영적인 뜻이 전혀 내포하지 않은 그저 단순한 자연적인 뜻으로 이해한다면, 따라서 신령계명들에 따라서 사는 사람들에게 약속된 그저 세상적인 풍부나 넉넉함이 많은 것이라고 믿을 것입니다. "그러나 만약에 사람이 온 세상을 얻고, 그리고 그의 영혼을 잃는다면 그 사람에게 무슨 이익이 있겠는가?" 다른 말로 하면 모든 좋은 것으로 가득 채운 집이 주어지고, 마찬가지로 물이 가득 찬 물통이가 주어진다고 해도 그의 영혼을 잃는다면 그것이 그 사람에게 무슨 이익이 있겠습니까? 그리고 그가 마음껏 먹게 될 그에게 주어진 포도원이나 올리브 밭이 무슨 이익이 되겠습니까? 그러나 이와 같이 열거된 이런 재물들은, 그것이 영적인 재물을 뜻하는 이 세상적인 재물들을 가리키고, 그리고 사람은 그것에서 영원한 생명을 얻습니다. "너희가 세우지 않은 크고 아름다운 성읍들"은 본연의 선들이나 진리들에게서 비롯된 교리적인 것들을 뜻하고, "온갖 좋은 것으로 가득 찬 집"은 사랑이나 지혜로 가득 찬 마음의 내면적인 것들을 뜻하고, "파지 않았지만 이미 파놓은 우물"은 선과 진리에 속한 지식들로 가득 찬 자연적인 마음의 내면적인 것들을 뜻합니다. "포도원이나 올리브 밭"은, 교회의 진리들이나 선들을 가리키는 교회에 속한 모든 것들을 뜻하는데, 여기서 "포도원"은 진리의 측면에서 교회를 뜻하고, "올리브 밭"은 모든 선의 측면에서 교회를 뜻합니다. 그것은 "포도주"가 진리를 뜻하고, "기름"이 선을 뜻하기 때문이고, "마음껏 먹는다"는 말씀은 충분한 영접과 수용, 그리고 깨달음과 전유를 뜻합니다.

[14] 이사야서의 말씀입니다.

"그 때에,
너는 주 안에서 즐거움을 얻을 것이다.
내가 너를 땅에서 영화롭게 하고,
너의 조상 야곱의 유산을 먹고
살도록 하겠다."
(이사야 58 : 14)

"내가 너를 땅에서 영화롭게 한다"(=내가 너로 땅의 높은 곳 위로 오르게 한다)는 말씀은, 교회나 천계에 속한 것들에 관한 보다 높은 진리, 또는 내면적인 진리의 이해를 준다는 것을 뜻하고, "야곱의 유산을 먹는다"는 것은 천계나 교회에 속한 모든 것들이 부여(賦與)되는 것을 뜻합니다. 왜냐하면 "야곱의 유산"은 가나안 땅을 뜻하고, 그리고 그 땅은 교회를 뜻하고, 높은 뜻으로는 천계를 뜻하기 때문입니다.

617[C]. [15] "먹는다"(to eat)는 말이 누구에게 전유되는 것을 뜻하기 때문에, 그것이 뜻하는 것이 무엇인지 잘 알 수 있겠습니다. 묵시록서의 말씀입니다.

> 이기는 사람에게는, 내가 하나님이 낙원에 있는 생명 나무의 열매를 주어서 먹게 하겠다(묵시록 2 : 7).

다시 말하면 어느 누구에게 영원한 생명을 전유시키는 것을 뜻합니다. 창세기서의 "지식의 나무를 먹게 한다"는 말씀이 뜻하는 것입니다.

> 주 하나님이 사람에게 명하셨다. "동산에 있는 모든 나무의 열매는, 네가 먹고 싶은 대로 먹어라. 그러나 선과 악을 알게 하는 나무의 열매만은 먹어서는 안 된다. 그것을 먹는 날에는, 너는 반드시 죽을 것이다"(창세기 2 : 16, 17).

"선과 악을 알게 하는 나무"는 자연적인 것들의 지식을 뜻하는데, 그것을 통해서는 천계나 교회에 속한 천적인 것들이나, 영적인 것들에 들어가는 것이 허락되지 않습니다. 따라서 그 반대의 길을 가리키는, 자연적인 사람으로부터 영적인 사람에게 들어오는 것도 허락되지 않습니다. 그러므로 그것은 진리에로 인도하지 않고, 오히려 그것을 파괴합니다. "아담과 그의 아내"(Adam and his wife)는 천적인 교회(a celestial church)를 가리키는, 태고교회(the Most Ancient Church)를 뜻합니다. 그 교회에 속한 사람들이 주님 사랑 안에 있었기 때문에 그들은 그들에게 각인(刻印)된 신령진리들을 가지고 있었고, 그것으로 인하여 그들은 이른바 지식들(=기억지들 · 과학지들)이라고 불리우는, 자연적인 사람 안에 있는 것들에 대응하는 입류(入流)에서 그것들을 알고 있었습니다. 영적인 유입(spiritual influx)이 있었습니다. 다시 말하면 그들에게는 영적인 마음에서 자연적인 마음에 유입하는 입류가 있었고, 따라서 그것 안에 있는 것들에 유입하는 영적인 입류가 있었습니다. 그리고 이런 것들이 무엇인지 그들은 마치 거울에서 보듯이 대응에 의하여 보고 있었습니다.

[16] 그들에게서 영적인 것들은 자연적인 것들과는 전적으로 분별, 구분되었고, 영적인 것들은 그들의 자리를 그것들의 영적인 마음에 가지고 있었고, 그리고 자연적인 것들은 그들의 자연적인 마음에 자리를 가지고 있었고, 따라서 그들은 그들의 자연적인 마음에 영적인 것들을 가라앉히지 않았습니다. 그것은 영적 자연적인 사람들(spiritual-natural man)이 일상적으로 하는 일입니다. 이런 이유 때문에 만약에 자연적인 기억에 대하여 영적인 것들을 건네 준다면, 그리고 그런 식으로 그것들을 자기 자신에게 전유(專有)한다면, 그들에게 심어진(活着) 이런 것들은 그들을 멸망시킬 것이고, 그리고 그들은 자연적인 사람으로부터 영적인 것들에 관해서 추론하기 시작할 것이고, 따라서 천적인 사람들은 전혀 하지 않는, 결론들을 형성할 것입니다. 더욱이 이런 일은 자기 총명에서 지혜롭게 되기를 원하는 것이지, 앞에서 언급한 것과 같이, 신령총명에서 원하는 것은 아닙니다. 그리고 이것에 의하여 그들은 그들의 천적인 생명(=삶)을 소멸시키고, 그리고 그들은 심지어 영적인 것들에 관해서 자연적인 개념들을 환대(歡待), 마음에 품습니다. 그러

므로 이런 일련의 것은 "선과 악을 알게 하는 나무의 열매만은 먹지 말아라"는 말씀이 뜻하는 내용입니다. 그리고 만약에 그들이 그것을 먹는다면 "그들은 반드시 죽는다"는 말씀의 뜻이기도 합니다. 이러한 것은, "아담"이 뜻하는 태고교회에서 꼭 같이, 주님의 천적인 나라(the Lord's celestial kingdom)에 있는 자들에게서도 진실이고, 사실입니다. 만약에 이들이 자연적인 사람을 감화(感化)시키고, 그리고 영적인 진리와 선의 지식들을 가지고 그것의 기억을 감화시키고 물들게 한다면, 그리고 이런 것들로부터 현명하기를 원한다면 그들은 바보같이 되겠지만, 그럼에도 불구하고 한편 그들은 천계에 있는 가장 지혜로운 자들이 됩니다. 이런 내용에 관해서는 나의 저서 《천계와 지옥》 20-28항에 천계에는 일반적으로 서로 구분, 분별되는 천적인 왕국과 영적인 왕국 두 나라가 있다고 다루어진 것을 참조하십시오.

[17] 시편서의 말씀입니다.

> 내가 믿는 흉허물 없는 친구,
> 나와 한 상에서 밥을 먹던 친구조차도,
> 내게 발길질을 하려고
> 뒤꿈치를 들었습니다.
> (시편 41 : 9)

이 장절은 유대 사람들에 관해서 언급하고 있는데, 그들은, 요한복음 13장 18절에 언급된 것과 같이, 그들이 성언을 가지고 있었기 때문에 신령진리들을 가지고 있었는데, 그 장절에서는 유대 사람들에게 이런 말씀이 적용되었습니다. 그러므로 "주님의 빵을 먹는다"는 것은, 본래는 신령진리의 전유를 뜻하지만, 그러나 여기서는 그것의 교류(=내통)를 뜻합니다. 왜냐하면 유대 사람들은 그것을 전유(專有)할 수 없었기 때문입니다. 여기서 "빵"(bread)은, 그것에서 영적인 영양분이 비롯되는, 성언(聖言 · the Word)을 뜻합니다. 여기서 "그분에게 발길질 하려고 뒤꿈치를 들었다"(=그분에게 대적하여 자기 발꿈치를 들었다)는 말씀은, 주님을 부인하기 위하여 성경말씀의 문자적인 뜻을 악용(惡用)하고, 왜곡(歪曲)하는 것을 뜻하고, 그리고 모든 진리를 위화(僞化)하는 것을 뜻합니다. 왜냐하면 신령진리는, 한 사람을 가리키는 형상(image) 안에 현존, 드러나기 때문입니다. 이러한 것은 천계가 그것의 전체적인 복합체로서 최대인간(最大人間 · the Greatest Man)이라고 불리운 이유이고, 그리고 사람의 모든 것들에 대응하는 이유입니다. 왜냐하면 천계는 주님에게서 발출하는 신령진리에 일치하여 형성되기 때문입니다. 그리고 성언은 신령진리이기 때문에, 그리고 주님 앞에서 이것은 역시 신령사람(a Divine Man)과 같은 형상 안에 존재합니다. 이런 이유 때문에 오직 문자의 뜻을 가리키는 성언의 궁극적인 뜻은 발뒤꿈치(the heel)에 대응합니다. 성경말씀의 곡해나 악용, 또는 신령진리에 대한 곡해나 악용은 성경말씀의 문자적인 뜻을 거짓들에 적용하는 것에 의하여 생겨나는데, 이런 부류의 것이 이른바 유대사람의 전통들(傳統 · the traditions of the Jews)인데, 그것들은 곧 "주님에게 발꿈치를 들었다"(=발길질을 한다)는 말씀이 뜻합니다. 전 천계는 사람을 닮은 형상으로 존재하고, 그리고 그것으로 말미암아 그 천계는 사람에게 속한 모든 것들에 대응합니다. 삼라만상이 말씀(聖言 · the Word)에 의하여 만들어졌다(요한 1:1-3)는, 주님에게서 발출하는 신령진리에 의하여 주님에 의해 창조, 이루어졌기 때문에, 천계는 이런 모습이고, 형상입니다. 이러한 내용은 《천계와 지옥》 59-102항과 200-212항을 참조하십시오.

[18] 누가복음서의 말씀입니다.

그 때에 너희가 말하기를 "우리는 주인님 앞에서 먹고 마셨으며, 주인님은 우리를 길거리에서 가르치셨습니다" 할 터이나, 주인이 너희에게 말하기를 "나는 너희가 어디에서 왔는지 모른다. 악을 일삼는 자들아, 모두 나에게서 물러가거라" 할 것이다(누가 13 : 26, 27).

심판을 위한 것이 드러났을 때 그들의 말, 그들이 "주님 앞에서 먹고 마셨다"는 그들의 말은, 이것이 그들을 구원할 것이라는 상상 가운데, 그들이 성경말씀을 읽고, 그것으로부터 선과 진리의 지식을 이끌어 낸다는 것을 뜻합니다. 따라서 뒤이어 "주인님은 우리를 길거리에 가르치셨다"는 말씀이 언급되었는데, 그 말씀은 그들이 성경말씀으로부터 진리들을 배웠다는 것을 뜻하고, 따라서 주님에 의하여 가르침을 받았다는 것을 뜻합니다. 그러나 성경말씀을 읽고, 그것으로부터 가르침을 받았다는 것은, 만약에 동시에 그것에 일치하는 삶이 없다면, 구원을 위해 결코 쓸모가 없다는 것은 그 대답의 말씀, 즉 "주인이 말하였다. '나는 너희가 어디에서 왔는지 모른다. 악을 일삼는 자들아, 모두 나에게서 물러가거라'"는 말씀이 뜻합니다. 왜냐하면, 만약에 그들이 삶에 대한 공약(公約)이 없다면, 성경말씀에서 비롯된 기억이나, 교회의 교리적인 것들에서 비롯된 기억을 넉넉하게 하고, 꾸미는 것은 구원을 위해 아무런 쓸모가 없기 때문입니다.

[19] 마태복음서의 말씀입니다.

그 때에 임금은 자기 오른쪽에 있는 사람들에게 말하기를…… 너희는, 내가 주렸을 때에 내게 먹을 것을 주었고, 목말랐을 때에 마실 것을 주었고…… 그 때에 그는 또 왼쪽에 있는 사람들에게도 말할 것이다.…… 너희는, 내가 주렸을 때에 내게 먹을 것을 주지 않았고, 목말랐을 때에 마실 것을 주지 않았고…… (마태 25 : 34, 35, 41, 42).

여기의 이 장절들은 영적인 배고픔과 영적인 목마름을 뜻하고, 그리고 영적인 먹음과 마심을 뜻합니다. 영적인 배고픔(=기근 · spiritual hunger)과 영적인 목마름(=기갈 · spiritual thirst)은 선과 진리에 대한 정동과 열망을 가리키고, 영적인 먹음(=식사 · spiritual eating)이나 마심(=음주 · spiritual drinking)은 가르침(=교육) · 수용 · 전유 등을 가리킵니다. 주님께서는 자신의 신령사랑으로 말미암아 모두의 구원을 열망하시기 때문에 주님께서 주리고, 목마르시다고 여기서 언급되었습니다. 그리고 사람들이 먹고 마시는 것을 그분에게 주었다라고 언급되었습니다. 이와 같은 일은, 그들이 주님으로부터 선과 진리를 정동으로부터 영접, 수용하고, 선과 진리를 지각할 때 행해지고, 그리고 그 삶에 의하여 그런 것들이 그들에게 전유됩니다. 이와 동일한 것은, 그의 마음에서부터 사람을 가르치는 것을 사랑하고, 그의 구원을 열망하는 사람에 관해서 언급된 것입니다. 그러므로 그것이 인애(仁愛 · charity)이고, 또한 진리에 속한 영적인 정동(the spiritual affection)을 가리킨다는 것이 그 아래에 이어지는 말씀에 의하여 기술되었습니다.

[20] 이상 언급된 것에서 우리는 마태복음 26장 26절과 마가복음 14장 22절의 성만찬(聖晩餐 · the Holy Supper)에서 빵을 먹고, 포도주를 마시는 것이 영적인 뜻으로 뜻하는 것이 무엇인지 잘 알 수 있겠습니다. 그 장절에는 빵이 주님의 몸(=살 · the Lord's body)이고, 포도주가 주님의 피(His blood)라고 언급되었습니다. 거기에서 "빵"(bread)은 사랑에 속한 선(the good of love)을, 그리고 "포도주"(wine)는 그 선에서 비롯된 진리를 뜻하고, 그리고 그것은 곧 믿음의 선을 가리킵니다. "살과 피"(flesh and blood)는 이와 꼭 같은 뜻을 가지고 있고, 그리고 또한 "먹는다"(=식사 · 食事 · eating)는 것은 전유와 주님과의 결합을 뜻하는데, 이러한 내용은 《새 예루살렘의 교리》

10장 1-11절

210-222항에서 잘 볼 수 있겠습니다. "빵과 포도주" 그리고 "살과 피"(=몸과 피 · body and blood), 그리고 "먹는 것"(食飮 · eating)의 뜻이 이와 같다는 것은 요한복음서의 주님의 말씀에서 더욱 명확합니다. 요한복음서의 말씀입니다.

"너희의 조상은 광야에서 만나를 먹었어도 죽었다. 그러나 하늘로부터 내려오는 빵은 이러하니, 누구든지 그것을 먹으면 죽지 않는다. 나는 하늘로부터 내려온 살아 있는 빵이다. 이 빵을 먹는 사람은 누구나 영원히 살 것이다. 내가 줄 빵은 나의 살이다. 그것은 세상에 생명을 준다."…… 예수께서 그들에게 말씀하셨다. "내가 진정으로 진정으로 너희에게 말한다. 너희가 인자의 살을 먹지 않고, 또 인자의 피를 마시지 않으면, 너희 속에 생명이 없다. 내 살을 먹고 내 피를 마시는 사람에게는 영생이 있을 것이요, 마지막 날에 내가 그를 살릴 것이다.…… 내 살을 먹고 내 피를 마시는 사람은 내 안에 있고, 나도 그 사람 안에 있다.…… 이것은 하늘로부터 내려 온 빵이다.……이 빵을 먹는 사람은 영원히 살 것이다"(요한 6 : 49-58).

내면적으로 생각할 수 있는 능력을 가지고 있는 사람이면 누구나 살 · 피나 빵 · 포도주가 여기서는 그것들을 뜻하지 않고, 오히려 주님에게서 비롯된 신령발출(神靈發出 · the Divine proceeding)을 뜻한다는 것을 잘 알 것입니다. 왜냐하면 그것은 신령선이나 신령진리를 가리키는 신령발출이기 때문이고, 그리고 사람에게 영원한 생명(永生)을 주기 때문이고, 그리고 그것은 주님께서 사람 안에, 그리고 사람이 주님 안에 살게 하기 때문입니다. 왜냐하면 사람 안에 있는 주님께서는 주님 당신의 신령존재이시지, 사람의 고유속성(=자아 · man's own) 안에 있는 것은 아니기 때문입니다. 왜냐하면 이것은 악 이외에 아무 것도 아니기 때문입니다. 그리고 올바른 수용(a right reception)에 의하여 신령발출이 사람에게 전유될 때, 주님께서는 사람 안에, 사람은 주님 안에 있습니다. 이 전유(專有) 자체는 "먹는 것"(eating)이 뜻하고, 그리고 발출하는 신령선은 "살"와 "빵"이 뜻하고, 그리고 발출하는 신령진리는 "피"와 "포도주"가 뜻합니다. 이러한 뜻은 희생제물에서 유사한 뜻입니다. 그 제물에서 "고기"(flesh)나, 빵이 가리키는 "곡식제물"(meal-offering)은 사랑에 속한 선을 뜻하고, "부어드리는 제물"(獻酒 · drink-offering · libation)을 가리키는 "피"나 "포도주"는 그 선에서 비롯된 진리를 뜻하는데 이들 양자는 모두 주님에게서 비롯됩니다. "살"과 "빵"이 발출하는 신령선을 뜻하기 때문에, 그리고 "피"와 "포도주"는 발출하는 신령진리를 뜻하기 때문에, "살"과 "빵"은 신령선과의 관계에서 주님 당신을 뜻하고, "피"와 "포도주"는 신령진리와의 관계에서 주님 당신을 뜻합니다. 이런 것들이 주님 당신을 뜻하는데, 그것은 신령발출(=성령 · the Diving proceeding)이 천계나, 교회에 계시는 주님 당신이기 때문입니다. 그러므로 주님께서는 당신 자신에 관해서 "이것은 하늘에서 내려온 빵"이라고 말씀하셨고, 그리고 또한 "내 살을 먹고, 내 피를 마시는 사람은 내 안에 있고, 나도 그 사람 안에 있다"고 말씀하셨습니다.

617[D]. [21] "빵"이 신령선과의 관계에서 주님을 뜻하기 때문에, 그리고 "그것을 먹는다"는 것이 전유(專有)나 결합(結合)을 뜻하기 때문에 이런 말씀이 있습니다. 누가복음서의 말씀입니다.

> (예수께서) 그들과 함께 음식을 잡수실 때에, 예수께서 빵을 들어서 축사하시고, 떼어서 그들(=제자들)에게 주셨다. 그제서야 그들의 눈이 열려서, 예수를 알아보았다(누가 24 : 30, 31).

여기서도 역시 주님께서 주신 "빵을 먹는다"는 것은 그분과의 결합을 뜻한다는 것을 입증하고 있습니다. 이것에 의하여 눈이 밝아진 제자들은 그분을 알았습니다. 왜냐하면 성경말씀에서 "눈"(eyes)은 이해에 대응하기 때문이고, 그리고 그것으로 인하여 그것을 뜻하기 때문입니다. 이것이 밝게 된 것(=조요된 것 · enlightening)을 가리키고, 그러므로 "그들의 눈이 열렸다"고 하였습니다. "빵을 뗀다"(=빵을 깬다 · to break bread)는 것은 성경말씀에서 어느 누구의 선을 다른 자에게 교류(=내통 · to communicate)하는 것을 뜻합니다.
[22] 주님께서는

예수께서 죄인들과 세리들과 함께 음식을 잡수시었다(마가 2 : 15, 16 ; 누가 5 : 29, 32 ; 7 : 33-35).

주님을 영접한 "세리들이나 죄인들"이 이방 사람들을 뜻하기 때문에, 그리고 주님의 계명들(=가르침들)을 수용한 자들이나, 그것들에 따라서 사는 자들을 뜻하기 때문에, 그리고 이것에 의하여 주님께서는 그들에게 천계에 속한 선들을 전유시키십니다. 그리고 이러한 일련의 내용은 영적인 뜻으로 "그들과 함께 잡수신다"는 말씀이 뜻합니다.
[23] "먹는다"(to eat)는 것이 전유되는 것을 뜻하기 때문에, 이스라엘 자손에게는 성별된 것들이나, 제물에 속한 것들을 먹는 것이 허락되었습니다. 왜냐하면 제물들(=희생제물들 · the sacrifices)은 신령천적인 것들이나 신령영적인 것들을 뜻하기 때문이고, 그리고 따라서 그것들을 "먹는다"는 것은 그것들의 전유를 뜻합니다. 거룩한 것들의 전유가 이런 부류의 것들을 "먹는다"는 것이 뜻하기 때문에, 그리고 다종다양한 율법들(=계율들)이 주어졌고, 그리고 어떤 제물을 먹고, 누구가 어디에서 먹어야 하는지 명령, 지시 되었습니다. 오경서의 말씀입니다.

아론과 그의 아들들은 회막 어귀에서 이 숫양의 살코기와 광주리에 든 빵을 먹는다. 이것은, 그들을 거룩히 구별하여 제사장으로 세우고, 속죄의 제물로 바친 것이므르, 그들만이 먹을 수 있다. 이것은 거룩한 것이므로, 다른 사람은 먹을 수 없다(출애굽기 29 : 31-33 ; 레위기 6 : 16-18 ; 7 : 6, 7 ; 8 : 31-33 ; 10 : 13-15).
그들은 진설병(the show-bread)을 거룩한 곳에서 먹어야 한다(레위기 24 : 5-9).
제사장의 딸이라도 여느 남자에게 시집을 갔다면, 그 딸은 제물로 바친 그 거룩한 제사음식을 먹을 수 없다. 그러나 제사장의 딸이 과부가 되었거나 이혼하여, 자식도 없이 다시 아버지 집으로 돌아와, 시집가기 전처럼 아버지 집에 살 때에는, 아버지가 먹는 제사음식을 먹을 수 있다(레위기 22 : 12, 13).
그것은 아주 거룩한 곳에서만 먹도록 하여라(민수기 18 : 10, 11, 13, 19).
제사장이 아닌 여느 사람은, 아무도 그 거룩한 제사음식을 먹지 못한다. 제사장이 데리고 있는 나그네나 그가 쓰는 품군도, 그 거룩한 제사음식을 먹지 못한다. 그러나 제사장이 돈을 지불하고 자기 재산으로 사들인 종은 그 음식을 먹을 수 있다. 제사장의 집에서 종의 자식으로 태어난 자들도 자기 몫의 그 거룩한 제사음식을 먹을 수 있다. 제사장의 딸이라도 여느 남자에게 시집을 갔다면, 그 딸은 제물로 바친 그 거룩한 제사 음식을 먹을 수 없다(레위기 22 : 10-12).
어떤 것이든지, 불결한 것에 닿은 제물고기는 먹지 못한다. 그것은 불에 태워야 한다. 깨끗하게 된 사람은 누구나 제물고기를 먹을 수 있다(레위기 7 : 19-21 ; 21 : 16-22 ; 22 : 2-8).
너희는 번제를 드릴 때에는, 고기와 피를 주 너희 하나님의 제단에 드려라. 그리고 너희가 바친 제둘의 피는 주 너희 하나님의 제단 곁에 붓고, 고기는 너희가 먹어라(신명기 12 : 27 ; 27 : 7).

이들 장절들이나 그 밖의 다른 장절에 나오는 선별된 것들을 먹는 것에 관한 계율들이나 율법들은 신령선과 신령진리의 전유에 관한 비의(秘義·arcana)을 내포하고 있고, 그리고 따라서 주님과의 결합에 속한 비의를 담고 있습니다. 그러나 이것은 개별적인 것들을 열어 보여 주는 장소에서는 아닙니다. 인용된 장절에서 주지하여야 할 것은, "먹는다"(to eat)는 것이 전유되고, 결합되는 것을 뜻한다는 것입니다. 출애굽기서의 말씀입니다.

> 모세가 "언약의 책"을 들고 백성에게 낭독하니, 그들은 "주께서 명하신 모든 말씀을 받들어 지키겠다"고 말하였다. 모세는 피를 가져다가 백성에게 뿌리며 말하였다. "보아라, 이것은 주께서 이 모든 말씀을 따라, 너희에게 세우신 언약의 피다."…… 그들이 이스라엘의 하나님을 보니, …… 그들이 하나님을 뵈오며 먹고 마셨다(출애굽기 24 : 6-11).

[24] "고기를 먹고, 피를 마신다"는 것이 영적인 선과 영적인 진리의 전유를 뜻한다는 것은 에스겔서에서 잘 알 수 있겠습니다. 에스겔서의 말씀입니다.

> 나 주 하나님이 말한다.…… "너희는 모여 오너라. 내가, 너희들이 먹을 수 있도록 이스라엘의 산 위에서 희생제물을 잡아서, 큰 잔치를 준비할 터이니, 너희가 사방에서 몰려와서, 고기도 먹고 피도 마셔라. 너희는 용사들의 살을 먹고, 세상 왕들의 피를 마셔라.…… 너희는 내가 너희에게 주려고 준비한 잔치의 제물 가운데서 기름진 것을 배부르도록 먹고, 피도 취하도록 마셔라. 또 너희는 내가 마련한 잔칫상에서 군마와 기병과 용사와 모든 군인을 배부르게 뜯어먹어라.…… 내가 이와 같이 여러 민족 가운데 내 영광을 드러낼 것이다"(에스겔 39 : 17-21).

이 장절은 주님의 나라에 모인 모두에 관해서 다루고 있고, 개별적으로는 이방 사람들에게 있는 교회의 설립에 관해서 다루고 있습니다. 왜냐하면 "그러므로 내가 이와 같이 여러 민족

가운데 내 영광을 드러낼 것이다"고 언급되었기 때문입니다. "고기를 먹고, 술을 마신다"는 말씀은 신령선과 신령진리를 자신에게 전유하는 것을 뜻합니다. 여기서 "살"(flesh)은 사랑에 속한 선을 뜻하고, "피"(blood)는 그 선에 속한 진리를 뜻하고, "용사"(=황소 · the mighty)는 선에 속한 정동들을 뜻하고, "땅의 귀인들"(the princes of the earth)은 진리에 속한 정동들을 뜻합니다. 이런 것들의 충분한 결실은 "배가 부를 때까지 기름을 먹고 취할 때까지 피를 마신다"는 말씀이 뜻합니다. 여기서 "기름"(fat · 기름진 것)은 내면적인 선들을 뜻하고, "피"(blood)는 내면적인 진리들을 뜻하는데, 그런 것은 주님께서 이 세상에 강림하실 때 주님에 의하여 밝히 드러날 것이고, 그리고 그것들은 주님을 영접, 수용한 자들에 의하여 전유됩니다.

[25] 주님의 강림 전에 기름진 것을 먹고, 피를 마시는 것은 금지되었습니다. 그것은 이스라엘 자손들이 오직 외적인 것들에만 있었기 때문입니다. 왜냐하면 그들은 자연적 감관적인 사람들(natural-sensual men)이었기 때문이고, 그리고 그들은 결코 내적인 것들이나, 영적인 것들 안에 있지 않았기 때문입니다. 결과적으로 내면적인 선들이나 진리들의 전유를 뜻하는, 기름진 것이나 피를 먹고 마시는 것이 허락되었다면 그들은 그것들을 모독, 더럽혔을 것입니다. 그러므로 "기름진 것을 먹고, 피를 마시는 것"은 곧 신성모독이나 악용을 뜻합니다. "주님께서 준비한 주님의 식탁(=큰 잔치)에서 군마와 기병과 용사와 모든 군인을 배부르도록 먹는다"는 것은 앞서의 내용과 같은 뜻을 가지고 있습니다. 여기서 "군마"(horse)는 말씀의 이해를 뜻하고, "병거"(=전차 · chariot)는 성경말씀에서 비롯된 교리를 뜻하고, "용사와 군인"(the mighty man and the man of war)은 악과 거짓에 대항하여 싸우는 선과 진리를 뜻하고, 그리고 그것들을 파괴하는 선과 진리를 뜻하고, 그리고 "그들이

10장 1-11절

거기에서 그것들을 먹을 이스라엘의 산들"은 영적인 교회를 뜻하는데, 그 교회는 인애의 선이 거기에 있는 천적인 것을 가리킵니다. 이런 모든 내용이나 뜻은 "먹는다"(to eat)는 것이 자신에게 전유하는 것을 뜻하고, 그리고 "살"(flesh) · "피"(blood) · "용사"(mighty man) · "세상의 왕들"(princes of the earth) · "말"(horse) · "전차"(=병거 · chariot) · "군인"(man of war) 등등은 전유되어야 할 영적인 것들을 뜻하고, 그리고 결코 자연적인 것들을 뜻하지 않습니다. 왜냐하면 자연적으로 이런 것들을 먹는다는 것은 혐오스럽고, 가증스럽고, 악마적인 것이기 때문입니다. 비슷한 것들을 뜻하는 말씀입니다. 묵시록서의 말씀입니다.

> 왕들의 살과, 장군들의 살과, 힘센 자들의 살과, 말들과 그 위에 탄 자들의 살과, 모든 자유인이나 종이나, 작은 자나 큰 자의 살을 먹어라(묵시록 19 : 18).

617[E]. [26] 성경말씀의 모든 것들은 반대적인 뜻을 가지고 있기 때문에, 그러므로 "먹는다" "마신다"는 말도 그 뜻을 가지고 있고, 그리고 반대적인 뜻으로 "먹고 마시는 일"은 악과 거짓을 전유하는 것을 뜻하고, 따라서 지옥에 결합되는 것을 뜻합니다. 이러한 내용은 아래의 장절들에게서 잘 알 수 있겠습니다. 이사야서의 말씀입니다.

> 그 날에, 주 만군의 하나님께서 너희에게
> 통곡하고 슬피 울라고 하셨다.
> 머리털을 밀고,
> 상복을 몸에 두르라고 하셨다.
> 그런데 너희가 어떻게 하였느냐?
> 너희는 오히려 흥청망청

> 소를 잡고, 양을 잡고,
> 고기를 먹고 포도주를 마시며
> "내일 죽을 것이니,
> 오늘은 먹고 마시자" 하였다.
> (이사야 22 : 12, 13)

이 말씀은 그 교회의 황폐와 그것에 대한 슬픔(=애도 · 哀悼) 따위를 가리킨다는 것은 "그 날에 통곡하고, 슬피 울고, 머리털을 밀고, 상복을 몸에 두른다"는 말씀이 뜻합니다. 여기서 진리의 파멸에 대한 애도(=슬픔)는 "통곡한다"(weeping)는 말이 뜻하고, 그리고 선의 파멸에 대한 애도(=슬픔)은 "슬피 운다"(=애도 · lamentation)이 뜻하고, 그리고 선에 속한 모든 정동들의 파괴에 대한 슬픔은 "머리털을 민다"(=대머리 · baldness)가 뜻하고, 진리에 속한 모든 정동들의 파괴에 대한 슬픔은 "상복"(喪服)이 뜻하고, "소를 잡고, 양을 잡는다"는 것은 자연적인 선이나, 영적인 선을 소멸시키는 것을 뜻하고, "고기를 먹고, 포도주를 마신다"는 것은 악과 거짓의 전유를 뜻하는데, 여기서 "고기"는 악을 뜻하고, "포도주"는 악에 속한 거짓을 뜻하고, "먹고, 마신다"(to eat and drink)는 것은 그것들(=악과 거짓)을 자기 자신에게 전유하는 것을 뜻합니다.

[27] 에스겔서의 말씀입니다.

> (주께서 또 말씀하셨다) "너는 음식을 하루에 이십 세겔씩 달아서, 시간을 정해 놓고 먹어라. 물도 되어서 하루에 육분의 일 힌씩, 시간을 정해 놓고 따라 마셔라. 너는 그것을 보리빵처럼 구워서 먹되, 그들이 보는 앞에서 인분으로 불을 피워서 빵을 구워라."…… "내가 이스라엘 자손을 다른 민족들 속으로 내쫓으면, 그들이 거기에서 이와 같이 더러운 빵을 먹을 것이다."…… "사람아, 내가 예루살렘에서 사람들이 의지하는 빵을 끊어 버리겠다.……그들은 빵과 물이 부족하여 누구나 절망에 빠질 것이며, 마침내 자기들의 죄악 속에서

말라 죽을 것이다"(에스겔 4 : 10-17).

이 예언서의 이런 말씀들은 유대 민족이 가지고 있었던 신령 진리의 섞음질, 즉 성언의 섞음질을 표징하고, "인분으로 불을 피워서 만든 보리빵"은 그런 부류의 섞음질을 뜻합니다. 여기서 "보리빵"은 자연적인 선이나 자연적인 진리를 뜻하는데, 그런 뜻의 성경말씀은 문자의 뜻에 있습니다. 그리고 "인분"(=똥)은 지옥적인 악을 뜻합니다. 그러므로 "이스라엘 자손은 이와 같이 더러운 빵을 먹을 것이다"라고 언급되었습니다. 여기서 "더러운 빵"(bread unclean)은 악으로 더럽혀진 선을 뜻합니다. 다시 말하면 섞음질된 선을 뜻합니다. "그들은 빵과 물이 부족하여 누구나 절망에 빠질 것이며(=서로 놀라며), 마침내 자기들의 죄악 속에서 말라 죽을 것이다"(=소멸될 것이다)는 말씀은, 그들이 악들이나 거짓들에 빠져 있기 때문에, 결코 더 이상 선이나 진리를 가지지 못할 것이라는 것을 뜻합니다. 여기서 "민족들"은 악들이나 거짓들을 뜻하고, "다른 민족들 속으로 내쫓긴다"는 것은 이들에게로 옮겨진다(=양도된다)는 것을 뜻하고, 절망에 빠질 "사람과 형체"(man and brother)는 믿음과 인애를 뜻하는데, 여기서 "사람"(man)은 믿음의 진리를 뜻하고, "형제"(brother)는 인애의 선을 뜻하고, "절망에 빠질 것이다"(=놀란다)는 것은 이런 것들의 철저한 전멸(全滅)을 뜻합니다. "빵을 먹고 물을 마신다"는 말의 뜻이 이러한 것이기 때문에 "그들은 자기들의 죄악으로 인하여 소멸할 것이다"(=말라 죽을 것이다)는 말씀이 언급되었습니다. "쇠약, 소모한다"(=to waste away)는, 그것이 소멸할 때 영적인 생명에 관해서, 서술하고 있습니다.

[28] "짐승들"(beasts)이 정동들을 뜻하고, 어떤 짐승들은 좋은 정동들을 뜻하고, 어떤 짐승들은 나쁜 정동들을 뜻하기 때

문에, 표징적인 교회가 그들에게 있는 이스라엘 자손들을 위하여 제정된 율법들이 있었는데, 그 짐승들에 대해서 어떤 짐승들은 먹어도 되고, 어떤 짐승들은 먹으면 안 되는 율법이 있었습니다(레위기 11장). 좋은 정동들을 표징하는 어떤 짐승들이 뜻하는 것은 반드시 전유되어야 한다는 것이고, 그리고 나쁜 정동을 표징하는 짐승은 반드시 먹으면 안 된다는 것을 뜻하는데, 선한 정동들은 사람을 정결(淨潔)하게 만들고, 이에 반하여 악한 정동들은 사람을 불결(不潔)하게 만들기 때문입니다. 개별적인 짐승들이나 새들과 관계되는 그 장의 모든 것들은, 그리고 그들의 발굽이나 발, 그리고 되새김질(=반추 · 反芻 · cud)에 관계되는 것들은 그것에 의하여 불결한 것에서 분별, 구분되는 표의적입니다.

[29] 이사야서의 말씀입니다.

> 오른쪽에서 뜯어먹어도 배가 고프고,
> 왼쪽에서 삼켜도 배부르지 않아,
> 각각 제 팔뚝의 살점을 뜯어먹을 것이다.
> 므낫세는 에브라임을 먹고,
> 에브라임은 므낫세를 먹고,
> 그들이 다 함께 유다에 대항할 것이다.
> (이사야 9 : 20, 21)

이 장절은 거짓에 의한 선의 소멸을, 악에 의한 진리의 소멸을 뜻합니다. 그것에 대하여 찾으려는 애씀을 가리키는, 모든 선과 진리의 소멸은 "오른쪽에서 뜯어먹어도 배가 고프고, 왼쪽에서 삼켜도 배부르지 않는다"는 말씀이 뜻합니다. 여기서 "왼쪽에서, 또는 오른쪽에서 뜯어 먹는다"는 것은 열심히 찾는 것을 뜻하고, "배고프고, 배부르지 않는다"는 것은 찾지를 못한다는 것을, 또는 찾는다고 해도 영접, 수용할 능력이 전혀 없다는 것을 뜻합니다. "각각 제 팔둑의 살점을 뜯어먹을 것이다"는 말씀은 자연적인 사람 안에서 거짓이 선을 없애버리는 것을 뜻하고, 그리고 악이 진리를 없애 버리는 것을 뜻합니다. "므낫세가 에브라임을, 에브라임이 므낫세를 먹는다"는 것은 악에 속한 의지가 진리의 이해를 없애 버릴 것이고, 그리고 거짓의 이해가 선에 속한 의지를 없애 버릴 것이라는 것을 뜻합니다. 이런 것에 관해서는 본서 386[B]·600[B]항에 설명된 것을 참조하십시오.

[30] 모든 진리나 선의 소진(消盡)이나 멸실(滅失)은 이런 말씀들이 뜻합니다. 레위기서의 말씀입니다.

> 그렇게 되면, 너희는 너희 아들의 살과 딸의 살이라도 먹을 것이다 (레위기 26:29).

에스겔서의 말씀입니다.

> 너희 가운데서 아버지가 자식을 잡아 먹고, 자식이 아버지를 잡아 먹을 것이다(에스겔 5:10).

여기서 "아버지들"은 그 교회에 속한 선들을 뜻하고, 나쁜 뜻으로는 그것의 악들을 뜻하고, "아들들"은 그 교회에 속한 진리들을 뜻하고, 나쁜 뜻으로는 그것의 거짓들을 뜻합니다. 그리고 여기서 "딸들"은 진리에 속한 정동이나 선에 속한 정동을 뜻하고, 나쁜 뜻으로는 거짓이나 악에 대한 열망을 뜻합니다. 이것들의 소멸이나 소진(消盡)은 "서로서로의 잡아먹음"이 뜻합니다. 이러한 내용은, 이런 것들이 문자의 뜻에 일치하는 것 이외의 다른 뜻으로 반드시 이해되어야만 한다는 것을 명확하게 합니다.

[31] 마태복음서의 말씀입니다.

> 홍수 이전 시대에, 노아가 방주에 들어가는 날까지, 사람들은 먹고 마시고 장가 가고 시집 가며 지냈다(마태 24:38 ; 누가 17:26-28).

이 말씀에서 "먹고 마시고, 장가 가고, 시집 간다"는 것은 여기서는 먹고 마시는 것이나, 장가 가고 시집 가는 것을 뜻하지 않고, 여기서 "마신다"(to drink)는 것은 거짓을 전유하는 것을 뜻하고, "장가 가고, 시집 간다"는 것은 악을 거짓에 결합시키는 것이나, 거짓을 악에 결합시키는 것을 뜻합니다. 왜냐하면 이 말씀은 최후의 심판이 임박했을 때의 교회의 상태를 다루고 있기 때문입니다. 왜냐하면 이러한 내용은 "시대의 마지막"(the consummation of the age)이 뜻하기 때문입니다. 확실하게는 악한 사람과 꼭 같이 선한 사람도 그 때 먹고 마셨기 때문입니다. 왜냐하면 먹고 마시는 것에 결코 악한 것은 아무 것도 없기 때문입니다. 그리고 그들은 역시 홍수가 올 때까지 그렇게 하였고, 그리고 이것 때문에 그들이 멸망한 것은 아니고, 오히려 그들은 자신들에게 악이나 거짓을 전유하였기 때문이고, 그리고 이런 것들을 자기 자신들에 결합시켰기 때문입니다. 그러므로 이러한 내용의 뜻이, "먹고 마시고, 장가 가고 시집 간다"는 말이 뜻하는 것입니다.

[32] 누가복음서의 말씀입니다.

> (부자가) 내 영혼에게 말하겠다. 영혼아, 여러 해 동안 쓸 많은 물건을 쌓아 두었으니, 너는 마음을 놓고, 먹고 마시고 즐겨라(누가 12:19).

같은 책의 말씀입니다.

> 그러나 그 종이 마음 속으로, 주인이 늦게 온다고 생각하여, 남녀 종들을 때리고, 먹고 마시고 취하기 시작한다면…… (누가 12:45).

이 말씀은 역시 과식(過食 · surfeiting)이나 만취(=명정 · 酩酊 · 大醉 · drunkenness)을 뜻하는데, 같은 뜻의 말씀입니다.

> (예수께서 말씀하셨다) "너희는 스스로 조심해서, 방탕과 술취함과 세상살이의 걱정으로 너희의 마음이 짓눌리지 않게 하고, 또한 그 날이 덫과 같이 너희에게 닥치지 않게 하여라"(누가 21 : 34).

이 장절에서 마치 "먹고 마시는 것"이나 "과식"은 그 뒤에 이어지는 것들에서 만족, 충족시키는 것과 같은, 식욕을 돋우는, 그와 같은 호식(好食)이나 폭주(暴酒)를 뜻하는 것 같이 보이지만, 이러한 것은 그 낱말들의 자연적인 문자적인 뜻에서 그런 것일 뿐이고, 오히려 그것들의 영적인 뜻에 그것들은 악이나 거짓의 전유를 뜻하는데, 이러한 뜻이나 내용은, "먹고 마시는 것"이 이런 것의 뜻을 가리키는 앞에서 인용된 장절들에게서 잘 볼 수 있겠습니다. 그리고 이런 뜻에서 볼 때 문자로는 성경말씀은 자연적인 뜻이지만, 그러나 내면적으로는 영적입니다. 그리고 영적인 뜻은 천사들을 위한 것이고, 자연적인 뜻은 사람들을 위한 것입니다.

[33] 이밖에 수많은 장절들을 성경말씀에서 인용될 수 있겠는데, 그 장절들은 "먹는 것"(to eat)이 수용하고, 지각하고, 그리고 영혼을 기름지게 하는 그런 것들을 자기 자신에게 전유하는 것을 입증, 확증하고 있습니다. 왜냐하면 "먹는다"(to eat)는 것은 영적으로는, 알기 원하고, 이해하기를 원하며, 그리고 영원한 생명에 속한 그런 것으로 지혜롭게 되는 것을 가리키는 그것 자체의 음식(=먹거리)으로 단순하게 마음을 감화시키고, 고취(鼓吹)시키는 것을 뜻합니다. 이러한 내용이 "먹는다"는 낱말의 뜻이라는 것은 "빵"이나 "음식"(food)의 뜻에서, 그리고 마찬가지로 "기근"(饑饉 · famine)이나 "배고픔"(hunger)의 뜻에

서, 그리고 또한 "포도주"나 "물"의 뜻에서 잘 알 수 있겠는
데, 이러한 내용이나 뜻은 그것들이 다루어진 앞서의 단락에서
다루었습니다. "먹는다"(to eat)는 것이 한 사물(事物)의 성질을
깨닫는 것을 뜻하기 때문에, 그리고 그와 같은 성질은 그것의
입맛에 의하여 지각되기 때문에, 그리고 그와 같은 사실은 사
람의 언어의 미각(味覺 · 맛 · *sapor*)이라는 낱말의 대응에서,
그리고 맛을 가지고 있다는 것이 한 사물의 지각을 서술한다
는 것이나, 이것으로 말미암아 지혜가 비롯되었다는 것에서 잘
알 수 있겠습니다.

618. "이것은 너의 배에는 쓸 것이다."
이 말씀은 내적으로는 유쾌하지 않다는 것을 뜻하는데, 그 이
유는 외적으로는 그것이 섞음질 되었기 때문입니다. 이러한 뜻
은 곧 그것에서 관해서 설명하겠지만, 섞음질 된 진리이기 때
문에, 유쾌하지 않은 것을 뜻하는, "쓸 것이다" 또는 "쓰라림"
의 뜻에서, 그리고 내면적인 것을 뜻하는 "배"(=배속 · the
belly)는 내면적은 것을 뜻하고, 그리고 이 낱말에 뒤이어 "너의
입에서는 꿀 같이 달 것이다"라고 언급되었기 때문입니다. 그
리고 "입"(the mouth)은 외면적인 것을 뜻합니다. 왜냐하면 입
에 의하여 취해진 것은 씹혀질 것이고, 배에로 내려가는 것이
고, 따라서 외면적인 것에서 내면적인 것에 가는 것이고, 그리
고 사람의 내장에 들어가는 것입니다 그러나 "배"의 뜻에 관해
서는 곧 언급되겠습니다. "쓰다"(bitter), 즉 "씀"(bitterness)은
섞음질 된 진리 때문에 불쾌한 것(=유쾌하지 않은 것)을 뜻하고,
그러므로 "쓰게 만든다"(=쓸 것이다)는 것은 불쾌한 것을 만드
는 것을 뜻합니다. 그것은 단 것이 쓴 것이 되었기 때문에, 따
라서 그 어떤 불쾌한 것의 뒤섞음에 의하여 불쾌한 것을 만드
는 것을 뜻합니다. 이런 것에서 쓴 쑥(worm wood)의 쓴 맛이
나 쓸개즙(gall)이나 몰약의 쓴맛은 비롯됩니다. 지금 여기서

"달다"(sweet)는 것은 진리에 속한 선이나, 선에 속한 진리에서 비롯된 유쾌한 것을 뜻하기 때문에 그러므로 "쓰다"(bitter)는 것은 섞음질 된 진리 때문에 불쾌한 것을 뜻합니다. 그것에서 비롯된 불쾌한 것은, 어느 누구가 이 세상에서 쓴 것으로 지각되는 것이나 느끼는 것은 결코 아니지만, 그러나 영계에 있는 천사나 영이 느끼고 지각되는 그런 것입니다. 왜냐하면 그것이 그것들과 더불어 맛으로 변화되었을 때 진리에 속한 모든 섞음질 된 선은 쓴 것으로 명료하게 지각되기 때문입니다. 왜냐하면 영들이나 천사들은 사람에게 있는 것과 꼭 같은 미각(味覺)을 가지고 있지만, 그러나 영들이나 천사들의 미각은 영적인 근원에서 유입되고, 사람들의 미각은 자연적인 근원에서 유입되기 때문입니다. 그리고 영들에게 있는 쓴맛(the taste of bitterness)은 선에 속한 섞음질된 진리에서 나온 것이지만, 그러나 사람들에게 있는 그 쓴 맛은 불쾌한 것과 단 것의 혼합(混合)에서 비롯된 것이기 때문입니다. 요한의 쓴 맛의 감각은 영적인 근원에서 비롯된 것입니다. 왜냐하면 그는 영의 상태에 있었고, 그렇지 않다면 그는 작은 두루마리를 먹을 수 없었기 때문입니다. 섞음질된 진리가 악이나, 그것의 거짓과 혼합된 것에 적용된 선에 속한 진리를 뜻합니다. 그리고 이러한 일은, 성경말씀의 문자의 뜻에 속한 진리들을 불결한 사랑들(=애욕들)에 적용될 때 일어나고, 따라서 온갖 악들과 뒤섞일 때 일어납니다. 이와 같은 불쾌한 것은 여기서는 배속에서 쓸 것이라는 말씀이 뜻하는 것입니다.

[2] 성경말씀에서 내면적인 것들이 뜻하는 것이 무엇인지 간략하게 언급하겠습니다. 다시 말하면 성언의 내면적인 것들이 무엇인지 간략하게 설명하겠습니다. 성경말씀의 내면적인 것들은 성경말씀의 속뜻이나 영적인 뜻에 담겨 있는 것들을 가리킵니다. 이런 진리들은 진정한 진리들(genuine truths)입니다.

성경말씀의 외면적인 진리들은 이런 것들에 대응하고, 그리고 그것은, 문자의 뜻이라고 부르는 겉뜻(the external sense)이나 자연적인 뜻(the natural sense) 안에 있는 진리들을 가리킵니다. 성경말씀의 외면적인 것들이나, 또는 문자의 뜻이나, 성경말씀의 문자적인 뜻이 위화되고 섞음질 되었을 때, 그 때 성경말씀의 내면적인 진리들은 위화되고 섞음질 됩니다. 이런 이유 때문에 사람이 문자의 뜻으로 성경말씀을 이 세상적인 사랑들(=애욕들)에 속한 악들에 적용할 때 그것은, 성경말씀의 속뜻이나 영적인 뜻 안에 있는 천사들에게는 매우 불쾌한 것이 됩니다. 이와 같은 불쾌한 것은 쓴 닷에 속한 것과 동일한 것을 가리킵니다. 이렇게 볼 때 "작은 두루마리가 뱃속에서 쓰게 될 것이고, 쓰게 되었다"는 말씀은 성언이 내적으로 불쾌하게 되었다는 것을 뜻한다는 것은 잘 알 수 있겠습니다. 따라서 이와 같이 언급된 불쾌는 영적인 불쾌를 뜻합니다. 그러나 그것이 영적 자연적인 불쾌를 뜻한다는 것은, 성경말씀의 문자의 뜻에서 내적으로 수집된 것이나, 성경말씀의 문자적인 뜻에서 수집된 교리에 속한 진리를 가리키는 이와 같은 "쓴 것"(=쓴 맛)이 뜻한다는 것은 악에 속한 거짓들 안에 있는 자들에게는 불쾌합니다. 왜냐하면 이것은, 그들의 대부분이 악에서 비롯된 거짓들 안에 있을 때 그 교회의 증말의 때에 이른 그 교회의 사람들에 의한 성경말씀의 이해와 관계를 가지고 있기 때문입니다. 그리고 또한 악에 속한 거짓들과 관계를 가지고 있기 때문입니다. 성경말씀의 문자의 뜻으로 확증된 자들은 유쾌하지만, 그러나 성경말씀의 문자적인 뜻으로 확증된 진리들은 불쾌합니다. 이러한 뜻 역시 "작은 두루마리는 뱃속을 쓰리게 하지만 그러나 입에서는 꿀같이 달 것이다"는 말씀이 뜻하는 것입니다.

[3] "쓰다"는 것이 섞음질 된 선에 속한 진리를 뜻한다는 것

은 "쓰다"는 것이 아래의 장절에서와 같이 언급된 성경말씀에서 잘 알 수 있겠습니다. 이사야서의 말씀입니다.

> 악한 것을 선하다고 하고
> 선한 것을 악하다고 하는 자들,
> 어둠을 빛이라고 하고,
> 빛을 어둠이라고 하며,
> 쓴 것을 달다고 하고
> 단 것을 쓰다고 하는 자들에게,
> 재앙이 닥친다!
> (이사야 5 : 20, 22)

명확하게 여기서 섞음질된 선이나 진리는 "쓴다"는 것이 뜻합니다. 왜냐하면 "악한 것을 선하다고 하고, 선한 것을 악하다고 하는 자들, 어둠을 빛이라고 하고, 빛을 어둠이라고 하는 자들에게 재앙이 닥친다"고 언급되었는데, 이 말씀은 선의 섞음질과 진리의 위화를 뜻하기 때문입니다. 왜냐하면, 선한 것을 악하다고 할 때, 선은 섞음질되고, 그리고 악한 것을 선하다고 할 때, 선은 섞음질되기 때문입니다. 그리고 "어둠을 빛이라고, 빛을 어둠이라고 할 때" 진리는 위화됩니다. 여기서 "어둠"은 거짓들을 뜻하고, "빛"은 진리들을 뜻합니다. 이러한 뜻은 "쓴 것을 달다고 하고, 단 것을 쓰다고 하는 것"이 동일한 뜻을 뜻한다는 것을 명확하게 하고, 그리고 또한 "포도주쯤은 말로 마시고, 온갖 독한 술을 섞어 마시고도 끄떡도 하지 않는 자들에게 재앙이 닥친다"는 말씀도 동일한 것을 뜻합니다. 여기서 "포도주쯤은 말로 마신다"는 것은 성경말씀의 진리들을 뜻하고, 그리고 "용맹스러운 사람"(the mighty)이나 "독주를 혼합하는데 힘 있는 사람들"은 이런 것들을 뒤섞는 재간이나 기술에 뛰어난 자들을 뜻합니다.

[4] 같은 색의 말씀입니다.

> 새 포도주가 마르며,
> 포도나무가 시든다.
> 마음에 기쁨이 가득 찼던 사람들이
> 모두 탄식한다.……
> 그들이 다시는
> 노래하며 포도주를 마시지 못할 것이며,
> 독한 술은 그 마시는 자에게 쓰디쓸 것이다.
> (이사야 24 : 7, 9)

이 장절에서 "새 포도주가 마른다" "포도나무가 시든다"는 말씀은 잃어버린 성언의 진리나, 교회의 진리를 뜻합니다. "새 포도주"는 성언의 진리나, 교회의 진리를 뜻합니다. "새 포도주"는 성언의 진리를 뜻하고, 그리고 "포도나무"는 그 교회의 교리의 진리를 뜻합니다. "마음에 기쁨이 가득 찼던 사람들이 모두 탄식하고, 그들이 다시는 노래하며 포도주를 마시지 못할 것이다"는 말씀은 마음의 내적인 지복(至福)과 심령의 더없는 행복이 영적인 선에 속한 진리의 상실(喪失) 때문에 멸망할 것이라는 것을 뜻합니다. "독한 술은 그 마시는 자에게 쓰디쓸 것이다"는 것은, 선에 속한 진리가 그것의 위화나 섞음질에 의하여 불쾌하게 되는 것을 뜻합니다.

[5] 출애굽기서의 말씀입니다.

> 그들이 마라에 이르렀는데, 그 곳의 물이 써서 마실 수 없으므로…… 모세가 주께 부르짖으니,…… 그가 그 나뭇가지를 꺾어서 물에 던지니, 그 물이 단물로 변하였다(출애굽 15 : 23-25).

"마라의 물이 써서 마실 수가 없었다"는 것은 섞음질된 진리들을 표징하고, 여기서 "물"은 진리들을 뜻하고, "쓰다"(=씀ㆍ

bitterness)는 섞음질(adulteration)을 뜻합니다. "그 나뭇가지를 꺾어서 물에 던지니, 그 물이 단물로 변하였다"는 것은 거짓을 일소(一掃)해 버리고, 진리를 공공연하게 하는, 사랑의 선이나 삶의 선을 표징하고, 따라서 그것을 회복하는 것을 표징합니다. 왜냐하면 모든 진리는 악한 삶이나, 사랑(=애욕)에 속한 악에 의하여 섞음질되기 때문입니다. 결과적으로 모든 진리는 사랑에 속한 선이나 삶에 속한 선에 의하여 공공연하게 열리고, 회복되기 때문입니다. 그 이유는 모든 진리는 선에 속한 것이고, 그리고 사랑에 속한 선은 불(火)과 같고, 그리고 그것으로 말미암아 진리는 밝음(=빛) 가운데 나타나기 때문입니다.

[6] 아래의 열왕기 하서의 말씀도 동일한 뜻을 가리킵니다.

> 예언자의 수련생들이 사는 땅에 흉년이 들었고,…… 한 사람이 들포도덩굴이 무엇인지 모르고 그것을 국솥에 넣고 끓였더니, 그 솥에 죽음을 부르는 독이 있어서 먹지 못하였는데, 엘리사가 밀가루를 뿌리니, 솥 안에는 독이 없었다(열왕기 하 4:38-41).

"그들이 들포도덩굴을 넣고 끓였더니, 쓴 맛으로 변한(=죽음을 부르는 독이 있는) 죽"은 위화된 성언(=성경말씀)을 뜻하고, 거기에 그것을 뿌린 것으로 고쳐진 "밀가루"는 선에서 비롯된 진리를 뜻합니다. 왜냐하면 선에서 비롯된 진리는 위화의 근원인 거짓들을 일소하기 때문입니다.

[7] 야곱의 자손들이 성언의 모든 진리들을 왜곡시켰기 때문에, 그리고 그것들을 자기들 자신에게 적용하는 것에 의하여, 그리고 이 세상적인 사랑들(=애욕들)에 그것들을 적용하는 것에 의하여 그것들을 위화하고, 섞음질하였기 때문에 그들에 관해서 모세의 노래 가사에 이렇게 언급되었습니다. 신명기서의 말씀입니다.

> 그들의 포도나무에서 온 것이며,
> 고모라의 밭에서 온 것이다.
> 그들의 포도에는 독이 있어서,
> 송이마다 쓰디쓰다.
> (신명기 32:32)

여기서 "포도"는 진리에 관해서 교회를 뜻하고, 결과적으로는 역시 그 교회의 진리를 뜻합니다. 그리고 "포도나무"는 인애에 속한 선들을 가리키는, 그것에서 비롯된 선들을 뜻하고, "포도송이들"은 믿음에 속한 선들을 뜻합니다. 이런 내용에서 볼 때 "쓰디쓴 포도송이"는 섞음질된 믿음에 속한 선들을 뜻한다는 것은 명확합니다.

[8] 민수기서의 말씀입니다.

> 마지막으로 제사장은, 그 준비된 물을 여인에게 주어 마시게 한다.…… 그 여인이 자기 남편을 배반하고 제 몸을 더럽힌 일이 있다면, 저주를 불러일으키는 그 물이 그 여인의 몸에 들어가면서, 여인은 쓰라린 고통과 함께 배가 부어 오르고, 허벅지가 마른다. 그러면 그 여인은 겨레 가운데서 저주받은 자가 된다(민수기 5:12-29).

남자와 아내(=여자)의 결혼은 진리와 선의 결혼(=결합)을 뜻합니다. 왜냐하면 참된 혼인애(truly congugial love)은 영적인 혼인에서 내려오기 때문입니다. 그러므로 "간통"(姦通 · adultery)은 거짓과 악의 결합을 뜻하고 그리고 이것이 "만약에 그녀가 범죄를 범했다면 물은 쓰디쓴 것이 될 것이다"(=쓰라린 고통이 된다)는 말씀은 선에 속한 섞음질을 뜻합니다. 그리고 "배"(the belly)가 혼인애(congugial love)를 뜻하듯이, 마찬가지로 "태"(the womb)나 허벅지(the thigh)도 혼인애를 뜻하기 때문에, 그러므로 "배가 부어 오르고, 허버지가 마른다"고 언급되었는데, 그것은 영적인 뜻으로 혼인이나 혼인애 자체가 영적으로나 자연적으로 멸망할 것이다는 것을 뜻합니다. "태"나 "배"가 영적인 혼인애를 뜻하고, "허버지"는 자연적인 혼인애를 뜻합니다. 이렇게 볼 때, "쓰다" "씀"(bitterness)은 것은 일반적으로 진리와 선의 위화나 섞음질을 뜻한다는 것을 잘 알 수 있겠습니다. 이런 종류의 다양다종의 것들은 "쓸개"·"쑥"(worm wood)·"몰약"(myrrh)·"들포도"·"조롱박"(wild gourds)이나 그 밖의 다른 것들이 뜻합니다.

619[A]. 너의 입에는 꿀같이 달 것이다.
이 말씀은 외적인 기쁨(喜悅)을 뜻합니다. 이러한 내용은 외면적인 것을 가리키는 "입"(mouth)의 뜻에서 잘 알 수 있습니다. 왜냐하면 이것은 작은 두루마리와 그것을 먹는 것을 다루고 있기 때문인데, 여기서 "작은 두루마리"는 성언(=성경말씀)을 뜻하고, "그것을 먹는다"(=삼킨다)는 것은 지각이나 탐사(=탐구)을 뜻하기 때문입니다. 그러므로 제일 먼저 그것을 영접, 수용하는 "입"은 성경말씀(=성언)의 외적인 것을 뜻합니다. 이러한 내용은 자연적인 선의 기쁨을 가리키는 "꿀 같이 달다"는 말의 뜻에서 명확합니다. 성경말씀의 외적인 것들이 "꿀같이 달다"는 것, 다시 말하면 그것이 기쁘다는 것인데, 그것은 성경말씀의 외적인 것은 무엇을 사랑하는 것에 적용할 수 있는, 또는 그것에서 비롯된 원칙에 적용할 수 있는 그런 것이기 때문입니다. 그리고 이런 것들은 그것에 의하여 확증될 수 있기 때문입니다. 성경말씀의 문자적인 뜻을 가리키는 성언의 외적인 것(the external of the Word)는 그것 안에 있는 수많은 것들이 자연적인 사람에게 드러나 보여지는 외현들(外現)에 일치하여 기술된 그것들이기 때문입니다. 그리고 내면적으로 이해되지 않을 경우, 수많은 외현들은 오류들이 되는데, 그것은 감관들의 오류들과 같습니다. 그러므로 육신이나 이 세상을 위해 살기를 좋아하는 자들은 이와 같은 수많은 외현들에 의하여 삶에 속한 악들(evils of life)이나, 믿음에 속한 거짓들(falsities of faith)을 이런 외현들에 의하여 확증하기 위하여 성경말씀의 외적인 것들(the externals of the Word)을 뽑아냅니다.
[2] 이런 일은 특히 성경말씀에 속한 모든 것들을 자기 자신들에게 적용한 야곱의 자손들에 의하여 행해졌고, 그리고 성경말씀의 문자의 뜻에서 그들은 신념이나 확신 따위를 간직, 신봉하였고, 그리고 역시 그것은 작금에까지 이어져 내려 왔습니다. 그것은 바로 다른 자들에 우선하여 그들이 선택되었다는 것입니다. 그러므로 그들은 거룩한 선민(選民 · a holy nation)이었습니다. 그리고 그들의 예루살렘 · 거기에 있는 성전 · 법궤 · 제단 · 제물들이나 그 밖의 수많은 것들도 자신들에게 속한 거룩한 것이라는 것입니다. 그들은 그런 것들이 천적이나 영적인 것이라고 불리우는 주님에게서 발출하는 신령한 것들을 표징하는 것들이고, 그리고 천계나 교회의 거룩한 것들이라는 것을 표징하는 것이라는 등등의 것을 알지 못하였고, 그리고 알려고 하지도 않았습니다. 그리고 이런 것들이 자신들에 속한 거룩한 생각을 한다는 것, 그리고 그것들이 거룩한 것이 아니기 때문에 그것들이 표징하는 것들이고 생각하는 것은 자기 자신들에게 그리고 자기 자신들의 사랑들(=애욕들)에 적용하는 것에 의하여 성경말씀을 위화는 것이고 섞음질 하는 것 등등을 알지 못하였고, 알려고 하지도 않았습니다. 이러한 사실은, 이른바 그가 이 세상의 왕이 될 것이고, 지상의 다른 민족들이나 백성들에 비하여 그들을 뛰어나게 세울 것이라는 메시아(the Messiah)에 관한 그들의 신념에게서도 꼭 같았습니다. 그들이 성경말씀의 단순한 문자의 뜻에서 수집한 다른 것들을 언급한 것이 아니라는 것을 가리키는 그것은 그들에게서는 입 안에서 꿀같이 달았습니다. 이러한 것이 성경말씀의 영적인 뜻

10장 1-11절

에서 그것들이 불쾌한 것들이라는 이유입니다. 왜냐하면 그 뜻에서 진리들 자체는 외현들과는 일치하지 않기 때문입니다. 유대민족 자체가 거룩하지 않고, 오히려 다른 민족에 비하여 더 악하기 때문에, 결과적으로 그 민족이 선택된 것은 아닙니다. 예루살렘 성읍이 주님에 관해서, 그리고 천계나 교회의 거룩한 것들에 관해서 주님의 교회나 교리를 단순하게 뜻한다는 것, 그리고 성전 · 법궤 · 제단 · 제물들이 주님과 그분에게서 발출하는 거룩한 것들을 표징한다는 것, 그리고 그 밖의 다른 이유 때문이 아니고 이런 이유 때문에 그것들이 거룩한 것들을 뜻합니다. 이런 내용이 성경말씀의 문자의 뜻 안에 저장된 진리들입니다. 다시 말하면 그것의 내적인 뜻인 영적인 뜻 안에 저장된 진리들입니다. 그들은 이런 진리들을 부인하였습니다. 위에서 언급한 것과 같이, 그것은 그들이 문자의 뜻 안에 있는 성경말씀을 위화하고, 섞음질하였기 때문입니다. 그러므로 이런 것들은, 뱃속에서는 쓴 음식물과 같이, 그들에게는 불쾌하였습니다.

[3] 이런 것이 "그 작은 두루마리가 입에서는 꿀같이 달 것이다"고 언급된 것인데, 여기서 "꿀"(honey)은 자연적인 선의 기쁨을 뜻하기 때문입니다. "꿀"이 그 기쁨을 뜻한다는 것은 아래의 여러 장절들에게서 잘 알 수 있겠습니다. 에스겔서의 말씀입니다.

(예언자에게 말씀하셨습니다.) "너는 저 반항하는 족속처럼 반항하지 말고, 입을 벌려, 내가 너에게 주는 것을 받아먹어라" 그래서 내가 바라보니, 손 하나가 내 앞으로 뻗쳐 있었고, 그 손에는 두루마리 책이 있었습니다. 그가 그 두루마리 책을 내 앞에 펴서 보여 주셨는데, 앞뒤로 글이 적혀 있었습니다.…… "사람아, 너에게 보여 주는 것을 받아먹어라. 너는 이 두루마리를 먹고 가서, 이스라엘 족속에게 알려 주어라." 그래서 내가 입을 벌렸더니, 그가 그 두루마리를

> 먹여 주시며, 나에게 말씀하셨다. "사람아, 내가 너에게 주는 이 두루마리를 먹고, 너의 배를 불리며, 너의 속을 그것으로 가득히 채워라." 그래서 내가 그것을 먹었더니, 그것이 나의 입에서 꿀같이 달았다. 그가 또 나에게 말씀하셨다. "사람아, 어서 이스라엘 족속에게 가서, 내가 하는 바로 이 말을 그들에게 전하여라"(에스겔 2:8-10 - 3:1-4).

여기의 이것들은 우리의 묵시록서에 기록된 것들과 전적으로 꼭 같은 것들을 내포하고 있습니다. 예언자 에스겔에게 "두루마리 책을 받아 먹어라"라고 명령된 것은 "작은 두루마리를 먹어라"라고 요한에게 명령된 것과 동일한 것을 뜻합니다. 다시 말하면 성경말씀 안에 있는 신령진리가 그 교회에 속한 자들에 의하여 어떻게 영접, 수용하고, 지각되고, 전유되는지 탐사하는 것을 뜻합니다. 왜냐하면 선지자 에스겔이나 요한은 진리에 속한 교리와 성언을 표징하기 때문이고, 따라서 그와 같은 탐사나 연구는 그들에게서 이루어졌기 때문입니다. "먹는다"(to eat)는 말이, 위에서 언급한 것과 같이, 지각되고, 따라서 그와 같이 전유되는 것을 뜻하기 때문에, 책을 먹는다(eating a book)는 것은 그것을 이루는 것입니다. 이것이 규명(糾明), 확인될 때, 다시 말하면 성경말씀(=성언)이 어떻게 지각되는지 확인 될 때 선지자 에스겔에게는 "사람아, 어서 이스라엘 족속에게 가서, 내가 하는 바로 이 말을 그들에게 전하여라"라고 언급되었습니다. 그리고 사도 요한에게는 "너는 반드시 예언을 하여야 한다"고 언급되었습니다. 다시 말하면 반드시 그 교회에서 성언이 가르쳐져야 한다는 것이 언급되었습니다. 이것은, 그 책이 "그의 입에서는 꿀같이 달 것이다"고 지각되기 때문입니다. 다시 말하면 문자의 뜻으로 성경말씀은 매우 유쾌하지만, 그러나 그 이유는 이 뜻이 거짓에 속한 어떤 원칙에 적용될 수 있기 때문에, 그리고 악에 속한 사랑들(=애욕들)에 적용될 수 있기 때문에, 따라서 영적인 삶에 속한 기쁨에서 분리된 자연적인 삶의 쾌락을 확증하는데 그들을 이용할 수 있기 때문입니다. 그리고 이런 것들이 분리되었을 때 그것들은 온갖 오류들에게서 비롯된 거짓의 원칙들이 그것에서 비롯된 육신에 속한 사랑들(=애욕들)의 철저한 쾌락들이나 세상에 속한 그런 것들이 됩니다.
[4] 이사야서의 말씀입니다.

> 처녀가 잉태하여 아들을 낳을 것이며, 그가 그의 이름을 임마누엘이라고 할 것입니다. 그 아이가 잘못된 것을 거절하고 옳은 것을 선택할 나이가 될 때에, 그 아이는 버터와 꿀을 먹을 것이다(이사야 7:14, 15).

주님에 관해서 언급된 이 말씀은 마태복음서 1장 23절에서 입증되었습니다. 여기서 "버터와 꿀"은 물질적인 버터나 꿀을 뜻하지 않고, 오히려 그것들에 대응하는 그 어떤 신령한 것을 뜻한다는 것은 누구나 잘 압니다. 왜냐하면 "그 아이가 잘못된 것을 거절하고 옳은 것을 선택할 나이가 될 때"라고 언급되었기 때문이고, 그리고 그 아이는 악을 거절하고, 선을 선택할 줄 알게 될 것이라고 언급, 부연되었기 때문입니다. 그러나 여기서 "버터"는 영적인 선의 기쁨을 뜻하고, "꿀"은 자연적인 기쁨을 뜻하고, 결과적으로는 이들 양자는 주님의 신령 영적인 것과 신령 자연적인 것을 뜻하고, 따라서 내면적인 것이나 외면적인 것인 그분의 인성을 뜻합니다. 그것이 주님의 인성이 뜻하는 것이라는 것은 "처녀가 잉태하여 아들을 낳을 것이다"라고 언급된 것에서 잘 알 수 있겠습니다. 그렇게 언급된 것으로 말미암아 그것이 신령하다는 것은 "그가 그의 이름을 임마누엘(=하나님이 우리와 함께 계신다)이라고 할 것이다"(=그의 이름은 임마누엘이라 한다)고 언급되었기 때문입니다. 여기서 "이름을 부른다"(to a name)는 것은 한 사물의 성질을 뜻하고, 여기서는 신령존재가 무엇인지를 뜻합니다. 왜냐하면 그가 "하나님이 우리와 함께 하신다"(=임마누엘이라고 불리운다)고 하였기 때문입니다.
[5] "버터와 꿀"은 역시 같은 장에 있는 낱말들의 영적인 선과 자연적인 선의 기쁨을 뜻합니다. 같은 장의 말씀입니다.

> 그 땅에 남아 있는 사람들이 모두 버터와 꿀을 먹을 수 있을 것이다(이사야 7 : 22).

여기서 "남아 있는 사람들"은 주님으로 말미암아 내적으로나 외적으로나 선한 자들을 뜻합니다. 결과적으로 진리들 안에서 주님에게서 발출하는 선을 영접, 수용한 사람들을 뜻합니다. 그리고 속사람, 또는 영적인 사람의 지복(至福)이 그것에서 비롯되었다는 것을 뜻하고, 그리고 겉사람 또는 자연적인 사람의 지복이 그것에서 비롯되었다는 것은 "버터와 꿀"이 뜻합니다.
[6] 욥기서의 말씀입니다.

> 악한 자가 삼킨 것은 독과도 같은 것,
> 독사에 물려 죽듯이
> 그 독으로 죽는다.
> 올리브 기름이 강물처럼 흐르는 것을
> 그는 못 볼 것이다.
> 젖과 꿀이 흐르는 것도 못 볼 것이다.
> (욥기 20 : 16, 17)

이 장절은, 하나님에 관해서, 이웃에 관해서, 그리고 천계와 교회에 관해서 잘 말하고, 유창하게 말하는 위선자(僞善者)에 관해서 언급하고 있고, 그럼에도 불구하고 말을 그렇게 하지만 전혀 다르게 생각하는 위선자에 관해서 언급하고 있습니다. 그리고 그들은 마음을 현혹시키는 이런 것들에 의하여 교활하게 궁리, 획책하기 때문에, 비록 마음 속에서는 지옥적인 것을 품고 있기 때문에 "그가 독사의 독을 빨며, 뱀의 혀가 그를 죽일 것이다"(=악한 자가 삼킨 것은 독과 같은 것, 독사에 물려 죽듯이 그 독으로 죽는다)라고 언급되었습니다. 그런 부류의 인물은 자연적인 선이나 영적인 선으로 결코 기쁨을 가지지 못한다는 것은 "그는 강물처럼 흐르는 젖과 꿀이 흐르는 것을 못 볼 것이다"는 말씀이 뜻합니다. "강들"(streams)은 총명에 속한 것을 뜻하고, "꿀과 젖이 흐르는 시내들"은, 천적인 삶(=생명)에 속한 진정한 기쁨을 가리키는 정동이나 사랑에 속한 그것에서 비롯된 것들을 뜻합니다. 영원히 지속, 살아 있는 생명(=삶)의 모든 기쁨은 영적인 선과 진리에 속한 기쁨이고, 그리고 그것에서 비롯된 자연적인 선과 진리에 속한 기쁨입니다. 그러나 위선적인 선은 영적인 기쁨에서 분리된 자연적인 기쁨이고, 그리고 이런 기쁨은 저 세상에서 아주 처참한 지옥적인 것으로 바뀝니다. 명확하게 "젖과 꿀"(=버터와 꿀)은 여기서는 버터와 꿀을 뜻하지 않습니다. 왜냐하면 이 세상 어디에서 꿀과 젖이 흐르는 시내가 발견될 수 없기 때문입니다.

[7] "우유와 꿀"(milk and honey)은 "버터와 꿀"(butter and honey)의 뜻과 동일한 뜻을 가지고 있고, 그리고 "우유"가 영적인 선의 기쁨을 뜻하고, 그리고 "꿀"이 자연적인 선의 기쁨을 뜻하기 때문에, 그리고 이들 양자의 기쁨들은 주님의 교회에 속한 자들에게 있는 기쁨들이기 때문에, 그러므로 그 교회를 뜻하는 가나안 땅은 이렇게 불리웠습니다.

젖과 꿀(=우유와 꿀)이 흐르는 땅(출애굽 3:8, 17 ; 레위기 20:24 ; 민수기 13:27 ; 14:8 ; 신명기 6:3 ; 11:9 ; 26:9, 15 ; 27:3 ; 31:20 ; 여호수아 5:6 ; 예레미야 11:6 ; 32:22 ; 에스겔 20:6).

성경말씀에서 "가나안 땅"은 위에서 입증된 것과 같이 교회를 뜻합니다(본서 29 · 304[B · G] · 431[B]항 참조). 그 교회는 영적인 선 안에 있는 자들에게 있고, 동시에 자연적인 선 안에 있는 자들에게 있습니다. 그리고 이런 것들 안에 있는 그 교회는 주님에 의하여 세워진 교회입니다. 왜냐하면 그 교회는 사람 안에 있고, 사람 밖에는 있지 않기 때문입니다. 결과적으로 이런 선들을 가지고 있지 않는 자들에게 교회는 있지 않습니다. 그들의 기쁨들과 함께 있는 이들 선들은 "우유와 꿀"이 뜻합니다.

619[B]. [8] 그 때 가나안 땅에는 아주 많은 꿀이 있었는데, 그것은 그 때 주님의 교회는 거기에 있었기 때문입니다. 이러한 내용은 사무엘 상서에서 잘 볼 수 있는데, 그 책에는 이런 말씀이 있습니다.

> 그 땅의 모든 백석이 숲으로 들어갔다. 들녘의 땅바닥에는 꿀이 있었다. 군인들이 숲에 이르러서 보니, 벌집에서 꿀이 흘러나오고 있었다.…… 그러나 요나단은,…… 손에 들고 있던 막대기를 내밀어 그 끝으로 벌집에 든 꿀을 찍어서 빨아먹었다. 그러나 그는 눈이 번쩍 뜨이고, 생기가 넘쳤다.…… 요나단은 이 꿀을 조금 찍어서 맛만 보았는데도 눈이 번쩍 뜨이고 생기가 넘친다고 탄식하였다(사무엘 상 14 : 25-27, 29).

"요나단의 눈은 꿀을 맛보는 것에 의하여 번쩍 뜨였는데" 그것은 "꿀"이 자연적인 선과 그것의 기쁨에 대응하기 때문이고, 그리고 이 선은 총명을 주고, 빛을 비추었고, 그것으로 말미암아 요나단은 그가 악을 행하였다는 것을 알았습니다. 우리는 이런 사실은 이사야서에서 "그 아이가 잘못된 것을 거절하고 옳은 것을 선택할 나이가 될 때에, 그 아이는 버터와 꿀을 먹을 것입니다"(이사야 7 : 15)는 말씀을 읽습니다. 왜냐하면 이스라엘 교회의 모든 것들은 천적인 것들이나 영적인 것들을 표징하고 뜻하는 대응들로 이루어졌기 때문에, 그 때에 대응들은 외적으로 그들의 결과들을 보여주었기 때문입니다.
[9] 또다시, 아래의 장절들에서 "버터와 꿀"이 뜻하는 것과 동일한 것을 "기름과 꿀"(oil and honey)이 가지고 있습니다. 신명기서의 말씀입니다.

> 주께서 그 백성에게,
> 고원지대를 차지하게 하시며,
> 밭에서 나온 열매를 먹게 하시며,
> 바위에서 흘러내리는 꿀을 먹게 하시며,
> 단단한 바위에서 흘러내리는
> 기름을 먹게 하셨다(=주께서 그로 땅의 높은 곳들을 타고 다니게 하셨고, 그로 들의 소산을 먹게 하셨다. 또 주께서는 그로 바위에서 꿀을 빨아먹게 하셨고, 단단한 바위에서 기름을 빨게 하셨다)(신명기 32 : 13).

이 구절은 모세의 가사에 나오는 말씀인데, 그 가사는 그것의 시작인 교회를 다루고 있고, 다음에는 그것의 진전을, 그리고 마지막에는 그것의 종말의 교회를 다루고 있습니다. 고대교회를 형성한 이것들은 이런 말들에 의하여 기술되었지만, 그러나 이스라엘 교회를 형성한 자들은 아닙니다. 왜냐하면 이들은 처음부터 마지막까지 악하였기 때문인데 이러한 사실은 이집트에서의 그들의 조상들에게서, 그리고 그 뒤에는 그들의 광야 생활에서 잘 볼 수 있습니다. 그러나 고대교회, 즉 "그들의 조상들"이 뜻하는 그 교회의 사람들은 주님께서 "땅의 높은 곳들을 타고 다니게 하셨고, 그들의 소산을 먹게 하셨다"는 그 교회입니다. 이들에게 진리들에 의하여 그것들의 기쁨들과 함께 자연적인 사랑의 선과 영적인 사랑의 선을 주었다는 것, 그리고 그것으로부터 그들은 그들의 총명을 취하였고, 그리고 그들이 그것에 일치하여 살았다는 것은 "주께서는 그로 바위에서 꿀을 빨아먹게 하셨고, 단단한 바위에서 기름을 빨게 하셨다"는 말씀이 뜻합니다. 여기서 "꿀"은 자연적인 사랑의 기쁨을 뜻하고, "기름"은 영적인 사랑의 기쁨을 뜻하고, "절벽"(the cliff)이나 "단단한 바위"(the flint of the rock)은 주님에게서 비롯된 진리를 뜻합니다. "기름"이 사랑이나 인애에 속한 선을 뜻한다는 것은 본서 375항을 참조하시고, "절벽"이나 "바위들"이 주님에게서 비롯된 진리를 뜻한다는 것은 본서 411 · 443[A]항을 참조하십시오.
[10] 시편서의 말씀입니다.

> 나는
> 기름진 밀 곡식으로 너희를 먹였을 것이고,
> 바위에서 따 낸 꿀로
> 너희를 배부르게 하였을 것이다.
> (시편 81 : 16)

여기서 "기름진 밀 곡식"은 영적인 선의 기쁨을 뜻하고, 그리고 "바위에서 따 낸 꿀"(=반석에서 나오는 꿀)은, 위에서 언급한 것과 같이, 주님에게서 비롯된 진리들을 통한 자연적인 선의 기쁨을 뜻합니다. 여기서 주지하여야 할 것은, 자연적인 선은, 만약에 그것에 영적인 선이 없다면, 선이 아니라는 것입니다. 왜냐하면 모든 선은 영적인 사람이나 영적인 마음을 통해서 자연적인 사람이나 자연적인 다음에 유입하기 때문이고, 그리고 자연적인 사람, 즉 자연적인 마음이 영적인 사람. 즉 영적인 마음의 선을 영접, 수용하는 것에 비례하여 사람은 선을 영접, 수용하기 때문입니다. 거기에 선이 존재하기 위해서는 반드시 양자, 즉 양쪽이 있어야 합니다. 결과적으로 영적인 선에서 분리된 자연적인 선은 비록 사람이 그것을 선으로서 지각한다고 해도 본질적으로 악한 것입니다. 거기에는 양자가 반드시 있어야 하기 때문에 인용되어야 할 장절에는 "버터와 꿀" "우유와 꿀" "기름기와 꿀"(fat and honey)이 언급되었는데, 여기서 "기름과 꿀"(oil and honey)이나 "버터"·"우유"·"기름기"(fat)·"기름"(oil) 등은 영적인 사랑의 선을 뜻하고, "꿀"은 자연적인 사랑의 선을 뜻하고, 그리고 그것들의 기쁨을 뜻합니다.
[11] 에스겔서의 말씀입니다.

> 이렇게 너는 금과 은으로 장식하고, 모시 옷과 비단 옷과 수 놓은 옷을 입었다. 또 너는, 고운 밀가루와 꿀과 기름으로 만든 음식을 먹어서, 아주 아름답게 되고, 마침내 왕비처럼 되었다.…… 너는, 내가 너에게 준 음식, 곧 내가 너를 먹여 살린 고운 밀가루와 기름과 꿀을 그것들(=우상들·형상들) 앞에 가져다 놓고, 향기나는 제물로 삼았다(에스겔 16:13, 19).

이 구절은 처음에는 고대교회를, 그 다음에는 이스라엘 교회를 가리키는 교회를 뜻하는 예루살렘에 관해서 언급하고 있습니다. 고대교회에 관해서는, 그 교회에 속한 사람들이 가지고 있는 선과 진리에 속한 사랑을 뜻하는 "그녀는 금과 은으로 장식하였다"고 언급되었습니다. 그리고 여기서 "모시 옷과 비단 옷과 수 놓은 옷"은 천적·영적·자연적 진리에 속한 지식들을 뜻하고, 그리고 "고운 모시"(fine liner)는 천적인 근원에서 비롯된 진리를 뜻하고, "비단"(silk)은 영적 근원에서 비롯된 진리를 뜻하고, "수 놓은 것"은 자연적인 근원에서 비롯된 진리를 뜻하는데, 이것들은 모두가 지식들(=과학지들)이라고 불리웁니다. "그녀는 고운 밀가루와 꿀과 기름을 먹었다"는 말씀은 자연적인 진리와 선의 지각과 영적인 진리와 선의 지각을 뜻

하고, 그리고 그것들의 전유(專有)를 뜻합니다. "먹는다"(to eat)
는 것은 전유되는 것을 뜻하고, "고운 밀가루"는 진리를, "꿀"
은 자연적인 선을, 그리고 "기름"은 영적인 선을 뜻하고, 그것
들이 그들에게 전유되었다는 것은 위에 언급된 진리들에 따라
서 산 삶이 뜻합니다. "그녀는 아주 아름답게 되고, 마침내 왕
비처럼 되었다"(=너는 몹시 아름다우며, 너는 왕국에서 번영을 이룩
하였다)는 말씀은 하나의 교회를 이루기 위하여 총명스럽고, 지
혜롭게 된 것을 뜻합니다. 여기서 "아름답다"(beauty)는 총명과
지혜를 뜻하고, "왕국"(kingdom)은 교회를 뜻합니다. 그러나 내
적인 것이 결여된 오직 외적인 것들 안에 있는, 이스라엘 교회
에 속한 것들이나, 그것으로 말미암아 그 교회의 사람들은 우
상숭배자들이었는데, 그래서 "너는, 내가 너에게 주었던 나의
음식도 내가 너를 먹인 고운 밀가루와 기름과 꿀도 네가 향기
로운 냄새로 그들(=남자의 형상들 곧 우상들) 앞에 차려 놓았다"
는 말씀이 언급되었습니다. 다시 말하면 그들은 그 교회의 진
리들이나 선들을 거짓들이나 악들로 왜곡, 타락시켰고, 따라서
그것들을 모독하였습니다.
[12] 같은 책의 말씀입니다.

> 유다와 이스라엘 땅 사람들도 너와 거래를 하였다. 그들은 민닛에서
> 생산한 밀과 과자와 꿀과 기름과 유향을 가지고 와서, 네 물품들과
> 바꾸어 갔다(에스겔 27 : 17).

이 구절은 진리와 선의 지식들의 측면에서 교회를 뜻하는 두
로(Tyre)에 관해서 언급하고 있습니다. 그러므로 역시 "두로"
는 그 교회에 속한 진리나 선의 지식들 자체를 뜻합니다. 여기
서 "기름과 꿀"(oil and honey)은 위에 언급된 것과 동일한 뜻
을 갖습니다. 여기서 영적인 뜻으로 "유다나 이스라엘의 땅"이

뜻하는 것이나, "민닛과 판낙(Pannag)에서 생산한 밀"과 그리고 "유향"(balsam)이나 "두로의 교역"(the merchandise of Tyre)이 뜻하는 것이 무엇인지는 본서 433[C]항에 설명된 내용에서 잘 볼 수 있겠습니다.
[13] 신명기서의 말씀입니다.

> 주 너희의 하나님이 너희를 데리고 가시는 땅은 좋은 땅이다. 골짜기와 산에서는 지하수가 흐르고, 샘물이 나고, 시냇물이 흐르는 땅이며, 밀과 보리가 자라고, 포도와 무화과와 석류가 나는 땅이며, 올리브 기름과 꿀이 생산되는 땅이다(신명기 8 : 7, 8).

이 구절은 천적·영적·자연적 선 안에 있는, 그리고 그것에서 비롯된 진리들 안에 있는 교회를 뜻하는 가나안 땅에 관해서 언급하고 있습니다. 그러나 이 구절에 있는 내용들은 앞에서 이미 설명되었습니다(본서 374[C]·403[B]항 참조). 거기에서 보여준 것은 "기름과 꿀"이 속사람, 즉 영적인 사람 안에 있는, 그리고 겉사람, 즉 자연적인 사람 안에 있는 사랑에 속한 선을 뜻한다는 것입니다.
[14] 시편서의 말씀입니다.

> 주의 말씀은 티 없이 맑아서
> 영원토록 흔들리지 아니하고,
> 주의 법령(=공평)은 참되어서
> 한결같이 바르다.
> 주의 교훈은
> 금보다, 순금보다 더 사랑스럽고,
> 꿀보다, 송이꿀보다 더 달다.
> (시편 19 : 9, 10)

같은 책의 말씀입니다.

> 주께서 나를 가르치셨으므로,
> 나는 주의 규례에서 어긋나지 않았습니다.
> 그의 말씀, 그 맛이
> 내게 어찌 그리도 달지요?
> 내 입에는 꿀보다 더 답니다.
> (시편 119 : 102, 103)

"법령"(=심판 · 공평 · judgments)은 예배에 속한 진리들이나 선들을 뜻하고, 따라서 "주의 명령들(=법령들)은 모두 참되고, 한결같이 바르다"고 언급되었습니다. 여기서 "한결같이 바르다"(=의롭다)는 것은 선한 삶을 뜻하고, 거기에서 비롯된 예배를 뜻합니다. "금"이나 "정금"이 선을 뜻하기 때문에 "주의 교훈"(=주의 명령들)은 금보다 정녕 많은 정금보다 더 바랄만 하다(=더 사랑스럽다)고 언급되었습니다. 여기서 "금"(gold)은 천적인 선을 뜻하고, "정금"(fine gold)은 영적인 선을 뜻하고, "더 바랄만 하다"(=더 사랑스럽다 · desirable)는 것은 정동이나 사랑에 속한 것을 뜻합니다. 그것에 의하여 사람이 감동되는 선들의 기쁨을 가리키기 때문에, "끌보다 벌집보다 더 달다"(=꿀보다, 송이꿀보다 더 달다)는 말씀이 언급되었고, "주의 말씀들이 내 입맛에(=내 입 안에) 어찌 그리 단지요! 정녕 내 입에 꿀보다 더 달다"는 말씀이 언급되었는데, 여기서 "달다"(sweet)는 기쁘고 즐거운 것을 뜻하고, "꿀"은 자연적인 선을, 그리고 "송이꿀"(=벌집에서 떨어지는 꿀)은 자연적인 진리를 뜻합니다. 그리고 "꿀"이 자연적인 선을 뜻하기 때문에, 그리고 "입"(the mouth)이 외적인 것을 뜻하기 때문에, "내 입에는 꿀보다 더 답니다"는 말씀이 언급되었습니다. 묵시록서에서 "작은 두루마리는 입에는 꿀같이 달았다"는 말씀도 같은 뜻입니다.

[15] 누가복음서의 말씀입니다.

10장 1-11절

(예수께서 제자들에게 말씀하셨다.) "어찌하여 너희는 당황하느냐? 어찌하여 마음에 의심을 품느냐? 내 손과 내 발을 보아라. 바로 나다. 나를 만져 보아라. 유령은 살과 뼈가 없지만, 너희가 보다시피, 나는 살과 뼈가 있지 않느냐?"…… 예수께서 "여기에 먹을 것이 좀 있느냐?" 하고 그들에게 말씀하셨다. 그래서 그들이 그에게 구운 물고기 한 토막과 벌집을 드리니, 예수께서 받아서 그들 앞에서 잡수셨다 (누가 24 : 38-43).

이 장절의 시리즈에서 영적인 뜻으로 주목해야 할 것은 "벌집"과 "꿀"이 자연적인 선을 뜻한다는 것입니다. 왜냐하면 주님께서는, 심지어 그것의 자연적인 것이나 감관적인 것까지 그분의 전 인성을 영화하셨다는 것, 즉 완성하셨다는 것을 드러내 보이셨기 때문입니다. 이런 뜻은, 그들이 보고 만진 "손과 발" 그리고 "살과 뼈"가 뜻합니다. 여기서 "손과 발"(hands and feet)은 자연적인 것이라고 부르는 사람의 궁극적인 것을 뜻하고 "살"(flesh)은 그것의 선을, 그리고 "뼈"(bones)는 그것의 진리를 뜻합니다. 왜냐하면 인체(人體)에 있는 모든 것들은 영적인 것들에 대응하기 때문이고, 그리고 "살"은 자연적인 사람의 선에 대응하고, 그리고 "뼈"는 그것의 진리들에 대응하기 때문입니다. 이 대응(對應)에 관해서는 나의 저서 《천계와 지옥》 87-102항을 참조하십시오. 그리고 주님께서 이것을 제자들 앞에서 구운 물고기 한 토막과 벌집을 잡수시는 것에 의하여 확증하셨습니다. "구운 물고기"(=구운 생선)은 자연적인 사람이나 감관적인 사람의 선에 속한 진리를 뜻하고, "벌집"(the honeycomb)은 동일한 사람의 진리에 속한 선을 뜻합니다. 그러므로 주님께서는 제자들이 주님을 만져 보게 하는 것으로 주님의 전 인성이, 심지어 그것의 궁극적인 것에 이르기까지 영화되셨다는 것을 보여 주시고, 확증하셨습니다. 다시 말하면 신령하게 성취하셨다는 것을 보여 주셨습니다. 그리고 이런 사실을 또한 "제자들 앞에서 구운 물고기 한 토막과 벌집을 잡수시는 식사(食事)에 의하여 입증하셨습니다.
619[C]. [16] "꿀"이 자연적인 사람의 선을 뜻하기 때문에 이런 말씀도 있습니다. 마태복음서의 말씀입니다.

> 세례 요한은 낙타 털 옷을 입고, 허리에 가죽 띠를 띠었다. 그의 음식은 메뚜기와 들꿀이다(마태 3:4 ; 마가 1:6).

왜냐하면 세례 요한은 엘리야와 동일한 것을 표징하고, 그러므로 "엘리야가 왔다"고 언급되었고, 그는 요한을 뜻하기 때문입니다. 엘리야는 성경말씀과의 관계에서, 또는 주님에게서 비롯된 성언(聖言)과의 관계에서 주님을 표징합니다. 그리고 요한은 동일한 표징을 지니고 있습니다. 성경말씀은, 메시아, 즉 장차 오실 주님께서는 성언의 예언에 따라서 주님의 강림을 가르치기 전에 요한을 보낸다고 가르치고 있습니다. 그리고 요한이 성언을 표징하기 때문에, 그러므로 그는, 그의 옷과 먹거리가 뜻하는 자연적인 것을 가리키는 성언의 궁극적인 것들을 표징합니다. 다시 말하면 그의 낙타 털 옷이나, 그의 허리를 두른 가죽 띠는 성경말씀의 궁극적인 것들을 표징합니다. 여기서 "낙타 털"(camel's hair)은 자연적인 사람의 궁극적인 것을 뜻하는데, 이런 것들은 성경말씀의 외면적인 것들을 가리킵니다. 그리고 "허리에 띤 가죽 띠"는 외적인 결속(結束 · external bond)과 그리고 영적인 것을 가리키는 성언의 내면적인 것들과 이것들의 결합을 뜻합니다. 그리고 "메뚜기와 꿀"(=들꿀 · 石淸)은 동일한 뜻인데, "메뚜기"는 자연적인 사람의 진리를 뜻하고, "들꿀"(wild honey · 石淸)은 그것의 선을 뜻합니다. 여러분이 자연적인 사람의 진리나 선이라고 말하든, 자연적인 진리나 선이라고 말하든 그것은 동일한 것입니다. 성경말씀에서 이런 것들은 성경말씀의 궁극적인 뜻 안에 있고, 그것은 문자의 뜻, 또는 자연적인 뜻이라고 부릅니다. 왜냐하면 이것은 요한이 그의 옷과 먹거리에 의하여 표징하는 것이기 때문입니다.
[17] 레위기서의 말씀입니다.

> 주께 살라 바치는 제사에서, 어떤 누룩이나 꿀을 불살라서는 안 되기 때문이다(레위 2 : 11).

여기서 그것은 "누룩"이 자연적인 사람의 거짓을 뜻하기 때문이고, "꿀"은 자연적인 사람의 선에 속한 기쁨을 뜻하지만, 반대의 뜻으로는 그것의 악에 속한 쾌락을 뜻하기 때문입니다. 이러한 사실은 내면적인 거룩한 것들을 뜻하는 그런 것들과 뒤섞였을 때에 누룩도 마찬가지입니다. 왜냐하면 자연적인 쾌락들은 그것 자체를 자기사랑이나 세상사랑에 속한 기쁨들(=쾌락들)에서 끌어드리고, 얻기 때문입니다. 그리고 이스라엘 민족이 다른 민족들에 비하여 이런 쾌락들에 치우쳐 있었기 때문에, 그러므로 그들은 그들의 제물에 꿀을 사용하는 것이 금지되었습니다. 자연적인 사람의 선에 속한 기쁨을 뜻하는 "꿀"의 이런 뜻에 관해서는 《천계비의》5650 · 6857 · 8056 · 10137 · 10530항을 참조하십시오.
[18] 사사기서의 말씀입니다.

> 얼마 뒤에, 삼손은 그 여자를 아내로 맞으러 그 곳으로 다시 가다가, 길을 벗어나 자기가 죽인 사자가 있는 데로 가 보았더니, 그 죽은 사자의 주검에 벌떼가 있고 꿀이 고여 있었다(사사기 14 : 8).

이 말씀은 블레셋 민족이 표징하는 것을 가리키는, 인애에서 분리된 믿음의 소산(消散 · dissipation)을 뜻합니다. 이런 이유 때문에 블레셋 사람은 "비할례자"(非割禮者)라고 불리웠습니다.

그리고 이 낱말은, 그들이 영적인 사랑이나 인애 밖에 있고, 그리고 오직 자기사랑이나 세상사랑을 가리키는 자연적인 사랑 안에 있다는 것을 뜻합니다. 이런 부류의 믿음은 인애에 속한 선을 파괴하기 때문에 그를 죽이려고 세차게 삼손을 공격한 어린 사자가 표징합니다. 그러나 삼손은 나실 사람(a Nazarite)이었고, 그리고 나실 사람은 주님의 궁극적인 자연적인 것에 관한 주님을 표징하기 때문에, 삼손은 사자를 찢어 죽였고, 그 뒤에는 그것의 주검에서 "벌 떼와 꿀"을 발견하였습니다. 그리고 이것은, 이런 부류의 믿음이 소산되었을 때 인애에 속한 선이 그 자리를 승계(承繼)한다는 것을 뜻합니다. 사사기서에서 삼손과 관계되는 그밖의 것들도 이와 비슷한 뜻을 가지고 있습니다. 왜냐하면 성경말씀에는 천계나 교회에 속한 그런 것들을 표징하고, 뜻하지 않는 것은 아무것도 없기 때문입니다. 그리고 이런 사실은 대응들의 시작에 의하여, 그리고 성경말씀의 영적인 뜻에서 잘 알 수 있습니다.

620. 10절. 나는 그 천사의 손에서 그 작은 두루마리를 받아서 삼켰습니다.
이 말씀은 탐사(探査)나 탐구(探求)를 뜻합니다. 이러한 뜻은 앞에 언급된 것들에서, 다시 말하면 "작은 두루마리"가 성언을 뜻하고, "천사"가 성언과의 관계에서 주님을 뜻하고, "그것을 삼켰다. 또는 먹었다"는 말이 영접, 수용하고, 깨닫고, 그리고 자기 자신에게 전유(專有)하는 것 등을 뜻한다는 것, 결과적으로는 탐사, 탐구하는 것, 그리고 여기서는 그 교회에 아직까지 남아 있는 성언의 이해에 관한 성질이 무엇인지 탐사, 탐구하는 것을 뜻한다는 등등의 것에서 명확합니다. 탐사나 탐구가 한 사물의 지각에 의하여 이루어지고, 그리고 그런 식으로 지각됩니다. 그 일이 예언자 요한(the prophet John)에게서 이루어졌는데, 여기서 "예언자"는 교회의 교리를 뜻하고, 보편적인

10장 1-11절

뜻으로는 성언(=성경말씀)을 뜻합니다.

621. 그것이 내 입에는 꿀같이 달았습니다.
이 말씀은 그것의 겉뜻이나, 속뜻에 관하여 성경말씀(=성언)이 여전히 선에 속한 기쁨으로 지각되었다는 것, 그 기쁨은 거짓의 원칙들을 확증하는 것에, 악에 속한 사랑들(=애욕들)을 확증하는 것에 이바지하기 때문이고, 다시 말하면 자기사랑이나 세상사랑에서 야기되는 원칙들 따위를 확증하는 것에 종사하기 때문에 이런 모든 것들은 모두가 거짓들입니다. "작은 두루마리"가 뜻하는 성언이 "꿀같이 달기 때문에" 지각되었다는 것은 위에 설명, 입증된 것에서 밝히 알 수 있겠습니다.

622[A]. 먹고 나니 뱃속은 쓰라렸습니다.
이 말씀은 성경말씀의 문자적인 뜻의 뒤섞음질 된 진리 때문에 성언이 내적으로는 불쾌하다는 것이 지각되었고, 확인, 규명되었다는 것을 뜻합니다. 이러한 뜻은 동일한 말씀이 언급, 설명된 본서 617·618항의 설명에서 잘 알 수 있겠습니다. 여기서 "뱃속"(the belly)은, 영적인 것이라고 하는 성경말씀의 내면적인 뜻입니다. 그리고 탐사나 탐구가, 성언을 뜻하는, "작은 두루마리를 삼켰다"는 말씀이 표징하고, 그리고 지각을 뜻하는 그것의 입맛(味覺)이 표징합니다. 그러므로 첫 번째 지각은 "꿀같이 단" 작은 두루마리가 있는 입에 있는 입맛이 뜻합니다. 성경말씀의 첫 번째 지각이 성경말씀의 문자의 뜻에 속한 지각을 가리킨다는 것, 다시 말하면 외적인 성경말씀(=성언)을 가리킨다는 그런 것입니다. 그러나 다른 지각은 그것이 뱃속에 들어갔을 때 그것에 의하여 뱃속이 쓰라렸다고 언급된, 그것의 맛(味覺)이 뜻합니다. 성언의 이와 같은 다른 지각은 성경말씀의 속뜻에 속한 그런 지각을 가리킵니다. 다시 말하면 내적인 성언(=성경말씀)을 가리킵니다. 결과적으로 "입"(the mouth)이 외면적인 것을 뜻하기 때문에, 그러므로 여기서 "뱃속"(the belly)은 내면적인 것들을 뜻합니다. 그것은 내면적으로 영접, 수용되었고, 규명되었기 때문입니다. 뱃속이 내적으로 음식물(=먹거리)을 저장하기 때문에, "뱃속"은 내면적인 것들을 뜻합니다. 그리고 "음식물"(=먹거리 · food)은 영혼을 살지게 하는 모든 것을 뜻합니다. 그리고 또한 뱃속은, 내장(內藏)과 꼭 같이, 인체의 내부에, 즉 인체의 중심에 있기 때문입니다. 이런 이유 때문에 "뱃속"이나, "내장들"은 성경말씀 안에 있는 내면적인 것들을 뜻합니다.

[2] "뱃속"이나 "내장들"이 내면적인 것들을 뜻한다는 것은 아래의 장절들에게서 잘 알 수 있겠습니다. 에스겔서의 말씀입니다.

> "사람아, 내가 너에게 주는 이 두루마리를 먹고, 너의 배를 불리며, 너의 속을 그것으로 가득 채워라"(에스겔 3:3).

이 장절 역시 지금 "그는 작은 두루마리를 받아서 먹었다"는 묵시록서의 설명과 동일한 뜻을 가지고 있습니다. 왜냐하면 "두루마리"(the roll)는 "작은 두루마리"(=작은 책 · the little book)의 뜻과 동일한 뜻을 가지고 있기 때문입니다. 다시 말하면 성언(聖言)을 뜻하기 때문입니다. "이 두루마리를 먹고, 배를 불리고, 속을 그것으로 가득 채워라"는 말씀은, 성경말씀을 읽고, 그것을 지각하는 것을 가리키는 성언이 교회에서 어떻게 이해되는지 탐사하는 것을 뜻합니다.

[3] 시편서의 말씀입니다.

> 그들은 주께서 쌓아 두신 재물로
> 자신들의 배를 채우고,
> 남은 것을 자녀에게 물려주고
> 그래도 남아서

10장 1-11절

자식의 자식들에게까지 물려줍니다.
(시편 17 : 14)

여기서 "재물"(treasure)은 성경말씀의 진리를 뜻하고, "배"(belly)는 내면적인 이해를 뜻하고, 그러므로 "재물로 그들의 배를 채운다"는 것은 그들의 내면적인 이해를 성경말씀의 진리들로 가르치는 것을 뜻합니다. 그리고 그것으로 말미암아 충분하게 가르침을 받은 진리들에 의하여 감화 감동된 그들은 "배를 채운 자녀들"이 뜻하고, 여기서 "자녀들"(sons)은 진리의 정동 안에 있는 자들을 뜻하고, "자식의 자식들"은 그들의 출생 가운데 있는 진리들을 뜻하고, 그리고 그들에 관해서 "남은 것을 자녀들에게 물려주고, 그래도 남아서 자식의 자식들에게까지 물려준다"고 언급되었습니다. 여기서 그것은 내면적인 이해를 언급하고 있는데, 왜냐하면 사람은 외면적인 이해와 내면적인 이해를 가지고 있기 때문인데, 그리고 외면적인 이해는 자연적인 마음에 속한 것이고, 내면적인 이해는 영적인 마음에 속한 것입니다. 여기서 "뱃속"(=배 · the belly)은 내면적인 이해를 뜻합니다.

[4] 요한복음서의 말씀입니다.

> 예수께서 일어서서 큰소리로 말씀하셨다. "목마른 사람은 다 내게로 와서 마셔라. 나를 믿는 사람은, 성경에 이른 것과 같이, 그의 배에서 생수가 강처럼 흘러 나올 것이다." 이것은 예수를 믿은 사람들이 받게 될 성령을 가리켜서 하신 말씀이다(요한 7 : 37-39).

따라서 주님께서는 진리에 속한 영적인 정동 안에 있는 자들에 의하여 지각된 신령진리를 내적으로 각인(刻印)시키셨습니다. 이러한 내용은 "주님에게 와서 생수를 마시는 목마른 사람들"이 뜻합니다. 이런 부류의 자들이 신령진리의 이해를 소유할 것이라는 것은 "그의 배에서 생수가 강처럼 흘러 나올 것이다"는 말씀이 뜻합니다. 여기서 "배에서 나오는 강물"은 내면적인 이해나 총명을 뜻하고, "생수"(living water)는 주님에게서 비롯되는 신령진리를 뜻합니다. "성령"(the Holy Spirit)이 주님에게서 발출하고 신령진리를 뜻하기 때문에, "이것은 예수를 믿은 사람들이 받게 될 성령을 가리켜서 하신 말씀이다"고 부연되었습니다.
[5] 마가복음서의 말씀입니다.

> "너희도 아직 깨닫지 못하느냐? 밖에서 사람의 몸 속으로 들어가는 것이 사람을 더럽히지 못한다는 것을 알지 못하느냐? 밖에서 몸 속으로 들어가는 것은 무엇이든지, 사람의 마음 속으로 들어가지 않고 뱃속으로 들어가서 뒤로 나가기 때문이다."…… "사람에게서 나오는 것, 그것이 사람을 더럽힌다. 나쁜 생각은 사람의 마음에서 나오는데, 곧 음행과 도둑질과 살인과……"(마가 7:18-21 ; 마태 15:17-20).

따라서 이 말씀은 반드시 이해되어야 하는데, 거짓들이든 악들이든, 보이는 것이나 들리는 모든 것들은 이해에 속한 생각에 들어가지만, 의지에 속한 정동어 들어오지 않는 것은 그 사람을 감동시키지 못하고, 또한 감화시키지도 못하고, 영향을 끼치지도 못합니다. 사람의 이해에 속한 생각은, 사람의 의지의 정동에서 비롯되지 않은 것만큼, 그 사람 안에 있지 않고, 그 사람 밖에 있기 때문에 그러므로 그것은 그 사람에게 전유되지 않습니다. 이와 같은 것은 진리나 선에게 있어서도 마찬가지입니다. 주님께서 "입을 통해서 뱃속으로 들어가는 것은 사람을 더럽히지 못하는데, 그것은 사람의 마음 속으로 들어가지 못하기 때문이다. 왜냐하면 뱃속으로 들어간 것은 뒤로 나아가기 때문이다"고 말씀하셨을 때, 이 사실을 대응들에 의하여 가르치셨기 때문입니다. 그것은, 밖에서부터, 또는 외부에서부터 사람의 이해에 속한 생각(思想)에 들어온 것은, 그것이 시각의 대상물에서 또는 언어의 대상물이나, 기억의 대상물에서, 비롯된 것과 관계없이, 그 사람을 불결하게 하는 것이 아니고, 오히려 그것이 그의 정동이나 의지에서 비롯된 것이 아니라면 그것에 비례하여 그것은 분리, 추방(追放)되는데, 그것은 마치 배속에 들어온 것은 찌꺼기로 추방되는 것과 같습니다. 주님께서는 이런 영적인 것들을 자연적인 것들에 의하여 설명하셨습니다. 그 이유는 입에 들어 온 음식물이나, 그것을 통해서 뱃속에 들어온 음식물은, 사람이 영적으로 취한 것들이나, 그것으로 그 사람이 그의 영혼을 살지게 하는 그것들을 뜻하기 때문입니다. 이러한 사실은 "배"(the belly)가 이해에 속한 생각에 대응하는 이유이고, 그리고 그것을 뜻하는 이유입니다. "심장"(=마음 · heart)이 사람의 의지에 속한 정동을 뜻한다는 것은 이미 앞에서 입증하였습니다. 그리고 또한 사람의 정동이나 의지의 영역이 된 그런 것이 그 사람에게 전유된다는 것도 입증하였습니다. 엄밀하게 말하면 여기서 그와 같이 뜻하는 것은 자연적인 것들은 아니고, 영적인 것들을 뜻하는 것입니다. 왜냐하면 주님께서는 "마음에서 나오는 것은 곧 살인 · 간음 · 음행 · 도둑질 · 거짓증언 · 비방이다"고 말씀하셨기 때문입니다. 밖에서부터 생각들 속에 들어온 거짓들이나 악들은 지옥에서부터 들어오기 때문에, 그리고 사람이 그의 의지에 속한 정동에 의하여 그것을 수용하지 않는다면 그것은 지옥으로 추방되기 때문에 "그것들은 찌꺼기로 뒤로 나가는 줄 모르느냐?"고 언급되었습니다. 여기서 "찌꺼기"(the draught)는 지옥을 뜻합니다. 그리고 이런 이유 때문에 지옥에 있는 모든 것들은 불결한 것들이고, 그리고 거기에 있는 자들은, 모양은 사람과 같지만, 천계에서 추방된 자들입니다. 그러므로 최대인간(the

Greatest Man)이라고 불리우는 천계는 사람에 속한 모든 것들에 대응합니다. 이에 반하여 지옥은 최대인간의 배(belly)나 천계에서 추방된 것에 대응합니다. 이러한 사실이 영적인 뜻으로 "찌꺼기"(the draught)가 지옥을 뜻하는 이유입니다. "배"(the belly)가 "모든 음식물들을 깨끗하게 하고, 불순한 것을 추방한다"고 언급되었는데, 그것은 "배"가 위에서 언급한 것과 같이, 이해에 속한 생각(the thought of the understanding)을 뜻하기 때문입니다. 그리고 "음식물"(=먹거리·foods)은 모든 영적인 영양분을 뜻하고, 그리고 이해에 속한 생각은 깨끗한 것에서 더러운 것들이 분리된 것을, 따라서 더러운 것을 깨끗하게 하고, 더러운 것을 모두 추방하는 것을 가리킵니다.

[6] 예레미야서의 말씀입니다.

> (만군의 주 하나님께서 이렇게 말씀하셨다.)
> "바빌로니아 왕 느부갓네살이
> 나를 먹었습니다.
> 그가 나를 멸망시켰습니다.
> 그가 나를 빈 그릇처럼 만들어 놓았습니다.
> 그는 바다의 괴물처럼
> 나를 삼켜 버렸습니다.
> 맛있는 음식처럼 나를 먹어
> 제 배를 채우고는
> 나를 버렸습니다."
> (예레미야 51 : 34)

"바빌로니아 왕 느부갓네살"은 신령진리의 모독(冒瀆)은 뜻하고, 그리고 그것을 모독하는 자들은 다른 것에 비하며 그것을 매우 잘 마시고, 그것을 불결한 사랑들(=애욕들)에, 특히 지배애(支配愛·지배욕·the love of rule)에 적용하기 때문에, 심지어 모든 신령능력을 자신들에게 전유(專有), 양도(讓渡)합니다.

이런 내용이 "그는 바다의 괴물처럼 나를 삼켜 버렸다. 맛있는 음식처럼 나를 먹어 제 배를 채우고는 나를 버렸다"는 말씀이 뜻합니다. 여기서 "바다의 괴물"(=고래 · whale)은, 자기사랑에 빠져 있는 자들이 거기에 있는, 가장 낮은 자연적인 것을 뜻하고, "맛있는 것"(delicacies)은 성경말씀에서 비롯된 진리와 선의 지식들을 뜻합니다. 그러므로 "그것들로 배를 채운다"는 것은, 그것들을 마시고, 그것들을 모독하는 것을 뜻합니다.
[7] 시편서의 말씀입니다.

> 주님, 나를 긍휼히 여겨 주십시오.
> 나는 고통을 받고 있습니다.
> 한에 사무쳐서,
> 내 눈이 시력조차 잃었습니다.
> 내 혼과 몸도
> 기력을 잃고 말았습니다.
> (시편 31 : 9)

여기서 "눈과 배"(eye and belly)는 이해를 뜻하고, 그리고 그것에서 비롯된 진리에 속한 외면적인 생각이나 내면적인 생각을 뜻합니다. 따라서 "배"는 이해에 속한 내면적인 것들을 뜻하는데, 그것들이 거짓들에 의하여 파괴되었을 때, "한에 사무쳐 있다"라고 언급되었습니다.
[8] 같은 책의 말씀입니다.

> 아, 우리(=영)는 먼지 속에 파묻혀 있고,
> 우리의 몸(=배)은
> 땅바닥에 붙어 있습니다.
> (시편 44 : 25)

이 구절에서도 역시 "영혼"(soul)과 "배"(belly)는 영적인 뜻으로 이해에 속한 생각을 뜻하고, 그리고 "먼지(=진토) 속에 파묻혀 있다" 그리고 "땅바닥에 붙어 있다"는 것은 온갖 거짓들로 물들었다는 것을 뜻합니다. 왜냐하면 "먼지"(=진토ㆍdust)나 "땅바닥"(=땅ㆍearth)은 지옥적인 것이나 저주받은 것을 뜻하기 때문입니다. 지옥적인 것이나 저주받은 것은, 창세기서에서 뱀에게 "너는 저주를 받아, 평생토록 배로 기어다니고, 흙을 먹을 것이다"는 말씀이 뜻합니다. 창세기서의 말씀입니다.

> 주 하나님이 뱀에게 말씀하셨다.
> "네가 이런 일을 저질렀으니,
> 모든 집짐승과 들짐승 가운데서
> 저주를 받아,
> 사는 동안 평생토록
> 배로 기어다니고,
> 흙을 먹어야 할 것이다."
> (창세기 3 : 14)

이런 이유 때문에, 또한 이런 말씀도 있습니다. 레위기서의 말씀입니다.

> 기어 다니는 것, 곧 배로 기어 다니든지, 네 발로나 여러 발로 땅을 기어 다니는 것은, 모두 너희가 먹지 못한다. 그것은 피해야 할 것이기 때문이다(=이는 그것들이 가증하기 때문이다)(레위기 11 : 42).

"먼지(=진토ㆍdust)나 배(=몸)가 땅바닥에 붙어 있다"는 것은 지옥적인 거짓이나, 저주받은 거짓을 뜻하는데, 그것은 영계에서 지옥은 땅(land) 아래에 있기 때문이고, 거기에 있는 땅을 통해서 악에 속한 거짓들은 지옥으로부터 내뿜어지기 때문입니다. 그리고 또한 "배"(belly)가 대응으로 말미암아 이해에 속한 내면적인 것들이나 생각에 속한 내면적인 것들을 뜻하기 때문에, 만약에 그것들이 땅바닥에 붙어 있다면, 이런 것들은 악에 속한 거짓들로 감염(感染)되었고, 물들었습니다. 이런 이유 때문에, 영계에서는 어느 누구도 땅에 배를 대고 있지 않습니다. 그리고 사실 거기에서 땅 위에서 발로 걷는다는 것은, 발뒤꿈치에 대응하는 것을 가리키는, 관능적 자연적(the corporeal-natural)인 것과 더불어 지옥에서부터 솟아 오른 것으로 만지는 것(to touch), 마시는 것(to drink)을 뜻합니다. 그리고 이와 같은 자연적인 것은, 교리에 관해서 삶이나 거짓에 관한 악들 안에 빠져 있는 자들을 제외하면 이해에 속한 생각들과는 전혀 교류나 내통을 가질 수 없습니다.
[9] 욥기서의 말씀입니다.

> 그들의 뱃속에는 거짓만 들어 있을 뿐이다(=그들의 배는 속임수를 준비한다)(욥기 15:35).

같은 책의 말씀입니다.

> 이제는 더 이상 기다릴 수 없고,
> 말을 참을 수도 없습니다.
> 말씀 기회를 얻지 못하면,
> 새 술이 가득 담긴 포도주 부대가 터지듯이,
> 내 가슴이 터져 버릴 것 같습니다(=이는 내가 그 일로 가득 찼으니, 내 안에 있는 영이 나를 압박한다. 보라, 내 배는 구멍 없는 포도주 같고, 새 술병같이 터질 듯하다)(욥기 32:18, 19).

이 말씀은 누구의 이해에 속한 생각을 열지 못하는 무능을 뜻합니다. 예레미야서의 말씀입니다.

> 예루살렘아, 네가 구원을 받으려면,

> 너의 마음에서 악을 씻어 버려라.
> 네가 언제까지 흉악한 생각을
> 너의 속(=배 속)에 품고 있을 작정이냐?
> (예레미야 4:14)

여기서도 생각들을 명확하게 배의 탓으로 여기고 있습니다. 왜냐하면, "네가 언제까지 흉악한 생각을 너의 속(=배 속)에 품고 있을 작정이냐?"라고 언급되었기 때문이고, 그리고 마음(the heart)은, 악이 그것에서 자리를 차지하고 있는, 의지에 대응하기 때문에 악은 마음의 탓으로 돌렸습니다. 시편서의 말씀입니다.

> 그들의 입은
> 믿을 만한 말을 담는 법이 없고,
> 마음은 썩었습니다.
> 그들의 목구멍은 열린 무덤 같고,
> 혀는 언제나 아첨만 일삼습니다.
> (시편 5:9)

여기서 "마음은 썩었다"(=심중은 심히 악하다 · 멸망이 그들의 배이다)는 것, 다시 말하면 악한 생각들은 배의 탓으로 돌리고 있습니다. 같은 책의 말씀입니다.

> 그들이 악을 꾀하고,
> 은밀하게 음모를 꾸미니,
> 사람의 속마음은 참으로 알 수 없습니다(=그들 각자의 속 생각과 마음이 모두 깊도다)(시편 64:6).

여기서도 "사람의 속마음"(=사람의 배 · the belly of man)은 거짓에 속한 생각들을 뜻하고, "마음"(heart)은 악에 속한 정동들을 뜻합니다. 후자는 의지에 속하고, 전자는 이해에 속합니다. 하박국서의 말씀입니다.

> 그 소리를 듣고 나의 창자(=배)가 뒤틀린다.
> 그 소리에 나의 입술이 떨린다.
> (하박국 3 : 16)

"나의 창자(=배)가 뒤틀린다"는 것은 생각의 슬픔(=비통)을 뜻하고, 그러므로 거기에 "그 소리에 나의 입술이 떨린다"는 말이 부가되었는데 그것은 결과적으로 말의 더듬음을 뜻합니다. 요나서의 말씀입니다.

> 요나는 사흘 밤낮을 그 물고기 뱃속에서 지냈다(요나서 1 : 17).

이 말씀은, 그런 것들이 에워싸고 있는 가장 지독한 거짓들이 거기에 있는 지옥을 뜻하는데, 결과적으로는 매우 처참한 온갖 시험들을 뜻합니다. 이런 내용은 아래의 말씀이 거기에 언급된 다음 장의 요나서에서 잘 알 수 있습니다. 요나서의 말씀입니다.

> 내가 스올 한가운데서(=지옥의 배에서)
> 살려 달라고 외쳤더니,
> 주께서 나의 호소를 들어주셨습니다.
> (요나 2 : 2)

622[B]. [10] "내장들"(bowels)도 "배"(the belly)가 뜻하는 것과 동일한 뜻을 가지고 있는데 이런 것은 아래의 장절에게서 잘 알 수 있겠습니다. 이사야서의 말씀입니다.

> 모압을 생각하니,
> 나의 심장이 수금 줄이 튀듯 떨리고,
> 길하레셋을 생각하니,
> 나의 창자가 뒤틀린다.
> (=내 속 깊은 곳은 모압 때문에,
> 내 가장 깊은 곳은 길하레셋 때문에
> 수금 줄이 튕기듯 떨린다).
> (이사야 16 : 11)

시편서의 말씀입니다.

> 내 영혼아, 주님을 찬송하여라.
> 마음 속으로부터(=내 안의 모든 것이)
> 거룩하신 이름을 찬송하여라.
> (시편 103 : 1)

같은 책의 말씀입니다.

> "나의 하나님, 내가
> 주의 뜻 행하기를 즐거워합니다.
> 주의 법을 제 마음 속(=내 속 깊은 곳)에 간직하고 있습니다"
> 하고 고백하였습니다(시편 40 : 8).

에스겔서의 말씀입니다.

> 내가 진노하는 날에(=여호와의 진노의 날에)
> 은과 금이 그들을 건져 줄 수 없을 것이다.
> 은과 금이 그들의 마음을 흡족하게 못하고,
> 허기진 배를 채워 주지 못할 것이다.
> (에스겔 7 : 19)

10장 1-11절   213

여기서 "그들의 은과 금"은 자기총명(self-intelligence)이나 자기억지(=방자함 · self-will)에서 비롯된 종교의 거짓들이나 악들을 뜻하고, 그리고 이런 것들로 말미암아 거기에 영적인 영양분이 전혀 없다는 것, 즉 선에 속한 총명이나 정동이 전혀 없다는 것은 "그들은 자신들의 영혼을 만족하게 할 수 없고, 그들의 창자도 채우지 못할 것이다"는 말씀이 뜻합니다. "내장들"(bowels)이 생각의 내면적인 것들을 뜻하기 때문에, 그리고 이런 것들은 슬픔에 영향을 받은 것이기 때문에, 성경말씀에는 이런 부류의 슬픔이 "이제 나에게는 주의 자비와 긍휼이 그쳤습니다"(=당신의 속이 들끓는 것 이외 무엇이 있습니까?)라는 말씀에 의하여 기술 되었습니다(이사야 63 : 15 ; 예레미야 31 : 20 ; 애가 1 : 20 ; 마태 9 : 36 ; 마가 6 : 34 ; 8 : 2 ; 누가 1 : 78 ; 7 : 12, 13 ; 10 : 33, 34 ; 15 : 20).

[11] "배"(the belly)가 생각의 내면적인 것들, 또는 이해의 내면적인 것들을 뜻하기 때문에, 그러므로 "배의 열매"(the fruit of the belly)는 영적인 뜻으로 이해에 속한 선들을 뜻하고, 그리고 "아들들"은 그것의 진리들을 뜻합니다. 따라서 시편서의 말씀입니다.

>   자식은 주께서 주신 선물(=상속재산)이요,
>   태 안에 들어 있는 열매는,
>   주님이 주신 보상이다.
>   (시편 127 : 3)

이사야서의 말씀입니다.

>   그들은,
>   갓난아기를 가엾게 여기지 않고(=태의 열매를 불쌍히 여기지 않고),
>   아이들을 불쌍히 여기지 않는다(=아이들에게도 자비를 보이지 않는다).

(이사야 13 : 18)

욥기서의 말씀입니다.

유감스럽게도 나는 내 태의 아들 때문에 애도한다(욥기 19 : 17)[2]

신명기서의 말씀입니다.

너희에게 복을 주셔서 자식을 많이 보게 하시고, 땅에 복을 주셔서 열매와 곡식과 새 술과 기름을 풍성하게 내게 하신다(신명기 7 : 13).

호세아서의 말씀입니다.

아기가 태어나는 일도 없고,
여인들이 임신하는 일도 없고,
아기를 낳는 일도 없을 것이다.
이미 낳아서 기르는 자식들은,
내가 빼앗을 것이다.
한 아이도 살려 두지 않을 것이다.
(호세아 9 : 11, 16)

"태의 열매"나 "배의 소망들"(the desires of the belly)은, 문자의 뜻으로는 자연적인 자식(natural offspring)을 뜻하고, 영적인 뜻으로는 지식·총명 등을 가리키는 영적인 지식을 뜻합니다. 왜냐하면 사람은 그가 중생하였을 때 이런 것들로 다시 태어나기 때문입니다. 이것이 "출생들"(births)·"아들들"(sons)·"딸들"(daughters)이나, 출생에 속한 그밖의 다른 낱말들이 영적인 출생에 속한 것들을, 다시 말하면, 중생에 속한 것들을

---

[2] 저자가 인용한 성경구절을 직역하였다(역자 주).

뜻하는 이유입니다. 왜냐하면 성경말씀을 영적으로 깨닫는 천사들은 그밖의 다른 출생들에 관해서는 아무것도 모르기 때문이고, 또한 "태의 열매들"에 관해서도 아무것도 모르기 때문입니다.

[12] 꼭 같은 이유 때문에 "태"(womb)나 "배"(belly)는 아래의 장절에서도 이 뜻을 가지고 있습니다. 이사야서의 말씀입니다.

"네가 나의 명령에
귀를 기울이기만 하였어도,
네 평화가 강같이 흐르고,
네 공의가 바다의 파도같이
넘쳤을 것이다.
네 자손이 모래처럼 많았을 것이며,
네 몸에서 태어난 자손도
모래알처럼 많았을 것이며,
그 이름이 절대로 내 앞에서 끊어지거나,
없어지지 않았을 것이다."
(이사야 48 : 18, 19)

시편서의 말씀입니다.

나는 태어날 때부터,
주께 맡긴 몸,
모태로부터,
나의 하나님은 주님뿐이었습니다.
(시편 22 : 10)

같은 책의 말씀입니다.

주께서 내 속 창자를 창조하시고,

내 모태에서 나를 짜 맞추셨습니다.
(시편 139:13)

역시 같은 책의 말씀입니다.

악한 사람은
모태에서부터 곁길로 나아갔으며,
거짓말을 하는 자는
제 어머니 뱃속에서부터 빗나갔구나.
(시편 58:3)

그 밖에도 여러 곳이 있습니다.

[13] "배"(belly)나 "창자"(bowels)는 생각의 내면적인 것들이나 이해의 내면적인 것들을 뜻합니다. 그 이유는 사람에게는 두 생명들(two lives)이 있기 때문인데, 하나는 이해의 생명(the life of the understanding)이고, 다른 하나는 의지의 생명(the life of the will)입니다. 인체의 모든 것들은 이들의 생명의 두 근원들에 대응합니다. 결과적으로 인체의 모든 것들은 그것들의 방향에서 영향을 받고, 그 방향으로 행동합니다. 심지어 이해나 의지에 의하여 자기 자체를 행위에 두는 것을 감수(甘受)하지 않는 인체의 부위들은 생명을 가질 수 없다는 것에까지 계속 확장하겠습니다. 이런 이유 때문에 보편적인 인체(the universal body)는 이들 두 생명들의 지배나 통제에 종속되어 있습니다. 왜냐하면 인체에 있는 움직이는 모든 것들은 그리고 그것들이 폐장의 호흡작용에 의하여 움직이는 것에 비례하여, 이해의 생명에 속한 지배나 통제에 종속되어 있기 때문입니다. 그리고 행위에 초래되는 인체에 있는 모든 것들은, 그리고 심장의 박동작용에 의하여 그것들이 행위에 초래되는 한, 그것들은 의지의 생명에 속한 지배나 통제에 종속되어 있기 때문입

니다. 이러한 사실이 성경말씀에서 "영혼"(soul)이나 심장(=마음·heart)이 자주 언급되는 이유입니다. 왜냐하면 영혼(soul)은 호흡에 관해서 서술하기 때문입니다. 그리고 "심장"(heart)이 의지의 생명을 뜻하는 이유이고, 그리고 또한 사랑에 속한 생명을 뜻하는 이유입니다. 동일한 이유 때문에 "배와 내장"은, 이해에 속한 것을 가리키는, 생각(思想)에 관해서 서술하고, 그리고 "심장"은, 의지에 속한 것을 가리키는, 정동에 관해서 서술합니다.

623. 11절. 그 때에 "너는 여러 백성과 민족과 언어와 왕들에 관해서 다시 예언을 하여야 한다" 하는 음성이 내게 들려 왔습니다.

[11절] :
"그 때에 너는 반드시 다시 예언을 하여야 한다"는 말씀이 들려 왔다(=나에게 말하였다. '너는 반드시 다시 예언하여야 한다')는 말씀은 여전히 성경말씀을 가르쳐야 하는 신령명령(神靈命令·Divine command)을 뜻합니다(본서 624항 참조). "여러 백성과 민족과 언어와 왕들에 관해서"라는 말씀은 삶에 관해서 진리들이나 선들이나 진리들 안에 있는 모두에게, 그리고 동시에 교리에 관해서 선들이나 진리들 안에 있는 모두에게, 결과적으로는 삶의 선에 관해서, 그리고 교리의 진리들에 관해서 성경말씀을 가르치는 모두에게 라는 것을 뜻합니다(본서 625항 참조).

624[A]. 11절. 나에게 말하였다. "너는 다시 예언하여야 한다."

이 말씀은 여전히 성경말씀을 가르쳐야 한다는 신령명령(Divine command)을 뜻합니다. 이러한 뜻은, 우리의 본문장에서 성경말씀(=성언)과의 관계에서 주님을 표징 하는 천사가 말할 때 명령을 가리키는 "말하였다"(saying)는 말의 뜻에서 잘 알 수 있겠습니다. 왜냐하면 주님께서 말씀하시는 것은 명령이기 때문입니다. 그리고 또한, 이것에 관해서는 곧 설명하겠지만, 성경말씀(=성언)을 가르치는 것을 가리키는 "예언한다"(to prophesy)는 낱말의 뜻에서 잘 알 수 있겠습니다. 여기서 반드시 다시 성경말씀을 가르칠 것이 언급되었는데, 그것은 아직까지 교회에 남아 있는 성경말씀의 그런 이해가 탐사, 연구되어야 하기 때문입니다. 그리고 그것이 드러난 것은 성경말씀이 문자의 뜻에 관해서는 기쁜 것이었기 때문입니다. 왜냐하면 이러한 것은 "입에서는 꿀같이 단 작은 두루마리"가 뜻하기 때문입니다. 여기서 "작은 두루마리"(=작은 책)을 성언(=성경말씀)을 뜻하기 때문입니다. 교회에서 성경말씀을 가르칠 것이 명령되었는데, 그것은 교회의 종말이 아직 이르지 않았기 때문입니다. 교회의 종말은 "일곱 천사의 나팔 소리"에 의하여 기술되었습니다. 그러나 여기서는 종말에 앞서 그 교회의 상태가 "여섯째 천사의 나팔소리"에 의하여 기술되었습니다. 여기서는 그 교회의 이 상태가 다루어졌습니다. 종말에 앞서, 성경말씀(=성언)을 가르칠 때, 어느 누구에게는 유쾌하고 즐거운 것이지만, 그러나 교회의 마지막 때, 즉 교회의 종말에는 그렇지가 않습니다. 왜냐하면 그 때 주님께서 성경말씀의 내면적인 것들을 공개, 연다는 것은 불쾌하기 때문입니다. 이러한 것은 작은 두루마리를 삼켰을 때, 배속은 쓰라렸다는 말씀을 다룰 때 이미 언급, 설명되었습니다.

[2] 비록 성경말씀의 내면적인 진리들이 불쾌한 것이지만, 성경말씀이 가르쳐야 하는 이유나, 그리고 최후심판이 세상종말까지 오지 않는 이유, 다시 말하면 교회의 사람들에게 더 이상 어떤 선이나 진리가 남아 있지 않을 때까지 최후심판이 일어나지 않는 이유는, 천계에는 잘 알려져 있지만, 이 세상에서는 전혀 알지 못하기 때문입니다. 그 이유는 그 심판이 행해지는

사람에게는 두 등급(two classes)이 있기 때문입니다. 그 하나는 마음씨 고운 자들(the well-disposed)로 이루어졌고, 다른 하나는 그와 정반대되는 마음씨 곱지 않은 자들로 이루어졌습니다. 전자, 마음씨 고운 자는 궁극적인 천계에 있는 천사들이고, 그들의 대부분은 단순, 소박(simple)합니다. 그 이유는 그들이 내면적인 진리들에 의하여 이해가 계발(啓發), 연마(硏磨)되지 않았고, 다만 성경말씀의 문자의 뜻에서 비롯된 외면적인 진리들에 의하여 계발, 연마되었고, 그들은 이것에 일치하여 살기 때문입니다. 이런 이유 때문에, 내면적인 마음(the interor mind)을 가리키는 그들의 영적인 마음은, 사실은 아니지만, 닫혀 있는데, 그러나 그것이 열려 있지 않다고 해도 실제로 그들에게는 교리나 삶 가운데 내면적인 진리들을 수용하고 있습니다. 이것이 바로 그들이 영적인 것들에 관해서 소박한 사람이 된 이유이고, 그리고 마음씨 고운 사람이라고 불리는 이유입니다. 그러나 성품이 고약한 자들(the ill-disposed)은 기독교인들로서 외견상으로 사는 자들이고, 다만 내면적으로는 온갖 종류의 악들을 생각(思想)이나 의지에 용납(容納)한 자들이고, 그러므로 한편 외적인 모습으로는 그들은 천사들 같이 보이지만, 내적인 모습으로 그들은 악마들입니다. 이런 부류들이 저 세상에 오게 되면 그들은 대부분 마음씨 고운 자들과 제휴된 상태에 들어갑니다. 다시 말하면 궁극적인 천계에 있는 소박한 착한 자들(the simple good)과 함께 뒤섞여 있습니다. 왜냐하면 외면적인 것들은 서로 연합하고, 그리고 소박한 착한 자들은, 그들의 생각을 매우 깊이 관통, 통찰(洞察)된 것은 아니지만, 그들이 자신은 착한 사람이라고, 믿는 겉모습으로 선한 것처럼 나타나 보이는 그런 부류이기 때문입니다. 이런 부류의 마음씨 고약한 자들은 최후심판이 오기 전에 반드시 마음씨 착한 자들에게서 분리되어야 하고, 그리고 역시 그 뒤에도 그들은 계속해서 분리될 수밖에 없습니다. 이것이 바로 최후심판의 때 전에 성경말씀이 가르쳐야 하는 이유입니다. 비록 내면적으로, 다시 말하면 그것의 내면적인 것들에 관해서는 그것은 불쾌한 것입니다. 내면적인 것들이 불쾌한 것들이기 때문에 그들은 그것들을 영접, 수용하지 못하고, 그러나 성경말씀의 문자적인 뜻에 관해서 그것이 성경말씀이라는 이유 때문에 그들의 애욕들(=사랑들)이나 그것에서 비롯된 원칙들을 선호하는 성경말씀의 문자적인 뜻에서 비롯된 것들입니다. 그러므로 이런 내면적인 것들에 의하여 마음씨 고운 자들은 마음씨 고약한 자들에게서 분리되어야 합니다.

[3] 이런 이유 때문에, 그 시기는 최후심판 뒤, 새로운 교회가 충분하게 세워지기 전까지 연장되었다는 것은 오늘날 몇몇 사람들을 제외하면 이해에 들어오지 못한 천계에서 비롯된 하나의 비의(秘義)입니다. 그럼에도 불구하고 이것은 마태복음서에서 주님께서 가르치신 것입니다. 마태복음서의 말씀입니다.

> 그래서 주인의 종들이 와서, 그에게 말하였다. "주인 어른, 어른께서 밭에 좋은 씨를 뿌리지 않으셨습니까? 그런데 가라지가 어디에서 생겼습니까?"…… 종들이 주인에게 말하기를 "그러면 우리가 가서, 그것들을 뽑아 버릴까요?" 하였다. 그러나 주인은 이렇게 대답하였다. "아니다. 가라지를 뽑다가, 그것과 함께 밀까지 뽑으면, 어떻게 하겠느냐? 거둘 때가 될 때까지 둘 다 함께 자라게 내버려 주어라. 거둘 때에, 내가 일꾼에게, 먼저 가라지를 뽑아 단으로 묶어서 불태워버리고, 밀은 내 곳간에 거두어들이라고 하겠다."…… 예수께서 이렇게 말씀하셨다. "좋은 씨를 뿌리는 이는 인자요, 밭은 세상이다. 좋은 씨는 그 나라의 자녀들이요, 가라지는 악한 자의 자녀들이다. 가라지를 뿌린 원수는 악마요, 추수 때는 세상 끝 날이요, 추수꾼은 천사들이다. 가라지를 모아다가 불에 태워 버리는 것과 같이, 세상 끝날에도 그렇게 할 것이다(마태 13:27-30, 37-43).

"세상 끝 날"(the consummation of the age)은 교회의 마지막 때를 뜻하고, 그리고 그 때까지 마음씨 고운 자들이 마음씨 고약한 자들에게서 분리되지 않고 그들이 외적인 것들에 의하여 결합되어 있다는 것은 "가라지를 뽑다가, 그것과 함께 밀까지 뽑으면 어떻게 하겠느냐?"는 말씀이 뜻합니다. 이것에 관해서는 《최후심판》70항을 참조하십시오.

624[B]. [4] "예언한다"(to prophesy)는 것은 성경말씀(=성언)을 가르치는 것을 뜻합니다 그것은 "예언자"(a prophet)가 최고의 뜻으로는 성언과의 관계에서 주님을 뜻하기 때문이고, 상대적인 뜻으로는 성경말씀을 가르치는 자를 뜻하지만, 그러나 추상적인 뜻으로는 성언 자체를 뜻하고, 그리고 또한 성경말씀에서 비롯된 교리를 뜻하기 때문입니다. "예언한다"는 말이나 "예언자"가 이런 뜻을 갖는다는 것은 이런 낱말들이 언급된 성경말씀의 장절들에게서 잘 알 수 있고, 영적인 뜻으로 이해할 수 있기 때문입니다. 예를 들면 아래의 장절이 되겠습니다. 마태복음서의 말씀입니다.

> 그 날에 많은 사람이 나에게 말하기를 "주님, 주님, 우리가 주님의 이름으로 예언을 하고, 주님의 이름으로 귀신을 내쫓고, 또 주님의 이름으로 많은 기적은 행하지 않았습니까?" 할 것이다. 그 때에 내가 그들에게 밝히 말할 것이다. "나는 너희를 도무지 알지 못한다. 불법을 행하는 자들아, 나에게서 물러가라"(마태 7 : 22, 23).

이 장절은 구원에 관해서 다루고 있습니다. 그것은 누군가가 성경말씀을 알고, 가르치는 것에 의하여 구원을 받지 못하지만, 그러나 누구는 그것을 행하는 것에 의하여 구원을 받는다는 것입니다. 왜냐하면 바로 앞에서 "하늘에 계신 내 아버지의 뜻을 행하는 사람이라야 하늘 나라에 들어간다"(마태 7 : 21)고 언급되었기 때문입니다. 그리고 바로 뒤에는 "주님의 말씀을 듣고, 그것들을 행하는 자는 슬기로운 사람이고, 그러나 듣고, 그것을 행하지 않는 사람은 어리석은 사람이다"(마태 7:24-27)고 언급되었기 때문입니다. 이런 말씀들은 이 말씀들이 뜻하는 것이 무엇인지 명료하게 합니다. 다시 말하면 단순히 입에 속한 기도들이나 말들에 의한 주님예배는 "그 날에 많은 사람이 나에게 주님, 주님 말한다"는 말씀이 뜻하고, 그리고 "우리가 주님의 이름으로 예언하지 않았습니까?" 라는 말씀은 성경말씀을 가르치고, 성경말씀에서 비롯된 교리적인 것들을 가르치는 것을 뜻합니다. 여기서 "이름"(name)은 성경말씀에서 비롯된 교리에 일치하는 것을 뜻하고, 그리고 "예언한다"(to prophesy)는 예언한다는 것을 뜻하고, "귀신을 내쫓는다"는 것은 종교에 속한 거짓들로부터 구출하는 것을 뜻하고, 여기서 "귀신들"은 종교에 속한 거짓들을 뜻하고, "많은 기적을 행한다"는 것은 전환(轉換)시키고, 개종(改宗)시키는 것을 뜻합니다. 그러나 이런 일들이 주님의 목적을 위해서 행하지 않고, 또한 진리와 선의 목적을 위하여, 그리고 영혼들의 구원을 목적으로 행하지 않고, 오히려 자기 자신이나 이 세상을 목적해서 행하기 때문에, 따라서 오직 그들 자신이 겉모습으로 드러내기 위하여 행하였기 때문에, 그러므로 자기 자신을 위한 것은 선을 행한 것이 아니고, 오히려 악을 행한 것입니다. 이러한 일련의 내용은 주님께서 하신 말씀, 즉 "나는 너희를 도무지 알지 못한다. 불법을 행하는 자들아" 라는 말씀이 뜻합니다. 이런 것들을 행한다는 것은 불법을 행하는 것을 드러내지 않지만, 그럼에도 불구하고 사람이 자기 자신이나 이 세상을 목적해서 행하는 모든 것은 곧 불법을 가리키고, 그리고 거기에는 주님사랑이나 이웃사랑은 전혀 없고, 오직 자기사랑과 세상사랑만 있고, 그리고 그 사람 자신의 사랑은 죽음 뒤의 모두를 기다리고 있습니다.

10장 1-11절

[5] 같은 책의 말씀입니다.

> (세상 끝 날에는) 거짓 예언자들이 많이 일어나서, 많은 사람을 홀릴 것이다.…… 거짓 그리스도들과 거짓 예언자들이 일어나, 큰 표적들과 기적들을 행하여 보여서, 할 수만 있으면, 선택받은 사람들까지도 홀릴 것이다(마태 24 : 11, 24 ; 마가 13 : 22).

여기서 "거짓 예언자들"이나 "거짓 그리스도들과 거짓 예언자들"은 말씀의 일반적인 용인(容認)이나 수락(受諾)을 뜻하지 않고, 오히려 성경말씀을 왜곡, 곡해하고 거짓들을 가르치는 자들 전부를 뜻합니다. 이런 부류가 "거짓 그리스도들"인데, 그것은 "그리스도"가 신령진리들에 관해서 주님을 뜻하기 때문이고, 그러므로 "거짓 그리스도들"은 위화된 신령진리들을 뜻합니다. "큰 표적들과 기적들을 행하여 보여 준다"는 것은 성경말씀의 문자적인 뜻에서 비롯된 확증들을 통하여 거짓들의 효력(效力)이나 능력 따위를 뜻합니다. 그리고 그것은 영계에서 생성되는 표적들이나 기적들에 의한 것입니다. 왜냐하면 성경말씀의 문자적인 뜻은, 어쨌든 위화되었지만, 능력을 가지고 있기 때문입니다. 그것은 놀라운 것들을 언급하기 위한 것입니다. 여기서 "선택받은 사람들"은 영적인 선 안에 있는 자들, 다시 말하면 인애의 선 안에 있는 자들을 뜻합니다.

[6] 같은 책의 말씀입니다.

> 예언자를 예언자로 맞아들이는 사람은, 예언자가 받을 상을 받을 것이요, 의인을 의인이라고 해서 맞아들이는 사람은 의인이 받을 상을 받을 것이다.…… 이 작은 사람 가운데 하나에게, 내 제자라고 해서 냉수 한 그릇이라도 주는 사람은, 절대로 자기가 받을 상을 잃지 않을 것이다(마태 10 : 41, 42).

만약에 여기서 "예언자" "의인" "제자" "작은 사람"이나 "그들의 이름으로 맞아들인다"는 말들이 뜻하는 것을 알지 못한다면 어느 누구도 이 구절을 이해할 수 없을 것입니다. 추상적인 뜻으로 "예언자"는 교리에 속한 진리를 뜻하고, "제자"는 교리에 속한 선을 뜻하고, "의인"은 삶에 속한 선을 뜻하고, "그들을 그들의 이름으로 맞아들인다"는 것은 그것들에 속한 사랑에서 비롯된 것들을 영접, 수용하는 것을 뜻합니다. 따라서 "예언자를 예언자의 이름으로 맞아들인다"는 것은, 그것이 진리이기 때문에, 그리고 그것 자체의 목적 때문에 진리를 영접, 수용하기 위해서, 교리에 속한 진리를 애지중지(愛之重之)하는 것을 뜻합니다. "의인을 의인의 이름으로 맞아들인다"는 것은 그것이 선이기 때문에, 따라서 사랑이나 마음의 정동으로 말미암아 주님에게서 비롯된 것을 영접, 수용하기 위하여 선을 사랑하고, 그것을 행하는 것을 뜻합니다. 왜냐하면 그것들 자신의 목적들 때문에 진리나 선을 사랑하는 사람은 그것들 자체로 말미암아 그것들을 애지중지 하기 때문이고, 따라서 그 사람은 그것들이 발출한 근원인 주님으로 말미암아 그것들을 애지중지하기 때문입니다. 그는 자기 자신이나 이 세상을 위해서 그것들을 사랑하지 않기 때문에 그 사람은 영적으로 그것들을 애지중지합니다. 그리고 모든 영적인 사랑은 사후(死後) 그 사람과 같이 계속 존재하고, 그리고 영원한 생명(永生)을 줍니다. "상을 받는다"는 것은 사람 자신이 그 사랑을 쟁취하고, 따라서 천계의 축복을 받는다는 것을 뜻합니다. "작은 사람 가운데 하나에게 내 제자라고 해서 냉수 한 그릇이라도 마시기 위하여 준다"는 말씀은 이노센스로 말미암아 이노센스를 사랑하는 것을 뜻하고, 그리고 그것으로 말미암아 성경말씀에서 비롯된 선이나 진리를 사랑하는 것을 뜻하고, 그리고 그것들을 가르치는 것을 뜻합니다. "작은 사람 가운데 하나에게 냉수 한 그릇을 마시게 하기 위하여 준다"는 것은 지극히 작은 이노센스로 말미암아 사랑하고 가르치는 것을 뜻합니다. 여기서 "작은 사람들"(little ones)은 순진무구한 사람(=이노센스한 사람)을 뜻하고, 추상적인 뜻으로는 이노센스(=순진무구 · innocence) 자체를 뜻합니다. "냉수 한 그릇을 먹게 하기 위하여 준다"는 것은 작은 이노센스로 말미암아 가르치는 것을 뜻하고, "제자"는 주님에게서 비롯된 교리에 속한 선을 뜻하고, "작은 자에게 마실 물을 준다"는 것은 영적인 이노센스로 말미암아 진리를 가르치는 것을 뜻하고, 그리고 또한 순진무구한 사람에게 진리들을 가르치는 것을 뜻합니다. 이러한 내용은 이런 낱말들의 영적인 해석입니다. 그리고 만약에 이것을 알지 못한다면 "예언자의 이름으로, 의인의 이름으로 예언자나 의인을 맞아들인다"는 말씀이 뜻하는 것을 알지 못하고, 그리고 "그들이 예언자의 상이나 의인의 상을 받는다는 것"을 어떻게 알 수 있겠습니까? 여기서 "상"(reward)은 영원히 지속(持續)하는 그것의 기쁨이나 즐거움과 같이 하는 사랑을 뜻합니다.
[7] 같은 책의 말씀입니다.

> 많은 예언자와 의인이 너희가 지금 보고 있는 것을 보고 싶어하였으나 보지 못하였고, 너희가 지금 듣고 있는 것을 듣고 싶어하였으나 듣지 못하였다(마태 13 : 17).

"예언자와 의인"은 영적인 뜻으로 교리에 속한 진리들이나, 진리들에 일치하는 삶에 속한 선들 안에 있는 모두를 뜻하고, "보고, 듣는다"(to see and hear)는 것은 이해하고, 지각하는 것, 여기서는 주님에게서 발출하는 내면적인 진리들을 이해하고, 지각하는 것을 뜻합니다. 왜냐하면 사람이 이런 것들을 이해하고, 지각할 때, 그리고 그것들을 행할 때, 사람은 개혁되기 때문입니다. 주님에게서 발출하는 내면적인 진리들은, 주님께서 이 세상에 계실 때 주님께서 그런 진리들을 공개하였기 때문에 주님을 뜻합니다. 문자적인 뜻으로 이 말씀은, 주님을 보고, 듣는 것을 뜻하지만, 그러나 주님께서는 천계나 교회 안에 있는 신령진리 자체이시기 때문에, 그리고 결과적으로는 모든 신령진리들이 주님에게서 비롯되기 때문에, 그리고 주님 당신께서 그것들을 가르치셨기 때문에, 그리고 성경말씀에 의하여 그것들을 계속해서 가르치시기 때문에, 그러므로 "주님은 보고, 듣는다"는 것은 이것들을 이해하는 것이나 지각하는 것을 뜻합니다.

[8] 요엘서의 말씀입니다.

> 내가 모든 사람에게 나의 영을 부어 주겠다.
> 너희의 아들딸은 예언을 하고,
> 노인들은 꿈을 꾸고,
> 젊은이들은 환상을 볼 것이다.
> (요엘 2:28)

이 구절은 주님을 영접하고, 주님을 믿는 자들에 의한 주님의 강림과 신령진리의 영접, 수용에 관해서 언급하고 있습니다. 여기서 "모든 사람에게 부어 줄 나의 영"(my spirit)은 주님에게서 발출하는 신령진리를 뜻합니다. 왜냐하면 이것은 성경말씀에서 성령(the Holy Spirit)을 뜻하기 때문입니다. "예언한다"는 것은 교리에 속한 진리들을 이해하고, 가르치는 것을 뜻하고, "꿈을 꾼다"는 것은 계시(啓示)를 영접, 수용하는 것을 뜻하고, "환상을 본다"는 것은 계시를 지각하는 것을 뜻하고, 그리고 "아들과 딸들"은 진리와 선에 속한 영적인 정동 안에 있는 자들을 뜻하고, "노인들"은 지혜 안에 있는 자들을 뜻하고, "젊은이들"은 총명 안에 있는 자들을 뜻합니다.

10장 1-11절

[9] 아모스서의 말씀입니다.

> 참으로 주 하나님은, 당신의 비밀을
> 그 종 예언자들에게 미리 알리지 않고서는,
> 어떤 일도 하지 않으신다.
> 사자가 으르렁거리는데,
> 누가 겁내지 않겠느냐?
> 주 하나님이 말씀하시는데,
> 누가 예언하지 않을 수 있겠느냐?
> (아모스 3 : 7, 8)

여기서도 역시 "예언한다"는 것은 신령진리를 영접, 수용하고, 그것을 가르치는 것을 뜻합니다. 그러나 이 구절의 자세한 내용은 본서 601[A]항을 참조하십시오.

624[C]. "예언한다" "예언자들"은 묵시록서의 아래 구절에서도 동일한 뜻을 가집니다. 묵시록서의 말씀입니다.

> 나는 내 두 증인에게 예언하는 능력을 줄 것이다. 그들은 천이백육십 일 동안 상복을 입고 예언할 것이다(묵시록 11 : 3).

같은 책의 말씀입니다.

> 죽은 사람들이 심판을 받고,
> 주님의 종 예언자들과 성도들과
> 작은 자든 큰 자든,
> 주님의 이름을 두려워하는 사람들에게
> 상을 주시고,
> 땅을 망하게 하는 자들을
> 멸망시킬 때가 왔습니다.
> (묵시록 11 : 18)

또 같은 책의 말씀입니다.

> 예수의 증언은 곧 예언의 영이다(묵시록 19 : 10).

역시 같은 책의 말씀입니다.

> 하늘과 성도들과 사도들과 예언자들이여,
> 즐거워하십시오.
> 하나님께서 그대들을 위하여
> 그 도시를 심판하셨습니다.
> (묵시록 18 : 20)

여기서도 "예언자들"은 교리에 속한 진리들 안에 있는 자들을 뜻하고, 추상적인 뜻으로는 교리에 속한 진리들을 뜻합니다. 그리고 "예언한다"는 것은 이것들을 영접, 수용하고, 가르치는 것을 뜻합니다. 특히 주님 그분에 관해서 가르치는 것을 뜻한다는 것은 아래에 이어지는 것에서 볼 수 있겠습니다.

[10] 아모스서의 말씀입니다.

> 아모스가 아마샤에게 대답하였다. "나는 예언자도 아니고, 예언자의 제자(=아들)도 아니다. 나는 집짐승을 먹이며 돌무화과를 가꾸는 사람이다. 그러나 주께서 나를 양 떼를 몰던 곳에서 붙잡아 내셔서, 주의 백성 이스라엘에게로 가서 예언하라고 명하셨다. 이제 너는, 주께서 하시는 말씀을 들어라. 너는 나더러 '이스라엘을 치는 예언을 하지 말고, 이삭의 집을 치는 설교를 하지 말라'고 말하였다.……
> 주께서 이렇게 말씀하신다.
> '네 아내는 이 도성에서 창녀가 되고,
> 네 아들딸은 칼에 찔려 죽고,
> 네 땅은 남들이 측량하여 나누어 차지하고,
> 너는 사로잡혀 간 그 더러운 땅에서

10장 1-11절

죽을 것이다.
이스라엘 백성은 꼼짝없이 사로잡혀
제가 살던 땅에서 떠날 것이다.'
(아모스 7 : 14-17)

"이스라엘을 치는 예언을 하지 말고, 이삭의 집을 치는 설교를 하지 말라"(=이스라엘을 대적하여 예언하지 말며, 이삭의 집을 대적하여 네 말을 떨어뜨리지 말라)는 말씀은 악에 속한 거짓들 있는 자들인 그 교회에 속한 자들에게 이의를 제기하는 것(=논박하는 것)을 뜻하고, 여기서 "예언한다"는 것은 가르치고, 이의를 제기하고, 논박(論駁)하는 것을 뜻하고, 그리고 "이스라엘"이나 "이스라엘의 집"은 교회를 뜻합니다. 악에 속한 거짓들은 반드시 논박당하는 것을 뜻하기 때문에 이 말씀은 타락한 교회를 표징하는 "아마샤"에게 일러진 것입니다. "네 아내가 창녀가 된다"는 것은 성경말씀(聖言)의 위화나 섞음질을 뜻하고, "아들들과 딸들이 칼에 찔려 죽는다"는 것은, 그 교회의 진리들이나 선들이 악에 속한 거짓들에 의하여 파괴, 멸망된다는 것을 뜻하고, "네 땅은 남들이 측량하여 나누어 차지한다"(=네 땅은 줄을 재어 나뉠 것이다)는 것은, 그 교회나 그 교회에 속한 모든 것은 모두 사라져 소멸할 것이라는 것을 뜻합니다.
[11] 호세아서의 말씀입니다.

주께서는 예언자 한 사람을 시키셔서,
이스라엘을 이집트에서 이끌어 내시고,
예언자 한 사람을 시키셔서
그들을 지켜 주셨다.
에브라임이
주님을 몹시 노엽게 하였으니,
죽어 마땅하다.

> 주께서 에브라임을 벌하시고,
> 받으신 수모를
> 에브라임에게 되돌려 주실 것이다.
> (호세아 12 : 13, 14)

여기서 "예언자"는, 가장 가까운 뜻으로는, 그에 의하여 이스라엘을 이집트에서 이끌어내고, 그들을 지켜 준, 모세를 뜻하지만, 그러나 영적인 뜻으로 "예언자"는 성언과의 관계에서 주님을 뜻하고, "이스라엘"은 선에서 비롯된 진리들 안에 있는 교회에 속한 모든 자들을 뜻하고, 여기서 "이집트"는 영적인 사람에게서 분리된 저주받은 자들인 자연적인 사람을 뜻합니다. 그러므로 "주께서는 예언자 한 사람을 시키셔서 이스라엘을 이집트에서 이끌어 내셨다"는 말씀은 주님께서, 성언을 가리키는 신령진리에 의하여 선에서 비롯된 진리들 안에 있는 자들을 영벌(永罰·damnation)에서 이끌어 내시는 것을 뜻하고, 그리고 그것에 의하여 그들을 지켜 주시는 것을 뜻합니다. "에브라임이 주님을 몹시 노엽게 하였다"(=지독하게 분노케 하였다)는 말씀은, 그들이 성경말씀의 이해에 대하여 성경말씀을 왜곡, 타락시키는 것을 뜻합니다. "몹시 노엽게"(=지독하게)라는 말은 곡해·남용·타락이나 그것에서 비롯된 거짓들을 뜻하고, 그리고 그것으로 말미암아 불쾌한 것을 뜻합니다. "주께서 그의 피를 그에게 남겨 놓을 것이다"(=받으신 수모를 에브라임에게 되돌려 주실 것이다)는 말씀은 성경말씀 안에 있는 진리의 섞음질 때문에 비롯된 영벌이나 저주를 뜻합니다.

[12] 같은 책의 말씀입니다.

> 이스라엘은 알아라.
> 너희가 보복을 받을 날이 이르렀고,
> 죄지은 만큼 벌받을 날이 가까이 왔다.

10장 1-11절

> 너희는 말하기를
> "이 예언자는 어리석은 자요,
> 영감을 받은 이 자는 미친 자다" 하였다.
> 너희의 죄가 많은 만큼,
> 나를 미워하는 너희의 원한 또한 많다.
> 하나님은 나를 예언자로 임명하셔서
> 에브라임을 지키는 파수꾼이 되게 하셨다.
> 그러나 너희는
> 예언자가 가는 길목마다 덫을 놓았다.
> 하나님이 계신 집에서마저,
> 너희는 예언자에게 원한을 품었다.
> (호세아 9 : 7, 8)

"보복의 날"(=감찰의 날·심판의 날)이나 "벌받을 날"(=보응의 날)은 최후심판에 속한 날들을 뜻하는데, 그 때 악한 사람은 형벌을 참고 견디어야 하고, 그리고 이것이 바로 보복(=보응· retribution)을 가리키는데, 그것은 언제나 감찰(=임검· visitation)에 선행합니다. 여기서 "이스라엘"·"예언자"·"영감을 받은 이"(=영적인 사람·영의 사람) 등등은 이스라엘·예언자·영의 사람을 뜻하지 않고 오히려 악에 속한 거짓들이나, 거짓에 속한 악들 안에 있는 교회에 속한 자들 모두를 뜻하고, 그리고 성경말씀의 문자의 뜻에 의하여 그것들을 가르치고, 확증하는 자들 모두를 뜻합니다. 악에 속한 거짓들은 "너희의 죄가 많다"(=죄악이 많다·잘못이 크다)는 말씀이 뜻하고, 거짓에 속한 악들은 "너희의 원한 또한 많다"(=증오가 크다·적개심이 크다)는 말씀이 뜻합니다. "하나님은 나를 에브라임을 지키는 파수꾼이 되게 하셨다"(=에브라임의 파수꾼은 내 하나님과 함께 있었다)는 말씀은 성경말씀의 이해를 뜻하고, 그리고 이것은 그가 "하나님과 함께 있는 파수꾼"이라고 불리운 이유입니다. 그러나 악에 속한 것들 안에, 또는 거짓에 속한 악들 안에 있는 자들은 성경말씀의 이해를 왜곡, 곡해하기 때문에, 따라서 교활하게 타락, 모도하기 때문에, "예언자가 가는 길목마다 덫을 놓았고(=그의 예언자들의 길은 모두 새 잡는 자의 덫과 같다), 그의 하나님의 집에서 증오를 품었다"(=하나님이 계신 집에서마저, 예언자에게 원한을 품었다)는 말씀이 언급되었습니다.
[13] 에스겔서의 말씀입니다.

> "사람아, 너는 예언한다고 하는 이스라엘의 예언자들을 규탄하여 예언하여라. 자기들의 마음대로 예언하는 사람들에게, 나 주가 하는 말을 들으라고 하여라.…… 내가 보여 준 환상을 보지도 못하고, 저희들의 생각을 따라서 예언하는 어리석은 예언자들에게 화가 있을 것이다.…… 헛된 환상을 보고, 속이는 점괘를 말하는 그 예언자들을 내가 직접 치겠다(에스겔 13 : 2, 3, 9).

여기서나 또는 성경말씀의 다른 곳에서 "예언자들"은, 가장 가까운 뜻으로는, 주님께서 그들을 통하여 말씀하셨던, 구약에 등장하는 자들과 같은, 그런 부류의 인물들을 뜻합니다. 그러나 영적인 뜻으로는 이들 예언자들을 뜻하지 않고, 오히려 주님께서 인도하시는 모두를 뜻합니다. 주님께서는 이들에게 입류하시고, 그리고 그들이 그것을 가르치든 가르치지 않든, 그들에게 성경말씀의 비의(=비밀 · the secrets of the Word)를 계시하십니다. 그러므로 영적인 뜻으로 "예언자들"은 이런 부류의 자들을 뜻합니다. 그러나 우리의 본문처럼 "자기들 마음대로 예언하는 자들(=그들 자신의 마음에서 나오는 대로 예언하는 자들)이나, 내가 보여 준 환상을 보지 못하고 저희들의 생각을 따라서 예언하는 어리석은 예언자들(=그들 자신의 영을 따르고, 아무것도 보지 못하는 어리석은 예언자들)은 주님에 의한 것이 아니고, 자기 자신에 의하여 가르치고 인도하는 자들 모두를 뜻합니다. 결론적으로 그들은 총명의 자리에 광기(狂氣)나 어리석은 행위를 두는 자들이고, 그리고 지혜의 자리에 어리석음이나 어리석은 생각을 두는 자들입니다. 왜냐하면 그들은 하나님사랑의 자리에 자기사랑을 두고, 이웃사랑의 자리에 세상사랑을 두기 때문이고, 그리고 이런 사랑들로 말미암아 계속해서 거짓들이 용솟아 나오기 때문입니다. 이런 내용에서 이들 말씀들이 연속적으로 뜻하는 것이 무엇인지 잘 알 수 있겠습니다.
[14] 미가서의 말씀입니다.

> 그러므로 너희가 밤을 만날 것이니,
> 너희가 환상을 볼 수 없을 것이요,
> 흑암을 만날 것이니,
> 점을 칠 수 없을 것이다.
> 이러한 예언자들에게는
> 해가 져서 낮이 캄캄할 것이다(=그러므로 너희에게 밤이 이르리니, 너희가 환상을 보지 못할 것이며, 너희에게 어둠이 오리니, 너희가 점치지 못하리라. 또 해가 예언자들 위로 져서 낮이 그들 위에 어둠이 될 것이다)(미가 3:6).

"너희가 밤을 만날 것이니, 너희가 환상을 볼 수 없을 것이다"는 말씀은 진리의 이해 대신에 거짓의 이해가 있을 것을 뜻하고, "이러한 예언자들에게는 해가 져서 낮이 캄캄할 것이다"(=해가 예언자들 위로 져서 낮이 그들 위에 어둠이 될 것이다)는 말씀은 빛이 주님으로부터 천계를 통하여 유입하지 않는다는 것이나 빛이 비추어지지 않고, 오히려 이해를 어둡게 하는 지옥으로부터 짙은 흑암이 있을 것이라는 것을 뜻합니다.

624[D]. [15] 수많은 장절에 언급, 등장하는 "예언자들"은, 그리고 구약의 예언자들은, 주님께서는 그들을 통해서 백성에게 말씀하셨다는 것 이외에 그들에 대한 다른 생각이나 개념

을 가지고 있지 않는 자들을 뜻하고, 그리고 그들을 통해서 주님께서는 성언을 구술(口述)하셨다는 자들을 뜻합니다. 그러나 성경말씀은 그것에 속한 모든 개별적인 것에는 영적인 뜻을 가지고 있기 때문에 그러므로 "예언자들"(=선지자들·prophets)은 주님에 관해서 가르치는 자를 뜻하고, 따라서 진리에 속한 영적인 정동 안에 있는 자를 뜻합니다. 다시 말하면 그것이 진리이기 때문에 진리를 사랑하는 자를 뜻합니다. 왜냐하면 주님께서는 이들을 가르치시기 때문이고, 그리고 그들의 이해나 조요(照耀·enlightenment)에 입류하시기 때문입니다. 이러한 것은 구약의 예언자들에 비하여 더 진실 되고 참된 것입니다. 왜냐하면 그들은 조요된 그들의 이해를 가지고 있지 않지만 그러나 그들이 말하고, 쓴 말씀들(=낱말들)은 그들이 오직 들음(hearing)에 의하여 영접, 수용된 것이고, 그리고 그들은 그것들의 내면적인 뜻은 이해하지 못하였고, 더욱이 그것들의 영적인 뜻은 이해하지 못하였기 때문입니다. 이렇게 볼 때 "예언자들"이 영적인 뜻으로 그들이 가르치든 가르치지 않든 주님으로 말미암아 지혜로운 자를 뜻한다는 것을 알 수 있겠습니다. 그리고 모든 참된 영적인 뜻은 인물들·장소들·시간들에서 떠나, 추상화된 것이기 때문에 따라서 "예언자"는 역시 최고의 뜻으로는 성언과의 관계에서는 주님을 뜻하고, 그리고 성경말씀에서 비롯된 교리에 관해서도 주님을 뜻하고, 그리고 마찬가지로 성언이나 교리를 뜻합니다. 반대의 뜻으로 "예언자들"은 성경말씀의 곡해(曲解)들이나 위화(僞化)들을 뜻하고, 그리고 교리에 속한 거짓들을 뜻합니다. 이러한 것이 "예언자들"이 양쪽의 뜻으로 뜻하는 내용이기 때문에, 나는 예언자들이 언급, 거명된 장절들 몇을 인용하고자 합니다. 그 장절에서 예언자들은 성경말씀이나 교리를 수용하고, 가르치는 자들 모두를 뜻하고, 그리고 사람에게서 분리된 뜻으로는 성언(=성경말씀)이나 교리

10장 1-11절

를 뜻하고, 그리고 반대의 뜻으로는 성경말씀을 곡해하고, 그리고 교리에 속한 거짓들을 가르치는 자들을 뜻하고, 추상적인 뜻으로는 성경말씀의 곡해나 교리에 속한 거짓들을 뜻합니다.
[16] 이사야서의 말씀입니다.

> 그러므로 주께서
> 이스라엘의 머리와 꼬리,
> 종려가지와 갈대를 하루에 자르실 것이다.
> 머리는 곧 장로와 고관들이고,
> 꼬리는 곧 거짓을 가르치는 예언자들이다.
> (이사야 9 : 14, 15)

같은 책의 말씀입니다.

> 주께서는 너희에게 잠드는 영을 보내셔서,
> 너희를 깊은 잠에 빠지게 하셨다.
> 너희의 예언자로
> 너희의 눈 구실을 못하게 하셨으니,
> 너희의 눈을 멀게 하신 것이요,
> 너희의 선견자로
> 앞을 내다보지 못하게 하셨으니,
> 너희의 얼굴을 가려서
> 눈을 못 보게 하신 것이다.
> (이사야 29 : 10)

예레미야서의 말씀입니다.

> 이 백성이 주님을 부인하며 이르기를
> "그는 아무것도 아니다.
> 어떤 재앙도 우리를 덮치지 않을 것이다.

우리는 전란이나 기근을 당하지 않을 것이다"
하였습니다.
"그러나 예레미야야,
그러한 예언자들에게는,
내가 아무런 예언도 준 일이 없다.
그들의 말은 허풍일 뿐이다."
(예레미야 5 : 12, 13)

같은 책의 말씀입니다.

너희 조상이 이집트 땅에서 나온 날부터 오늘에 이르기까지, 내가 나의 종 예언자들을 너희에게 보냈으니, 날마다 일찍 일어나서 그들을 보냈다(예레미야 7 : 25).

역시 같은 책의 말씀입니다.

"그러므로, 이런 예언자들을 두고,
나 만군의 주가 이렇게 말한다.
내가 그들에게 쓴 쑥을 먹이며,
독을 탄 물을 마시게 하겠다.
죄악이
예루살렘의 예언자들에게서 솟아 나와서,
온 나라에 퍼졌기 때문이다."……
"너희는 스스로 예언자라고 하는 자들에게서
예언을 듣지 말아라.
그들은 헛된 말로 너희를 속이고 있다.
그들은 나 주의 입에서 나온 말을
하는 것이 아니라,
자기들의 마음 속에서 나온 환상을
말할 뿐이다."
(예레미야 23 : 15, 16)

10장 1-11절

같은 책의 말씀입니다.

> 옛날부터 우리의 선배 예언자들은 많은 나라와 큰 왕국에 전쟁과 기근과 염병이 닥칠 것을 예언하였소. 평화를 예언하는 자는, 그가 예언한 말이 성취된 뒤에야, 비로소 사람들이 그를 주께서 보내신 참 예언자로 인정하게 될 것이오(예레미야 28 : 8, 9).

마태복음서의 말씀입니다.

> 율법학자들과 바리새파 사람들아, 위선자들아, 너희에게 화가 있다. 너희가 예언자들의 무덤을 만들고, 의인들의 기념비를 꾸미며, "우리가 조상의 시대에 살았더라면, 예언자들을 피 흘리게 하는 일에 가담하지 않았을 것이다" 하고 말하기 때문이다. 이렇게 하여, 너희는 예언자들을 죽인 자들의 자손임을 스스로 증언한다. 그러므로 너희는 너희 조상의 분량을 마저 채워라. 뱀아, 독사의 자식들아, 너희가 어떻게 지옥의 심판을 피하겠느냐? 그러므로 내가 예언자들과 지혜 있는 자들과 율법학자들을 너희에게 보낸다. 너희는 그 가운데서 더러는 죽이고, 더러는 십자가에 못박고, 더러는 회당에서 채찍질하고, 이 동네 저 동네로 뒤쫓으며 박해할 것이다. 그리하여 의인 아벨의 피로부터, 너희가 성소와 제단 사이에서 살해한 바라갸의 아들 사가랴의 피에 이르기까지, 땅에 죄 없이 흘린 모든 피가 너희에게 돌아갈 것이다.…… "예루살렘아, 예루살렘아, 예언자들을 죽이고, 네게 피송된 사람들을 돌로 치는구나!"(마태 23 : 29-37 ; 누가 11 : 47-51).

이 장절들에는 마치 "예언자들"이 여호와께서, 즉 주님께서 그들을 통해서 말씀하시는 예언자들을 뜻하는 것처럼 보입니다. 결과적으로 "예언자들을 죽인다"는 말씀은 주님께서 단순히 그들의 살인자를 뜻하는 것처럼 보입니다. 그러나 주님께서는 동시에 살인자를 뜻하고, 그리고 성경말씀의 위화나 섞음질에서 비롯된 신령진리의 소멸이나 멸절을 뜻합니다. 왜냐하면 사람(=인물)이나 그의 기능(=역할)은 영적인 뜻으로 그 사람이 행하고 말한 것 자체를 뜻하기 때문입니다. 따라서 "예언자"는 신령진리, 즉 성언을 뜻하고, 그리고 그것에서 비롯된 교리를 뜻합니다. 그러므로 한 사람의 기능(=역할)이나 그 사람은 사실상 하나이기 때문에, 따라서 예언자가 가르친 것 자체는 "예언자"가 뜻하는 것입니다. "피를 흘린다"는 것은 성경말씀에 속한 진리들을 섞음질하는 것을 뜻합니다. 유대 민족이 그러하다고 언급되었기 때문에 "예루살렘아, 예루살렘아, 예언자들을 죽이고, 네게 파송된 사람들을 돌로 치는구나"라 언급되었는데, 이런 말씀은 영적인 뜻으로 그들이 성경말씀으로부터 그것이 가지고 있는 모든 신령진리를 소멸시키는 것을 뜻합니다. [17] "예언자들"이, 성언을 가리키는 신령진리를 뜻하기 때문에, 그리고 그것인 성언으로 말미암아 교회에 있기 때문에, 그리고 이것은 성언에 속한 신령진리를 가지고 있는 자들에 의한 것을 제외하면 결코 소멸할 수 없기 때문에 그러므로 주님께서는 이렇게 말씀하셨습니다. 누가복음서의 말씀입니다.

> 예언자가 예루살렘이 아닌 다른 곳에서는, 죽을 수 없기 때문이다 (=예언자가 예루살렘 밖에서 죽을 수 없기 때문이다)(누가 13：33).

여기서 "예루살렘"은 진리에 속한 교리의 측면에서 교회를 뜻합니다.

624[E]. 성경말씀에서 "제사장이나 예언자"가 자주 언급, 등장하는데, "제사장"은 신령진리에 따라서 살게 하기 위하여 사람들을 인도하는 자를 뜻하고, "예언자"는 그것을 가르치는 자를 뜻합니다. 이런 뜻으로 "제사장과 예언자"는 아래의 장절에 언급, 거명되었습니다. 예레미야서의 말씀입니다.

"오라, 우리가 예레미야를 대적하여 책략을 세우자. 이는 율법이 제사장으로부터, 지혜가 현명한 자로부터, 말씀이 예언자로부터 사라지지 아니 할 것이기 때문이다"(예레미야 18 : 18).

같은 책의 말씀입니다.

> 그 날이 오면,
> 왕도 용기를 잃고
> 지도자들도 낙담하고,
> 제사장들도 당황하고,
> 예언자들도 소스라치게 놀랄 것이다.
> (예레미야 4 : 9)

에스겔서의 말씀입니다.

> 그 때에는 사람들이 예언자에게
> 묵시(=환상)를 구하여도 얻지 못할 것이며,
> 제사장에게는
> 가르쳐 줄 율법이 없어질 것이고,
> 장로들에게서는 지혜(=조언)가 사라질 것이다.
> 왕은 통곡을 하고,
> 지도자들은 절망에 빠지고(=절망으로 옷을 입고)…….
> (에스겔 7 : 26, 27)

"예언자에게서 비롯될 환상"(=묵시)은 성경말씀의 이해를 뜻하고 "제사장에게서 비롯될 율법"은 삶에 속한 교훈들(=가르침들)을 뜻하고, "장로들에게서 비롯될 조언"은 그것에서 비롯된 지혜를 뜻합니다. "왕" "지도자들"(=고관들 · princes)은 선에서 비롯된 진리들을 통한 총명을 뜻하고, 이런 내용은 이들 말씀들의 영적인 뜻을 가리킵니다.

[18] 이사야서의 말씀입니다.

> 제사장과 예언자가
> 독한 술에 취하여 비틀거리고(=길을 잘못 들어섰으며),
> 포도주 항아리에 빠졌다.
> 독한 술에 취하여 휘청거리니(=길을 벗어났으니)
> 환상을 제대로 못 보며,
> 판결을 올바르게 하지 못한다(=판결을 내리면서 휘청거린다).
> (이사야 28 : 7)

예레미야서의 말씀입니다.

> "지금 이 나라에서는,
> 놀랍고도 끔찍스러운 일들이
> 일어나고 있다.
> 예언자들은 거짓으로 예언을 하며,
> 제사장들은
> 거짓 예언자들이 시키는 대로 다스리며(=제사장들은 제멋대로 권세를 휘두른다).
> 나의 백성은 이것을 좋아하니
> 마지막 때에,
> 너희가 어떻게 하려느냐?
> (예레미야 5 : 30, 31)

같은 책의 말씀입니다.

> 예언자와 제사장까지도
> 모두 한결같이 백성을 속였다.
> (예레미야 8 : 10)

10장 1-11절

역시 같은 책의 말씀입니다.

> 이 백성이나 예언자나 제사장이 너에게 '여호와의 짐(=짐스러운 소식)이 무엇이냐?' 하고 묻거든, 너는 이렇게 대답하여야 한다. '너희가 짐이다! 내가 너희를 내던져 버릴 것이다'(예레미야 23:33, 34).

스바냐서의 말씀입니다.

> 그 예언자들은 경솔하고, 간사한 자들이요, 그 제사장들은 성소를 더럽히고, 율법을 범하는 자들이다(스바냐 3:4).

예레미야서의 말씀입니다.

> 제사장들은
> 나 주가 어디에 있는지를 찾지 않으며,
> 법을 다루는 자들이 나를 알지 못하며,
> 통치자(=목자)들은 나에게 맞서서 범죄하며,
> 예언자들도 바알 신의 이름으로 예언하며,
> 도움도 주지 못하는 우상들만 쫓아 다녔다.……
> 도둑이 붙잡히면 수치를 당하듯이
> 이스라엘 백성, 곧
> 왕들과 고관들과 제사장들과 예언자들이
> 수치를 당하였다.
> (예레미야 2:8, 26)

"예언자들과 제사장들"이 이와 같이 함께 언급, 거명된 장절들은 그리 많지 않습니다. 여기서 "제사장들"은 삶을 가르치고, 선에로 인도하는 자들을 뜻하고, "예언자들"은 인도하는 진리들을 가르치는 자들을 뜻합니다. 그러나 추상적인 뜻으로 "제사장들"이나 "성직자"는 사랑에 속한 선을 뜻하고, 결과적으로는 삶에 속한 선(=선한 삶)에 인도하는 진리를 뜻합니다. 한마디로 "예언자들"은 반드시 가르치는 것을, "제사장들"은 반드시 인도하는 것을 뜻합니다.
[19] 스가랴서의 말씀입니다.

> 그 날이 오면, 내가 이 땅에서 우상의 이름을 지워서, 아무도 다시는 그 이름을 기억하지 못하도록 하겠다.…… 나는 또 예언자들과 더러운 영을 이 땅에서 없애겠다. 그런데도 누가 예언을 하겠다고 고집하면, 그를 낳은 아버지와 어머니가 그 자식에게 말하기를 "네가 주의 이름을 팔아서 거짓말을 하였으니, 너는 살지 못한다" 한 다음에, 그를 낳은 아버지와 어머니는, 아들이 예언하는 그 자리에서 그 아들을 찔러 죽일 것이다. 그 날이 오면, 어느 예언자라도, 자기가 예언자 행세를 하거나, 계시를 본 것을 자랑하지 못할 것이다. 사람들에게 예언자처럼 보이려고 걸치는, 그 거친 털옷도 걸치지 않을 것이다. 그러고는 기껏 하는 소리는 "나는 예언자가 아니다. 나는 농부다. 젊어서부터 남의 머슴살이를 해왔다" 할 것이다(스가랴 13:2-5).

이 장절은 이 세상에 오시는 주님의 강림에 관해서, 그리고 표징적 예배의 폐지에 관해서, 그리고 그 때 그 교회에 넘치는 그 교회의 교리에게 있는 거짓들에 관해서 언급하고 있습니다. 왜냐하면 그 교회가 그들에게 있었던 유대민족은 모든 예배를 오직 외적인 것에 두었을 뿐, 내적인 것에는 전혀 아무것도 두지 않았기 때문입니다. 다시 말하면, 내적인 것을 가리키는 인애나 믿음에는 아무것도 두지 않고, 다만 제물들이나, 또는 외적인 것들을 가리키는 그런 것들에만 모든 예배를 두었습니다. 결과적으로 그들의 예배나, 교리는 오직 거짓들로 이루어졌고, 그리고 그 민족 자체는 자기 자신만을 목적하였고, 따라서 그 민족은 우상숭배적이었습니다. 주님에 의한 이런 것들의 폐지가 그 예언자의 말에 의하여 기술되었습니다. 그러므로 "내가 이 땅에서 우상의 이름을 지워서, 아무도 다시는 그 이름을 기억하지 못하도록 하겠다"는 말씀은 우상적인 예배의 폐지를 뜻합니다. 다시 말하면 내적인 것이 아무것도 없는 오직 외적인 예배의 폐지를 뜻합니다. "나는 또 예언자들과 더러운 영을 이 땅에서 없애겠다"는 말씀은 교리에 속한 거짓들의 폐지를 뜻합니다. "누가 예언을 하겠다고 고집하면 그를 낳은 아버지와 어머니가 그 자식에게 말하기를 '너는 살지 못한다' 할 것이다"는 말씀은 내적인 교회(an internal church)를 가리키는 주님에 의하여 세워질 그 교회는, 만약에 어느 누구가 그것들을 가르치려고 한다면 그 교리의 거짓들을 완전히 소멸시킬 것이라는 것을 뜻합니다. "예언한다"는 것은 교리에 속한 거짓들을 가르치는 것을 뜻하고, "아버지와 어머니"는 선에 관한 교회나 진리에 관한 교회를 뜻하는데, "아버지"는 선에 관한 것을, "어머니"는 진리에 관한 것을 뜻하고, 그리고 "너는 살지 못한다"는 말씀은 소멸하는 것을 뜻합니다. 동일한 뜻은 "그를 낳은 아버지와 어머니는 그를 찔러 죽일 것이다"는 말씀이 뜻합니다. 교리에 속한 거짓들의 폐지는 "그 날에 예언자들은 자기가 예언을 했을 때 각기 자기의 환상을 부끄러이 여길 것이며, 또한 그들은 속이기 위한 털옷도 입지 아니할 것이다"(=그 날이 오면, 어느 예언자라도, 자기가 예언자 행세를 하거나 계시를 본 것을 자랑하지 못할 것이다. 사람들에게 예언자처럼 보이려고 걸치는, 그 거친 털옷도 걸치지 않을 것이다)는 말씀이 뜻합니다. 여기서 "예언자들"이나 "그들의 환상"은 교리에 속한 거짓들을 뜻하고, "속이기 위한 털옷"(=예언자처럼 보이려고 걸치는 그 거친 털옷)은 문자적인 뜻 가운데 있는 그런 것들인 성경말씀의 외적인 것들을 왜곡, 곡해하는 것을 뜻합니다. 왜냐하면 예언자들의 "털옷"(=거친 털옷)은 성경말씀의 궁극적인 뜻을 표징하는데, 세례 요한의 "낙타 털옷"도 동일한 것을 표징합니다. "그는 이렇게 말할 것이다. '나는 예언자가 아니라 땅을 경작하는 사람이오. 내가 어렸을 때 다른 사람에게 팔렸소'"(=나는 예언자가 아니다. 나는 농부다. 젊어서부터 남의 머슴살이를 해왔다)는 말씀은 이것이 유대교회에 속한 자들의 경우인데, 그것은 전적으로 외적이지, 결코 내적이 아니라는 것인데, 그 이유는 그것 안에 있는 그들의 출생 때문입니다. 결과적으로 그것에 몰두, 빠져있기 때문입니다.

[20] 다니엘서의 말씀입니다.

> 하나님께서 너의 백성과 거룩한 도성에 일흔 이레의 기간을 정하셨다. 이 기간이 지나가야, 반역이 그치고, 죄가 끝나고, 속죄가 이루어지고, 하나님이 영원한 의를 세우시고, 환상에서 보이신 것과 예언의 말씀을 이루시고, 가장 거룩한 곳에 기름을 부으며, 거룩하게 구별하실 것이다(다니엘 9:24).

이 말씀은 주님의 강림에 관해서 언급하고 있는데, 그 때는 불법(=사악·iniquity)이 극에 달할 것이고, 또한 그 때에는 교회에 더 이상 어떤 진리도 선도 남아 있지 않을 것이라는 것을 언급하고 있습니다. "너의 백성과 거룩한 도성에"(=네 백성과 네 거룩한 도성에)라는 말씀은, 그 때 완전히 황폐하게 되고, 소멸, 그 교회와 그것의 교리를 뜻합니다. "범법(=반역·허물·transgression)을 그치고, 죄들을 종결시킨다"(=끝내고·끝난다)는 것은 그 때 그 교회 안에 있는 모든 것이 삶에 관한 교리에 속한 거짓들 안에 있고, 악들 안에 있다는 것을 뜻합니다. 왜냐하면, 이 단락의 시작에서 입증한 것과 같이, 주님의 강림과 그것과 같이 임하는 최후심판은, 교리에 속한 진리나, 또는 삶에 속한 선이 더 이상 그 교회에 남아 있지 않기 전까지는 일어나지 않기 때문입니다. 이런 이유 때문에 마음씨 고운 사람은 마음씨 고약한 사람에게서 분리될 것이라고 언급되었습니다. "영원한 의를 가지고 온다"(=하나님이 영원한 의를 세운다)는 것은, 최후심판을 뜻하고, 그 때 모두는 자기 자신의 행위들에 따라서 상급이 주어질 것이라는 것을 뜻합니다. "그 환상과 예언을 봉인한다"(=환상에서 보이신 것과 예언의 말씀을 이루신다)는 것은 옛 교회의 종말과 새로운 교회의 시작을 뜻한다는 것, 또는 영적인 것들의 표징을 가리키는 외적인 교회(the external church)의 종말과 영적인 교회를 가리키는 내적인 교회의 시작을 뜻합니다. "환상과 예언"이 교리에 속한 거짓들을 뜻하기 때문입니다. 그리고 동일한 낱말들은 주님께서는 성경 말씀에서 그분에 관해서 예언된 모든 것들을 채우신다는 것을 뜻합니다. "가장 거룩한 곳에 기름을 붓는다"(=지성소에 기름을 붓는다)는 것은 신령존재와의 합일(合一)에 의한 주님의 인성의 영광화(the glorification of the Lord's Human)를 뜻하는데, 그것은 그 뒤에는 모든 예배가 반드시 주님사랑에서 비롯되어야 한다는 것을 뜻합니다.

[21] 출애굽기서의 말씀입니다.

> 주께서 모세에게 말씀하셨다. "보아라, 나는, 네가 바로에게 하나님(=신)처럼 되게 하고, 너의 형 아론이 너의 대언자가 되게 하겠다" (출애굽 7:1).

주님께서 모세에게 말씀하셨습니다. "나는 네가 바로에게 하나님(=신)처럼 되게 한다"고 말씀하셨는데, 그것은 모세가 율법(the Law)을 표징하기 때문이고, 그리고 그것은 신령진리를 뜻하기 때문입니다. 그리고 이것은 역시 "하나님"(God)이 영적인 뜻으로 뜻하는 것입니다. 왜냐하면 모세는 주님의 입으로부터 그가 바로에게 하여야 할 말들을 받았기 때문이고, 그리고 이런 것을 받은 그 사람은 "하나님"(=신 · a god)으로 불리웠기 때문입니다. 이러한 것은 천사들이 하나님들(=신들 · gods)이라고 불리운 이유이고, 그것으로 말미암아 역시 신령진리들을 뜻하는 이유입니다. 아론이 "그의 대언자"(=너의 예언자)라는 것은 그는 모세에 의하여 수용된 진리를 가르치고, 그것을 바로에게 선포하였다는 것을 뜻합니다. 왜냐하면 "대언자"(=예언자)는, 위에서 언급한 것과 같이, 진리를 가르치는 자를 뜻하고, 그리고 추상적인 뜻으로는 진리에 속한 교리를 뜻하기 때문입니다. 이러한 내용은 《천계비의》7268 · 7269항에 충분하게 설명된 것을 참조하십시오.

[22] 이것이 구약에서 예언자들이 신령진리의 교리와의 관계에서 주님을 표징하는 이유이고, 그리고 그들의 우두머리가, 신령진리의 교리가 그것에서 비롯된, 성경말씀(=성언) 자체와의 관계에서 주님을 표징하는 이유입니다. 예를 들면 모세 · 엘리야 · 엘리사 · 세례 요한이 되겠습니다. 주님께서 성언이시기 때문에, 다시 말하면 신령진리이시기 때문에 최고의 뜻으로 주님 당신은 "예언자"(a Prophet)라고 불리셨습니다. 모세 · 엘리야 · 세례 요한은 성언에 관해서 주님을 표징하였습니다. 복음서의 말씀입니다.

> 주님께서 변모하셨을 때, 모세와 엘리야는 주님과 더불어 말을 나누었다(마태 17:3, 4, ; 마가 9:4, 5 ; 누가 9:30).

여기서 "모세와 엘리야"는 역사적인 성언과 예언적인 성언을 뜻하는데 "모세"는 역사적인 성언(the historical Word)을, 그리고 "엘리야"는 예언적인 성언을 뜻합니다. 그리고 이런 이유 때문에 주님께서 변모하셨을 때(=현성용(顯聖容)하셨을 때) 주님께서는 천계에 있는 신령진리가 당신에게 내재해 있는 모습으로 당신 자신을 드러내셨습니다. 엘리야가 성언에 관해서 주님을 표징한다는 것은 주님께서 행하신 많은 기적들(the miracles)에서 명확한데, 그 기적들의 모두는 신령진리에 속한 것들, 즉 성언에 속한 것들을 뜻합니다. 그리고 세례 요한은, 마찬가지로 그가 "엘리야"라고 불리운 성언에 관해서, 주님을 표징합니다. 이러한 내용은 말라기서에서 볼 수 있습니다. 말라기서의 말씀입니다.

> 주의 크고 두려운 날이 이르기 전에,
> 내가 너희에게 엘리야 예언자를 보내겠다.
> 그가 아버지의 마음을
> 자녀에게로 돌이키고,
> 자녀의 마음을
> 아버지에게로 돌이킬 것이다.
> 돌이키지 아니하면,
> 내가 가서 이 땅에 저주를 내리겠다(=이는 내가 와서 땅을 쳐서 완전히 멸망시키는 일이 없게 하려는 것이다)(말라기 4 : 5, 6).

그리고 공개적으로 이것은 선언되었습니다. 복음서의 말씀입니다.

> 요한 바로 그 사람이 오기로 되어 있는 엘리야다(마태 11 : 14 ; 17 : 10-12 ; 마가 9 : 11-13).

요한이 엘리야가 아니고, 그는 엘리야가 표징하는 것과 유사한 것을 표징합니다. 다시 말하면 성언(聖言 · the Word)을 표징합니다. 성언(=성경말씀)은 주님께서 이 세상에 강림하실 것을 가르치고 있기 때문에, 그리고 더욱이 극내적인 뜻으로 개별적인 것들이나 그것의 모든 것 안에는 주님에 관해서 다루고 있기 때문에, 따라서 이렇게 언급되었습니다.

이 사람에 대해서 성경에 기록하기를
"보아라,
내가 내 심부름꾼을 너보다 먼저 보낸다.
그가 네 앞에서 네 길을 닦을 것이다."
(마태 11 : 9, 10 ; 누가 1 : 76 ; 7 : 26)

[23] 이상에서 볼 때 주님께서 "예언자"로 불리우신 이유를 잘 알 수 있겠습니다. 다시 말하면 그것은 그분께서 성언(聖言 · 말씀 · the Word)이시기 때문입니다. 말하자면 신령진리 자체이시기 때문입니다. 이러한 것은 요한복음 1장 1, 2, 14절에서 잘 알 수 있습니다. 주님께서 성언(聖言 · 말씀)이시기 때문에, "예언자"라고 불리우신 것은 역시 모세의 글에서 잘 볼 수 있습니다. 신명기서의 말씀입니다.

> 주 너희의 하나님은 너희의 동족 가운데서 나와 같은 예언자 하나를 일으켜 세워 주실 것이니, 너희는 그의 말을 들어야 한다.⋯⋯ 나의 말을 그의 입에 담아 둘 것이다. 그는, 내가 명한 모든 것을 그들에게 다 일러줄 것이다. 그가 내 이름으로 말할 때에, 내 말을 듣지 않는 사람은, 내가 벌을 줄 것이다(신명기 18 : 15-19).

"여호와께서 모세와 같은 예언자를 일으켜 세운다"고 언급되었는데, 그것은, 앞에서 언급한 것과 같이, 모세가 율법과의 관계에서, 다시 말하면 성언(聖言 · 말씀 · the Word)과 관계에서 주님을 표징하기 때문입니다. 그러므로 모세에 관해서 이렇게 언급되었습니다. 민수기서의 말씀입니다.

> (미리암과 아론은 모세가 구스 여인을 아내로 맞았다고 해서 모세를 비방하였다.) "주께서 모세와만 말씀하셨느냐? 우리와도 말씀하시지 않았느냐!" 그들이 이렇게 말하는 것을 주께서 들으셨다.⋯⋯
> 너희는 나의 말을 들어라.

> 너희 가운데 예언자가 있으면,
> 나 주가 환상으로 그에게 알리고,
> 그에게 꿈으로 말해 줄 것이다.
> 나의 종 모세는 다르다.
> 그는 나의 온 집을 충성스럽게 맡고 있다.
> 그와는 내가 얼굴을 마주 바라보고 말한다.
> 명백하게 말하고,
> 모호하게 말하지 않는다.
> 그는 나 주의 모습까지 볼 수 있다.
> 그런데 너희는 어찌하여 두려움도 없이
> 나의 종 모세를 비방하느냐?
> (민수기 12 : 1-8)

이 장절은 모세에 의하여 기술된 모세의 표징을 가리킵니다. 왜냐하면 여호와로 말미암아 모세는, 다시 말하면 잉태로부터 그분 안에 계시는 신령존재 자체로부터 당신 자신과 말씀하셨기 때문입니다. 이러한 내용은 "나는······ 나의 말을 그의 입에 담아 둘 것이다. 그는, 내가 명한 모든 것을 그들에게 다 일러 줄 것이다"는 말씀이 뜻합니다. 그리고 역시 이러한 내용은 "여호와께서 입과 입으로(=그와 얼굴을 마주하고) 말하였다. 다른 예언자와는 그렇게 하지 않았다"는 말씀이 모세가 표징합니다. 또 이것이 그 이유입니다. 복음서의 말씀입니다.

> 사람들은 그가 갈릴리의 나사렛에서 나신 예언자, 예수라고 말하였다(마태 21 : 11 ; 누가 7 : 16 ; 요한 7 : 40, 41 ; 9 : 17).

625. **"너는 여러 백성과 민족과 언어와 왕들에 관해서"······.** 이 말씀은 삶에 관해서 진리들이나 선들 안에 있는 모두를 뜻하고, 그리고 동시에 각자의 종교에 일치하는 교리에 관해서 선들이나 진리들 안에 있는 모두를 뜻하고, 결과적으로는 삶에

속한 선들이나 교리에 속한 진리들에 관해서 성경말씀을 가르 치는 모두와 함께 하는 것을 뜻합니다. 이러한 내용은, 영적인 교회에 속한 자들이나, 천적인 교회에 속한 자들을 가리키는 "여러 백성과 민족"의 뜻에서, 명백합니다. 여기서 영적인 교 회에 속한 자들은 성경말씀에서 "백성들"(peoples)이라고 불리 웠지만, 그러나 천적인 교회에 속한 자들은 "민족들"(nations) 이라고 불리웠습니다. "백성들"이라고 불리운 영적인 교회에 속한 자들은 교리나 삶(doctrine and life)에 관한 진리들 안에 있는 자들이고, "민족들"이라고 불리운 천적인 교회에 속한 자 들은 주님사랑에 속한 선 안에 있는 자들이고, 따라서 삶에 관 한 선 안에 있는 자들입니다. 그러나 성경말씀에서 "백성들과 민족들"의 뜻에 관해서는 본서 175 · 331항을 참조하십시오. 그리고 또한 삶이나 교리에 관한 선들이나 진리들 안에, 그러 나 각자의 종교에 일치하는 선들이나 진리들 안에 있는 자들 을 가리키는 "언어들과 많은 왕들"의 뜻에서 명백합니다. 왜냐 하면 "언어들"(tongues)은 진리에 속한 선들이나, 각자의 종교 에 일치하는 이들의 고백(告白)을 뜻하기 때문이고(본서 330 · 455항 참조), 그리고 "왕들"(kings)은 선에서 비롯된 진리들을 뜻하고, 그리고 "수많은 왕들"(many kings)은 선에서 비롯된 다양다종의 진리들을 뜻하기 때문이지만, 그러나 그것들은 각 자의 종교에 일치합니다. "왕들"이 선에서 비롯된 진리들을 뜻 한다는 것은 본서 31 · 553항을 참조하십시오.
[2] "수많은 왕들"(many kings)이 선에서 비롯된 다종다양의 진리들을 뜻하는데, 그것은 교회 밖에 있는 백성들이나 민족들 은 대부분 교리에 관해서 거짓들 안에 있기 때문이고, 그럼에 도 불구하고 그들은 하나님사랑에 속한 삶이나 이웃사랑인 인 애에 속한 삶을 살기 때문에 그들의 종교에 속한 거짓들은 진 리들로서 주님께서 수용, 열납하시기 때문입니다. 그런 이유

때문에 내적으로 그들의 거짓들 안에는 사랑에 속한 선이 있었고, 그리고 사랑에 속한 선은 모든 진리에 그것의 성질(=됨됨이)을 주었기 때문입니다. 이런 경우 그것은 진리로서 수용된 그런 거짓에게 그것의 성질을 부여(賦與)하였습니다. 더욱이 그런 부류의 원인들 안에 감추어진 선은, 그들이 순수한 진리들로 지각되는, 저 세상에 들어왔을 때, 그것들은 용납되기 때문입니다. 다시, 성경말씀의 문자적인 뜻 안에 있는 것들과 같은, 진리의 외현들을 가리키는 진리들도 있습니다. 이런 진리들의 외현들(=겉모습)은, 그것들 안에 주님사랑에 속한 선이, 그리고 이웃을 향한 인애에 속한 선이 그것들 안에 내제해 있을 때 순수한 진리들로서 주님에 의하여 영접, 수용됩니다. 그리고 저 세상에서 그것 안에 숨겨져 있던 선들이 있는 그런 것들은 그 외현들(=겉모습들)을 다 쫓아버리고, 그리고 순수한 진리들을 가리키는 영적인 진리들은 꾸밈이 없이 적나라하게 드러납니다. 이상에서 볼 때 "여러 왕들"이 뜻하는 것이 무엇인지 잘 알 수 있겠습니다. 이방 사람들 가운데 있는 선들이 그것 안에 내재해 있는 거짓들에 관해서는 《새 예루살렘의 교리》21항을 참조하십시오.

[3] 이 단락이나 앞서의 단락에서 언급된 것이나 입증된 것에서 밝히 알 수 있는 것은 "그는 여러 백성과 민족과 언어와 왕들에 관해서 다시 예언하여야 한다"는 말씀이, 교리에 관해서, 그리고 그것에서 비롯된 삶에 관해서 선들이나 진리들 안에 있는 자들에게 성경말씀이 반드시 가르쳐야 한다는 것을 뜻합니다. 그러나 "백성들과 민족들과 언어들과 왕들에게"라고 언급되었기 때문에, 이 낱말들은 성경말씀이 삶에 속한 선들이나, 교리에 속한 진리들에 관해서 반드시 가르쳐져야 한다는 것을 뜻합니다. 왜냐하면 이들 양자는 성경말씀이 그것의 전체적인 복합체에 담겨 있는 것이기 때문입니다.

[4] 이러한 내용이, 참된 영적인 뜻을 가리키는 인물들에게서 추상화된 낱말들의 뜻입니다. 대부분의 곳에 있는 문자의 뜻(the sense of the letter)은 사람들과 관계를 가지고 있고, 그리고 사람들을 언급, 거명하고 있습니다. 그러나 진정한 영적인 뜻은 사람들과 관계되는 것은 그 어떤 것도 없습니다. 왜냐하면 성경말씀의 영적인 뜻 안에 있는 천사들은, 그들이 생각하고 말하는 것의 개별적인 것 안에 사람이나 장소의 개념은 전혀 가지고 있지 않기 때문입니다. 왜냐하면 인물들이나 장소들의 개념은 그 생각들을 제한하고, 국한하기 때문입니다. 그리고 그것에 의하여 그것들을 자연적인 것으로 만들어 버리기 때문입니다. 만약에 그 개념이 인물들이나 장소들에게서 추상화되었다면 사정은 전혀 다릅니다. 이런 사실에서 얻는 것은, 천사들은 총명이나 지혜를 가지고 있다는 것이고, 그리고 그것으로 인하여 천사적인 총명이나 지혜는 말로 형용할 수 없다는 것입니다. 한편 사람이 이 세상에 사는 동안, 그는 자연적인 생각(natural thought)에 머물러 있고, 그리고 자연적인 생각은 그것의 개념들을 인물들·장소들·시간들, 그리고 물질적인 것들에서 취합니다. 그리고 만약에 이런 것들이 사람에게서 제거된다면 개념에 이르게 된 그의 생각은 소멸할 것입니다. 왜냐하면 이런 것들이 없다면 그는 아무것도 생각할 수 없고, 파악할 수 없기 때문입니다. 그러나 천사적인 생각은 인물들·장소들·시간들, 그리고 물질적인 것들에서 취한 개념들에게서 떠난 것이기 때문입니다. 이것은 천사적인 생각이나 언어가 말로 형언할 수 없는 그런 것이라는 이유이고, 그리고 사람에게는 이해될 수 없는 이유입니다.

[5] 그럼에도 불구하고 이 세상에서 주님사랑의 삶과 이웃을 향한 인애의 삶을 산 사람은, 이 세상에서의 삶을 떠난 뒤, 형언할 수 없는 총명이나 지혜에 들어갑니다. 왜냐하면 그의 영

에 속한 진정한 마음을 가리키는 내면적인 마음은 그 때 열리게 되고, 그 사람이 천사가 되면, 그 때 그 사람은 그 마음에서 생각하고, 말을 하기 때문입니다. 결과적으로 그 사람은, 그가 이 세상에서 발설할 수도 없고, 이해할 수도 없는 그런 것들을 생각하고, 말합니다. 이런 영적인 마음은 천사적인 마음이고, 모든 사람이 가지는 마음입니다. 그러나 이 세상에서 사는 동안 사람이 물질적인 몸에 의하여 말하고, 보고, 듣고, 느끼기 때문에 그 마음은 자연적인 마음 안에 숨겨 있고, 그리고 그것 위에서 삽니다. 사람이 그 마음에서 생각한 것은 그 사람은 그것에 관해서 전적으로 아무것도 알지 못합니다. 왜냐하면 그 때 그 마음에 속한 생각은 자연적인 마음에 유입하고, 그리고 거기에서 제한되고, 한정되기 때문에, 그리고 그것 자체는 마치 보여지고, 지각되는 것처럼 드러나 나타나기 때문입니다. 사람이 이 세상에서 육신을 입고 사는 동안, 그 사람은 그 사람 안에 이런 마음을 가지고 있다는 것을 알지 못하고, 그리고 그것 안에 천사적인 총명이나 지혜를 가지고 있다는 것을 알지 못하고, 그리고 앞에서 언급한 것과 같이, 거기에 살고 있는 모든 것들은 자연적인 마음에 입류하기 때문에, 따라서 그것들은 대응에 따라서 자연적인 것이 됩니다. 이러한 내용이 길게 언급된 것은 성경말씀(=성언)은 사람들이나 장소들에게서 전적으로 추상화된 뜻을 가리키는, 영적인 뜻 안에 있다는 것을 알게 하기 위한 것입니다. 다시 말하면 육신이나 이 세상에 속한 물질적인 것들에게서 그것들의 성질을 취한 그런 것들에게 추상화된 뜻을 가리키는 영적인 뜻 안에 있다는 것을 알게 하기 위한 것입니다.

제11장 본 문(11장 1-6절)

1 나는 지팡이와 같은 측량자 하나를 받았는데, 그 때에 이런 말씀이 내게 들려왔습니다. "일어서서 하나님의 성전과 제단을 측량하고, 성전 안에서 예배하는 사람들을 세어라.
2 그러나 그 성전의 바깥 뜰은 측량하지 말고, 내버려 두어라. 그것은 이방 사람들에게 내주었기 때문이다. 그들이 그 거룩한 도시를 마흔두 달 동안 짓밟을 것이다.
3 나는 내 두 증인에게 예언하는 능력을 줄 것이다. 그들은 천이백육십 일 동안 상복을 입고 예언할 것이다."
4 그들은 이 세상을 다스리시는 주님 앞에 서 있는 올리브 나무 두 그루요, 촛대 두 개입니다.
5 그들을 해하려고 하는 사람이 있으면, 그들의 입에서 불이 나와서, 그 원수들을 삼켜 버릴 것입니다. 그들을 해하려고 하는 사람은, 누구나 이와 같이 죽임을 당하고 말 것입니다.
6 그들은, 자기들이 예언 활동을 하는 동안에, 하늘을 닫아 비가 내리지 못하게 할 수 있는 권세를 가지고 있습니다. 또 물을 피로 변하게 하는 권세와, 그들이 원하는 대로 몇 번이든지, 어떤 재앙으로든지, 땅을 칠 수 있는 권세를 가지고 있습니다.

제11장 상세한 영적인 해설(11장 1-6절)

626. 1, 2절. 나는 지팡이와 같은 측량자 하나를 받았는데, 그 때에 이런 말씀이 내게 들려왔습니다. "일어서서 하나님의 성전과 제단을 측량하고, 성전 안에서 예배하는 사람들을 세어라. 그러나 그 성전의 바깥 뜰은 측량하지 말고, 내버려 두어라. 그것은 이방 사람들에게 내주었기 때문이다. 그들이 그 거룩한 도시를 마흔두 달 동안 짓밟을 것이다."

[1절] :
"나는 지팡이와 같은 측량자 하나를 받았다"(=나에게 측량 막대 같은 갈대가 주어졌다)는 말씀은 방문(=임검 · 재난)의 상태(the mode of visitation), 다시 말하면 진리나 선에 관한 그 교회의 성질(=성품)의 탐사(探査)에 관한 임검의 상태를 뜻합니다(본서 627항 참조). "가까이에 서 있는 천사가 말하였다"는 말씀은 주님의 의지(=뜻 · the Lord's will)와 명령을 뜻합니다(본서 628항 참조). "일어서서 하나님의 성전과 제단을 측량하고, 성전 안에서 예배하는 사람들을 세어라"는 말씀은 그가 신령진리와 신령선의 수용에 관해서 그것의 성질이 무엇인지, 그리고 그것으로 말미암아 주님의 예배에 관해서 그것의 성질이 무엇인지 그 교회를 탐사, 조사한다는 것을 뜻합니다(본서 629항 참조).

[2절] :
"그러나 그 성전의 바깥 뜰은 측량하지 말고, 내버려 두어라"(=그러나 성전 밖에 있는 뜰은 남겨 두고 측량하지 말아라)는 말씀은, 성언의 외적인 것들과, 그것에서 비롯된 그 교회의 외적인 것들과 예배의 외적인 것들은 탐사, 조사되지 않는다는 것을 뜻합니다(본서 630항 참조). "그것은 이방 사람들에게 내주었기 때문이다"는 말씀은 삶에 속한 악들이나 교리에 속한 거

짓들에 의하여 이미 악용, 타락되었기 때문이라는 것을 뜻합니다(본서 631항 참조). "그들이 그 거룩한 도시를 짓밟을 것이다"는 말씀은 그들이 성경말씀(=성언)에서 비롯된 진리나 선에 속한 모든 교리를 파괴할 것이라는 것을 뜻합니다(본서 632항 참조). "마흔두 달 동안"이라는 말씀은 옛 교회(the old church)의 마지막 때까지와, 새로운 교회(the new church)의 시작 때까지를 뜻합니다(본서 633항 참조).

627[A]. 1절. 나는 지팡이와 같은 측량자 하나를 받았다(=나에게 측량 마대 같은 갈대가 주어졌다).

이 말씀은 방문(=임검 · 재난 · 臨檢 · 災難 · visitation)의 상태, 다시 말하면 진리와 선에 관해서 그 교회의 성질을 탐사, 조사의 상태를 뜻합니다. 이러한 내용은, 그것에 의하여 그 성질이나 성품이 탐사, 조사되는 것을 가리키는 "갈대"(reed)의 뜻에서 명확합니다. 왜냐하면 "측량한다"(to measure)는 것은 탐사, 조사하는 것을 뜻하고, "측량"(=측량자 · a measure)는 한 사물의 성질을 뜻하기 때문입니다. 그러므로 그가 그것에 의하여 성전과 제단을 재는 "갈대"(reed)가 지금 뒤이어 언급되었는데, 다시 말하면 "측량 마대"(=측량 갈대 · the measuring reed)는 그 성질을 탐사, 조사하는 상태를 뜻합니다. 그것은 진리와 선에 관한 교회의 성질이나 성품이 무엇인지 탐사, 조사의 상태를 뜻합니다. 그 이유는 뒤이어서 "그가 성전과 제단을 측량하고, 성전 안에서 예배하는 사람들을 센다"(=헤아린다)고 일러졌기 때문인데, 그 말씀은 진리와 선에 관한 교회를 뜻하고, 따라서 예배에 관한 것을 뜻하기 때문입니다.

[2] 더욱이 임검이나 재난이 그 교회에 속한 사람들의 성품에 대한 탐사나 조사를 뜻하기 때문에, 그리고 임검이나 재난이 뒤에 다루게 될, 최후심판에 앞서 선행하기 때문에, "갈대"(a reed)는 임검이나 재난을 뜻합니다. 그 임검이나 탐사(=조사)의

성질이 무엇인지는 소돔에 있었던 임검이나 탐사에서 잘 알 수 있겠습니다. 그 첫 번째 자리에는 천사들이 파견되었고, 그리고 그들을 통해서 임검이나 탐사가 그들의 수용에 관해서 그들이 어떤 성품인지 이루어졌습니다. 다시 말하면 신령진리와 신령선의 수용에 관해서 그들의 성질이나 성품이 무엇인지 이루어졌습니다. 왜냐하면 이들 천사들은 신령발출(=성령·the Divine proceeding)에 관해서 주님을 표징하기 때문입니다. 그 때 드러난 것은, 롯 이외에 소돔 안에 있는 모두는 그들을 해치려는 것을 제외하면 그들을 영접하기를 원하지 않는다는 것이었고, 그 때 그들의 최후심판을 가리키는 그들의 멸망이 왔다는 것입니다.

[3] 측량(the measuring)이 갈대(=측량 막대기)에 의하여 이루어졌는데, 그것은 "갈대나 지팡이"(a reed or cane)는 질서의 궁극적인 것 안에 있는 신령진리를 뜻하기 때문이고, 그리고 갈대와 같은 지팡이(a staff)는 능력을 뜻하기 때문입니다. 질서의 궁극적인 것 안에 있는 진리나, 그것의 능력에 의하여 모든 임검이나 재난, 또는 탐사가 행해졌기 때문입니다. 왜냐하면 궁극적인 것 안에 있는 모든 진리들은, 그것의 처음 것들에서부터 동시에 일어나는 것(simultaneous)을 형성하기 때문입니다. 그러므로 신령존재에 의하여 행해진 모든 것들은 궁극적인 것에 의하여 첫째 것들로부터 행해졌습니다. 그러므로 여기서 임검(=재난)이나 탐사도 역시 그와 같이 행해졌고, 그리고 그런 진리는 "갈대나 지팡이"가 뜻하는 것입니다.

[4] 그러한 것은 아래 장절들에서도 마찬가지입니다. 묵시록서의 말씀입니다.

나에게 말하던 그 천사는 그 도시와 그 문들과 성벽을 측량하려고, 금으로 된 자막대기를 가지고 있었습니다.…… 그가 자막대기로 그 도시를 재어 보니, 가로와 세로와 높이가 서로 꼭같이 만이천 스타디온이었습니다(묵시록서 21 : 15, 16).

에스겔서의 말씀입니다.

> 그의 손에는 삼으로 꼰 줄과 측량하는 막대기가 있었다.…… 그 사람의 손에는 측량하는 장대가 있었는데, 그 장대의 길이는, 팔꿈치에서 가운데 손가락 끝에 이르고, 한 손바닥 너비가 되는 자로 여섯 자였다.…… 그가 동쪽으로 난 문으로 들어가, 계단으로 올라가서 문간을 재니, 길이가 한 장대였다.…… 또 그가 문 통로의 안쪽 현관을 재니, 길이가 여덟 자요, 그가 문 어귀의 너비를 재니, 열 자였고, 그 문 어귀의 길이는 열석 자였다.…… 그가 이쪽 문지기 방의 지붕에서 저쪽 문지기 방의 지붕까지 재니, 너비가 스무 자이고, …… 그 돌이 깔린 길을 따라, 서른 채의 행랑이 붙어 있었다(에스겔 40 : 3, 5, 6, 8, 11, 13, 17 그 이하 절 ; 41 : 1-5, 13, 14, 22 ; 42 : 1-20).

여기서도 역시 "측량 막대기"(the measuring reed)는 진리와 선에 관해서 교회를 탐사하는 상태를 뜻하는데, 이러한 것은 이런 말씀, 즉 천사가 길이·너비·높이에 대해서 성전의 모든 개별적인 것을 재었다는 것에서 잘 알 수 있겠습니다. "길이"는 선을 뜻하고, "너비"는 진리를 뜻하고, "높이"는 가장 높은 것, 즉 극내적인 것에서부터 가장 낮은 것, 즉 궁극적인 것에 이르기까지의 선과 진리의 계도들을 뜻합니다. "길이와 너비"의 뜻에 관해서는 《천계와 지옥》197항을 참조하십시오. "갈대"(=지막대기)가 그것에 의하여 탐색, 조사가 행해지는 것은 궁극적인 것들 안에 있는 진리를 뜻한다는 것은 이런 것에서 명백한데, 인용된 성경말씀의 장절에는 "천사의 손에는 삼으로 꼰 줄"이 있다고 하였습니다. 여기서 "삼으로 꼰 줄"(a line of flax)는 진리를 뜻합니다. 그리고 또한 그의 손에 있는 "여섯

자의 측량 막대기"(=갈대)에서 명백한데, 여기서 "여섯"(6)은 "셋"(3)이 가지고 있는 것과 동일한 뜻을 가지고 있는데, 다시 말하면 전체적인 복합체 안에 있는 진리들을 뜻합니다(본서 384・532항 참조). "측량한다"(to measure)는 것이 한 사물의 성질(=성품)을 탐사, 조사하는 것을 뜻한다는 것은 아래에 이어지는 단락에서 잘 알 수 있겠습니다.

[5] 궁극적인 진리, 즉 질서의 궁극적인 것 안에 있는 진리는 감관적인 진리(sensual truth)를 뜻하는데, 이런 진리는 순전히 감관적인 사람들에게는 성경말씀의 문자적인 뜻 안에 있는 진리와 같은 진리를 가리킵니다. 신령진리는, 가장 높은 것, 즉 극내적인 것에서부터 가장 낮은 것, 즉 궁극적인 것에게로, 계도들에 일치하여 그것의 하강(下降)에서 발출합니다. 가장 높은 계도에 있는 신령진리는 주님으로부터 가장 가까이에서 발출하는 신령한 것과 같은 그런 것입니다. 따라서 그런 신령진리는 천계 위에(above) 있습니다. 이런 것은 끝없는(infinite) 것이기 때문에, 천사의 지각에 들어올 수 없습니다. 그러나 첫째 계도의 신령진리는 극내적인 천계, 즉 삼층천의 천계의 천사들의 지각에 들어오는데, 이것을 가리켜 천적인 신령진리(celestial Divine truth)라고 부르고, 이것에서부터 그런 천사들의 지혜는 옵니다. 둘째 계도의 신령진리는 중간천계, 즉 이층천의 천계의 천사들의 지각에 들어오는데, 그것은 그들의 지혜나 총명을 형성하고, 영적인 신령진리(spiritual Divine truth)라고 부릅니다. 셋째 계도의 신령진리는 가장 낮은 천계, 즉 일층천의 천계의 천사들의 지각에 들어오는데 그것은 그들의 총명이나 지식(=과학지)을 형성하고, 그것은 천적 자연적 신령진리(celestial-natural Divine truth)나 영적 자연적 신령진리(spiritual-natural Divine truth)라고 부릅니다. 그러나 넷째 계도의 신령진리는 이 세상에 사는 교회의 사람들의 지각에 들어

오는 것으로, 그들의 총명이나 지식(=과학지)를 형성하는데, 이것은 자연적 신령진리(natural Divine truth)라고 불리우고, 그리고 그것의 가장 낮은 것은 감관적 신령진리(seneual Divine truth)라고 불리웁니다.

[6] 이런 신령진리들은 성경말씀에서 그들의 계도들의 질서 가운데 있습니다. 그리고 가장 낮은 계도의 신령진리, 즉 질서의 궁극적인 것 안에 있습니다. 이런 진리는 성경말씀의 문자적인 뜻 안에 있는 신령진리입니다. 그것은 감관적인 사람을 가리키는 어린 아이들이나 매우 소박한 사람(the very simple)을 위한 것입니다. 이런 신령진리는 "갈대나 지팡이"(a reed or cane)가 뜻합니다. 그리고 위에서 언급한 것과 같이, 모두에게 있는 탐사들(=조사들)은 가장 낮은 신령진리에 의하여 행해지기 때문에, 따라서 표징적 교회에서 계측(計測 · measurings)이나 검량(檢量 · weighings)은, 이런 부류의 신령진리를 뜻하는, 갈대나 지팡이에 의하여 이루어졌습니다. 갈대에 의한 계측은 바로 위에서 입증하였고, 그리고 또한 검량(檢量 · 무게를 재는 것)은 이사야서에서 볼 수 있겠습니다. 이사야서의 말씀입니다.

> 사람들이 주머니에서 금을 쏟아내며,
> 은을 저울에 달았다.
> (이사야 46 : 6)

[7] "갈대"(=자막대기 · reed)가, 영적인 것이 아니고, 자연적 감관적인 것을 가리키는 소박한 사람이나 어린 아들을 위한, 궁극적인 것 안에 있는 진리를 뜻하기 때문에 이사야서에는 이렇게 언급되었습니다.

> 그는 상한 갈대를 꺾지 않으며,
> 꺼져 가는 등불(=아마의 타는 연기 · 연기나는 심지)을 끄지 않으며,

11장 1-6절

> 진리로 공의를 베풀 것이다.
> (이사야 42:3)

이 장절은 주님에 관해서 다루고 있습니다. 여기서 "그가 꺾지 않는 상한 갈대"는 주님께서는 소박한 사람이나 어린 아이들에게 있는 감관적인 신령진리(sensual Divine truth)를 상하게 하지 않을 것이라는 것을 뜻합니다. "그가 끄지 않는 꺼져 가는 등불"(=아마의 타는 연기·연기나는 심지)은 그분이 소박한 사람이나 어린 아이들에게 있는 사랑에 속한 지극히 적은 선으로 말미암아 살아가는 시초를 가리키는 신령진리를 파괴하지 않을 것이라는 것을 뜻합니다. 여기서 "아마"(=삼·flax)는 진리를 뜻하고, 그리고 "연기"(=심지에서 나는 연기)는 어떤 지극히 적은 사랑으로 말미암아 살아가는 것을 뜻합니다 그리고 이들 양자, 다시 말하면, "갈대와 아마"(the reed and flax)는 진리를 뜻하기 때문에, "주님께서 진리로 공의를 베풀 것이다"(=그는 심판을 진리로 가져 올 것이다)는 말씀이 언급되었는데, 이 말씀은 주님께서 그들에게 총명을 가져올 것이라는 것을 뜻하는데, 여기서 "심판"은 총명을 뜻합니다.

627[B]. [8] "갈대"가 가장 낮은 것을 가리키는 감관적인 진리를 뜻하고, 이런 것은 자연적인 사람들에 존재하고, 심지어 악한 사람에게도 존재합니다. 이사야서의 말씀입니다.

> 뜨겁게 타오르던 땅은 연못이 되고,
> 메마른 땅은
> 물이 쏟아져 나오는 샘이 될 것이다.
> 승냥이 떼가 뒹굴며 살던 곳에는,
> 풀 대신에 갈대와 왕골이 날 것이다.
> (이사야 35:7)

이 구절은 주님에 의한 교회의 설시를 언급하고 있습니다. 그리고 그 때 그들은, 그전 사람들이 가지고 있지 못하던 영적 신령진리를 통하여 총명을 가질 것이라는 것은 "뜨겁게 타오르던 땅은 샘이 될 것이다"(=바싹 마른 땅은 연못이 된다)는 말씀이 뜻하고, 그 때 전에는 오직 감관적인 진리만을 가지고 있던 그들이 자연적인 신령진리를 통하여 지식(=과학지)을 가질 것이라는 것은 "갈대와 왕골 대신에 풀이 날 것이다"는 말씀이 뜻합니다. 여기서 "풀"(grass)은 영적인 근원에서 비롯된 지식을 뜻하고, 또한 그것에 의하여 영적인 진리가 확증된다는 것을 뜻합니다. 이에 반하여 "갈대와 왕골"(reed and rush)은 감관적인 근원에서 비롯된 지식을 뜻하고, 또한 그것에 의하여 감관들에 속한 오류들이 확증된다는 것을 뜻합니다. 본질적으로 살펴보면, 이 지식은, 그것에는 생명에 속한 것은 거의 없고, 전혀 없는 것인, 이른바 물질적인 것이나 현세적인 것(=관능적인 것)이라고 불리우는 가장 낮은 계도의 자연적인 진리를 가리킵니다.

[9] 같은 책의 말씀입니다.

> 강에서 악취가 나며,
> 이집트의 시냇물의 물 깊이가 얕아져 마르겠고,
> 파피루스와 갈대도 시들어 버릴 것이다.
> (이사야 19:6)

이 말씀은 영적인 뜻으로 신령진리의 모든 이해가 소멸할 것이라는 것을 뜻합니다. "강에서 악취가 난다"(=시내가 움추린다)는 것은 영적인 총명에 속한 모든 것들이 떠나가 버릴 것이라는 것을 뜻하고, "이집트의 시냇물(=강들)이 얕아지고 마르겠다"(=줄어들고 마르겠다)는 것은 자연적인 총명에 속한 모든 것들이 소멸할 것이라는 것을 뜻합니다. "갈대와 파피루스(=창포

· flag)가 시들어 버릴 것이다"는 말씀은, 감관적인 진리라고 부르는, 그리고 단순한 지식을 가리키는, 가장 낮은 진리가 사라질 것이라는 것을 뜻합니다. "시냇물이나 강들"(=streams and rivers)은 총명에 속한 것들을 뜻하고, 여기서 "이집트"는 자연적인 것을, "갈대와 파피루스"(=창포 · reed and flag)은 감관적인 진리나 또는 지식을 뜻하고, "얕아진다"(=줄어든다 · to recede)나 "마른다"(=적어진다 · to be minished) "말라버린다"(to be dried up)나 "시든다"(to wither) 등등은 소멸하고, 사라지는 것을 뜻합니다.
[10] 역시 같은 책의 말씀입니다.

> 너는 부러진 갈대 지팡이 같은 이 이집트를 의지한다고 하지만, 그것을 믿고 붙드는 자는 손만 찔리게 될 것이다. 이집트 왕 바로를 신뢰하는 자는 누구나 이와 같이 될 것이다(이사야 36 : 6).

여기서 "이집트"는 영적인 것에서 분리된 자연적인 사람과 그것의 지식(=과학지)을 뜻합니다. 이것이 영적인 사람의 총명에서 분리되었을 때 그것은 어리석을 것이 되고, 그리고 온갖 종류의 악들을 확증하기 위하여 적용하였을 때, 결과적으로 그것은 그릇된 지식이 됩니다. 이러한 내용이, 위에서 언급한 것과 같이, 감관적인 지식(=과학지)을 가리키는, 질서의 궁극적인 것 안에 있는 지식을 가리키는, "부러진 갈대의 지팡이"(a staff of a bruised reed)나 "갈대"로 불리우는 것입니다. "부러졌다"(bruised)는 것은 꺾어지고, 깨진 것을 뜻하고, 그것에게 모순이 없는 일관성(一貫性)을 제공하는 그 어떤 내면적인 진리와 밀착(密着)이나 응집(凝集)하지 않는 것을 뜻합니다. "지팡이"(staff)가 진리들에 관해서 지각하고, 추론하는 결과적인 능력을 뜻합니다. 그러므로 이것은 "사람이 그것에 의지할 때 그 사람은 손만 찔리게 될 것이다"는 말씀이 뜻하는 것입니다.

"그 지팡이에 의지한다"는 것은 자기 자신의 고유속성(=자아·proprium)에서 비롯된 것으로 말미암아 진리들에 관해서 지각하고 추론하는 자기 자신의 능력을 신뢰하는 것을 뜻합니다. "그것이 손에 들어가서 찔린다"는 것은 모든 총명적인 능력이 파괴되는 것을 뜻하고, 그리고 진리들 대신에 오직 거짓들만을 보는 것을 뜻하고, 그리고 그것들을 사로잡는 것을 뜻합니다. "이집트 왕 바로는 그를 신뢰하는 모든 사람에게 그와 같을 것이다"(=이집트 왕 바로를 신뢰하는 자는 누구나 이와 같이 될 것이다)는 말씀은, 그것의 지식들(=과학지들)이나 그것에서 비롯된 총명, 그리고 그 총명에서 비롯된 추론에 관해서, 영적인 것에서 분리되었을 때 자연적인 사람은 그런 부류라는 것을 뜻합니다.

[11] 욥기서의 말씀입니다.

> 내 팔이 부러져도 할 말이 없다.
> 내 팔이 어깻죽지에서 빠져 나와도
> 할 말이 없다.
> 하나님이 내리시는 심판이
> 얼마나 무서운지를 잘 알고 있었으므로,
> 나는 차마
> 그런 파렴치한 짓을 할 수 없었다.
> 나는 황금을 믿지도 않고,
> 정금을 의지하지도 않았다.
> (욥기 31 : 22-24)

이 말씀 역시 자기총명의 신뢰에 관해서 다루고 있습니다. 그리고 영적인 뜻으로 이런 말씀들은, 이것으로 말미암아서는 진리에 속한 것은 아무것도 보이지 않고, 다만 거짓스러운 것만 보이는데, 이것은 결코 어떤 진리와도 결합하지 않는다는 것입니다. 비결합(非結合 · non-coherence)은, "내 팔이 어깻죽지에서 떨어져 나가고, 내 팔이 팔꿈치(=관절)에서 부러지게 된다"는 말씀이 뜻하는데, 여기서 "어깻죽지"(shoulder blade) · "어깨"(shoulder) · "팔"(arm)은 일반적으로는 능력을 뜻하지만, 여기서는 진리를 이해하고, 지각하는 능력을 뜻합니다. "어깨에서 떨어진다" · "팔꿈치에서 부러진다"는 것은 진리를 지각하는 영적인 능력에서 분리되는 것을 뜻하고, 결과적으로는 감관적 관능적인 사람에 의하여 속는 것을 뜻하고, 그리고 거짓에 의하여 멸망하는 것을 뜻합니다. "팔꿈치"(=어깨뼈 · reed)는, 이른바 감관적인 지식(=과학지)이라고 부르는, 질서의 궁극적인 것 안에 있는 진리를 뜻하고, 그리고 그것은, 영적인 것에서 분리되어 오직 자연적인 사람에게 속해 있을 때, 그것은 그저 단순한 거짓이 됩니다. "하나님이 내리시는 심판의 무서움"(=하나님으로부터 오는 심판의 공포)은 진리에 속한 모든 이해의 상실(喪失)을 뜻하고, "나는 차마 그런 파렴치한 짓을 할 수 없었다"(=하나님의 위엄으로 인하여 내가 견딜 수가 없었다)는 말씀은 사람의 고유속성(man's own)에서 비롯된 진리의 이해나 지각은 아무것도 없고, 다만 모든 것은 하나님에게서 온다는 것을 뜻하고, "나는 황금을 믿지도 않고, 정금을 의지하지도 않았다. 내가 금에다 확신(=소망)을 두거나, 정금 더러 내 안전한 피난처(=나의 믿는 것)라고 말한다"는 것은 자기 자신에게서 비롯된 어떤 선을 믿는 것을 가리키는 자신만을 신뢰하는 것을 뜻합니다.
[12] 에스겔서의 말씀입니다.

> 그 때에야 비로소
> 이집트에 사는 모든 사람이,
> 내가 주인 줄 알게 될 것이다.
> 너는 이스라엘 족속을 속이는

갈대 지팡이밖에 못 되었다.
이스라엘 족속이 손으로 너를 붙잡으면,
너는 갈라지면서
오히려 그들의 어깨를 찢었다.
너를 의지하면,
너는 부러지면서
그들이 몸도 못 가누고 비틀거리게 하였다.
(에스겔 29 : 6, 7)

여기서도 역시 위에서 언급한 것과 같이, 모든 비슷한 것들이 이집트에 관해서 언급되었습니다. 여기서도 역시 "이집트"는 영적인 것에서 분리된 자연적인 사람이나, 그리고 그것이 악들에게 적용되었을 때 오직 거짓을 가리키는, 그것의 지식(=과학지)을 뜻합니다. 이러한 내용은 자기 총명만을 신뢰하는 교회에 있는 자들에 관해서 언급하고 있습니다. "이스라엘 족속"(=자손들)은 교회에 속한 자들을 뜻하고, 그리고 그들의 신뢰는 "갈대 지팡이"가 뜻하고, 따라서 소멸하게 될 진리를 지각하는 모든 그들의 능력은 "이스라엘 족속이 손으로 너를 붙잡으면, 너는 갈라지면서 오히려 그들의 어깨를 찢었다. 너를 의지하면 너는 부러지면서 그들이 몸도 못 가누고 비틀거리게 하였다"는 말씀이 뜻합니다. 여기서 "어깨"는 진리를 이해하는 능력이나 역량을 뜻하고, 그리고 이것의 상실(喪失)은 "그들이 너를 의지하면 너는 부러졌다"는 말씀이 뜻합니다. 따라서 사랑의 선이나 인애의 선이 파괴되고, 소멸된 것은 "너를 의지하면, 너는 부러지면서 그들이 몸도 못 가누고 비틀거리게 하였다"(=너는 꺾어져서 그들의 다리를 휘청거리게 하였다)는 말씀이 뜻합니다. "허리"(loins)는 선과 진리의 혼인을 뜻하고, 그러므로 여기서는 진리가 선에 결합되지 않은 것을 뜻하고, 그리고 선에 결합된 진리는 사랑에 속한 선이나 인애에 속한 선을 형성합니다. 그것은 사랑이나 인애에 속한 모든 선은 진리들에 의하여 형성되기 때문입니다.
[13] 시편서의 말씀입니다.

> 갈대 숲에 사는 사나운 짐승들과
> 뭇 백성의 황소 떼와 송아지 떼를
> 꾸짖어 주십시오.
> 조공받기를 탐하는 무리를 짓밟으시고,
> 전쟁을 좋아하는 백성을 흩어 주십시오.
> 이집트에서는 사절단이
> 온갖 예물을 가지고 오고,
> 에티오피아에서는, 사람들이
> 하나님께 손을 들고 기도할 것입니다.
> (시편 68 : 30, 31)

이 말씀은 주님의 나라(=왕국)에 관해서 다루고 있습니다. 거짓된 지식(=과학지)을 조심한다는 것, 다시 말하면 영적인 것에서 분리된 자연적인 사람으로 말미암아 적용된 거짓된 지식을 조심한다는 것은 "갈대 숲에 사는 사나운 짐승(=야생 짐승)을 꾸짖는다"는 말씀이 뜻하고, 그들이 감관들에 속한 오류들에게서 비롯되었기 때문에, 이런 부류의 지식들은 강력하게 설득하기 때문에, 그것들은 "황소 떼"(=권력의 무리 · 수소의 무리)라고 불리웠습니다. "뭇 백성의 송아지 떼"(=송아지의 무리 · 백성의 송아지들)는 자연적인 사람 안에 있는 교회에 속한 선들을 뜻하고, "짓밟힐 은덩어리"(=은 조각 · plates of silver)는 교회에 속한 진리들을 뜻합니다. "짓밟는다"(=밟아 으깬다 또는 흩어 버린다)는 것은 흩어지게 하고, 소멸시키는 것을 뜻하는데, 이런 일은 자연적이고 감관적인 자들에 의하여, 그리고 자연적으로 생각하고, 감관적으로는 생각하지만 동시에 영적으로 생각하지 않는 자들에 의하여 행해집니다. 따라서 영적인 것에서 분리된 자연적인 사람이나 감관적인 사람으로 말미암아 생각하는 자들에 의하여 행해집니다. 이런 사람은 "갈대 숲의 야생 짐승" 또는 "막대기"(cane)가 뜻하고, "전쟁을 좋아한다"는 것은 진리들에 거스르는 추론들을 뜻하고, "이집트나 에티오피아(=구스)에 온 사람"(=통치자들·살찐 사람들)은 영적인 것들에 관해서 지식을 가지고 있는 자들을 뜻하고, 그리고 진리와 선의 선험자들을 뜻하고, 그리고 그들이 영적인 사람에게서 비롯된 빛 안에 있기 때문에, 주님의 나라이 가까이 갈 것입니다.

[14] 열왕기 상서의 말씀입니다.

> 주께서는 이스라엘을 쳐서, 물가의 갈대가 흔들리듯이 흔들리게 하실 것이며, 그들이 아세라 목상을 만들어서 주의 분노를 샀으므로, 조상들에게 주신 이 좋은 땅에서부터 이스라엘을 뿌리째 뽑아 내어서, 유프라테스 강 저쪽으로 흩으실 것입니다(열왕기 상 14 : 15).

이스라엘 자손들 가운데 있는 교회의 황폐가 "물에 흔들리는 갈대"(=물가의 흔들리는 갈대)에 비유되었는데, 그것은 "갈대"(reed) 또는 막대기(cane)가 가장 낮은 것을 가리키는 감관적인 사람의 진리를 뜻하기 때문입니다. 그리고 이 진리가 영적인 사람의 빛에서 분리되었을 때, 그것은 거짓이 됩니다. 왜냐하면 감관적인 사람은 이 세상에 드러나 보이는 것들로부터 모든 것들을 취하기 때문입니다. 결과적으로 영적인 것들에 관한 이런 것들에서 비롯된 추론들은 모두가 진정한 오류들이고, 그 오류들에게서 거짓들은 비롯됩니다. 영적인 것들 안에 있는 감관에 속한 오류들이 무엇인지, 그리고 그것들에게서 비롯된 거짓들이 무엇인지는 《새 예루살렘의 교리》53항과 본서 575항의 설명을 참조하십시오. 그리고 감관적인 사람이 그런 것들로부터 추론할 때 감관적인 지식들(=과학지들)이 진짜 오류들이라는 것은 본서 569[C]・581[A]항을 참조하시고, 그리고 감관적인 것이 무엇인지, 그리고 감관적인 사람의 성품이 무엇인지는 《새 예루살렘의 교리》 50항을 참조하십시오.

627[C]. [15] 복음서들의 말씀입니다.

> 오른손에 갈대를 들게 하였다.…… 갈대를 빼앗아서 머리를 쳤다(마태 27 : 29, 30 ; 마가 15 : 19).

역시 복음서의 말씀입니다.

> 한 사람이 곧 달려가서 해면을 가져다가, 신 포도주에 적셔, 갈대에 꿰어서, 그에게 마시게 하였다(마태 27 : 48 ; 마가 15 : 36).

성경말씀의 영적인 뜻을 알지 못하는 사람들은, 여기의 장절들이나, 주님의 고난(the Lord's passion)에 관계되는 다른 많은 것들이 비웃음이나 모멸(侮蔑)의 일반적인 형식 이외의 아무것도 아니라고 믿을 것입니다. 예를 들면 "그들이 가시로 면류관을 엮어 머리에 씌웠다" "예수의 옷을 벗기고, 주홍색 옷을 입혔다" "그들이 그의 앞에 무릎을 꿇었다"는 것은 그분을 조롱할 목적 때문이라고 생각할 것입니다. 여기서 "그들이 갈대를 오른손에 들게 하였고, 그 뒤에 그 갈대로 머리를 때렸다" 그리고 "해면을 가져다가 신 포도주에 적셔, 갈대에 꿰어서, 그에게 마시게 하였다"는 것 역시 조롱을 목적한 것입니다. 그러나 여기서 반드시 주지하여야 할 것은, 주님의 고난과 관계되는 모든 것들은 신령진리의 모멸이나 조롱을 뜻하고, 따라서 성경말씀의 왜곡이나 위증, 또는 섞음질을 뜻합니다. 주님께서 이 세상에 계실 때, 주님께서는, 교회에 있는 성언을 가리키는, 신령진리 자체이셨기 때문입니다. 그리고 주님께서 그 때 신령진리이셨기 때문에, 주님께서는 유대 사람들이 그것의 위화나 섞음질에 의하여 신령진리, 즉 성언을 취급하는 것을 가리키는, 전적으로 그들이 주님을 다루는 것을 허용하셨습니다. 왜냐하면 그들은 자기 자신의 애욕들(=사랑들)에 성경말씀의 모든 것들을 적용하였기 때문이고, 그리고 그들의 애욕들에 일치하지 않는 모든 진리를 조롱하였고, 비웃었기 때문입니다. 그들은 메시아 그분으로 다루었습니다. 그 이유는 그분께서 그들의 해석이나 종교에 일치하여 온 세상의 임금이 되시지 않았고, 그들을 다른 백성이나 민족들에 비하여 높은 영광자리에 그들을 두시지 않았기 때문입니다. 주님의 고난에 관계되는 모든 것들은 이런 부류의 내용들을 뜻한다는 것은 본서 64 · 83 · 195[C]항을 참조하십시오. 그러나 여기서 "그들이 주님의 손에 갈대를 들게 하였고, 그 뒤에 그것을 빼앗아서 그 갈대로 주님의 머리를 때렸다"는 말씀은 그들이 신령진리, 즉 성언을 위화(僞化)하였다는 것을 뜻하고, 그리고 진리의 이해나, 신령지혜의 이해를 전적으로 조롱, 모멸하였다는 것을 뜻합니다. 여기서 "갈대"(=reed)는, 위에서 언급한 것과 같이, 가장 외적인 것 안에 있는 거짓을 뜻하고, "머리를 때렸다"는 것은 "주님의 머리"가 뜻하는 것을 가리키는, 진리나, 신령지혜의 이해의 배척이나, 그것에 대한 모멸이나 조롱하는 것을 뜻합니다. "신 포도주를 마시게 하려고 주님에게 드리는 것"은 위화된 것을 뜻하고, "그들이 신 포도주를 해면에 적셔서 갈대에 꿰어서 주님에게 마시게 하였다"는 것은 계속해서 떠받치는 거짓을 가리키는, 가장 외적인 것 안에 있는 거짓을 뜻합니다.

628. 그 천사가 가까이 서서 말하였다.
이 말씀은 주님의 뜻(the Lord's will)과 명령을 뜻합니다. 이러한 내용은, 그것에 관해서 곧 언급하겠지만, 여기서는 의지(=뜻 · will)를 가리키는 "가까이 서 있다"(to stand near)는 말의 뜻에서 명확하고, 그리고 또한 성언에 관해서 주님을 가리키는

"천사"(angel)의 뜻에서(본서 593항 참조), 그리고 주님께서 말씀하시는 경우, 명령을 가리키는 "말한다"(saying)는 말의 뜻에서 명확합니다. 왜냐하면 주님께서 말씀하신 것은 행해지기 때문입니다. 즉 누군가가 그것을 반드시 행하여야 하는 명령을 가리키기 때문입니다. "천사가 가까이 서 있다"는 말씀은 여기서는 주님의 의지(=뜻 · the Lord's will)를 뜻하는데, 그것은 영계에서 누구를 보기를 원하고, 그리고 그와 말하기를 원하는 그 목적으로서 생각은 그 사람에게 명령을 주기 때문이고, 그리고 다른 자로 하여금 현존(現存)하기를 일으키기 때문입니다. 다시 말하면 가까이 서 있게 하기 때문입니다. 왜냐하면 영계에서는 자연적인 세상에서와 같이, 불변(不變 · costant)이나 그것에서 비롯된 치수나 분량을 가리키는 거리(距離)가 전혀 없기 때문입니다. 그러나 정동이나 그것에서 비롯되는 생각의 유사한 것은 현존을 일으키고, 이런 원인에 닮지 않은 것은 부재하기 때문입니다. 이것이 영계의 모든 거리의 근원입니다. 이러한 것은, 주님께서는 그들의 주님을 향한 주님사랑이나 이웃을 향한 사랑이나, 그것에서 비롯된 생각들에 일치하여 현존하시는 보편적인 원칙(=원리 · the universal principle)에서 기인합니다. 이렇게 볼 때 보편적인 원칙은 모든 거리들, 다시 말하면 천사들이나 영들 가운데 모든 현존(現存 · presence)이나 부재(不在 · absence)는 존재합니다. 그러므로 어느 누구가 말하기를 원한다면, 다시 말하면 어떤 목적으로 말미암아 그에 관해서 생각하거나, 그와 말하기를 원한다면 그 자는 즉시 나타납니다. 즉 원하는 그자와 함께 있습니다. 이것이 사실이라는 것은 《천계와 지옥》 191-199항에서 잘 볼 수 있는데, 거기에서는 천계에 있는 공간(空間 · space)이 다루어졌습니다. 이렇게 볼 때 "가까이 서 있는 천사"가 주님의 뜻을 뜻한다는 이유를 잘 알 수 있겠습니다. 왜냐하면 "가까이 서 있다"(to stand near)는 현존하는 것을 뜻하기 때문입니다.

629[A]. "일어서서 하나님의 성전과 제단을 측량하고, 성전 안에서 예배하는 사람들을 세어라."

이 말씀은, 신령진리와 신령선의 영접에 관하여 그것의 성질이 무엇인지 그가 반드시 그 교회를 탐사, 조사한다는 것을 뜻하고, 그리고 그것으로 말미암아 주님의 예배에 관해서도 탐사, 조사한다는 것을 뜻합니다. 이러한 내용은, 이것에 관해서 곧 언급하겠지만, 한 사물의 성질이 무엇인지 그것으로 말미암아 주님의 탐사, 조사하는 것을 가리키는 "측량한다"(to measure)는 말의 뜻에서, 그리고 최고의 뜻으로는 신령진리와의 관계에서 주님의 신령인성을 가리키는 "성전"(聖殿・temple)의 뜻에서, 그리고 상대적인 뜻으로는, 위에서 언급한 것과 같이(본서 220항 참조), 주님에게서 발출하는 신령진리에 관한 천계나 교회를 가리키는 "성전"의 뜻에서, 그리고 최고의 뜻으로는 신령선과의 관계에서 주님의 신령인성을 가리키는 "제단"의 뜻에서, 그리고 상대적인 뜻으로는 주님에게서 발출하는 신령선에 관한 천계나 교회를 가리키는 "제단"의 뜻에서(본서 391・490・496항 참조), 그리고 예배를 가리키는 "예배하는 자들"의 뜻에서, 잘 알 수 있겠습니다. "그들이 예배한다"는 것은 주님의 예배를 뜻하는데, 그것은 예배가 주님의 경배나 숭배에 존재하기 때문입니다. 그리고 영적인 뜻으로 예배는 사람에 속한 것은 아무것도 없고, 다만 사람들에게서 추상된 것만 있기 때문입니다. 이것에 관해서는 본서 99・100・270・325・625항을 참조하십시오. 이것이 "예배하는 자들"이 경배나 예배를 뜻하는 이유입니다. 이렇게 볼 때 "일어서서 하나님의 성전과 제단을 측량하고, 성전 안에서 예배하는 사람들을 세어라"는 말씀은, 주님에게서 발출하는 신령진리와 신령선의 수용에 관한 그것의 성질이 무엇인지, 그리고 그것에서 비롯된 예배에 관해서 그것의 성질이 무엇인지, 그 교회를 답사, 조사하는 것을 뜻한다는 것을 명확하게 알 수 있겠습니다.
[2] 영적인 뜻으로 "측량한다"(to measure)는 말은 확실하게 측량하는 것을 뜻하지 않습니다. 왜냐하면 그것은 성전과 제단을 측량할 뿐만 아니라, 그 안에서 예배하는 사람들을 세어라는 것이 명령되었기 때문입니다. 그러므로 "성전과 제단을 측량한다"는 것은 그것들의 치수나 분량이 뜻하는 것을 반드시 내포하고 있고, 따라서 "길이"·"너비"·"높이"가 뜻하는 것을 내포하고 있습니다. 왜냐하면 "성전 안에서 예배하는 사람들을 세어라"는 표현은 "측량한다"는 것이 인물들이나 사물의 성질을 탐사, 조사하는 것을 뜻하지 않는다면, 사용될 수 없기 때문입니다.
[3] "측량한다"는 말이 사물의 성질을 조사, 검토한다는 것을 뜻한다는 것, 그리고 그것을 나타내고 가리킨다는 것 등등은 "측량한다" "치수나 도량 단위"(measures)가 거명, 언급된 성경말씀의 여러 장절들에게서 잘 알 수 있겠습니다. 에스겔서의 말씀입니다.

> 그의 손에는 삼으로 꼰 줄과 측량하는 막대기가 있었다.······ 그가 그 담을 측량하였는데, 두께가 한 장대요, 높이가 한 장대였다.······ 또 그가 문 통로의 안쪽 현관을 재니,······ 그가 문 어귀의 너비를 재니, 열 자였고, 그 문 어귀의 길이는 열석 자였다(에스겔 40 : 3, 5, 6, 8, 11).

그 뒤의 말씀입니다.

> 그가 성전으로 들어가서 벽을 재었다.······ 성소를 재었다.······ 그가 지성소로 들어가서 문 통로의 벽을 재었다.······ 그가 성전을 재는데,······ 성전의 정면 너비와 동쪽 뜰의 너비와······ 성전 뒤뜰 너머

있는 건물을 그 양편의 다락까지 함께 재니,…… 나무로 만든 제단이 있는데 그 높이는 석 자요, 그 길이는 두 자였다(에스겔 41:1-5, 13, 14, 22).

같은 책의 말씀입니다.

그는 안뜰과 바깥뜰의 것들을 측량하였다(에스겔 42장).

마지막으로는……

그는 제단과 제단에 속한 것들을 측량하였다(에스겔 43:13).

더욱이 치수들은 숫자들로 명명되었습니다. 다시 말하면 얼마나 많은 장대들, 얼마나 많은 자나, 얼마나 많은 손바닥의 길이 등등으로 기술되었습니다. 이러한 것은 "측량한다"(to measure)는 말이 측량하는 것을 뜻하지 않고, 오히려 그 사물의 성질을 나타내는 것을 보여 줍니다. 이러한 내용은 측량된 여러 가지 것들에 의하여 나타내겼습니다. 다시 말하면, "건물"·"대문"·"문 통로"(=현관·porch)·"성전"·"상인방"(the upper lintel)·"담벽"·"뜰"·"제단" 등이 되겠습니다. "건물·집·성전"(the building·the house·the temple)은 교회를 뜻하고, "문·대문"은 안내하는 진리를 뜻하고, "문 통로(=현관)"이나 "뜰"(court)은 교회 밖에 있는 모든 것들, 그럼에도 불구하고, 교회를 우러르는 것들을 뜻합니다. 이런 것들은 교회에 속한 사람에게 있는, 그의 자연적인 사람 안에 있는 모든 것들을 가리킵니다. 왜냐하면 사람으로서의 교회 자체는 속사람, 즉 영적인 사람, 또는 영적인 마음, 따라서 그 사람에게서는 내적으로 있기 때문입니다. 한편 겉사람, 즉 자연적인 사람이나, 자연적인 마음 안에 모든 것들, 따라서 밖에 존재하는 모든 것들은, 앞에서 언급한 것과 같이, 속사람, 즉 영적인 사람이나 영적인 마음 안에 있는 것을 가리키는, 교회 자체에 속한 것들에 대응합니다. 이와 같은 외적인 것들은 집 밖에 있는 "문 통로"(=현관)이나 "뜰"이 뜻하는 것들을 가리킵니다. 이런 것들의 성질이나 성품이 무엇인지는 여기서는 치수들(measures)이나 숫자들에 의하여 기술, 나타내고 있습니다. 왜냐하면 여기의 여러 장들은 장차 올 주님의 교회를 다루고 있기 때문입니다. 다시 말하면 내적인 교회(the internal church)라고 불리우는 교회를 다루고 있기 때문이고, 그리고 그 교회가 이와 같이 기술되었기 때문입니다. 여기서 그 각각의 측량의 치수나 크기가 무엇을 뜻하는지를 알지 못하면 어느 누구도 그런 측량의 치수나 크기나 그것의 값이나 중요성을 어느 누구도 알 수 없을 것입니다. 그러나 이런 각각이 뜻하는 것이 무엇인지는 측량된 것들의 뜻에서, 그리고 또한 숫자로 표현된 치수나 분량(=크기)의 뜻에서, 잘 알 수 있겠습니다.

[4] 거기에는 세 개의 것들이 있는데, 다시 말하면 그것들은 "너비"(breadth)・"길이"(length)・"높이"(height)입니다. 여기서 "너비"는 그 교회에 속한 진리를 뜻하고, "길이"는 그 교회의 선을 뜻하고, "높이"는 이들 계도들에 관한 양자를 뜻합니다. 진리나 선의 계도들은, 내면적, 또는 보다 높은 것으로서의 진리와 선의 성질을 가리키고, 그리고 외면적, 보다 낮은 것으로서의 진리와 선의 성질을 가리킵니다. 이런 내용이 이들 세 차원(three dimensions)의 뜻을 가리키는데, 그 이유는 너비는 남쪽에서부터 북쪽의 천계를 서술하기 때문이고, 그리고 길이는 서쪽에서부터 동쪽의 천계를 서술하기 때문이고, 높이는, 가장 높은 것들이 거기에 있는, 삼층천(=셋째 천계)으로부터, 가장 낮은 것들이 있는, 일층천(=첫째 천계)을 서술하고 있기 때문입니다. 남쪽에서 북쪽에 걸쳐 살고 있는 천계의 자들은 교

리에 속한 진리들 안에 있기 때문에, 그러므로 "너비"는 천계의 진리나 교회의 진리를 뜻하고, 동쪽에서 서쪽의 천계에 살고 있는 천계에 있는 자들은 사랑에 속한 선 안에 있기 때문에, 그러므로 "길이"는 천계의 선이나 교회의 선을 뜻하고, 그리고 가장 슬기로운 자를 가리키는, 삼층천에 살고 있는 가장 높은 것들 안에 있고, 이에 반하여 비교적 단순한 자를 가리키는, 첫째 천계에 살고 있는 자들은 가장 낮은 것들 안에 있기 때문에, 그러므로 "높이"는 그들의 계도들에 관해서 지혜나 총명을 뜻합니다. 그러므로 이런 것들은 일반적으로 길이·너비·높이의 치수나 측량에 의하여 표시, 나타내지고 있습니다.
[5] 역시 에스겔서의 말씀입니다.

> 너 사람아, 너는 이스라엘 족속에게 이 성전을 설명해 주어서, 그들이 자기들의 온갖 죄악을 부끄럽게 여기게 하고, 성전 모양을 측량해 보게 하여라. 그들이 저지른 모든 일을 스스로 부끄러워하거든, 너는 이 성전의 설계도 그들에게 가르쳐 주어라. 성전의 배치도, 성전의 출입구, 이 성전의 건축 양식 등 모든 규례와 법도와 모든 율례를 그들에게 알려 주고, 그들이 보는 앞에서 글로 써 주어서, 그들이 이 성전의 건축 설계의 법도와 규례를 지키고 행하게 하여라 (에스겔 43:10, 11).

이 장절에서 "성전을 측량한다" 또는 "집을 측량한다"는 것이 진리와 선에 관한 그 교회의 성품이 무엇인지를 조사하고, 탐사하는 것을 뜻한다는 것은, "만일 그들이 자기들이 행한 모든 일을 부끄러워한다면, 그들에게 그 성전의 설계도 가르쳐 주어라. 성전의 배치도, 성전의 출입구, 이 성전의 건축 양식 등을······ 그들에게 알려 주어라"는 이 장절의 언급에서, 그리고 또한, "이 성전의 건축 설계의 법도와 규례를 지키고 행하게 하여라"는 언급에서 잘 알 수 있겠습니다. 이 장절의 내용은 그 형체(=모양 · form)에 관한 성전의 모양(=모습)을 뜻하지 않고, 오히려 그 성전이 뜻하고 있는 것들에 관한 것들을 뜻합니다. 왜냐하면 "그들이 저지른 모든 일을 스스로 부끄러워한다"는 말씀이 부연되고 있기 때문인데, 그 말씀은 그 교회의 규례와 법을 떠나는 것에 대한 부끄러움을 뜻하기 때문입니다. 그러므로 이어서 "너는 이 성전의 설계도 그들에게 가르쳐 주어라. 성전의 배치도, 성전의 출입구, 이 성전의 건축 양식 등 모든 규례와 법도와 모든 율례를 그들에게 알려 주어라"는 말씀이 부가되었습니다. 이 말씀은 "성전"이 그것의 진리들이나 선들로서의 그 교회를 뜻한다는 것을 가리킵니다. 왜냐하면 이런 것들은 모두가 지켜야 하는 것들이기 때문이고, 이러한 내용은 "그들이 보는 앞에서 글로 써 주어서, 그들이 이 성전의 건축 설계와 법도와 규례를 지키고 행하게 하여라"는 말씀이 뜻합니다. 여기서 "성전"은 진리에 관해서 성경말씀(=성언) 안에 있는 교회를 뜻하고, "하나님의 집"(the house of God)은 선에 관해서 그 교회를 뜻합니다. 왜냐하면 성전은 돌(stone)로 지었지만, 그러나 "하나님의 집"은 고대에서는 나무로 지었는데, 여기서 "돌들"(stones)은 진리들을 뜻하고, "나무"(wood)는 선을 뜻하기 때문입니다.

[6] 스가랴서의 말씀입니다.

> 내가 고개를 들어 보니, 측량줄을 가진 사람이 하나 나타났다. 내가 그에게 물었다. "어디로 가십니까?" 그가 나에게 대답하였다. "예루살렘을 재서, 그 너비와 길이가 얼마나 되는지 알려고 간다."……
> "너는 저 젊은이에게 달려가서 이렇게 알려라.
> '예루살렘 안에 사람과 짐승이 많아져서,
> 예루살렘이
> 성벽으로 두를 수 없을 만큼 커질 것이다'"
> (스가랴 2 : 1, 2, 4)

이 장절은 주님의 강림과 그분에 의하여 세워질 새로운 교회의 설시에 관해서 언급하고 있습니다. 이러한 내용이 그 책의 장절 10, 11절에서 잘 볼 수 있습니다. 여기서 "예루살렘"은 새로운 교회(a new church)를 뜻하고, 그리고 "측량한다"(=잰다 · to measure)는 것은 조사, 검사하는 것, 따라서 그것이 장차 무엇이 되고, 어떻게 될 것인지를 아는 것을 뜻합니다. 여기서 "너비"(=폭)는 그 교회의 교리의 진리를 뜻하고, "길이"는, 앞에서 언급한 것과 같이, 그것의 사랑에 속한 선을 뜻합니다. 그러므로 "예루살렘을 측량해서 그 너비와 길이가 얼마나 되는지 알아 보려고 간다"는 말씀이 뒤이어 언급되었습니다. 여기서 명확하게 "예루살렘"은 교회를 뜻하는 것이지, 성읍 예루살렘을 뜻하는 것은 아닙니다. 왜냐하면 주님의 강림 때의 예루살렘은 그렇게 크지도 않았기 때문입니다. 다시 말하면 "예루살렘이 사람이 거주하는 널찍한 벌판처럼 되리니, 그 안에 사람과 가축이 많아질 것이다"(=예루살렘 안에 사람과 짐승이 많아져서, 예루살렘이 성벽으로 두를 수 없을 만큼 커질 것이다)고 기술되었습니다. 그러나 이렇게 기술된 말씀은 그 교회에 더하여질 그 민족들의 많은 수(=군중)를 뜻합니다. 그것의 중앙에 있는 "예루살렘"은 주님에게서 비롯되는 신령발출을 내면적으로 영접, 수용하는 자들로 이루어진 교회를 뜻하고, "널찍한 벌판"(=그 도시의 근교 · suburbs)은 그것을 외면적으로 영접, 수용할 자들로 이루어진 교회를 뜻합니다. 왜냐하면 주님의 교회는 외적인 것과 내적인 것이 있기 때문입니다. 내적인 교회에는 총명이나 지혜 가운데 있는 자들이, 다시 말하면 높은 천계에 있는 자들이 있지만, 그러나 외적인 교회에는 성경말씀에서 비롯된 진리나 선의 지식들이나 선험지(先驗知)들 안에 있는 자들이 있고, 그리고 내면적인 총명이나 지혜에는 결코 있지 않습니다. 그러므로 이런 자들은 보다 낮은 천계에 있습니다. 그리고 전자는 영적이라고 불리우고, 후자는 영적 자연적이라고 불리우고, 그리고 영적인 자는 "예루살렘의 가운데 있는 자들"이 뜻하고, 영적 자연적인 자는 "가축들"이 뜻합니다. "사람들과 짐승들"(=사람들과 가축들)은, 총명 안에 있고, 그리고 그것에서 비롯된 선한 삶 안에 있는 자들을 뜻합니다. 여기서 "사람들"은 총명 안에 있는 자들을 뜻하고, "짐승들"(=가축들)은 선에 속한 자연적인 정동 안에, 따라서 선한 삶 안에 있는 자들을 뜻합니다.

629[B] [7] 이와 동일한 것들이 묵시록서의 이런 말씀들이 뜻합니다. 묵시록서의 말씀입니다.

> 나에게 말하던 그 천사는 그 도시와 그 문들과 성벽을 측량하려고, 금으로 된 자막대기를 가지고 있었습니다.…… 또 그가 성벽을 재어 보니, 사람의 치수로 백사십사 규빗이었는데, 그것은 천사의 치수이기도 합니다(묵시록 21 : 15, 17).

여기서도 역시 "예루살렘"은 새로운 교회(a new church)를 뜻하고, "도시"(=성읍·city)은 그 교회의 교리를 뜻하고, "성벽"은 방어하는 신령진리(Divine truth defending)를 뜻하고, 치수 "일백사십사"는 복합체로 있는 모든 진리들과 선들을 뜻하고, 그리고 이 치수가 "사람의 치수이고, 천사의 치수"라고 언급되었는데, 만약에 "치수"가 성질을 뜻하지 않는다면, 그것은 그렇게 언급될 수 없었을 것입니다. 그러나 이것에 관한 내용은 다음에 적절한 곳에서 상세하게 설명되겠습니다.

[8] 에스겔서의 말씀입니다.

> 그가 줄자를 가지고 동쪽으로 재면서 가다가, 천 자가 되는 곳에 이르러, 나더러 물을 건너 보라고 하기에, 건너 보니, 물이 발목에까지 올라왔다. 그가 또 재면서 가다가, 천 자가 되는 곳에 이르러, 나더

러 물을 건너 보라고 하기에, 건너 보니, 물이 무릎까지 올라왔다. 그가 또 재면서 가다가, 천 자가 되는 곳에 이르렀는데, 거기에서는 물이 내가 건널 수 없는 강이 되었다.…… 내가 돌아올 때에는, 보니 이미 강의 양쪽 언덕에 많은 나무가 있었다.…… 이 강물이 흘러가는 모든 곳에서는, 온갖 생물이 번성하여 살게 될 것이다.…… 그 곳에도 아주 많은 물고기가 살게 될 것이다(에스겔 47:3-5, 7, 9).

이 말씀은 총명이 어떠한지를 기술하고 있는데, 교회에 속한 자들이 가지는 총명은 주님에게서 발출하는 신령진리의 수용에 의하여 증대합니다. 주님에게서 발출하는 신령진리는 "정면이 동쪽을 향해 있는 성전의 문지방 밑에서 물이 솟아 나와, 동쪽으로 흐르다가, 성전의 오른쪽에서 밑으로 흘러 내려가서, 제단 남쪽으로 지나갔다"는 에스겔 47장 1절의 말씀이 뜻합니다. 여기서 "동쪽"(the east)은, 천계에서 동쪽은 주님께서 태양처럼 나타나는 곳이기 때문에, 주님사랑을 뜻하고, 그 곳에서 "오른쪽"(the right side)은 큰 빛 가운데 수용된 신령진리가 있는 곳을 가리킵니다. 그리고 이쪽은 남쪽이라고 불리웠습니다. 그러므로 "제단의 남쪽으로 지나갔다"는 말씀이 부연되었습니다. 주님에게서 발출하는 신령진리의 수용에 의하여 크게 중대한 총명이 그 예언서에 두루 통과하는 "물들"에 의하여 기술되었는데, 그 첫째는 "발목에까지 올라왔고" 그 다음에는 "무릎까지 올라왔고" 그 다음에는 "허리까지 올라왔고" 그리고 종국에는 "물이 매우 높이 올라와서 걸어서 건널 수 있는 물은 아니었습니다." 여기서 "발목에까지 올라온 물"은 감관적인 사람이나 자연적인 사람이 가지고 있는 그런 부류의 총명을 뜻하는데, 그것은 "발목"이 감관적인 것이나 자연적인 것을 뜻하기 때문입니다. "무릎에까지 올라온 물"은 영적 자연적인 사람이 가지고 있는 총명을 뜻하는데, 그것은 "무릎"(knees)이 영적 자연적인 것을 뜻하기 때문입니다. "허리에까지 올라온

물"은, "허리"가 영적인 것을 가리키는, 진리와 선의 혼인을 뜻하기 때문에, 영적인 사람이 가지고 있는 총명을 뜻합니다. "내가 건널 수 없는 물"(=강)은 지혜라고 부르는, 총명을 뜻하는데, 이런 것들은 천적인 사람이나 삼층천의 천사가 소유하는 것입니다. 이것은 형언할 수 없는 것이기 때문에 "그 물은 내가 건널 수 없는 강이 되었다"라고 언급되었습니다. 그리고 그것이 자연적인 사람 위에 아주 높이 있기 때문에 이런 "물"은 "헤엄칠 물"이라고 하였습니다. 이런 여러 종류의 물에서 볼 때 "강"(the river)은 총명이나 지혜를 뜻합니다. 그리고 진리와 선에 속한 선험지들이나, 또는 지각들은 "강의 양쪽 언덕(=뚝)에 있는 많은 나무"가 뜻합니다. 여기서 "나무들"은 선험지들이나 지각들을 뜻하기 때문입니다. 자연적인 사람 안에 있는 모든 것들에게 있는 그것에서 비롯된 생명인, 선험지들이나 지각들은, "물이 흘러 들어가는 곳마다 생물이 떼 지어 살 수 있게 될 것이다"(=이 강물이 흘러가는 모든 곳에서는 온갖 생물이 번성하며 살게 될 것이다)는 말씀이 뜻합니다. "흘러 들어가는 생물"(=살아 있는 영혼)이나 "물고기"는 자연적인 사람 안에 있는 것들을 뜻하는데, 그것은 성경말씀에서 비롯된 선험지들을 뜻하고, 또한 그것에 의하여 영적인 것들을 확증하는 자연적인 지식들(=과학지들)을 뜻합니다. 그리고 "살아 있다"(to live)는 것은, 영적인 사람이나 그의 총명을 통하여 이런 선험지들이나 지식들에 유입한 주님의 입류를 뜻합니다. "물"(water)이, 그것을 통해서 총명이 들어오는, 성경말씀(=성언)에서 비롯된 교리의 진리들을 뜻한다는 것은 본서 71 · 483 · 518항을 참조하십시오.

[9] 하박국서의 말씀입니다.

그가 멈추시니 땅이 흔들리고,

그가 노려보시니(=그가 땅을 측정하니) 나라들이 떤다.
언제까지나 버틸 것 같은 산들이 무너지고,
영원히 서 있을 것 같은 언덕들이
주저앉는다.
(하박국 3 : 6)

이 말씀은, 주님께서 이 세상에 강림하실 때 주님에 의하여 이루어질 임검(臨檢 · 災難 · visitation)이나 최후심판에 관해서 언급하고 있습니다. "그가 서시어, 땅을 측정한다"는 것은 그 때의 교회의 성질이 무엇인지를 조사, 검사하는 것을 뜻하고, 여기서 "측정한다"(=측량한다)는 것은 검토, 조사하는 것을 뜻하고, "땅"은 교회를 뜻합니다. "그가 보니 민족들을 흩으신다"(=나라들이 조각이 난다)는 것은 악들이나 그것에서 비롯된 거짓들 안에 있는 자들이 지옥으로 쫓겨나는 것을 뜻합니다. 여기서 "산산 조각이 난다"(=흩어진다)는 것은 지옥으로 쫓겨나는 것을 뜻합니다. 그리고 "민족들"(=나라들 · nations)은 악들이나 그것에서 비롯된 거짓들 안에 있는 자들을 뜻합니다. "영원한 산들이 흩어진다"(=언제까지나 버틸 것 같은 산들이 무너진다)는 것은 천적인 교회를 뜻하는데, 이런 교회는 주님사랑 안에 있는 태고시대 사람들에게 있었던 이미 멸망된 교회를 가리킵니다. "영원한 산들"(=언제까지나 버틸 것 같은 산들)은 그 교회와 그 사랑을 뜻하고, "영속하는 작은 산들(=언덕들)이 엎드렸다"(=주저 앉았다)는 것은 멸망한 영적인 교회를 뜻하는데, 이런 교회는 이웃을 향한 사랑 안에 있는, 대홍수 이후 고대 사람들에게 있었습니다. "영속하는 작은 산들"(=영원히 서 있을 것 같은 언덕들)은 그 교회와 그 사랑을 뜻하고, "그의 길만이 영원하다"(=그의 행하심은 영원하다)는 것은 타락한 상태를 가리키는, 그 때의 그 교회의 상태가 일치한다는 것을 뜻합니다.
[10] 이사야서의 말씀입니다.

11장 1-6절

만군의 주 하나님께서 오신다.
그가 권세를 잡고 친히 다스리실 것이다.……
누가 바닷물을
손바닥으로 떠서 헤아려 보았으며,
뼘으로 하늘을 재어 보았느냐?
누가 온 땅의 티끌을 되로 되어 보고,
산들을 어깨 저울로 달아 보고,
언덕들을 손저울로 달아 보았느냐?
(이사야 40 : 10, 12)

이 말씀 역시, 천계나 교회의 근원을 가리키는, 그리고 지혜의 근원을 가리키는, 주님과 신령진리에 관해서 언급하고 있습니다. 주님의 강림(the Lord's coming)과 그 때 그분 자신의 능력으로 말미암아, 그분에 의하여 천계에 있는 모든 것들의 정리정돈에 관해서는 "보아라, 주 하나님께서 강하신 손으로 오시리니, 그의 팔로 친히 다스린다"(=그가 권세를 잡고 친히 다스리실 것이다)는 말씀이 뜻합니다. "친히 다스리실 그의 팔"은 그분 자신의 능력을 뜻합니다. 신령진리에 의한 그분 자신의 능력에 의하여 천계의 모든 것들의 정리정돈은 "누가 바닷물을 손바닥으로 떠서 헤아려 보았으며, 뼘으로 하늘을 재어 보았느냐? 누가 온 땅의 티끌을 되로 되어 보고, 산들을 어깨 저울로 달아 보고, 언덕들을 손저울로 달아 보았느냐?"는 말씀이 뜻합니다. 여기서 "바닷물을 헤아려 본다"는 것은 신령진리들을 정의하고 뜻을 밝히는 것을 뜻하고, "뼘으로 하늘을 잰다"는 것은 그것에서 비롯된 천계를 정리정돈 하는 것을 뜻합니다. "땅의 티끌을 되로 되어 본다"는 것은 낮은 것들을 정리정돈하는 것을 뜻하고, "손의 우묵한 곳"(the hollow of the hand) "뼘"(the span)이나 "치수"(the measure)는 도량형기들이 가지는 동일한 뜻을 가리키고, 그리고 "손"(hand)은, 말하자면, 한 사물의 성질이나 어느 누구의 능력을 뜻합니다. "산들을 어깨 저울로 달아 보고, 언덕들을 손저울로 달아 본다"는 것은 모든 것들을 종속(從屬)시키고, 균형(均衡)잡는 것을 뜻합니다. "어깨 저울"이나 "손저울"은 올바른 균형을 뜻하고, "산들이나 언덕들"은 높은 천계를 뜻하는데, 위에서 언급한 것과 같이, "산들"은 주님사랑 안에 있는 천계를 뜻하고, "언덕들은 이웃을 향한 인애 안에 있는 천계를 뜻합니다.
[11] 욥기서의 말씀입니다.

> 내가 땅의 기초를 놓을 때에,
> 네가 거기에 있기라도 하였느냐?
> 네가 그처럼 많이 알면,
> 내 물음에 대답해 보아라.
> 누가 이 땅을 설계하였는지,
> 너는 아느냐?
> 누가 그 위에 측량줄을 띄웠는지,
> 너는 아느냐?
> 무엇이 땅을 버티는 기둥을 잡고 있느냐?
> 누가 땅의 주춧돌을 놓았느냐?
> (욥기 38:4-6)

여기서 "땅"(the earth)은 교회를 뜻하고, "땅의 기초를 놓는다"는 것이나, "그것의 치수를 잰다"(=그 위에 측량줄을 띄운다)는 것은 그것을 세우는 것을 뜻하고, 그리고 그것의 성질을 규정하는 것을 뜻합니다. 여기서 "치수"(measure)는 한 사물의 성질을 뜻하고, "그것 위에 측량줄을 띄운다"는 것은 그것의 성질에서 그것을 유지(維持)하는 것을 뜻합니다. "무엇이 땅을 버티는 기둥을 잡고 있느냐? 누가 땅의 주춧돌을 놓았느냐?"(=그 기초들은 무엇 위에다 고정시켰으며, 모퉁잇돌은 누가 놓았느냐?)는 말씀은 자연적인 사랑 안에 있는 모든 것들 위에 그것의 기초를 놓았다는 것을 뜻합니다. 그리고 "주춧돌(=모퉁잇돌)은, 영적인 사람의 진리나 영적인 진리가 그것 위에 놓이는, 참된 지식(=과학지)이라고 불리우는, 자연적인 사람의 진리를 뜻합니다.
[12] 예레미야서의 말씀입니다.

> "이 정해진 질서가 내 앞에서 사라지지 않는 한, 이스라엘 자손도 내 앞에서 언제까지나 한 민족으로 남아 있을 것이다…… 누가 위로 하늘을 다 재고, 아래로 땅의 기초를 다 측정할 수 있다면, 나도 이스라엘의 모든 자손이 한 온갖 일들 때문에, 그들을 버릴 수 있을 것이다"(=이 규정들이 사라지지 않는 한, 이스라엘 자손도 언제까지나 한 민족으로 내 앞에서 끊어지지 않을 것이다.…… 누가 위로 하늘을 재고, 아래로 땅의 기초를 살펴볼 수 있다면, 나도 이스라엘의 모든 자손이 저지른 온갖 일 때문에 그들을 버릴 수 있을 것이다)(예레미야 31 : 36, 37).

여기서 "규정들"(=정해진 질서 · statutes)은 이스라엘 자손에게 명령된 교회의 모든 것들을, 따라서 예배에 속한 모든 것들을 뜻합니다. 만약에 그들이 이런 것들을 지키지 않는다면 그들 가운데 교회가 결코 있지 않을 것을 뜻한다는 것은 "이 규정들이 사라지지 않는 한, 이스라엘 자손도 언제까지나 한 민족으로 내 앞에서 끊어지지 않을 것이다"는 말씀이 뜻하는 것입니다. 여기서 "이스라엘"은 교회를 뜻하고, "이스라엘 자손"(=이스라엘의 씨)은 교회에 속한 진리를 뜻하고, 그리고 "위로 하늘을 재고, 아래로 땅의 기초를 살펴볼 수 있다면, 나도 이스라엘의 모든 자손이 저지른 온갖 일 때문에 그들을 버릴 수 있을 것이다"는 말씀은 비록 새로운 하늘과 새로운 교회가 존재할 것이지만, 그럼에도 불구하고 그 민족에게는 천계나 교회에 속한 것은 아무것도 없을 것이라는 것을 뜻합니다.

629[C]. [13] "잰다"(to mete)나 "측량한다"(to measure)는 것은 한 사물이 어떤 것인지 정하고, 결정하는 것을 뜻하고, 또한 그것을 검색, 조사하는 것을 뜻하는데, 그것은 "치수"(=도량 단위·measure)가 한 사물이 어떤 것인지를, 또는 성질이나 본질을 뜻하기 때문입니다. "치수"나 "도량 단위"의 뜻이 이런 것이라는 것은 아래의 장절들에게서 잘 알 수 있겠습니다. 묵시록서의 말씀입니다.

> 그 천사가 성벽을 재어 보니, 사람의 치수로 백사십사 규빗이었는데, 그것은 천사의 치수이기도 합니다(묵시록 21:17).

여기서 명확한 것은 "치수"(measure)가 "도시 새 예루살렘의 성벽"이 뜻하는, 그것의 성질을 뜻한다는 것입니다. 왜냐하면 "그 성벽의 치수는 사람의 치수를 백사십사 규빗이고, 그것은 천사의 치수이다"는 말씀이 뜻하는 것이기 때문입니다. 마태복음서의 말씀입니다.

> 너희가 심판을 받지 않으려거든, 남을 심판하지 말아라. 너희가 남을 심판하는 그 심판으로 하나님께서 너희를 심판하실 것이요, 너희가 되질하여 주는 그 되로 너희에게 되어서 주실 것이다(마태 7:1, 2).

누가복음서의 말씀입니다.

> 남을 심판하지 말아라. 그러면 하나님께서도 너희를 심판하지 않으실 것이다. 남을 정죄하지 말아라. 그러면 하나님께서도 너희를 정죄하지 않으실 것이다. 남을 용서하여라. 그러면 하나님께서도 너희를 용서하실 것이다. 남에게 주어라. 그러면 하나님께서도 너희에게 주실 것이니, 되를 누르고 흔들어서, 넘치도록 후하게 되어, 너희 품에 안겨 주실 것이다. 너희가 되질하여 주는 그 되로 너희에게 도로

되어서 주실 것이다(누가 6 : 37, 38).

이 장절은 《천계와 지옥》 349항의 설명을 참조하십시오. 마가복음서의 말씀입니다.

> 너희가 되어서 주는 만큼 너희에게 되어서 주실 것이요, 덤으로 더 주실 것이다. 가진 사람은 더 받을 것이요, 가지지 못한 사람은 그 가진 것마저 빼앗길 것이다(마가 4 : 24, 25).

[14] 이웃을 향한 사랑(=인애), 또는 진리나 선에 속한 영적인 정동이 그와 같이 기술되었습니다. 다시 말하면 어느 누구가 이 세상에서 인애나, 또는 정동에서 이런 방법이나 저런 방법으로 재었다면 그 사람은 죽은 뒤에 그것에 이른다는 것입니다. 우리가 선이나 진리에 대해서 나쁘게 생각하지 않는다는 것은 "남을 심판하지 말아라. 너희도 심판받지 않을 것이다. 남을 정죄하지 말아라. 너희도 정죄받지 않을 것이다"는 말씀이 뜻합니다. 여기서 악한 것을 악하다고 생각하는 것이나, 거짓이 모두에게 허용하는 것을 악하다고 생각 하지만, 그러나 선이나 진리에 대해서 그와 같이 생각하지 않는다는 것을 뜻합니다. 왜냐하면 영적인 뜻으로 이것들이 이웃이기 때문입니다. 그것이 바로 이웃을 향한 인애(=사랑)이기 때문에, "남을 용서하여라. 너희도 용서를 받을 것이다. 남에게 주어라. 너희에게 주어질 것이다"는 말씀이 부연되었습니다. 인애라고 부르는 영적인 정동은, 그것의 양이나 질에 일치하여 사후(死後)에도 계속 이어질 것이라는 것이 "너희가 듣는 것에 주의하여라. 너희가 되질하여 주는 그 되로 너희에게 도로 되어서 주실 것이다"는 말씀이 뜻합니다. 그리고 이 양(量)이나 질(質)은 영원히 채워질 것이라는 것은 "되를 누르고 흔들어서, 넘치도록 후하게 되어 너희 품에 안겨 주실 것이다. 너희가 되질하여 주는

그 되로 너희에게 도로 되어서 주실 것이다"는 말씀이 뜻합니다. 여기서 "되"(measure)는 정동이나 인애의 양과 질을 뜻하는데, 그것은 이 세상에서 그것의 계도(=정도) 안에서, 또는 그 계도에 일치하여 영원히 그것이 증대될 것을 뜻합니다(《천계와 지옥》349항 참조). 이런 일이 인애를 실천하는 자들에게 일어날 것이라는 것은 "너희가 듣는 것에 조심하라"고 부연된 말씀이 뜻하는데, 여기서 "듣는 것"은 순종하고 행하는 자들을 뜻합니다. "이웃을 사랑한다"는 것은 참된 것이나 선한 것을 사랑하는 것을 가리키고, 마찬가지로 신실한 것이나 바른 것을 사랑하는 것을 가리키는데, 이러한 내용은 《새 예루살렘의 교리》84-106항을 참조하십시오. 여기서 다른 자의 영적인 삶에 관해서 다른 생각이나 판단이 없다는 것은 이런 사실에서 잘 알 수 있겠는데, 그것은 곧 다른 자의 도덕적인 생활이나 시민적인 삶에 관해서, 그리고 그것을 판단하고 생각하는 것이 모두에게 허용된다는 것에서 잘 알 수 있겠습니다. 다른 자들에 관한 이런 부류의 생각이나 판단이 없다면 시민적인 사회는 결코 유지될 수 없습니다. 그러므로 "심판을 받지 않으려거든, 남을 심판하지 말아라"라는 말씀은 이웃의 악을 생각하지 않는다는 것은 영적으로 이해하는 것, 다시 말하면 사람의 영적인 생명(=삶)에 속한 그의 믿음이나 사랑에 관해서 나쁘게 생각하지 않는 것을 뜻합니다. 왜냐하면 이런 것들의 그 사람의 내면적인 것들 안에 숨겨져 있고, 그러므로 주님 이외에는 어느 누구에게도 알려져 있지 않기 때문입니다.
[15] 요한복음서의 말씀입니다.

> 하나님께서 보내신 이는 하나님의 말씀을 전한다. 그것은 하나님께서 그에게 영(=성령)을 아낌없이 주시기 때문이다(요한 3:34).

하나님께서 주시는 "영"(=성령 · the spirit)은 신령진리를 뜻하고, 그리고 총명과 그것에서 비롯된 지혜를 뜻합니다. "아낌없이"(=한량없이 · not by measure)라는 말은 사람들의 모든 한계(=척도 · 기준 · measure)나 성품 이상으로, 따라서 무한한 것을 뜻합니다. 왜냐하면 주님에게 속한 무한성(無限性)은 한계(=척도 · 기준)나 또는 성질 밖에 있기 때문입니다. 왜냐하면 양이나 질은 유한한 것의 속성이고 본능이기 때문입니다. 양이나 질은 유한한 것을 결정하고, 그것에 한계나 제한 따위를 두기 때문입니다. 그러나 한계나 제한 밖이라는 것은 무한(無限)을 가리킵니다. 이렇게 볼 때 뒤이어지는 여기서의 "치수"(=분량 · 기준 · measure)는 성질을 뜻하는데, 그것은 "한량없이"(=아낌없이 · not by measure)라는 말이, 한 사물이 무엇인지, 또는 그것의 성질이 무엇인지를 단정하지 않는다는 것을 뜻합니다.
[16] 시편서의 말씀입니다.

"주님 알려 주십시오.
내가 얼마나 더 살겠습니까?
내가 언제 죽습니까?
나의 일생이
얼마나 덧없이 지나가는 것인지를
말씀해 주십시오" 하고
묻지 않을 수 없었다.
주께서 나에게
한 뼘 길이밖에 안 되는 날을 주셨으니,
내 일생이 주님 앞에서는
없는 것이나 같습니다.
(시편 39 : 4, 5)

이 말씀은 마치 그가 그것의 한계를 원하는, 그리고 이런 한계를 매우 빠르게 지나가는, 단순히 삶의 때들(=인생의 일생)을 뜻하는 것처럼 보입니다. 그러나 영적인 뜻으로 그것은 인생의 일생을 뜻하지 않고, 그것 대신에 삶의 상태들을 뜻합니다. 그러므로 "주님, 내가 얼마나 더 살겠는지? 언제 죽겠는지? 알려주십시오"(=주여, 나의 종말과 내 날들의 분량이 어떠한지 내게 알려 주십시오)라는 말씀은 그 사람이 그의 삶의 상태와 그것의 성질을 알기를 원한다는 것, 따라서 그는 어떤 종류의 생애(生涯)를 이어갈 것인지를 알기를 원한다는 것을 뜻합니다. "주께서 나에게 한 뼘 길이밖에 안 되는 날을 주셨다"(=주께서 내 날들을 손 너비만큼 주셨다)는 말씀은 결과적으로 어느 누구의 삶의 상태가 지극히 짧다는 것을 뜻합니다. 그리고 "내 일생은 주님 앞에서는 없는 것 같습니다"(=내 연수가 주 앞에서는 없는 것 같습니다)는 말씀은 한 사람의 일생의 상태가 아무런 값어치가 없다는 것을 뜻합니다. 왜냐하면 "시간과 날"(time and day)은 진리와 선에 관한 삶의 상태를 뜻하기 때문이고, 그리고 그것에서 비롯된 총명이나 지혜에 관한 삶의 상태를 뜻하기 때문입니다. 그러므로 여기서 이런 모든 것들은, 그것들이 그 사람 자신에 한해서는 아무런 값어치가 없다는 것을 뜻합니다. 이런 말씀들에 이와 같은 뜻이 있다는 것은, 자연적인 생각이 시간의 개념(the idea of time)에서 분리될 수 없기 때문에, 오직 자연적으로만 생각하는 사람들은 알 수가 없습니다. 그러나 천사들의 것과 같이, 영적인 생각은 일반적으로 시간이나 공간 또는 인물에게 있는 것은 아무것도 가지고 있지 않습니다.

[17] "치수들"(=도량법 · measures)이 한 사물의 성질을 뜻하기 때문에, 아래 장절들이 뜻하는 것이 무엇인지 명확합니다.

내가 살 넓은 집(예레미야 22 : 14).
이것이 네 몫이요, 받는 분깃이다(예레미야 13 : 25).

11장 1-6절

소득과 상품과 키가 큰 사람들(이사야 45 : 14).

여기서 "치수들"(=크기나 양들)은 복합체적으로 성질을 뜻합니다. 레위기서의 말씀입니다.

재판할 때에나, 길이나 무게나 양을 잴 때에, 잘못을 저지르지 않도록 하여라. 너희는 바른 저울과 바른 추와 바른 에바와 바른 힌을 사용하여라(레위기 19 : 35, 36).

신명기서의 말씀입니다.

너희는 주머니에 크고 작은 다른 저울추를 두 개 가지고 있어서는 안 된다. 너희의 집에 크고 작은 다른 되가 두 개 있어서도 안 된다. 너희는 바르고 확실한 저울추와 바르고 확실한 되를 사용하여라. 그러면 주 너희의 하나님이 주시는 땅에서 너희가 오래 살 것이다(신명기 25 : 13-15).

에스겔서의 말씀입니다.

너희는 정확한 저울과 정확한 에바와 정확한 밧을 써라(에스겔 45 : 10).

여기의 치수들(=도량형들)이나 무게들(=크기들)은 진리와 선의 성질에 일치하는 사물의 평가나 판단(estimation)을 뜻한다는 것은 본서 373항을 참조하십시오.

630[A]. 2절. 그러나 그 성전의 바깥 뜰은 측량하지 말고, 내버려 두어라.
이 말씀은 성경말씀의 외적인 것이나, 그것에서 비롯된 교회나 예배의 외적인 것은 담사, 조사되지 않는다는 것을 뜻합니다.

이러한 내용은 성경말씀의 외적인 것을 가리키는, 그리고 그것에서 비롯된 교회의 외적인 것이나 예배의 외적인 것을 가리키는 "바깥 뜰"(the court)의 뜻에서 명확합니다. "바깥 뜰"(the court)이 이런 뜻을 가지고 있다는 것은 "성전"(聖殿 · temple)이, 위에서 언급한 것과 같이, 신령진리에 관해서 천계나 교회를 뜻하기 때문입니다. 그러므로 "성전 바깥이나, 성전 앞에 있는 바깥 뜰"(the court)은 첫째 천계(=일층천)나 가장 낮은 천계를 뜻합니다. 왜냐하면 "성전"은 본질에서 보면, 보다 높은 천계들을 뜻하기 때문입니다. 다시 말하면 언약의 궤가 있는 "지성소"(至聖所 · adytum)도 극내적 천계, 즉 삼층천을 뜻하기 때문이고, "지성소 밖의 성전"은 중간천계, 즉 이층천을 뜻하기 때문입니다. 그러므로 "바깥 뜰"(the court)은 가장 낮은 천계, 즉 일층천을 뜻합니다. 그리고 천계가 뜻하는 것은 역시 교회를 뜻합니다. 왜냐하면 교회는 이 땅 위에 있는 주님의 천계이기 때문입니다. 그리고 교회가 뜻하는 것은 역시 성경말씀(=성언)을 뜻하고, 예배를 뜻합니다. 왜냐하면 성경말씀(=성언)은 신령진리이고, 그것으로 말미암아 천계나 교회가 존재하고, 그리고 예배는, 성경말씀을 가리키는, 신령진리와 일치하기 때문입니다. 이렇게 볼 때, "바깥 뜰"(the court)은 천계나 교회의 외적인 것, 즉 궁극적인 것은 뜻하고, 그리고 또한 성경말씀(=성언)이나 예배의 외적인 것, 즉 궁극적인 것을 뜻한다는 것입니다.

[2] 성경말씀(=성언 · the Word)이나 예배는 전적으로 천계나 교회와 같은 것입니다. 왜냐하면 거기에는 세 천계들(three heavens)이 있듯이, 성경말씀에는 분명하게 분별되는 세 뜻(three distinct senses)이 있기 때문입니다. 천적인 뜻(the celestial sense)은 극내적인 천계, 즉 삼층천을 위한 것입니다. 그리고 영적인 뜻이라고 하는, 중간적인 뜻(the middle sense)

은 중간천계, 즉 이층천을 위해 있습니다. 그리고 천적 자연적인 뜻(the celestial-natural sense)이나, 영적 자연적인 뜻(the spiritual-natural sense)이라고 하는 궁극적인 뜻(the ultimate sense)은 가장 낮은 천계, 즉 일층천을 위해 있습니다. 이런 세 뜻들 이외에도 이 세상을 위해 있는 그 밖의 자연적인 뜻들은 성경말씀 안에, 그리고 그것의 개별적인 모든 것들 안에 있습니다. 그리고 세 천계들이 성언(=성경말씀)을 가지고 있고, 각각의 천계는 성언의 그것 고유의 뜻 안에 있기 때문에, 그리고 이것으로 말미암아 그들의 천계나 그들의 예배를 가지고 있기 때문에, 여기에서 뒤이어지는 것은, 천계가 뜻하는 것은 성언과 예배를 뜻한다고 하겠습니다. 이러한 일련의 내용이 "바깥뜰"(the court)이 성언(=성경말씀)의 외적인 것이나, 그것에서 비롯된 교회의 외적인 것이나, 예배의 외적인 것을 뜻하는 이유입니다.

[3] 더욱이 우리가 주지하여야 할 것은, 성전은 안뜰(within court)와 바깥뜰(without court)인 두 개의 뜻을 가지고 있다는 것이고, "바깥뜰"(the court without the temple)은 천계나 교회의 입구(=입문) 자체를 뜻하고, 거기에는 천계에 입문(入門)하는 자들이 있습니다. 이에 반하여 "성전의 안뜰"(the court within the temple)은 가장 낮은 천계(the lowest heaven)를 표징합니다. 이러한 것은 교회에게서도 비슷하고, 그리고 성언이나 예배에 있어서도 그와 비슷합니다. 왜냐하면 "성전의 바깥뜰"은 성언의 외적인 것을, 다시 말하면, 이 세상을 위해서 있는, 그리고 그것에 의하여 사람이, 천계의 천사들이 있는, 그것의 영적인 뜻에 안내, 소개되는 자연적인 뜻에 있는 그런 것이기 때문입니다. 그러나 안뜰과 바깥뜰인 그 뜰이 뜻하는 그것의 각각의 고유한 뜻은 아래에서 언급, 설명되겠습니다. 역시 여기서 "그 성전의 바깥뜰은 측량하지 말고, 내버려 두어라"라고

언급된 이유도 아래의 단락에서 언급될 것인데, 거기에는 "그것은 이방 사람들에게 내주었기 때문이다"는 말씀이 뜻하는 것이 언급, 설명되겠습니다.

630[B]. [4] 이런 내용에서 볼 때, 성경말씀에서 "뜰"이나, 아래의 장절에서 "마당들"(=뜰들)이 뜻하는 것이 무엇인지 어느 정도는 알 수 있겠습니다. 출애굽기서의 말씀입니다.

> 성막 뜰을 두르는 울타리를 만들어라.…… 그 뜰에 걸 막은 남쪽을 향해 남녘에 치거라.…… 각각의 뜰을 위해서는, 스무 개의 기둥과 스무 개의 받침은 놋으로 만들고, 기둥들의 갈고리와 가름대는 은으로 만들어라.…… 남쪽에서 북쪽의 뜰의 길이는 일백 큐빗이고, 동쪽에서 서쪽의 폭은 오십 큐빗이다(출애굽기 27 : 9-18).

이 뜰은 "회막의 뜰"(the court of the Tent of meeting)을 가리키는데, 이것은 역시 가장 낮은 천계, 즉 일층천을 표징하고, 뜻합니다. 왜냐하면 "회막"(the Tent of meeting)은 천계를 뜻하기 때문이고, 시은좌(施恩座 · the mercy-seat)가 그 위를 덮고 있는 법궤(the ark)가 놓여 있는 회막의 지성소는 극내적 천계, 즉 삼층천을 표징합니다. 법궤 안에 있는 율법은 신령진리, 즉 성언의 측면에서 주님 당신을 표징하고, 떡들(=진설병 · 陳設餠)의 식탁(the table for the loaves)이나 향단이나 촛대가 있는 휘장 밖의 천막은 중간천계, 즉 이층천을 표징하고, "뜰"은 가장 낮은 천계, 즉 일층천을 표징합니다. 천막이 세 천계들을 표징한다는 것은 《천계비의》3478 · 9457 · 9481 · 9485항의 설명내용을 참조하십시오. 그러나 개별적으로 뜰이 뜻하는 것이나, 그것에 속한 모든 것들이 뜻하는 것은 같은 책 9741-9775항을 참조하십시오.

[5] "뜰"이 가장 낮은 천계를 뜻하기 때문에, 그것으로 말미암아 역시 교회 · 성언 · 예배의 외적인 것을 표징합니다. 레위

기서의 말씀입니다.

> 제물을 가져 온 사람의 죄를 속하여 주려고 제사를 드리는 제사장이 그 제물을 먹는다. 그는 그것을 회막을 친 뜰 안, 거룩한 곳에서 먹어야 한다(레위기 6 : 26).

성별된 제물을 "뜰 안에서 먹는다"는 것은 곡식제물이나 희생제물들이 뜻하는 교회에 속한 선들을 자기 자신에게 전유하는 것을 뜻하고, 그리고 거룩한 것들의 전유(專有)는 궁극적인 것들에 의하여 이루어집니다. 왜냐하면 궁극적인 것들을 통하지 않고서는 거룩한 내면적인 것들의 전유가 결코 불가능하기 때문입니다.

[6] 그러나 성전의 뜰이 열왕기 상서에는 이렇게 기술되었습니다. 그 책의 말씀입니다.

> 또 성전 앞에다가 안뜰을 만들었는데, 안뜰 벽은 잘 다듬은 돌 세 켜와 두꺼운 백향목 판자 한 켜로 벽을 쳤다(열왕기 상 6 : 36).

여기서도 마찬가지로 성전(the temple)은 천계나 교회를 표징합니다. 법궤가 안치된 지성소(the adytum)는 극내적인 천계를 표징하고, 그리고 또한 천적인 교회(the celestial church)라고 불리우는 극내적인 것들 안에 있는 자들이 있는 그 교회를 표징합니다. 지성소 밖의 성전은 중간천계, 즉 이층천을 표징하고, 그리고 또한 내적 영적인 교회(the internal spiritual church)라고 불리우는, 중간천계에 있는 자들에게 있는 교회를 표징하고, 안뜰(the inner court)은 가장 낮은 천계, 즉 일층천을 표징하고, 또한 내적 자연적 교회라고 불리우는 궁극적인 것들 안에 있는 가들에게 있는 그 교회를 표징합니다. 이에 반하여 바깥뜰(the outer court)은 천계에의 입문(入門・出入口)을 표징합니다.
[7] 최고의 뜻으로 성전이 신령인성과의 관계에서 주님을 뜻하기 때문에, 따라서 신령진리와의 관계에서 주님을 뜻하고, 그것으로 말미암아 성전 또한 주님에게서 발출하는 신령진리를 뜻합니다. 결과적으로 성전은 성언(聖言 · the Word)을 뜻합니다. 왜냐하면 그것이 교회 안에 있는 신령진리이기 때문입니다. 성전이 주님의 신령인성(the Lord's Divine Human)을 뜻한다는 것은 주님께서 친히 말씀하신 주님의 말씀에서 명확합니다. 요한복음서의 말씀입니다.

> 예수께서 그들에게 말씀하시기를 "이 성전을 허물어라. 그러면 내가 사흘 만에 다시 세우겠다" 하였다.…… 그러나 예수께서 성전이라고 하신 것은 자기 몸을 두고 하신 말씀이었다. 예수께서 죽은 사람 가운데서 살아나신 뒤에야, 제자들은 그가 말씀하신 것을 기억하고서, 성경말씀과 예수께서 하신 말씀을 믿었다(요한 2:19-22).

"성전"이 교회를 뜻한다는 것은 아래의 주님의 말씀에서 명확합니다. 복음서의 말씀입니다.

> 제자들이 다가와서, 성전 건물을 예수께 가리켜 보였다. 예수께서 그들에게 말씀하셨다. "너희는 이 모든 것을 보고 있지 않으냐? 내가 진정으로 너희에게 말한다. 여기에 돌 하나도 돌 위에 남지 않고 다 무너질 것이다"(마태 24:1, 2 ; 누가 21:5-7).

이 말씀은 모든 신령진리가, 결과적으로는 교회에 속한 모든 것들이 멸망할 것이라는 것을 뜻합니다. 왜냐하면, 이른바 시대의 종말(the consummation of the age)이라고 하는 교회의 마지막이 여기서 다루어졌기 때문입니다.
[8] 거기에는 두 뜰(two courts)이 축성되었는데, 하나는 안뜰

(an inner court)이고, 다른 하나는 바깥뜰(an court)이고, 그리고 거기에는 작은 방들(little chamber) · 현관들(=주랑들 · portico) · 복도들(=회랑들)과 그 밖의 다른 많은 것들이 있었다는 것은 에스겔서의 이것들에 관한 기술에서 잘 볼 수 있겠습니다. 그 책의 말씀입니다.

> 그 사람이 나를 데리고 바깥 뜰로 들어갔는데, 그 바깥 뜰에는 사방으로 행랑방들이 있고, 길에는 돌을 깔아 놓았는데, 그 돌이 깔린 길을 따라, 서른 채의 행랑이 붙어 있었다.…… 또 그가 아랫문의 안쪽 정면에서부터 안뜰의 바깥 정면에 이르기까지 너비를 재니, 백 자가 되었다. 그 길이는 동쪽과 북쪽이 같았다. 또 그 사람이 나를 바깥 뜰에 붙은 북쪽으로 난 문으로 데리고 가서, 그 문의 길이와 너비를 재었다. 문지기 방들이 이쪽에도 셋, 저쪽에도 셋이 있는데, 그 벽기둥이나 현관이 모두 앞에서 말한, 동쪽으로 난 문의 크기와 꼭같이 이 대문의 전체 길이가 쉰 자요, 너비가 스물다섯 자였다. 그 현관의 창과 벽기둥의 종려나무도 동쪽으로 난 문에 있는 것들과 크기가 같았다.…… 그 대문의 현관은 바깥 뜰로 나 있고,…… 그 중문의 현관을 바깥 뜰로 나 있으며, 문 양편의 벽기둥들 위에는 종려나무가 새겨져 있었다(에스겔 40 : 17-22, 31, 34 ; 42 : 1-14).

안뜰에 관해서도 동일하게 언급되었습니다. 같은 책의 말씀입니다.

> 이 문도 동쪽으로 난 문과 마찬가지로 안뜰에 붙은 중문을 마주 보고 있었다. 그가 중문에서 북쪽으로 난 문까지의 거리를 재니, 백 자였다. 또 그 사람이 나를 데리고 남쪽으로 갔는데, 거기에도 남쪽으로 난 문이 있었다. 그가 그 문의 벽기둥과 현관을 재니, 크기가 위에서 본 다른 두 문과 같았다.…… 또 그 사람이 나를 데리고 남쪽 문을 지나 안뜰로 갔다. 그가 남쪽 문을 재니, 크기가 다른 문들과 같았다.…… 그 대문의 현관은 바깥 뜰로 나 있고,…… 그 중문

으로 들어가는 어귀에는 여덟 계단이 있었다.…… 또 안뜰의 바깥쪽에는 방 두 개가 있는데, 하나는 북쪽 중문의 한쪽 모퉁이 벽 곁에 있어서 남쪽을 향해 있고, 다른 하나는 남쪽 중문의 한쪽 모퉁이 벽 곁에 있어서 북쪽을 향하여 있었다(에스겔 40 : 23-31, 44).

예레미야서의 말씀입니다.

바룩은 주의 성전으로 들어가서, 모든 백성에게 예레미야가 한 주의 말씀을 기록한 두루마리를 낭독하였다. 그가 낭독한 곳은 서기관 사반의 아들 그마랴의 방이었고, 그 방은 주의 성전 '새 대문' 어귀의 위 뜰에 있었다(예레미야 36 : 10).

에스겔 선지서 40장부터 48장이는 새 도시, 새 성전, 새 땅에 관해서 다루고 있습니다. 그것은 주님께서 설시하시려는 새로운 교회(a new church)를 다루고 있고, 그리고 "방들"(chambers), "침실들"(bedchambers), "주랑이나 현관들"(porticos)이나 그 밖의 나머지 것들은 그 교회에 속한 그런 것들을 가리키는, 그 교회의 교리나 예배를 뜻합니다. 그것들의 크기(dimensions)는, 위에서 언급, 입증한 것과 같이, 그것들의 성질을 뜻합니다. 그러나 지금은 그것의 개별적인 것이 뜻하는 것을 설명할 곳은 아닙니다. 그러나 다만 "뜰들"(courts)을 언급한다면, 그것들은 천계나 교회의 외적인 것들을 뜻한다는 것이고, 그것으로 말미암아 성언이나 예배의 외적인 것들을 뜻한다는 것입니다. "뜰들"(the courts)이 이런 것들의 외적인 것들을 뜻한다는 것은 오직 이런 것에서 명확합니다. 즉, 일반적으로 "성전"은 천계나 교회를 뜻한다는 것, 그러므로 성전의 세 구역들(the three divisions of the temple), 다시 말하면, 뜰들(the courts)·성전 자체·지성소 등은 그것들의 계도에 일치하는 세 천계를 뜻한다는 것입니다. 그것들의 계도에 일치하는 세 천계의 성질이나 본성이 무엇인지는 《천계와 지옥》 29-40항을 참조하십시오.
630[C]. [9] "성전과 그것의 뜰들"(the temple and the courts)이 천계나 교회를 뜻한다는 것은 에스겔서의 아래 말씀들에게서 충분하게 알 수 있겠습니다. 그 책의 말씀입니다.

> 그 때에 주의 영이 나를 들어 올려, 안뜰로 데리고 갔는데, 주의 영광이 성전을 가득 채웠다! 그 사람이 내 곁에 서 있는데, 나는 성전에서 들려 오는 소리를 들었다. 나는 말하는 소리를 들었다. "사람아, 이 곳은 내 보좌가 있는 곳, 내 발을 딛는 곳, 내가 여기 이스라엘 자손 한가운데서 영원히 살 곳이다. 그래서 이스라엘 자손이 내 거룩한 이름을 다시는 더럽히지 못할 것이다(에스겔 43:5-7).

이들 "뜰들"(courts)이 가장 낮은 천계, 즉 교회의 외적인 것을 뜻한다는 것은, "그 때에 주의 영이 나를 들어 올려, 안뜰로 데리고 갔는데, 주의 영광이 성전을 가득 채웠다"고 언급된 말씀에서 잘 볼 수 있겠습니다. 여기서 "주의 영광"(=여호와의 영광 · the glory of Jehovah)은, 천계와 교회를 형성하는 신령진리를 뜻합니다. 그리고 또한 그 뒤에는 이 성전(=그 집)은 "이 곳은 내 보좌가 있는 곳, 내 발을 딛는 곳, 내가 여기 이스라엘 자손 한가운데서 영원히 살 곳이다"는 말씀이 언급되었습니다. 여기서 "주의 보좌"(=여호와의 보좌 · the throne of Jehovah)가 교회를 뜻한다는 것은 본서 253 · 297 · 343 · 460 · 462 · 477 · 482항을 참조하시고, 그리고 "내 발을 딛는 곳"(=내 발바닥의 둘 자리 · the place of the soles of the feet of Jehovah)은 교회를 뜻합니다(본서 606항 참조). "이스라엘 자손"은 주님의 교회에 속한 자들 모두를 뜻하고, 결과적으로는 "영원히 그들과 함께 산다"(=그들 한가운데서 영원히 산다)는 것은 그들과 주님의 끊임없는 현존(the unceasing presence of the Lord with them)을 뜻합니다.

[10] 같은 책의 말씀입니다.

> 그 때에 주의 영광이 그룹들에게서 떠올라 성전 문지방으로 옮겨갔고, 성전에는 구름이 가득 차고, 안뜰은 주의 영광에서 나오는 광채로 가득 찼다. 그리고 그룹들이 날개 치는 소리가 바깥 뜰에까지 들리는데, 그 소리는 전능하신 하나님께서 말씀하시는 음성과 같았다 (에스겔 10 : 4, 5).

여기서 예언자에 의하여 보여 진 "그룹"(the cherubim)은, 사랑에 속한 선을 통하지 않고서는 그분에게 근접하지 못하게 하는, 섭리(providence)나 수호(守護·guard)의 관계에서 주님을 표징합니다. 결과적으로 "그룹"(=게르빔)은 보다 높은 천계를 뜻하고, 개별적으로는 극내적인 천계(the inmost heaven)을 뜻합니다. 이것을 위하여 수호가 거기에 있습니다(본서 277·313·322·362·370·462항 참조). 그러므로 "구름으로 가득 찬 성전"(=그 집)은 천계나 교회를 뜻하고, "구름이 역시 가득 찬 안뜰"(=주의 영광에서 나오는 광채로 가득 찬 안뜰)은 가장 낮은 천계를 뜻하고, "그룹들이 날개 치는 소리가 들리는 바깥 뜰"은 천계의 입구(the entrance)를 뜻하고, 그것은 특별하게는 자연계 안에 있고, 그 뒤에는 영들의 세계(the world of spirits)에 있습니다. 왜냐하면 이 세상에 있는 교회를 통해서, 그 뒤에는 영들의 세계를 통해서 사람은 천계에 들어오기 때문입니다. 영들의 세계(the world of spirits)가 무엇인지는 《천계와 지옥》 421-431항을 참조하십시오. 그러나 "구름"(cloud)이나 "주의 영광에서 나오는 광채"(the brightness of the glory of Jehovah)는 주님에게서 발출하는 신령진리를 뜻합니다.

[11] 이렇게 볼 때 아래의 절절에서 "뜰들"(courts)이 뜻하는 것이 무엇인지 잘 알 수 있겠습니다. 시편서의 말씀입니다.

11장 1-6절

주께서 택하시고 가까이 오게 하시어
주의 집(=주의 뜰)에 살게 하신 사람은,
복이 있는 사람입니다.
그러므로 우리는,
주님의 거룩한 성전,
주님의 집에 함께 사는 우리는
온갖 좋은 것을 누리는 큰 복에
만족하렵니다.
(시편 65 : 4)

이 장절은 인애 가운데, 또는 영적인 정동 안에 있는 자들이 천계에서 살 것이라는 것을 뜻하고, 그리고 신령진리나 신령선에서 비롯된 총명이나 지혜 안에 있을 것이라는 것을 뜻합니다. "주께서 택하신 자"는 이웃을 향한 사랑이나 인애 안에 있는 자들을 뜻하고, "주께서 가까이 오게 하신 자들"은 영적인 정동, 즉 사랑을 뜻합니다. 왜냐하면 사람이 그 사랑이나 그 정동에 있는 것에 비례하여 그는 주님과 함께 있기 때문입니다. 왜냐하면 모두는 그 사랑에 일치하여 그분에게 가까이 나아가기 때문입니다. "뜰에 산다"는 것은 천계에 사는 것을 뜻하고, 그것은 "산다"(to dwell)는 것이 사는 것(to live)을 뜻하고, "뜰"이 천계를 뜻하기 때문입니다. "주의 집에 사는 큰 복으로 만족한다"는 것은 신령선에서 비롯된 지혜 안에 있는 것을 뜻하고, 그리고 "주의 집, 곧 주의 성전의 거룩함으로 만족한다"는 것은 신령진리에서 비롯된 총명 안에 있는 것을 뜻하고, 그리고 이들 양자로 말미암아 천계적인 즐거움을 누리는 것을 뜻합니다. "하나님의 집"(the house of God)은 신령선에 관해서 천계나 교회를 뜻하고, "성전"(the temple)은 신령진리에 관해서 천계나 교회를 뜻합니다. 그리고 "거룩함"(holiness)은, 진리를 가리키는, 영적인 선에 관해서 서술합니다.

[12] 같은 책의 말씀입니다.

> 주의 집 뜰 안에서 지내는 하루가
> 다른 곳에서 지내는 천 날보다 낫기에,
> 악인의 장막에서 살기보다는,
> 하나님의 집 문지기로 있는 것이
> 더 좋습니다.
> (시편 84 : 10)

여기서 "뜰"은, 그것을 통해서 보다 높은 천계에 들어가는 입구가 있는, 일층천, 즉 가장 낮은 천계를 뜻하고, 그러므로 "하나님의 집 문지기로 있는 것이 더 좋습니다"는 말씀이 부연되었습니다. 같은 책의 말씀입니다.

> 주의 이름에 어울리는 영광을
> 주님께 돌려라.
> 예물을 들고, 성전 뜰로 들어가거라(=주께 그 이름에 합당한 영광을 드려라. 예물을 가져와서 그의 뜰들 안으로 들어오너라.
> (시편 96 : 8)

역시 같은 책의 말씀입니다.

> 주의 이름을 찬송하여라.
> 주의 종들아, 찬송하여라.
> 주의 집 안에,
> 우리 하나님의 집 뜰 안에
> 서 있는 사람들아,
> 주님은 선하시니, 주님을 찬송하여라.
> (시편 135 : 1-3)

11장 1-6절

같은 책의 말씀입니다.

> 만군의 주님,
> 주님이 계신 곳이 얼마나 사랑스러운지요.
> 내 영혼이 주의 궁전 뜰을
> 그리워하고 사모합니다.
> 내 마음도 이 몸도,
> 살아 계신 하나님께 기쁨의 노래 부릅니다.
> (시편 84 : 1, 2)

또 같은 책의 말씀입니다.

> 감사의 노래를 드리며,
> 그 성문으로 들어가거라.
> 찬양의 노래를 부르며,
> 그 뜰 안으로 들어가거라.
> 감사의 노래를 드리며,
> 그 이름을 송축하여라.
> (시편 100 : 4)

역시 같은 책의 말씀입니다.

> 주님께 맹세한 것은
> 모든 백성이 보는 앞에서
> 다 이행하겠습니다.
> 주님께 맹세한 것은
> 모든 백성이 보는 앞에서
> 다 이행하겠습니다.
> 예루살렘아, 네 한가운데서
> 주의 성전 뜰 안에서,
> 맹세한 것을 이행하겠습니다.

(시편 116 : 14, 18, 19)

같은 책의 말씀입니다.

> 의인은 종려나무처럼 우거지고,
> 레바논의 백향목처럼 높이 치솟을 것이다.
> 주의 집에 뿌리를 내렸으니,
> 우리 하나님의 뜰 안에서
> 크게 번성할 것이다.
> (시편 92 : 12, 13)

이런 장절들에서 "뜰들"(courts)은 천계를 뜻하고, 개별적으로는 가장 낮은 천계나 교회를 뜻한다는 것은 다른 설명이 없이도 잘 알 수 있겠습니다.

[13] 아래의 장절들에서도 같은 뜻입니다. 이사야서의 말씀입니다.

> 곡식을 거둔 사람이,
> 곡식을 빼앗기지 않고
> 자기가 거둔 것을 먹고,
> 주를 찬송할 것이다.
> "거둔 사람이 자기가 거둔 것을
> 내 성소 뜰에서 마실 것이다"(=곡식을 거두는 사람들이 그것을 먹고 여호와를 찬양할 것이며, 포도주를 수확하는 사람들이 내 거룩한 뜰에서 그것을 마실 것이다)(이사야 62 : 9).

이 장절에서 "그들이 곡식을 거두고, 포도주(=새 포도주)를 수확한다"는 것은 교리에 속한 선들이나 진리들로, 그리고 교회에 속한 선들이나 진리들의 교육을 뜻합니다. "그들이 곡식을 먹고, 주를 찬양한다"는 것은 전유(專有)와 주님의 예배를 뜻하고, "그들이 포도주를 수확하고, 내 거룩한 뜰에서 그것을 마실 것이다"는 것은 신령진리에 속한 즐거움을 뜻하고, 결과적으로는 천계에 있는 행복을 뜻합니다.
[14] 요엘서의 말씀입니다.

> 주님을 섬기는 제사장들은
> 성전 현관과 번제단 사이에서
> 울면서 호소하여라.
> "주님, 주의 백성을 불쌍히 여겨 주십시오.
> 주의 소유인 이 백성이
> 이방인들에게 통치를 받는 수모를
> 당하지 않게 하여 주십시오.
> 세계 만민이
> '그들의 하나님이 어디에 있느냐?' 하면서
> 조롱하지 못하게 하여 주십시오."
> (요엘 2 : 17)

"성전 현관(=성전 뜰)과 번제단 사이에서 운다"는 것은 교회 안에 있는 신령진리와 신령선의 황폐에 대한 애도(哀悼)를 뜻합니다. 왜냐하면 "성전 현관"(=성전 뜰)은 성전이 가지고 있는 것과 같은 동일한 뜻을 가지고 있기 때문입니다. 다시 말하면 신령진리에 관하여 교리를 뜻하기 때문입니다. 그리고 "제단"(=번제단)은 신령선에 관해서 교회를 뜻합니다. 그러므로 "성전 뜰(=성전 현관)과 번제단 사이"는 천계나 교회를 형성하는 것을 가리키는 선과 진리의 혼인을 뜻하고, "운다"(=울면서 호소한다)는 것은 그것의 황폐에 대한 애도를 뜻합니다. 성경말씀 어디에서나 "뜰들"은 천계의 궁극적인 것들을 뜻하고, 그리고 또한 교회 · 성경말씀 · 예배에 속한 외적인 것들을 뜻합니다. 예를 들면 이사야서 1 : 12 ; 스가랴서 3 : 7이 되겠습니다.

631. 그것은 이방 사람들에게 내주었기 때문이다.
이 말씀은 그것이 삶의 악들이나 교리의 거짓들에 의하여 타락되었기 때문이라는 것을 뜻합니다. 이러한 내용은 삶에 관해서 악들 안에 있는, 그리고 그것으로 말미암아 교리에 관해서 악들 안에 있는, 자들을 가리키는 "이방 사람들"(=나라들 · nations)의 뜻에서 잘 알 수 있고, 그리고 추상적인 뜻으로 "이방 사람들"(=나라들)은 삶에 속한 악들이나 교리에 속한 거짓들을 뜻합니다. "이방 사람들"(=나라들)이 악들이나 거짓들을 뜻한다는 것은 본서 175[B] · 331[B] · 625항을 참조하십시오. 성경말씀의 외적인 것이나, 그것으로 말미암아 교회나 예배에 속한 외적인 것은 삶에 속한 악들이나 교리에 속한 거짓들에 의하여 타락, 왜곡되었는데, 그것은 성경말씀의 문자의 뜻을 가리키는 성경말씀의 외적인 것은 이 세상에 있는 외현(外現 · 겉모습 · appearance)에 일치하여 기술되었기 때문입니다. 그러나 그것은 어린 아이들이나 마음이 순박한 사람(the simple-minded)을 위한 것인데, 아이들이나 이런 사람들은 외현에 반대되는 어떤 것의 개념을 전혀 가지고 있지 않은 사람들이기 때문입니다. 그러므로 이들이 나이를 먹게 되면서, 그들은, 진리들의 외현들이 그것 안에 있는, 문자의 뜻에 의하여 내면적인 진리들에게 안내, 소개되는데, 그리고 이와 같이 외현들은 계도들에 따라서 벗겨지고, 그리고 그 대신 그들의 자리에 내면적인 진리들이 이식(移植), 활착(活着) 됩니다. 이러한 내용이나 사실 따위는 헤아릴 수 없이 많은 실례들에 의하여 설명, 입증될 수 있습니다. 예를 들면 우리가 하나님에게 우리가 시험에 들지 않게 기도하는 것과 같습니다. 그와 같이 기도하는 것은 마치 하나님이 우리를 그와 같이 인도하는 것처럼 보이기 때문인데, 그럼에도 불구하고 하나님께서는 어느 누구도 시험에 들게 인도하시지 않습니다. 또 다른 예입니다. 그것

11장 1-6절

은 마치 하나님이 분노하시고, 벌을 내리시고, 지옥으로 내쫓고, 사악한 사람에게 데려오게 하는 것처럼 언급되었고, 그리고 이밖에도 그와 비슷한 수많은 것들이 있지만, 그럼에도 불구하고 하나님께서는 결코 분노하시지 않으시고, 결코 벌주거나, 지옥으로 내쫓지 않으시고, 더욱이 하나님께서는 어느 누구에게도 결코 악을 행하시지 않습니다. 그러나 악행자(the wrongdoer) 자신은 자기 자신에게 그의 온갖 악들에 의하여 이런 짓거리를 자행(恣行)합니다. 왜냐하면 온갖 악들 자체에는 형벌에 속한 악들(the evil of punishment)이 있기 때문입니다. 그럼에도 불구하고 이런 것들은 성경말씀의 수많은 장절에 언급되었는데, 그것은 그와 같이 겉보기에 나타나 있기 때문입니다. 또다른 예가 되겠습니다. 마태복음서의 말씀입니다.

> 너희는 선생이라는 칭호를 듣지 말아라. 너희의 선생은 한 분뿐이요, 너희는 모두 학생이다. 또 너희는 땅에서 아무도 너희의 아버지라고 부르지 말아라. 너희의 아버지는 하늘에 계신 분, 한 분뿐이시다. 또, 너희는 지도자라는 칭호를 듣지 말아라. 너희의 지도자는 그리스도 한 분뿐이시다(마태 23 : 8-10).

그러나 그들은 그와 같이 불러야 했습니다. 그러나 이렇게 언급된 것은 "아버지"(the Father)가, 우리를 창조하시고 우리를 새롭게 낳게 하시는 주님을 뜻하기 때문입니다. 그리고 그분께서 홀로 가르치시고, 교육하시기 때문입니다. 그러므로 사람이 영적인 개념 안에 있게 되면 그 사람은 주님만을 오로지 아버지나 어머니(the Father and Mother)로 생각할 것입니다. 그러나 사람이 자연적인 개념 안에 있게 되면 전혀 그렇지 않습니다. 더욱이 영계나 천계에서는 어느 누구도 주님 이외의 다른 아버지, 선생, 지도자를 알지 못합니다. 그 이유는 영적인 생명은 오직 그분에게서만 비롯되기 때문입니다.

[2] 이렇게 볼 때 성경말씀의 외적인 것은, 그리고 그것으로 말미암아 교회의 외적인 것이나 예배의 외적인 것은 외현적인 진리들(apparent truths)을 구성한다는 것을 잘 알 수 있겠습니다. 그러므로 삶에 관하여 악들 안에 있는 자들은 그것을 자신들의 사랑들(=애욕들)에 유리하게 적용하고, 그리고 원칙들은 그것에서부터 착상(着想), 고안(考案)합니다. 이런 일련의 것은, 성경말씀의 외적인 것을 뜻하는, "뜰"이 "이방 사람들에게 주었다"고 언급된 이유이고, 그 뒤에 "그들이 거룩한 도시를 짓밟을 것이다"고 언급된 이유입니다. 이런 일은 교회의 마지막에 일어나는데, 그 때 사람들은 영적인 진리들이라고 부르는 내면적인 진리들을 그들이 전적으로 볼 수 없는, 이 세상적으로 자연적으로 관능적으로 몹시 치우쳐 있고, 빠져 있습니다. 그리고 이것으로 말미암아 뒤이어지는 것은, 그 때 그들은, 이른바 성경말씀의 문자의 뜻을 가리키는, 성경말씀의 외적인 것을 타락시키고, 왜곡한다는 것입니다. 성경말씀의 문자의 뜻에 대한 이런 타락들이나 왜곡들은 그들에게 있었던 그 교회의 마지막 때 유대 사람들에게서 일어났습니다. 이러한 것이 아래의 말씀이 영적인 뜻으로 뜻하는 것입니다. 요한복음서의 말씀입니다.

> 군인들이 예수를 십자가에 못박은 뒤에, 그의 옷을 가져다가 네 몫으로 나누어서, 한 사람이 한 몫씩 차지하였다. 그리고 속옷은 이음새 없이 위로부터 아래까지 통째로 짠 것이므로, "이것은 찢지 말고, 누구의 것이 될지 제비를 뽑자" 하고 그들이 서로 말하였다(요한 19:23, 24).

이 말씀은 그들이 이것을 알지 못하기 때문에, 교회에 속한 자들이 영적인 뜻에 관해서는 아니지만, 성경말씀의 문자적인 뜻에 관해서 성경말씀에 속한 모든 것들을 왜곡, 타락시켰다는 것을 뜻합니다. 영적인 뜻으로 이런 것들이 뜻하는 것이 무엇인지는 본서 64항을 참조하십시오. 오늘날의 교회도 역시 이와 비슷합니다. 그 이유는 오늘날이 그것의 마지막 때이기 때문입니다. 왜냐하면 오늘날 성경말씀은 영적인 진리들에 따라서 설명되지 않고, 오히려 문자의 뜻에 속한 외현들에 따라서 설명되기 때문입니다. 그리고 그것의 외현들은 삶에 속한 악들이나 교리에 속한 거짓들 양자를 확증하기 위하여 적용하기 때문입니다. 그리고 영적인 진리들을 가리키는 내면적인 진리들을 모르기 때문에, 그리고 영접, 수용되지 않기 때문에, 뒤이어지는 것은, 성경말씀의 문자의 뜻은 의지에 속한 악들이나, 그것에서 비롯된 생각에 속한 거짓들에 의하여 왜곡, 타락되었다는 것입니다. 그러므로 이러한 내용은 우리의 본문 "성전의 바깥 뜰은 이방 사람들에게 주었다"는 말씀이 뜻하는 것입니다.

632. 그들이 그 거룩한 도시를 짓밟을 것이다.
이 말씀은 그들이 성경말씀에서 비롯된 선이나 진리에 속한 모든 교리를 파괴할 것이라는 것을 뜻합니다. 이러한 내용은 성경말씀에서 비롯된 진리나 선에 속한 교리를 가리키는 "거룩한 도시"(the holy city)의 뜻에서 잘 알 수 있습니다. 문자적인 뜻으로 "거룩한 도시"는 예루살렘을 뜻하는데, 성경말씀의 여기 저기에서 예루살렘은 "거룩한 도시"라고 불리웠지만, 그러나 "예루살렘"은 교회를 뜻하고, 그리고 "도시"(=성읍 · a city)는 그 교회의 교리를 뜻합니다. "도시"(=도시국가나 도시)가 교회를 뜻한다는 것은 본서 223항을 참조하십시오. 그러므로 "거룩한 도시"는 신령진리의 교리를 뜻합니다. 왜냐하면 신령진리는 성경말씀에서 "거룩하다"고 불리웠기 때문입니다(본서 204항 참조). 그리고 또한 개별적으로는 감관적인 것들이나 자연적인 것들에 의하여, 결과적으로는 언급, 설명되지 않았을 경우에는 진정한 거짓들이 솟아나는 근원인, 감관들의 오류들이라고 불리우는, 온갖 오류들에 의하여, 전적으로 파괴되는 것을 가리키는 "짓밟는다"(trampling down)는 낱말의 뜻에서 명확합니다. "짓밟는다"는 말이 이런 내용을 뜻하는데, 그것은 짓밟는 것이 발뒤꿈치에 의하여 행해지기 때문인데, 여기서 "발뒤꿈치"는 사람의 외적 감관적인 것들(the external sensual things of man)을 뜻하고, 그리고 "발"(feet)은 사람의 자연적인 것들을 뜻합니다. "발뒤꿈치"나 "발"의 뜻이 대응에서 비롯되었다는 것은 본서 65 · 606항이나, 《천계와 지옥》 96항을 참조하십시오.

[2] "이방 사람들이 그 거룩한 도시를 짓밟을 것이다"는 말씀이 언급되었는데, 그것은 그 뒤에 이런 말씀, "그 성전의 바깥뜰은 측량하지 말고, 내버려 두어라. 그것은 이방 사람들에게 내주었기 때문이다"는 말씀이 뒤이어지기 때문입니다. 그리고 "뜰"은 성경말씀 · 교회 · 예배의 외적인 것을 뜻하고, 그리고 성경말씀의 외적인 것은 타락, 왜곡된 것을 가리키고, 따라서 이방 사람들에 의하여, 다시 말하면 악들이나 거짓들 안에 있는 자들에 의하여 섞음질되고, 위화된 것을 가리킵니다. 왜냐하면 앞 단락에서 언급한 것과 같이, 성경말씀의 글자의 뜻이라고 하는 성경말씀의 외적인 것은 어린 아이들이나 소박한 사람을 위한 것이기 때문이고, 그리고 외현들에 일치하여 기술되었기 때문이고, 따라서 감관적이고 자연적인 자들을 위한 것이기 때문입니다. 왜냐하면 젖먹이들(infants)은 처음에는 감관적이고, 다음에 자연적이기 때문입니다. 그리고 그들이 나이를 먹게 되면 그들은 영적이 됩니다. 그러나 사람이 영적이 되는 것은 아닌데, 이런 경우는 모두가 악 가운데 사는 경우인데, 그는 성경말씀을 영적으로 이해하지 못하고, 오로지 자연적으로, 감관적으로 이해하기 때문입니다. 그리고 성경말씀을 그와

같이 이해하는 사람은 성경말씀을 왜곡시키고, 그리고 그의 종교의 거짓들이나, 그의 삶에 속한 악들에 따라서 성경말씀을 설명합니다. 이러한 내용이 "그들은 성전을 짓밟을 것이다"고 언급된 이유입니다. 더욱이 천계나 교회의 진리들을 부인하고, 경멸하고, 멸시하는 자들은 영계에서 그들의 발뒤꿈치로 그것들을 짓밟는 것으로 보이는데, 그리고 위에서 언급한 것과 같이 이러한 것은 사람의 외적인 감관(the external sensual of man)은, 짓밟는 것을 가리키는 발바닥에 대응하기 때문입니다. 사람의 외적인 감관적인 것은 이런 짓을 한다고 언급하지만, 그러나 그것은 그들이 그들의 눈으로 볼 수 있고, 그들의 손으로 만질 수 있는 것을 제외하면 아무것도 믿지 않는 자들이나, 천계나 교회의 진리를 부인하는 그런 부류인 진짜 감관적인 자들의 경우입니다.

[3] "짓밟는다"(to trample down)는 것은 아래의 장절들에서는 그런 부류에 관해서 서술하고 있습니다. 누가복음서의 말씀입니다.

> 그들은 칼날에 쓰러지고, 뭇 이방 나라에 포로로 잡혀 갈 것이고, 예루살렘은 이방 사람들의 때가 차기까지, 이방 사람들에게 짓밟힐 것이다(누가 21 : 24).

이 장절은, 지금 여기서 설명하려는 묵시록서의 장절의 뜻과 동일한 뜻을 가지고 있는데, 그 묵시록서의 말씀은 "그 성전의 바깥 뜰은 이방 사람들에게 내주었고, 그들이 그 거룩한 도시를 마흔두 달 동안 짓밟을 것이다"는 말씀입니다. 왜냐하면 "그들이 칼날에 쓰러질 것이다"는 말씀은 그들이 온갖 거짓들에 의하여 멸망할 것이라는 것을 뜻하기 때문입니다. 그리고 "그들은 뭇 이방 나라에 포로로 잡혀 갈 것이다"는 말씀은 악들이 교회에 속한 선들이나 진리들을 먹이(=전리품 · a prey)로 만들 것이라는 것을 뜻하기 때문입니다. "예루살렘은 짓밟힐 것이다"는 것은 교리에 관해서 교회의 멸망이나 파멸을 뜻하는데, 왜냐하면 "예루살렘"은 교리에 관해서 교회를 뜻하기 때문입니다. 그리고 "이방 사람들에 의한 그것의 짓밟힘"은, 삶에 속한 악들이나, 교리에 속한 거짓들에 의한 교회의 전적인 멸망이나 파괴를 뜻하기 때문입니다. "이방 사람들의 때가 차기까지" 라는 것은 악이 극점에 달할 때까지를 뜻합니다(본서 624[A]항 참조). 이와 같은 완전한 극치의 달성은 역시 "마흔 두 달"(=42개 월)이 뜻합니다. 이러한 내용 역시 최후심판 바로 직전의 때에 관해서 주님에 의하여 언급된 묵시록서에 언급된 것과 꼭 같습니다.

[4] 에스겔서의 말씀입니다.

> 살진 양들아, 좋은 초원에서 뜯어 먹는 풀이 만족스럽지 않아서, 먹다 남은 풀을 발로 짓밟느냐? 너희가 마시는 맑은 물이 만족스럽지 않아서, 마시고 남은 물을 발로 더럽혀 놓느냐? 내 양 떼는 너희가 짓밟은 풀을 뜯어 먹으며, 너희가 발로 더럽혀 놓은 물을 마시고 있다(에스겔 34 : 18, 19).

"좋은 초원"(good pasture)은 영적으로 살지게 하는 모든 것들, 특히 성언(=성경말씀 · the Word)이나 그것에서 비롯된 진리나 선에 속한 지식들을 뜻합니다. "그것을 먹는다는 것이나, 먹다 남은 풀을 발로 짓밟은 것을 덕는다"는 말씀은 그것이 나타나 보이지 않지만 그와 같이 없애 버리는 것이나, 그것이 그렇지는 않지만 그것을 그와 같이 파괴하는 것을 뜻하고, 그리고 이러한 일은, 관능적 감관적(the corporeal-sensual)인 것이나, 추론들에 의하여 행해집니다. 따라서 이러한 내용은 "발로 짓밟는다"는 말씀이 뜻하고, "물의 앙금"(=물의 찌꺼기 · the

sediment of the waters)은 거짓들에 의하여 더럽혀진 진리들을 뜻합니다. 왜냐하면 "물"(waters)은 진리들을 뜻하고, "물을 마신다"는 것은 배우고, 수용하는 것을 뜻하기 때문이고, "마시고 남은 물을 발로 더럽힌다"(=뒤섞는다)는 것은 뿐만 아니라 자연적인 사람에게서 비롯된 추론들에 의하여, 거짓에 의하여, 더럽혀지지 않은 진리들을 혼란 속에 빠지게 하는 것을 뜻합니다. 여기서 "발"(feet)은 사람 안에 있는 자연적인 것들을 뜻합니다. 이렇게 볼 때 "내 양이 발로 짓밟은 풀을 뜯어 먹고, 발로 더럽혀 놓은 물을 마신다"는 것이 뜻하는 것이 무엇인지 잘 알 수 있겠습니다.
[5] 다니엘서의 말씀입니다.

> 숫염소가 숫양을 땅에 집어 던지고, 짓밟았으나, 그 손에서 숫양을 구해 낼 사람이 없었다.…… 또 다른 뿔 하나가 작게 돋기 시작하였으나, 남쪽과 동쪽과 영광스러운 땅 쪽으로 크게 뻗어 나갔다. 그것이 하늘 군대에 미칠 만큼 강해지더니, 그 군대와 별 가운데서 몇을 땅에 떨어뜨리고 짓밟았다(다니엘 8:7, 9, 10).

여기서 "숫염소"는 인애에서 분리된 믿음을 뜻하고, "숫양"은 인애에 결합된 믿음을 뜻하고, 따라서 인애를 뜻합니다. 그리고 마태복음 25장 31-46절의 "숫염소와 양"은 동일한 것을 뜻합니다. "작은 뿔에서 크게 뻗어나간 큰 뿔"은 오직 믿음에 의한 칭의(稱義 · justification)를 뜻합니다. "하늘 군대"(the host of the heavens)는 천계나 교회의 모든 진리들이나 선들을 뜻하고, "별들"은 선이나 진리의 지식들을 뜻합니다. 그러므로 "숫양을 짓밟았다"는 것이나 "하늘의 군대를 짓밟았다"는 것은 전적으로 인애를 파괴하는 것을 뜻하고, 그것과 함께 천계나 교회의 모든 진리들이나 선들이 파괴되었다는 것을 뜻하는데 이런 일은 관능적 감관적인 것에 의하여 파괴되었다는 것이 뜻합니다. 왜냐하면 인애에서 분리된 믿음 안에 있는 자들, 다시 말하면 그들의 삶이 어떤 것이든 오직 믿음에 의하여 그들이 구원받는다고 믿는 자들은 관능적 감관적이 되고, 결과적으로는 성경말씀에 속한 모든 것들이나, 교회에 속한 모든 것들에 관해서 온갖 거짓들 안에 있습니다. 왜냐하면, 그것 안에 있는 것은 아무것도 보지 못하기 때문에 성경말씀의 문자의 궁극적인 것들에 일치하는 것 이외에는 다른 성경말씀의 지각을 전혀 가지지 못하기 때문입니다. 비록 그들이 성경말씀으로 말미암아 진리들을 말한다고 해고, 그럼에도 불구하고 그들은 그것들을 그릇되게 지각합니다. 그러므로 이러한 내용이 다니엘서의 말씀 "숫염소가 하늘 군대와 별들을 땅에 떨어뜨리고 짓밟았다"는 말씀이 뜻하는 것입니다. 이웃을 향한 인애, 즉 삶에 속한 선은 마찬가지로 그와 같이 파괴된다는 것은 "숫염소가 숫양을 땅에 집어 던지고 짓밟았다"는 말씀이 뜻합니다. 왜냐하면 "숫염소"가 뜻하는 인애에서 분리된 믿음 안에 있는 자들은 본질적인 믿음이나 인애를 비본질적인 것으로 만들어 버리고, 그러므로 그들은 육신이나 이 세상을 목적해서 살고, 오직 자신들을 염려, 걱정합니다. 그리고 이웃에 대해서는 전혀 아무것도 염려하지 않습니다. 이런 일을 하는 자들은 여기서 땅에 떨어지고, 짓밟힌 "숫양"이 뜻하는 인애를 헌신짝처럼 버립니다.

[6] 누가복음서의 말씀입니다.

> 그가 씨를 뿌리는데, 더러는 길가에 떨어지니, 발에 밟히기도 하고, 하늘의 새들이 쪼아먹기도 하였다(누가 8 : 5).

여기서 "씨"(種子 · seed)는 신령진리, 즉 성언의 진리를 뜻하고, "길가에 떨어지니, 발에 밟힌다"는 것은 내면적으로 영접,

수용되지 않고, 오직 관능적 감관적인 것에 의하여 수용되었다는 것을 뜻합니다. 왜냐하면 영(靈)이나 마음에 수용된 것은 "좋은 땅에 떨어진 씨"가 뜻하기 때문입니다. "하늘의 새들이 그것을 쪼아먹는다"는 것은 거짓들을 뜻하는데, 왜냐하면 모든 악들이나 그것에서 비롯된 모든 거짓들은 관능적 감관적인 것에 그들의 자리를 가지기 때문입니다. 결과적으로 만약에 사람이 영적이 되지 못하고, 그리고 영적인 것으로 말미암아 생각하지 못하면, 그 사람은 악에서 비롯된 거짓들 이외에는 아무 것도 생각하지 못하기 때문입니다. 관능적 감관적인 것이 어떤 것인지, 그리고 감관적인 사람들이 무엇인지는 《새 예루살렘의 교리》 50항과 본서 342[B · C] · 543 · 550 · 552 · 554 · 556[A · C] · 559 · 563 · 569[A · C] · 570 · 580항을 참조하십시오.

[7] 이사야서의 말씀입니다.

> 이제 내가 내 포도원에
> 무슨 일을 하려는지를
> 너희에게 말하겠다.
> 울타리를 걷어치워서,
> 그 밭을 못쓰게 만들고,
> 담을 허물어서
> 아무나 그 밭을 짓밟게 하겠다.
> (이사야 5 : 5)

여기서 "포도원"(vineyard)은, 영적인 교회라고 불리우는, 주님의 교회를 뜻하고, "울타리를 걷어치우고, 담을 허문다"는 것은 위화(僞化)하는 것, 따라서 교회를 방어(防禦)하는 진리들을 파괴하는 것을 뜻합니다. 그리고 "포도원을 에워싸고 있는 울타리나 담"은 "예루살렘을 에워싸고 있는 성벽이나 성채"(城

畓)가 가지는 뜻과 동일한 뜻을 가리키고, "그 밭을 못쓰게 만든다(=먹히게 한다 · 불타게 만든다), 그 밭을 짓밟게 한다"는 것은 교회를 황폐하게 만드는 것, 그러므로 어떤 진리나 선도 일어날 수 없다는 것, 따라서 그것들을 멸망시키는 것을 뜻합니다.

[8] 예레미야서의 말씀입니다.

> 이방 통치자들(=많은 목자들)이
> 내 포도원을 망쳐 놓았고,
> 내 농장을 짓밟아 버렸다.
> 그들은 내가 아끼는 밭을
> 사막으로 만들어 버렸다.
> (예레미야 12 : 10)

여기서도 역시 "포도원"은, "밭"과 같이, 주님의 교회를 뜻하고, "망쳐 놓는다"(=파괴한다) "짓밟는다" "사막으로 만든다"(=황폐한 광야로 만든다)는 것은 교회에 속한 선이나 진리가 전혀 남아 있는 것이 없이 파괴시키는 것을 뜻합니다. 이사야서의 말씀입니다.

> 주의 거룩한 백성이
> 주의 성소를 잠시 차지하였으나,
> 이제는 우리의 원수들이
> 주의 성소를 짓밟습니다.
> (이사야 63 : 18)

여기서 "원수"(=적군 · enemies)는 삶에 속한 악들, 즉 악한 삶을 뜻하고, "성소를 짓밟는다"는 것은 성경말씀에서 비롯된 교리에 속한 진리들을 파괴하는 것을 뜻하고, 역시 이러한 일은 관능적 감관적인 것이 합니다. 왜냐하면 삶에 속한 악들 안에 있는 자는 모두가 관능적 감관적이기 때문입니다.
[9] 시편서의 말씀입니다.

> 원수들이 나를 뒤쫓아와서(=적이 나를 추격하여 덮치고),
> 내 생명 덮쳐서 땅에 짓밟고(=내 생명을 땅바닥에 짓밟아),
> 내 영광 먼지 속에 뒹굴게 하여도,
> 나는 좋습니다(=내 영광이 먼지 속에 살게 하십시오).
> (시편 7:5).

여기서도 역시 "원수"(=적군)은 악을 뜻하고, 일반적으로는 악마(the devil)를 뜻합니다. 다시 말하면, 모든 악이 그것에서 비롯되는, 지옥을 뜻합니다. "내 생명을 땅바닥에 짓밟고, 내 영광이 먼지 속에 살게 한다"는 것은 관능적 감관적인 것에 의하여 천계나 교회의 모든 진리들을 파괴, 멸망시키는 것을 뜻합니다. 왜냐하면 이런 것들—모든 진리들—은 영적인 생명을 구성하기 때문이고, 그리고 "영광"이 그것을 뜻합니다. 여기서도 역시 "먼지"(dust)는 관능적 감관적인 것을 서술하고, 그리고 성경말씀에서 뱀에 관해서 언급된 것과 같이 "배로 기어다니고, 흙(=먼지)을 먹는다"(창세기 3:14)는 말씀이 뜻합니다.
[10] "짓밟는다"는 것은 아래 장절들에서도 비슷한 뜻을 갖습니다. 이사야서의 말씀입니다.

> 내가 그를 경건하지 않은 민족에게 보내며(=위선적인 민족을 대적케 하고),……
> 그들을……
> 거리의 진흙같이 짓밟도록 하였다(=거리의 진흙같이 짓밟게 하겠다).
> (이사야 10:6)

미가서의 말씀입니다.

> 내 원수(=여호와의 원수)가 거리의 진흙처럼 밟힐 것이다.
> (미가 7:10)

스가랴서의 말씀입니다.

> 그들은 모두 용사와 같이,
> 전쟁할 때에 진흙탕 길에서
> 원수를 밟으면서 나아가는 사람들이다.
> 주께서 그들과 함께 계시니,
> 원수의 기마대를 부끄럽게 할 것이다.
> (시가랴 10:5)

말라기서의 말씀입니다.

> 내가 이 일을 이루는 그 날에,
> 악한 자들은 너희 발바닥 밑에서
> 재와 같이 될 것이니,
> 너희가 그들을 짓밟을 것이다.
> (말라기 4:3)

이사야서의 말씀입니다.

> 술 취한 자,
> 에브라임의 교만한 면류관인
> 너 사마리아야,
> 네가 짓밟힐 것이다(=발 밑에 밟힐 것이다).
> (이사야 28:3)

같은 책의 말씀입니다.

11장 1-6절

> 내가 분노하여 민족들을 짓밟았으며,
> 내가 진노하여
> 그들이 취하여 비틀거리게 하였고,
> 그들의 피가 땅에 쏟아지게 하였다.
> (이사야 63 : 6)

시편서의 말씀입니다.

> 주님을 의지하였기에
> 우리는 우리의 적을 쳐부술 수 있었으며,
> 우리를 공격하여 오는 자들을
> 주의 이름으로 짓밟을 수 있었습니다.
> (시편 44 : 5)

같은 책의 말씀입니다.

> 하나님께서 우리의 원수들을 짓밟으신다.
> (시편 60 : 12 ; 108 : 13)

이 장절들에서 "짓밟는다"는 것은, 역시 관능적 감관적인 자들에 의하여 행해지는 것을 가리키는, 그들이 파괴하는 것을 뜻합니다. 이런 부류의 작자들은 천계나 교회에 속한 모든 것들을 "짓밟기" 때문입니다. 왜냐하면 그런 인물들은 가장 낮은 것에 있고, 그들의 생각들은 주님께서도 올리울 수 없는 그런 것들이기 때문입니다. 왜냐하면 그들은 자신들 스스로 자신들을 땅바닥에 던지고, 그리고 거기에서 그들은 흙먼지(=티끌)를 핥아 먹기 때문입니다. 이들이 바로 신령존재를 부인하는 작자들입니다. 왜냐하면 출생에서부터 가지고 있는 모든 악들은 그의 자연적인 것이나, 그의 관능적 감관적인 것에 똬리를 틀고 있기 때문입니다. 결과적으로 만약에 그 사람이 주님에 의하여 그것들로부터 올리우는 것을 감당, 경험하지 않는다면, 이런 일은 믿음이나 사랑에 속한 진리들이나 선들을 가리키는 신령수들(Divine means)에 의하여 이루어지고, 또한 교리나 삶에 속한 진리들이나 선들에 의하여 이루어지는데, 그 사람은 그의 자연적인 것이나 관능적 감관적인 것에 뿌리를 내린 그 사람 자신의 온갖 악들 가운데 남아 있을 것이고, 그 때 그 사람은 천계나 교회에 속한 천적인 것들이나 영적인 것들을 짓밟을 것입니다.

[11] "사자와 독사를 밟으며, 뱀과 전갈을 밟는다"는 것은 이런 것들이 뜻하는 악들이나 거짓들을 파괴, 멸망시키는 것 뿐만 아니라, 그것들에 의하여 해를 입지 않는 것을 뜻합니다. 이것이 시편서의 아래 말씀이 뜻하는 것입니다. 시편서의 말씀입니다.

> 네가 사자와 독사를 짓밟고 다니며,
> 사자 새끼와 살모사(=젊은 사자와 용)를
> 짓이기고 다닐 것이다.
> (시편 91:13)

누가복음서의 말씀입니다.

> 보아라, 내가 너희에게 뱀과 전갈을 밟고, 원수의 모든 세력을 누를 권세를 주었으니, 아무것도 너를 해치지 못할 것이다(누가 10:19).

성경말씀이 이와 같이 언급된 것은, 지옥에 있는 자들은 선한 영들이나 천사들의 눈 앞에 어떤 때는, 그것들이 그것에 있는 온갖 악의 종류나 그것에서 비롯된 온갖 종류의 거짓들에 일치하여 다종다양한 종류의 짐승들이나 뱀들의 모양들로 나타나기 때문입니다. 그리고 그들이 그들의 의지의 의도로 말미암아 나아갈 때 그들의 생각들 자체는 이런 외현들을 드러내기 때문입니다. 그들의 악들이나 거짓들에게서 내뿜는 발산(發散)들은 이런 지옥들 너머에 있는 땅들을 통해서 계속해서 토해내고, 그리고 그것들에 의하여 지옥들은 가리워집니다. 그러므로 이런 곳을 걷는다는 것은 자연적인 사람들에게는 위험합니다. 더욱이 관능적 감관적인 사람들에게는 매우 매우 위험합니다. 왜냐하면 발산은 거기에서부터 일어나기 때문이고, 그리고 좋지 않은 감화력은 거기를 걷는 자들에게 영향을 끼치기 때문입니다. 그러나 주님에 의하여 인도되는 자들은 좋지 않은 감염(感染)이나 급습(急襲)이 없이 안전하게 그 땅을 걸을 수 있는데, 그것은 그들의 마음에 속한 내면적인 것들이나, 또는 그들의 생각이나 정동에 속한 내면적인 것들은, 발의 뒤꿈치에 대응하는 그들의 관능적 감관적 그 이상으로 올리워지기 때문입니다. 이러한 것은 직접적인 뜻으로 "그것들에 의한 어떤 해를 입는 일이 없이 사자와 독사를 짓밟고 다니며, 사자 새끼와 살모사(=젊은 사자와 용)를 짓이기고 다닐 것이다"는 말이 무엇을 뜻하는지 명료하게 하고, 그리고 성경말씀에 그와 같이 언급된 이유를 명확하게 합니다. 그러나 여기의 "사자"나 "뱀과 전갈"이 뜻하는 것이 무엇인지는 적절한 곳에서 설명, 입증하겠습니다.

633[A]. 마흔두 달 동안(짓밟을 것이다).
이 말씀은 옛 교회의 종말과 새로운 교회의 시작에 이르렀다는 것을 뜻합니다. 이러한 뜻은 상태들을 가리키는, 여기서는 교회의 상태들을 가리키는 "달들"(months)의 뜻에서 잘 알 수 있습니다. 왜냐하면 "때들"(연대·시대·times)은 그것이 시간들·날들(days)·달들·여러 해나 시대에 관계없이 모두가 상태들을 뜻하기 때문이고, 그리고 이런 상태들은, 마치 여기서 숫자 "마흔둘"(42)에 의한 것과 같이, 그런 때들이 그것에 의하여 한정되는 숫자들에 의하여 명시(明示)되고, 나타나는데, 이러한 내용은 본서 571·610항을 참조하십시오. 이러한 내용은 옛 교회의 종말과 새로운 교회의 시작을 가리키는 "마흔둘"(42)의 뜻에서 명확합니다. 그 숫자(42)가 이런 뜻을 가리킨다는 것은, 그것이 여섯 주(6·six weeks)를 가리키기 때문이고, 그리고 "여섯 주"는 한 주(=일 주)의 "육 일들"(six days)의 뜻과 동일한 뜻을 가지기 때문입니다. 다시 말하면 다툼의 상태(a state of combat)나 애씀의 상태(a state of labor), 따라서 교회가 전적으로 황폐하게 된 마지막이나 또는 악이 최상의 점에 이른 때를 가리키기 때문입니다. 그 때에 뒤이어지는 "일곱째 주"(the seventh week)는 새로운 교회의 시작을 뜻합니다. 왜냐하면 숫자 "마흔 둘"(42)은 여섯(6)과 일곱(7)의 곱셈에서 나오기 때문이고, 여섯 곱하기 일곱은 마흔둘(42)을 만들기 때문이고, 그러므로 "마흔둘"(42)은 "여섯 주"(6주)의 뜻과 동일한 뜻을 가지고, 그리고 "여섯 주"(six weeks)는 일 주의 "여섯 날들"(six days)에 비슷한 뜻을 갖습니다. 다시 말하면, 앞에서 언급한 것과 같이, 다툼의 상태(=싸움의 상태·a state of combat)나 애씀의 상태(a state of labor)를 뜻하고, 또한 충분한 상태를 뜻하는데, 여기서는 선과 진리의 충분한 종말(the full consummation of good and truth), 다시 말하면 교회의 완전한 폐허의 상태를 뜻합니다.

633[B]. [2] 성경말씀에는 자주 어떤 때는 "사십 일"(forty days), 어떤 때는 "사십 월"(fcrty months), 어떤 때는 "사십 년"(forty years)에 관해서 언급되고 있는데, 그리고 그 숫자는 교회의 완전한 황폐(the full vastation of the church)를 뜻하고, 또한 완전한 시험(a complete temptation)을 뜻합니다. 바로 이 상태가 숫자 "사십"(40)이나 "마흔둘"(42)이 뜻한다는 것은 아

래의 장절들에게서 잘 알 수 있겠습니다. 에스겔서의 말씀입니다.

> 그 땅(=이집트)에는 사십 년 동안, 사는 사람이 없을 것이다. 내가 이집트 땅을 황폐한 땅 가운데서도 가장 황폐한 땅으로 만들겠고, 이집트의 성읍들도, 사십 년 동안은, 황폐한 성읍 가운데서도 가장 황폐한 성읍으로 만들어 버리겠다. 나는 이집트 사람들을 여러 민족 속에 흩어 놓고, 여러 나라로 헤쳐 놓겠다.…… 사십 년이 지나면, 여러 민족 속에 흩어져 있는 이집트 사람을, 내가 다시 이집트 땅으로 모아들이겠다. 내가 포로가 된 사람들을 이집트로 돌아오게 하여, 그들의 고향 땅, 곧 상 이집트 땅(=바드로스)으로, 내가 그들을 데려다 놓겠다(에스겔 29:11-14).

여기서 "이집트"는 교리가 그것의 기초가 되는, 참된 지식들(=참된 기억지들)에 관해서 교회를 뜻합니다. 그 때 참된 지식들은 대응들의 지식들이나 표징들의 지식들을 가리키는데, 그들의 교회의 교리들은 그것 위에 기초하여 세워졌습니다. 그러나 이집트 사람들이 이런 지식들을 마법(=마술·魔法·magic)으로 바꾸어 놓았기 때문에, 그리고 따라서 교회를 타락시켰기 때문에, 그 교회의 황폐가 이와 같이 기술되었습니다. 그 황폐는 "사십 년"(40년)이 뜻하는데, 그러므로 이것이 "이집트는 사십 년 동안 사람이 살지 아니 할 것이고, 이집트의 성읍들이 사십 년 동안 황폐한 성읍으로 만든다"는 말씀의 뜻입니다. "이집트 사람들을 여러 민족 속에 흩어 놓고, 여러 나라에 헤쳐 놓겠다"는 말씀은 온갖 악들이나 거짓들이 전적으로 그 교회를 점유(占有)하고, 그 교회의 모든 지식들을 왜곡, 타락시킬 것이라는 것을 뜻합니다. 이러한 내용은 "사십 년"(40년)이 교회의 충분한 황폐의 상태를 뜻한다는 것을 명료하게 하고, 그 때 거기에는 더 이상 남아 있는 선이나 진리가 전혀 없다는 그 교회의 마지막 상태에 이른 것을 명료하게 합니다. 그러나 "사십 년의 마지막 때"(the end of forty years)가 뜻하는 새로운 교회의 시작이 이런 동일한 말씀들, 즉 "사십 년이 지나면, 여러 민족 속에 흩어져 있는 이집트 사람들을, 내가 다시 이집트 땅으로 모아들이겠다. 내가 포로가 된 사람들을 이집트로 돌아오게 하겠다"는 말씀들이 뜻합니다.

[3] 같은 예언서의 말씀입니다.

> 이 기간을 다 채운 다음에는, 네가 다시 오른쪽으로 누워서, 유다 족속의 죄악을 사십 일 동안 떠맡고 있거라. 나는 너에게 일 년을 하루씩 계산하여 주었다. 너는 이제 예루살렘의 포위망을 응시하면서, 네 팔을 걷어붙이고, 그 성읍을 심판하는 예언을 하여라. …… 그들은 빵과 물이 부족하여 누구나 절망에 빠질 것이며, 마침내 자기들의 죄악 속에서 말라 죽을 것이다(에스겔 4 : 6, 7, 17).

이 장절들 역시 같은 뜻을 가지고 있습니다. 교회의 완전한 황폐가 여기서 그 숫자에 의하여 기술되었는데, 여기서 "예루살렘"은 그 교회를 뜻하고, "예루살렘을 포위, 공격한다"는 것은 온갖 악들이나 거짓들에 의하여 그 교회가 고통받는 것을 뜻하고, "빵과 물이 부족하다"는 것은 사랑에 속한 선이나 교리에 속한 진리에 관해서 황폐하게 될 것이라는 것을 뜻하고, "서로 놀라며(=사람과 그의 형제가 절망에 빠질 것이며), 마침내 자기들의 죄악 속에서 말라 죽을 것이다"는 말씀도 비슷한 뜻을 가지고 있습니다. 왜냐하면 여기서 "사람과 그의 형제"는 진리와 인애를 뜻하고, "절망에 빠질 것이다"(=한탄하며 지낸다 · to pine away)는 것은 말라 죽는 것을 뜻합니다.

[4] 창세기의 홍수 "마흔 날"(40일 · the forty days)도 같은 뜻을 가지고 있습니다. 창세기서의 말씀입니다.

이제 이레(7일)가 지나면, 내가 사십 일 동안 밤낮으로 땅에 비를 내려서, 내가 만든 모든 생물을 땅 위에서 모두 없애 버릴 것이다.…… 사십 일 동안, 밤낮으로 비가 땅 위로 쏟아졌다.…… 노아는 다시 이레를 더 기다리다가, 그 비둘기를 내보냈다. 그러나 이번에는, 그 비둘기가 그에게로 다시 돌아오지 않았다(창세기 7:4, 12 ; 8:12).

여기서 "홍수"(the flood)는 옛 교회, 즉 태고교회의 폐허를 뜻하고, 마찬가지로 그 교회에 속한 자들에게 단행된 최후심판을 뜻합니다. "사십 일 동안의 비"는 악에 속한 거짓들에 의한 그 교회의 파멸(破滅)이나 몰락(沒落)을 뜻합니다. 그러나 새로운 교회의 시작은 그 사십 일이 지난 뒤에 땅이 마른다는 것이 뜻하고, 산봉우리가 드러났다는 것이 뜻합니다. 내보낸 "비둘기"는, 그 교회의 본질적인 것을 가리키는, 인애에 속한 선을 뜻합니다. 그러나 이것에 관한 상세한 내용은 그것들이 설명된 《천계비의》를 참조하십시오.

[5] 신명기서의 말씀입니다.

그러나 매를 마흔(40) 대가 넘도록 때려서는 안 된다. 마흔이 넘도록 때려서, 너희의 겨레가 너희 앞에서 천히 여김을 받아서는 안 된다(신명기 25:3).

이 말씀은 숫자 "마흔"(40)의 뜻의 근원입니다. "마흔"(40)에 의하여 황폐가 기술된 것과 꼭 같이 충분한 형벌을 뜻합니다 그것은 형벌이 악에 속한 극치(極致 · consummation of evil)와 동일하기 때문입니다. 그리고 형벌 뒤에 개혁(改革 · 바로잡음 · reformation)이 이어지기 때문에, 그는 사십 대 이상 매를 때려서는 안 된다고 언급되었는데, 그것은 "그가 너희의 겨레 앞에서 천히 여김을 받아서는 안 되기" 때문입니다. 왜냐하면 "사십"(40 · forty)은 악에 속한 마지막을 뜻하고, 역시 선에 속한 시작을 뜻하기 때문입니다. 그러므로 그가 만약에 사십 대 이상 매를 맞는다면 선에 속한 시작, 즉 개혁(=바로잡음)이 뜻하는 것이 아니기 때문입니다.
[6] 이집트에서 400년 동안 노예상태에 의한 야곱의 자손들에게 있었던 그 교회의 황폐는 아브라함에게 하신 여호와의 이런 말씀이 뜻합니다. 창세기서의 말씀입니다.

> 주께서 아브람에게 말씀하셨다. "너는 똑똑히 알고 있거라. 너의 자손이 다른 나라에서 나그네살이를 하다가, 마침내 종이 되어서, 사백 년 동안 괴로움을 받을 것이다"(창세기 15 : 13).

여기서 "사백 년"(400년)은, "일 천"(1,000)이 "백"(100)과 같은 뜻이 듯이, "백"(100)이 "열"(10)과 같이 비슷한 뜻을 가지는 것과 같이, "사십"(40)과 같은 뜻을 가지고 있습니다.
[7] 교회의 황폐나 충분한 시험은 40년 동안 광야에서의 이스라엘 자손의 체류(滯留)가 뜻하는데, 따라서 아래의 장절들에서 이렇게 언급되었습니다. 민수기서의 말씀입니다.

> 너희 자식들은 사십 년 동안 광야에서 양을 치면서(=방황하면서), 너희의 시체가 썩어 없어질 때까지, 너희가 저지른 죄를 대신 짊어질 것이다.…… 너희는 사십 년 동안 너희의 죄의 짐을 져야 한다(민수기 14 : 33, 34).
> 주께서는, 주께서 보시는 앞에서 못된 짓을 한 그 세대가 다 죽을 때까지, 사십 년 동안이나 그들을 광야에서 떠들게 하셨다(민수기 32 : 13).

신명기서의 말씀입니다.

> 주 너희의 하나님이…… 이 넓은 광야를 지나는 길에서 너희를 보살펴 주셨으며, 지난 사십 년 동안 주 너희의 하나님이 너희와 함께

11장 1-6절

계셨으므로, 너희에게는 부족한 것이 아무것도 없었다(신명기 2:7). 너희가 광야를 지나온 사십 년 동안, 주 너희의 하나님이 너희를 어떻게 인도하셨는지를 기억하여라. 그렇게 오랫동안 너희를 광야에 머물게 하신 것은, 너희가 하나님의 계명을 지키는지 안 지키는지, 너희의 마음 속을 알아보려는 것이다.…… 주께서는 넓고 황량한 광야, 곧 불뱀과 전갈이 우글거리는 광야, 물이 없는 사막에서 너희를 인도하여 주시고, 차돌 바위에서 샘물이 나게 하신 분이시다. 광야에서는 너희의 조상도 알지 못하던 만나를 너희에게 먹이셨다. 이것이 다 너희를 단련시키시고 시험하셔서, 나중에 너희가 잘 되게 하시려는 것이다(신명기 8:2, 3, 15, 16).

시편서의 말씀입니다.

> 너희의 조상은 그 때에,
> 내가 한 일을 보고서도,
> 나를 시험하고 또 시험하였다.
> 사십 년을 지나면서,
> 나는 그 세대를 보고 싫증이 나서
> '그들은 마음이 빗나간 백성이요,
> 나의 길을 깨닫지 못한다'고 하였다.
> (시편 95:9, 10)

아모스서의 말씀입니다.

> 내가 바로
> 너희를 이집트 땅에서 데리고 올라오고,'
> 사십 년 동안 광야에서 인도하여
> 아모리 사람의 땅을 차지하게 하였다.
> (아모스 2:10)

인용된 장절들에게서 밝히 알 수 있는 것은 "사십 년"(40년)이 이스라엘 자손에게 있는 교회의 황폐를 뜻할 뿐만 아니라, 충분한 시험을 뜻한다는 것입니다. 그리고 또한 "그 해들의 마지막"은 새로운 교회의 시작을 뜻한다는 것입니다. 이런 말씀들에 의하여 기술된 그 교회의 황폐, 다시 말하면 "너희 자손들은 너희의 시체들이 광야에서 소멸될 때까지 사십 년간 광야에서 방황하며(=양을 치면서) 너희의 음란(=죄의 짐)을 대신 짊어질 것이다"는 말씀에 의하여 기술되었습니다. 그리고 또한 "주께서 보시는 앞에서 못된 짓을 한 그 세대 전체가 다 죽을 때까지, 사십 년 동안이나 그들을 광야에서 떠돌게 하셨다" 또는 "사십 년 동안 내가 이 세대를 싫어하여 말하기를 '그들은 마음이 미혹된 백성이기에 내 길을 깨닫지 못하였다'고 말하였다"는 말씀들에 의하여 기술되었습니다. 그러나 "사십 년"이 뜻하는 시험은 "주 너희의 하나님이 이 넓은 광야를 지나는 길에서 너희를 보살펴 주셨으며, 지난 사십 년 동안 주 너희의 하나님이 너희와 함께 계셨으므로, 너희에게 부족한 것이 아무 것도 없었다"는 말씀이나, "그렇게 오랫동안 너희를 광야에 머물게 하신 것은, 너희가 하나님이 계명을 지키는지 안 지키는지, 너희의 마음 속을 알아보려는 것이고, 광야에서는 너희의 조상도 알지 못하던 만나를 너희에게 먹이셨다"는 말씀이나 또는 "너희를 단련시키시고 시험하셔서, 나중에 너희가 잘 되게 하시려는 것이다"는 등등의 말씀이 뜻합니다. 사십 년의 마지막에 뒤이어지는 새로운 교회의 시작은, 이런 사십 년 뒤에 일어난 가나안 땅으로의 그들의 안내(=소개)에 의하여 기술되었고, 그리고 이러한 뜻은 "나중에 너희가 잘 되게 하시려는 것이다" 그러므로 또한 "사십 년 동안 광야에서 인도하여 아모리 사람의 땅을 차지하게 하였다"는 말씀 등에 의하여 기술되었습니다.

[8] 최고의 시험은 이런 말씀들이 뜻합니다. 출애굽기서의 말

씀입니다.

> 모세는 구름 가운데를 지나고, 산 위로 올라가서, 밤낮 사십 일을, 빵도 먹지 않고, 물도 마시지 않고, 그 산에 머물렀다(출애굽 24 : 18 ; 34 : 28 ; 신명기 9 : 9, 11, 18, 25).

복음서의 말씀입니다.

> 예수께서 성령에 이끌려, 광야로 가셔서, 악마에게 시험을 받으셨다. 예수께서 밤낮 사십 일을 금식하시니…… (마태 4 : 1, 2 ; 마가 1 : 13 ; 누가 4 : 1).

633[C]. 이상에서 볼 때 성경말씀에서 숫자 "사십"(=마흔 · 40)은 최고의 황폐의 극치(consummation)을 뜻한다는 것, 다시 말하면 교회의 모든 선이 황폐하게 되었고, 그리고 악이 극치에 달랐을 때를 뜻한다는 것은 명확합니다. 그리고 또한 그 숫자가 최고의 시험을 뜻하고, 그리고 새로운 교회의 설시를, 그리고 개혁을 뜻한다는 것도 명확합니다. 이런 내용에서 "이방 사람들이 그 거룩한 도시를 짓밟은 마흔두 달"이 무엇을 뜻하는지, 그리고 아래의 묵시록서의 말씀이 뜻하는 것도 잘 알 수 있겠습니다. 묵시록서의 말씀입니다.

> 나는 바다에서 짐승 하나가 올라오는 것을 보았습니다.…… 그 짐승은, 큰소리를 치며, 하나님을 모독하는 말을 하는 입을 받고, 마흔두 달 동안 활동할 권세를 받았습니다(묵시록 13 : 1, 5).

그러므로 "마흔두 달"이 달들을 뜻하고, 그리고 또한 숫자들이 여기서나 아래에서 어떤 때를 가리키는 것을 뜻한다는 것을 믿는 자는 아무도 없습니다.

634. 3, 4절. "나는 내 두 증인에게 예언하는 능력을 줄 것이

다. 그들은 천이백육십 일 동안 상복을 입고, 예언할 것이다." 그들은 이 세상을 다스리는 주님 앞에 서 있는 올리브 나무 두 그루요, 촛대 두 개입니다.

[3절] :
"나는 내 두 증인에게 주었다"는 말씀은, 모두가 주님에게서 비롯된, 사랑과 인애에 속한 선과 교리와 믿음에 속한 진리를 뜻합니다(본서 635항 참조). "그들은 천이백육십 일 동안 예언할 것이다"는 말씀은, 옛 교회의 마지막과 새로운 교회의 시작까지 그들이 가르칠 것이라는 것, 그리고 그들이 배울 것이 무엇인지를 뜻합니다(본서 636항 참조). "상복을 입는다"는 것은 신령선과 신령진리의 수용이 전혀 없기 때문에 슬픔에 빠져 있다는 것을 뜻합니다(본서 637항 참조).

[4절] :
"그들은 올리브 나무 두 그루요, 촛대 두 개다"는 말씀은 천적인 선과 영적인 선을 뜻하고, 또한 사랑에 속한 선과 그 선에 속한 진리를 뜻합니다(본서 638항 참조). "그들은 이 세상을 다스리는 주님(=하나님) 앞에 서 있다"는 말씀은, 그것이 주님에게서 발출하는 신령한 것들을 가리키고, 그리고 천계나 교회에 있는 그분의 것이라는 것을 뜻합니다(본서 639항 참조).

635. 3절. **나는 내 두 증인에게**(예언하는 능력을) **줄 것이다.**
이 말씀은, 양자 모두가 주님에게서 비롯된, 사랑과 인애에 속한 선과 교리와 믿음에 속한 진리를 뜻합니다. 이러한 내용은 마음이나 믿음 가운데서 주님께서 그분의 인성 가운데 존재하시는 그분의 신성(His Divine)이시고, 그분의 신령발출이시다는 것을 시인하고, 고백, 찬양하는 자들을 가리키는 "증인들"(witnesses)의 뜻에서 명확합니다. 왜냐하면 이것이 주님에 관해서 특별하게 책임지고 있는 것이기 때문입니다. "증인"(=증거)이나 "증거한다"는 말의 뜻에 관해서는 본서 10 · 27 ·

228 · 392항을 참조하십시오. 여기서 "두 증인"(the two witnesses)은 사랑과 인애에 속한 선과 그리고 교리와 믿음에 속한 진리를 뜻합니다. 왜냐하면 뒤이어서 "두 증인들은 올리브 나무 두 그루요, 촛대 두 개입니다" 라는 말씀이 나오고, 그리고 여기서 "올리브 나무 두 그루"는 하나님사랑에 속한 선과 이웃을 향한 인애에 속한 선을 뜻하고, 그리고 "촛대 두 개"는, 이것에 관해서는 곧 상세하게 설명하겠지만, 교리에 속한 진리와 믿음에 속한 진리를 뜻하기 때문입니다.

[2] "증인들"이 이런 선들이나 이런 진리들을 뜻하는데, 그것은 그들, 다시 말하면 그것들 안에 있는 자는 모두 주님을 시인하고, 고백, 찬양하기 때문입니다. 왜냐하면 그것이 신령선이나 신령진리라고 부르는, 신령발출(=성령 · the Divine proceeding)이고, 그리고 그것에서 하나님사랑에 속한 선이나, 이웃을 향한 인애에 속한 선이 존재하기 때문이고, 그리고 주님에 관해서 증거하는 그것에서, 교리에 속한 진리나 믿음에 속한 진리가 비롯되기 때문입니다. 여기에서 뒤이어지는 것은 주님에 관해서 이런 증거 안에 있는 자들은 그분을 시인하고, 고백, 찬양한다는 것입니다. 왜냐하면 이것이 사람 자신에게서 비롯된 것 아니고, 신령존재에 관해서 증거하는 신령한 것이기 때문입니다. 결과적으로 주님께서는, 사람 안에 있는 것을 가리키는, 사랑에 속한 선 안에 계시고, 그리고 그것에서 비롯된 교리에 속한 진리 안에 계십니다. 이것이 곧 증거하는 것들입니다.

[3] 주님에 속한 모든 시인이나 고백(=찬양)은, 그리고 원칙적으로 주님의 인성 안에 존재하는 신령존재의 시인이나 고백(=찬양)은 주님 당신에게서 비롯된 것이기 때문에, 그리고 "증거한다"는 것이 시인하고 고백(=찬양)하는 것을 뜻하기 때문에, 그러므로 "증거한다"는 것은, 아래 장절에서는 당신 자

신에 관한 주님 자신의 말씀 안에 있는 시인과 고백(=찬양)을 뜻합니다. 요한복음서의 말씀입니다.

> 너희가 성경을 연구하는 것은, 영원한 생명이 그 안에 있다고 생각하기 때문이다. 성경은 나를 증언하고 있다(요한 5:39).

거룩한 책(聖書 · the Sacred Scriptures), 즉 성언(聖言)은 주님에게서 발출하는 신령진리이고, 그리고 신령발출(神靈發出 · 聖靈 · the Divine proceeding)은 천계나 교회에 존재하는 주님 당신이십니다. 그러므로 "성경은 나를 증언하고 있다"고 언급되었을 때 그것은 주님 자신이 그분에 관해서 증언한다는 것을 뜻합니다. 같은 책의 말씀입니다.

> 내가 나 자신에 대하여 증언하고, 나를 보내신 아버지께서도 내게 대하여 증언하여 주신다(요한 8:18).

이 말씀에서도 공공연하게 선포하고 있는 것은 주님 당신, 즉 그분 안에 계신 신령존재께서 그분에 대하여 증언한다는 것입니다.

[4] 같은 책의 말씀입니다.

> 내가 아버지께로부터 너희에게 보내려는 보혜사, 곧 아버지께로부터 오는 진리의 영이 오시면, 그 영이 나를 증언하실 것이다. 너희도 처음부터 나와 함께 있었으므로, 나의 증인이 될 것이다(요한 15:26, 27).

여기서 "보혜사, 곧 진리의 영"은 신령진리를 가리키는, 주님에게서 비롯하는 신령발출을 뜻합니다. 같은 책의 말씀입니다.

예수께서 빌라도에게 대답하셨다. "네가 말한 대로 나는 왕이다. 나는 진리를 증언하려고 태어났으며, 진리를 증언하려고 세상에 왔다. 진리에 속한 사람은, 누구나 내가 하는 말을 듣는다"(요한 18:37).

"진리를 증거한다"는 것은 주님에게서 발출하는 신령진리로 하여금 그분을 증거하게 하는 것을 뜻합니다. 더욱이 이 신령진리는 성경말씀에서 "왕"이 뜻합니다. 인용된 장절들은 "증거한다"(=증언한다)는 말씀이 주님을 시인하고, 고백, 찬양하는 것이나, 그리고 이것이 그분에서 비롯된다는 것 등을 밝히 알게 하기 위한 것입니다. 결과적으로 "증언한다"(=증거한다)는 것은, 이런 것들이 주님에게서 비롯된 것이고, 그리고 사람 안에 있는 그분의 것이기 때문에, 사랑과 인애에 속한 선이나, 교리나 믿음에 속한 진리를 뜻합니다.

636. 그들은 천이백육십 일 동안 예언할 것이다.

이 말씀은 옛 교회의 마지막과 새로운 교회의 시작에 대해서 그들이 가르칠 것이고, 그들이 무엇인가를 배우게 될 것이라는 것을 뜻합니다. 이러한 내용은, 가르치는 것을 가리키는 "예언한다"는 말의 뜻에서(본서 624항 참조), 여기서는 가르치고, 가르침을 받는 것 양자를 가리키는 "예언한다"는 말의 뜻에서 잘 알 수 있습니다. 왜냐하면 이 말씀은 "두 증인들"에 관해서 언급하고 있는데, 그 낱말은 사랑과 인애에 속한 선을 뜻하고, 교리와 믿음에 속한 진리를 뜻하기 때문입니다. 왜냐하면 사람에게서 이런 것들은 가르치는 것이고, 가르침을 받는 것이기 때문입니다. 그것은 사랑에 속한 선들이나 교리에 속한 진리들 안에 있는 자들은 가르치기 때문이고, 그리고 사랑에 속한 선들이나 교리에 속한 진리들은 그들에 의하여 가르쳐지는 것들이기 때문입니다. 이러한 것은 옛 교회의 마지막과 새로운 교회의 시작을 가리키는 "천이백육십 일 동안"이라는 말씀의 뜻에서 명료합니다. 왜냐하면 한 해를 삼백육십 일로 계산할 때, 천이백육십 일은 삼 년 반이 계산되기 때문에, 그리고 "일천이 백육십 일"은 "삼 년 반"(three and a half)과 동일한 뜻을 가지 기 때문입니다. 그리고 "삼과 반"(three and a half)은 전 상태 의 마지막과 새로운 상태의 시작을 뜻하는데, 여기서는 옛 교 회의 마지막과 새로운 교회의 시작을 뜻합니다. 왜냐하면 이러 한 상태는 교회의 마지막 때와 관계를 가지고 있기 때문입니 다. 이러한 내용이 이 숫자의 뜻이기 때문에, 우리의 본문장 9 절에는 이렇게 언급되었습니다.

> 사람들이 사흘 반 동안 그 두 예언자의 시체를 볼 것이며, 그 시체 가 무덤에 안장되는 것을 허락하지 않을 것이다(묵시록 11:9).

그 뒤 11절의 말씀입니다.

> 사흘 반이 지난 뒤에, 생명의 기운이 하나님께로부터 나와서 그들 속으로 들어가니, 그들이 제 발로 일어섰습니다(묵시록 11:11).

이들 장절에서 "삼 일 반"(three days and a half)은, 영접, 수 용하여야 할 사랑에 속한 선이나 교리에 속한 진리가 전혀 없 는 때를 가리키는, 옛 교회의 마지막을 뜻하고, 그리고 또한 그것들이 영접, 수용될 때인, 새로운 교회의 시작을 뜻합니다. 옛 교회의 마지막은 "아비소스로부터 올라오는 짐승이 그들을 죽일 것이다"는 말씀이 뜻하고, 그리고 새로운 교회의 시작은 "생명의 기운이 하나님께로부터 나와서 그들 속으로 들어갔 다"(=하나님께로부터 온 생명의 영이 그들에게 들어갔다)는 말씀이 뜻합니다. 숫자 "천이백육십"(1260)은 "삼과 반"(three and a half)이 갖는 동일한 뜻을 갖는데, 그것은 성경말씀에서 "세대 들"(ages)·"년들"(years)·"달들"(months)·"주들"(weeks)·

"날들"(days) · "시간들"(hours)은 동일한 뜻을 가지기 때문입니다. 왜냐하면 이런 낱말들은 단순히 때들(times)을 뜻하고, 그리고 일반적으로나 개별적으로 때들을 뜻하고, 또한 때들은 크거나 작은 것(greater or less)을 뜻하고, 그리고 동일하게는 상태들을 뜻하기 때문입니다. 왜냐하면 숫자들에 의하여 명시된 길고, 짧은 시간은, 앞에서 언급한 것과 같이(본서 571 · 633[A]항 참조), 그 사물의 뜻을 바꾸지 않기 때문입니다. 날들(days)의 동일한 숫자는 묵시록서의 다음 장에서도 동일한 뜻을 갖습니다. 그 장의 말씀입니다.

> 그 여자는 광야로 도망을 쳤습니다. 그 곳은 하나님께서 천이백육십일 동안 그 여자를 먹여 살리시려고 마련해 두신 곳이었습니다(묵시록 12 : 6).

여기서 "여자"(the woman)는 교회를 뜻하고, 그 여자가 먹고 사는 곳인 "광야"(the wilderness)는 거기에 선과 진리의 수용이 전혀 없는 곳을 뜻하고, "그 날들이 지나간 뒤"라는 말씀은 그 교회의 새로운 상태를 뜻합니다.

637[A]. 상복을 입는다.

이 말씀은 신령선과 신령진리의 수용이 전혀 없기 때문에 있는 슬픔(哀悼 · mouring)에 빠진 것을 뜻합니다. 이러한 내용은, 신령선과 신령진리의 황폐나 폐허 때문에 생긴 슬픔(=애도)를 가리키는, 여기서는 그것들의 수용이 없기 때문에 생긴 슬픔(=애도)를 가리키는, "상복을 입는다"는 말의 뜻에서 명확합니다. 왜냐하면 증인들이 상복을 입은 것으로 보였고, 그리고 그들은, 사랑에 속한 모든 선이나 인애에 속한 모든 선이 그것에서 비롯되는, 신령선을 뜻하기 때문이고, 그리고 또한 교리나 믿음에 속한 모든 진리가 비롯된 근원인, 신령진리를 뜻하기 때문입니다. 그들이 영접, 수용되지 않았을 때는 그들은 슬픔 가운데 있는 모습으로 나타나고, 그러나 그들이 영접, 수용되었을 때는 기쁨 가운데 있는 모습으로 나타납니다.
[2] 사랑에 속한 선이나, 믿음에 속한 진리를 뜻하는, 해와 달에 관해서도 동일하게 언급되었습니다. 묵시록서의 말씀입니다.

> 그 어린 양이…… 봉인을 뗄 때에,…… 해는 검은 머리털로 짠 천과 같이 검게 되고, 달은 온통 피와 같이 되었다(묵시록 6 : 12).

이 말씀은 모든 사랑의 선이 믿음에서 분리된 것을 뜻하고, 그리고 모든 믿음의 진리가 위화된 것을 뜻합니다(본서 401항 참조). 주님을 가리키는 천사적인 천계의 해(=태양)도 영원히 검게 되지 않고, 다만 그 태양에서 발출되는 빛을 영접, 수용하지 못한 자들에게는 그와 같은 모습으로 나타날 뿐입니다.
[3] 고대에 교회에 속한 외적인 것들이 오직 대응들이나 그것에서 비롯된 영적인 것들의 표징들로 구성되었을 때 슬픔(=애도)은 수많은 표의적인 것들에 의하여 표징되었는데, 예를 들면 땅바닥에 주저앉거나 눕는 것, 흙먼지에 몸을 뒹구는 것, 머리에 재를 뿌리는 것, 옷을 찢는 것, 상복을 입는 것 등등이 되겠습니다. "옷을 찢고, 상복을 입는 것"은 교회에 있는 진리와 선의 폐허 때문에 생긴 슬픔(=애도)을 뜻하고, 그리고 그것들의 수용이 전혀 없기 때문에 생긴 슬픔을 뜻합니다. 왜냐하면 일반적으로 "옷"(garments)은 교회의 진리들을 뜻하기 때문입니다(본서 64 · 65 · 195 · 271 · 395 · 475[A] · 476항 참조). 그러므로 "옷을 찢는다"는 것은 교회의 진리들이 고통을 받거나 상처를 입었기 때문에 생긴 슬픔을 뜻합니다. 말하자면 거짓들에 의하여 깨지고 산산이 조각난 것을 뜻합니다. 그리고 "상복을 입는다"(=걸친다)는 것은 선과 진리의 박탈(剝奪)이나

상실 때문에 생긴 슬픔, 결과적으로는 교회의 황폐 때문에 생긴 슬픔을 뜻합니다.
[4] 예들과 같은 것 때문에 생긴 슬픔이나 애도입니다. 열왕기 하서의 말씀입니다.

> 히스기야 왕도 이 말(=앗시리아 왕의 대장 달탄의 말)을 듣고, 울분을 참지 못하여 자기의 옷을 찢고, 베옷을 두르고, 주의 성전으로 들어갔다. 그는 엘리야김 궁내대신과 셉나 서기관과 원로 제사장들에게 베옷을 두르게 한 뒤에, 아모스의 아들 이사야 예언자에게 보냈다 (열왕기 하 19 : 1, 2 ; 이사야 37 : 1, 2).

이러한 것은, 여기서 "앗시리아 왕"은 왜곡된 합리적인 것이나, 또는 교회에 속한 진리들이나 선들을 타락, 왜곡 시키는 합리적인 것이나, 거짓들에 의하여 그것들을 파괴하는 합리적인 것을 뜻하기 때문에, 생긴 일입니다. 앗시리아 왕의 대장 달탄의 모든 말들은 이런 것들을 뜻합니다. 그리고 교회의 폐허나 황폐가 매우 급박한 것으로 보여졌기 때문에 이런 것 때문에 생긴 애도나 슬픔 따위를 보여 주기 위하여 그들은 그들의 겉옷을 찢고, 자신의 몸을 상복으로 가리었습니다.
[5] 같은 일 때문입니다. 열왕기 하서의 말씀입니다.

> (시리아 왕 벤하닷이 사마리아를 포위하셨을 때) 왕은 이 여자의 말을 듣고는, 기가 막혀서 자기의 옷을 찢었다. 왕이 성벽 위를 지나갈 때, 백성들은, 왕이 겉옷 속에 베옷을 입고 있는 것을 보았다(열왕기 하 6 : 30).

이 구절 역시 위의 뜻과 동일한 것을 가지고 있습니다. 다시 말하면 교회의 절박한 폐허나 황폐를 뜻합니다. 이런 이유 때문에 왕은 그의 겉옷을 찢었고, 그리고 그의 몸에 상복을 입었는데, 이러한 것은 애도나 슬픔의 표징적인 증표입니다.
[6] 동일한 이유 때문에 애도(=슬픔)는 아래 장절들이 뜻합니다.

> (요셉이 찢겨서 죽은 것을 믿게 되었을 때), 야곱은 슬픈 나머지, 옷을 찢고, 베옷을 걸치고, 아들을 생각하면서, 여러 날을 울었다(창세기 37 : 34).
> 아합은 이 말(=그의 아내 이세벨의 충고)을 듣고는, 자기 옷을 찢고 맨 몸에 굵은 베 옷을 걸치고, 금식하였으며, 누울 때에도 굵은 베 옷을 입은 채로 눕고, 또 일어나서 거닐 때에도 슬픈 표정으로 힘없이 걸었다(열왕기 상 21 : 27).
> 니느웨 백성들은 하나님의 말씀을 듣고, 금식을 선포하고, 그들 가운데 가장 높은 사람으로부터 가장 낮은 사람에 이르기까지 모두 굵은 베 옷을 입었다. 이 소문이 니느웨의 왕에게 전해지니, 그도 임금의 자리에서 일어나, 걸치고 있던 임금의 옷을 벗고, 굵은 베 옷을 입고 잿더미에 앉았다.…… 사람이든 짐승이든 모두 굵은 베 옷만을 걸치고, 하나님께 힘껏 부르짖어라. 저마다 자기가 가던 나쁜 길에서 돌이키고, 힘이 있다고 휘두르던 폭력을 그쳐라(요나 3 : 5, 6, 8).
> 응답을 들으려고, 나는 금식을 하면서, 베옷을 걸치고, 재를 깔고 앉아서, 하나님께 기도를 드리면서 간구하였다(다니엘 9 : 3).
> 다윗은 요압을 비롯하여 자기와 함께 있는 온 백성에게 명령하였다. "너희는 옷을 찢고, 허리에 굵은 베 옷을 두른 뒤에, 아브넬의 상여 앞에서 걸어가면서도 애도하여라." 그리고 다윗 왕도 몸소 상여를 뒤따라갔다(사무엘 하 3 : 31).

이러한 장절들은, 유대교회나 이스라엘 교회에서 "겉옷을 찢고, 상복을 몸에 걸친다"는 것이 애도나 슬픔을 표징하고 있다는 것을 명확하게 합니다. 이것은 곧 내면적인 것들을 가리키는, 마음의 슬픔이나 심령의 애도 때문인데, 그 때 이와 같은 외적인 것들에 의하여 그것들이 표징되었는데, 그것은 표의적인 것을 가리키는 영적인 것들에게 있는 그것들의 대응들 때문입니다.
637[B] [7] 상복을 입는 것에 의한 애도의 표징이, 특히 교회 안에 있는 진리의 폐허나 선의 황폐 때문에 생긴 애도를 뜻한다는 것, 그리고 또한 개별적으로는 온갖 악들 때문에 생긴 마음의 깊은 애도를 가지는 회개를 뜻한다는 것은 아래의 장절들에게서 잘 알 수 있겠습니다. 이사야서의 말씀입니다.

> 그 날에, 주 만군의 하나님께서 너희에게
> 통곡하고 슬피 울라고 하셨다.
> 머리털을 밀고,
> 상복을 몸에 두르라고 하셨다.
> (이사야 22:12)

이 장은 신령진리에 관한 교회의 황폐를 다루고 있는데, 그 애도가 "머리털을 밀고"(=삭발), "상복을 걸친다"는 것에 의하여 기술되었습니다.
[8] 예레미야서의 말씀입니다.

> "사자가 일어나서 숲 속에서 뛰쳐 나오듯이,
> 세계 만민을 멸망시키는 자가 길을 나섰다.
> 그가 너의 땅을 황무지로 만들려고
> 제자리를 떴다.
> 이제는 너의 모든 성읍이 폐허가 되어,
> 주민이 없을 것이다."
> 그러므로 너희는
> 굵은 베 옷을 허리에 두르고
> '과연 주의 맹렬한 분노가
> 아직도 우리에게서 떠나가지 않았구나!'

하고 탄식하며, 슬피 울어라.
(예레미야 4:7, 8)

"숲 속에서 뛰쳐 나온 사자"는 교회의 진리들을 파괴하는 악에 속한 거짓을 뜻하고, 그리고 "만민을 멸망시키는 자"는 교회의 선을 파괴하는 거짓에 속한 악을 뜻하고, "그들이 황무지로 만들 땅"은 교회를 뜻하고, "폐허가 될 성읍들"은 교리에 속한 진리들을 뜻하고, "허리에 두르는 굵은 베옷"(=상복)은 이것 때문에 생긴 애도나 슬픔을 뜻합니다. 그러므로 "슬퍼하여라, 슬피 울어라" 라는 말씀이 부가되었습니다.
[9] 같은 책의 말씀입니다.

나의 딸, 나의 백성아.
너는 굵은 베 옷을 허리에 두르고,
잿더미 속에서 뒹굴어라.
외아들을 잃은 어머니처럼 통곡하고,
슬피 울부짖어라.
멸망시키는 자가 갑자기
우리를 덮쳐 올 것이다
(예레미야 6:26)

여기서 "백성의 딸"은 교회를 뜻하고, "그녀가 굵은 베 옷을 허리에 두르고, 잿더미 속에서 뒹군다"는 것은 교회에 속한 선이나 진리의 파괴 때문에 생긴 애도나 슬픔을 뜻하고, 이런 것들의 폐허나 그 교회의 황폐는 "멸망시키는 자가 갑자기 덮쳐 올 것이다"는 말씀이 뜻합니다. 선과 진리의 파괴 때문에 생긴 비참한 애도나 슬픔을 명확하게 뜻한다는 것은 "너는 굵은 베 옷을 허리에 두르고, 잿더미 속에서 뒹굴어라"는 말씀이 뜻합니다. 왜냐하면 "외아들을 잃은 어머니처럼 통곡하고, 슬피 울

11장 1-6절

부짖어라"는 말씀이 부가되었기 때문입니다.
[10] 역시 같은 책의 말씀입니다.

> "아이 성이 멸망하였으니,
> 헤스본아, 통곡하여라.
> 랍바의 딸들아, 울부짖어라.
> 굵은 베 옷을 몸에 걸치고 애곡하여라.
> 이리 뛰고 저리 뛰며 몸부림 쳐라.
> 너희의 신 몰렉(=말감)이 포로로 끌려가고,
> 몰렉을 섬기던 제사장들과 고관들도
> 다 함께 포로로 끌려갈 것이다."
> (예레미야 49 : 3)

이 장절은 암몬의 자손들에 관해서 언급하고 있는데, 그들은 자연적인 선 안에 있는 자들을 뜻하고, 그리고 교회의 진리들을 위화하는 자들을 뜻합니다. 그 교회에 있는 자들이 그런 부류이다는 것은 "랍바의 딸들"이 뜻하는데, 온갖 거짓들에 의한 진리의 파괴 때문에 생긴 애도(=애곡)는 "랍바의 딸들아, 울부짖어라. 굵은 베 옷을 몸에 걸치고 애곡하여라. 이리 뛰고 저리 뛰며 몸부림쳐라"(=울타리 옆으로 오가며 달려라)는 말씀이 뜻하는데, 여기서 "울타리들"(walls)은 위화된 진리들을 뜻하고, 그리고 그 교회의 진리가 결과적으로 멸망한다는 것은 "그들의 왕이 포로로 끌려갈 것이다"는 말씀이 뜻하는데, 여기서 "왕"은 교회의 진리를 뜻하고, "포로로 끌려간다"는 것은 파괴, 멸망되는 것을 뜻합니다. 교회에 속한 선들이나, 그것에서 비롯된 그것의 모든 진리들도 마찬가지로 멸망, 파괴될 것이라는 것은 "제사장들과 고관들이 다 함께 포로로 끌려갈 것이다"는 말씀이 뜻합니다. 여기서 "제사장"은 교회에 속한 선들을 뜻하고, "고관들"은 그것에서 비롯된 진리들을 뜻합니다.

[11] 애가서의 말씀입니다.

> 도성 시온의 장로들은
> 땅에 주저앉아 할 말을 잃고,
> 머리 위에 흙먼지를 뒤집어쓰고,
> 허리에 굵은 베를 둘렀다.
> 예루살렘의 처녀들은
> 땅에 머리를 떨군다.
> (애가 2:10)

"땅에 주저앉는다" "할 말을 잃는다"(=침묵을 지킨다) "머리 위에 흙먼지를 뒤집어쓴다" "땅에 머리를 떨군다"는 것 등등은 악들이나 거짓들에 의한 그 교회의 황폐 때문에 생긴 애도나 슬픔의 모든 표징들을 가리킵니다. "도성 시온의 장로들"은 그 교회 안에 있는 현명한 것이나 총명한 것을 뜻하고, 그리고 추상적인 뜻으로는 지혜나 총명을 뜻합니다. "시온의 딸들이나 예루살렘의 처녀들"은 선과 진리의 정동 안에 있는 교회 안에 있는 자들을 뜻하고, 추상적인 뜻으로는 정동들 자체를 뜻합니다.

[12] 에스겔서의 말씀입니다.

> 네 죽음을 애도하여,
> 그들이 머리를 빡빡 밀고
> 굵은 베 옷을 입으며,
> 너 때문에 마음이 아파 울고
> 슬피 통곡할 것이다.
> (에스겔 27:31)

이 말씀은 두로(Tyre)에 관한 언급인데, 여기서 두로는 진리나 선의 지식들 측면에서 교회를 뜻하고, 그러므로 그 교회에 속한 진리나 선의 지식들을 뜻합니다. 여기서는 이런 것들의 멸망 때문에 생긴 애도가 기술되었습니다. "선장들"(=사공들 · shipmasters)은 이런 지식을 운반하고, 교류하는 자들을 뜻합니다. 그리고 "머리를 빡빡 민다"(=삭발한다 · 削髮)는 것은 총명에 속한 모든 것들의 멸망 때문에 생긴 애도를 뜻하고, "굵은 베 옷을 입는다"(=상복을 걸친다)는 것은 진리를 아는 능력이 파괴되었기 때문에 생긴 애도를 뜻합니다. 애도가 기술된 것과 같은 그런 것이기 때문에 거기에 "너 때문에 마음이 아파 울고, 슬피 통곡할 것이다"(=마음의 아픔과 쓰라린 통곡으로 너를 위하여 울 것이다)는 말씀이 부연되었습니다.

[13] 복음서들의 말씀입니다.

"고라신아, 너에게 화가 있다. 벳새다야, 너에게 화가 있다. 너희에게서 행한 기적들을 두로와 시돈에 행하였더라면, 그들은 벌써 베 옷을 입고, 재를 뒤집어쓰고, 회개하였을 것이다(마태 11:21 ; 누가 10:13)."

"베 옷(=상복)을 입고, 재를 뒤집어쓰고 회개한다"는 것은 신령한 진리를 영접하지 않았기 때문에, 그리고 그 진리들을 막고, 방해하는 거짓들과 악들 때문에 생긴 슬퍼하고, 애도하는 것을 뜻합니다.

[14] 요엘서의 말씀입니다.

백성아, 울어라!
약혼자를 잃고 슬퍼하는 처녀처럼,
굵은 베 옷을 걸치고 울어라.……
제사장들아,
굵은 베 옷을 입고 슬피 울어라.
제단 앞에서 섬기는 자들아, 통곡하여라.

> 하나님을 섬기는 제사장들아,
> 굵은 베 옷을 입고 성전으로 가서,
> 밤을 새워 통곡하여라.
> 너희가 날마다 아침 저녁으로
> 하나님의 성전에 바칠 곡식제물과
> 부어 드릴 제물(=헌주)이 떨어졌다.
> (요엘 1 : 8, 13)

여기서 "굵은 베 옷(=상복)을 입는다"는 것이나 "굵은 베 옷을 입고 통곡한다"는 것은 교회에 속한 선과 진리가 파괴, 멸망하였기 때문에 생긴 애도를 뜻합니다. 왜냐하면 "곡식제물"(the meal-offering)은 그 교회의 선을 뜻하기 때문이고, "부어 드리는 제물"(=헌주 · the drink-offering)은 그 교회의 진리를 뜻하기 때문입니다.

[15] 아모스서의 말씀입니다.

> 내가 모든 사람에게 굵은 베 옷(=상복)을 입히고,
> 머리를 모두 밀어서 대머리가 되게 하겠다.
> 그래서 모두를
> 외아들을 잃은 것처럼 통곡하게 하고,
> 그 마지막이 비통한 날이 되게 하겠다.
> (아모스 8 : 10)

"허리에 걸친 상복"(=굵은 베 옷)은 사랑에 속한 선이 파괴, 멸망되었기 때문에 생긴 애도를 뜻합니다. 왜냐하면 "허리"(the loins)가 이런 내용을 뜻하기 때문이고, 그리고 "머리를 밀어서 대머리가 된다"는 것은 진리의 이해가 파괴, 멸망되었기 때문에 생긴 애도를 뜻하기 때문입니다.

[16] 이사야서의 말씀입니다.

11장 1-6절   345

>   모압 사람들이……
>   모두 머리를 밀고,
>   수염을 깎는다.
>   그들이 굵은 베로 허리를 동이고,
>   길거리에 나앉아 울고,
>   지붕 위에 올라가 통곡하며,
>   광장에서도 통곡하니,
>   볼에 눈물이 마를 날이 없다.
>   (이사야 15 : 2, 3)

예레미야서의 말씀입니다.

>   모압 사람들이
>   모두 머리털을 밀고,
>   수염을 자르고,
>   손마다 상처를 내고,
>   허리에 굵은 베를 걸치고 있다.
>   모압의 모든 지붕 위에서
>   슬피 우는 소리가 들린다.
>   모압의 모든 광장에서
>   슬피 우는 소리가 들린다.……
>   내가 전혀 마음에 들지 않는 그릇처럼,
>   모압을 깨뜨려 버렸다.
>   (예레미야 48 : 37, 38)

여기서 "모압"은, 자연적인 선 안에 있고, 그리고 교회에 속한 선들을 섞음질하는 자들을 뜻합니다. 이들이 진리의 이해, 즉 진리의 지식(=과학지)를 전혀 가지고 있지 않다는 것은 "모압 사람들이 모두 머리털을 밀고, 수염을 자른다"는 말씀이나, "모압의 모든 지붕 위에서 슬피 우는 소리가 들린다" "모압의 모든 광장에서 슬피 우는 소리가 들린다" "거기에서 슬피 울 것이다"는 등등의 말씀이 뜻합니다. "손마다 상처를 낸다"(=손에 벤 자국이 있다)는 것은 위화된 것들을 뜻하고, "허리에 굵은 베를 걸친다" "울부짖는다"(=통곡한다 · to howl) "울며 지낸다"는 등등의 말씀은 이런 것들 때문에 생긴 애도나 슬픔을 뜻합니다.

[17] 이사야서의 말씀입니다.

> 그들에게서는
> 향수 내음 대신에 썩는 냄새가 나고,
> 고운 허리띠를 띠던 허리에는
> 새끼줄이 감기고,
> 곱게 빗어 넘기던 머리는
> 다 빠져서 대머리가 되고,
> 고운 옷을 걸치던 몸에는 상복을 걸치고,
> 고운 얼굴 대신에
> 수치의 자국만 남을 것이다.
> 너를 따르던 남자들이 칼에 쓰러지며,
> 너를 따르던 용사들이
> 전쟁터에서 쓰러질 것이다.
> (이사야 3 : 24, 25)

이 말씀은, 그들이 천적인 선에 속한 정동들의 측면에서 교회를 뜻하는 "시온의 딸들"에 관해서 언급하고 있습니다. 그러므로 "시온의 딸들"은 천적인 교회에 속한 선의 정동들을 뜻합니다. 자기 총명의 자만(自慢)을 통한 이런 것들의 상실이나 흩어짐(消散)은 여기서는 자기 자신을 숭배(崇拜), 섬기는 이들 딸들에게 있는 다양한 것들에 의하여 기술되었고, 정반대되고, 추한 정동들로 뒤바뀐 이런 정동들의 변화는 "향수 내음 대신의 썩는 냄새가 나고, 고운 허리띠를 띠던 허리에는 새끼줄이 감기고, 곱게 빗어 넘기던 머리는 다 빠져서 대머리가 되고, 고운 옷을 걸치던 몸에는 상복을 걸치고, 고운 얼굴 대신에 수치의 자국만 남을 것이다"는 말씀이 뜻합니다. 여기서 "썩는 내음"(rottenness)은 생생한 소멸(the vital perishing)을 뜻하고, "허리에 새끼줄이 감긴다"는 것은, 그것들의 결합 대신에 진리의 지각의 소멸이나 흩어짐을 뜻하고, "곱게 빗어 넘기던 머리가 대머리가 된다"는 것은 지식(=과학지) 대신에 어리석음이나 무능(imbecility)을 뜻하고, "고운 얼굴 대신에 남은 수치의 자국"(=그을림 · burning)은 총명 대신에 어리석음(foolishness)을 뜻하고, 여기서, "그을림"(=남은 수치 · burning)은, 어리석음을 가리키는, 총명에 속한 자만에서 비롯된 광기(狂氣)나 미친짓을 뜻하고, "곱다"(=아름답다 · beauty)는 것은 총명을 뜻합니다. 온갖 거짓들에 의하여 이해에 속한 진리들이 소멸할 것이라는 것, 심지어 거기에는 악에 대항하는 저항이나 반항이 전혀 없을 것이라는 것은 "너를 따르던 남자들이 칼에 쓰러질 것이고, 너를 따르던 용사들이 전쟁터에서 쓰러질 것이다"는 말씀이 뜻하는데, 여기서 "칼"은 진리를 파괴하는 거짓을 뜻합니다.

[18] "상복"(=굵은 베 옷 · 자루천)은 아래 장절에서는 동일한 뜻을 가리킵니다. 에스겔서의 말씀입니다.

> 사람들은 모두 손에 맥이 풀리고,
> 무릎을 떨 것이다.
> 굵은 베 옷을 입고,
> 두려워서 온 몸을 떨 것이다.
> 모든 얼굴에는 부끄러움이 가득할 것이요,
> 모든 머리는 대머리가 될 것이다.
> (에스겔 7 : 17, 18)

시편서의 말씀입니다.

> 그들이 병들었을 때에, 나는
> 굵은 베 옷을 걸치고,
> 금식하며 고행까지 했지만,
> 정작, 내가 환난을 당했다(=나의 영혼은 배고픔을 당하였다).
> (시편 35 : 13, 14)

같은 책의 말씀입니다.

> 내가 금식하면서 울었으나,
> 그것이 오히려 나에게는
> 망신거리가 되었습니다.
> 내가 베옷을 입고서 슬퍼하였으나,
> 오히려 그들에게 말거리가 되었습니다.
> (시편 69 : 10, 11)

욥기서의 말씀입니다.

> 내가 맨살에 베옷(=상복)을 걸치고 통곡한다.
> 네 위세를 먼지 속에 묻고,
> 여기 이렇게 시궁창에 앉아 있다.
> 하도 울어서,
> 얼굴마저 핏빛이 되었고,
> 눈꺼풀에는 죽음의 그림자가 덮여 있다.
> (욥기 16 : 15, 16)

이사야서의 말씀입니다.

> 내가 흑암으로 하늘을 입히며,
> 굵은 베로 하늘을 두르겠다.
> (이사야 50 : 3)

11장 1-6절

시편서의 말씀입니다.

> 주께서는 내 슬픔의 노래를
> 기쁨의 춤으로 바꾸어 주셨습니다.
> 나에게서 슬픔의 상복을 벗기시고,
> 기쁨의 나들이옷을 갈아입히셨기에…….
> (시편 30 : 11)

이 장절들에서도 역시 "상복"(=베 옷)은 애도를 뜻하고, "겉옷 대신에 몸에 굵은 베 옷(=상복)을 걸친다"는 것은 교회에 속한 진리의 파괴나 파멸 때문에 생긴 애도를 뜻하고, "허리와 맨살에 베 옷(=상복)을 걸친다"는 것은 교회에 속한 선의 파괴 때문에 생긴 애도를 뜻합니다. 왜냐하면 "겉옷"(=옷·vesture)은 교회의 진리를 뜻하고, "허리나 맨살"(loins and flesh)은 교회의 선을 뜻하기 때문입니다.

[19] "상복을 걸친다"는 것은 진정한 표징적인 것을 가리키고, 따라서 애도나 회개에 속한 표의적인 것을 가리키지만, 그러나 본질적으로는 애도나 회개를 뜻하는 것이 아니라는 것은 아래의 장절들에게서 명확합니다. 이사야서의 말씀입니다.

> "이것이 어찌
> 내가 기뻐하는 금식이 되겠느냐?
> 이것이 어찌 사람이
> 통치하며 괴로워하는 날이 되겠느냐?"
> 머리를 갈대처럼 숙이고
> 굵은 베와 재를 깔고 앉는다고 해서
> 어찌 이것이 금식이라고 하겠으며,
> 주께서 너희를
> 기쁘게 반기실 날이라고 할 수 있겠느냐?
> "내가 기뻐하는 금식은,

> 부당한 결박을 풀어 주는 것,
> 멍에의 줄을 끌러 주는 것,
> 압제받는 사람들을 놓아 주는 것,
> 모든 멍에를 꺾어 버리는 것,
> 바로 이런 것들이 아니냐?"
> 또한 굶주린 사람에게
> 너의 양식을 나누어 주는 것,
> 떠도는 불쌍한 사람을
> 집에 맞아들이는 것이 아니겠느냐?
> 헐벗은 사람을 보았을 때에
> 그에게 옷을 입혀 주는 것,
> 너의 골육을 피하여
> 숨지 않는 것이 아니겠느냐?
> (이사야 58 : 5-7)

요엘서의 말씀입니다.

> "지금이라도 너희는 진심으로 회개하여라.……
> 금식하고 통곡하고 슬퍼하면서,
> 나에게로 돌아오너라.
> 옷을 찢지 말고, 마음을 찢어라."
> 주 너희의 하나님께로 돌아오너라.
> 주께서는 은혜롭고 자비로우시며,
> 오래 참으시며,
> 한결같은 사랑을 늘 베푸시고,
> 불쌍히 여기는 마음이 많으셔서
> 뜻을 돌이켜 재앙을 거두기도 하신다.
> (요엘 2 : 12, 13)

638[A]. 4절. 그들은 올리브 나무 두 그루요, 촛대 두 개입니다.

이 말씀은 주님사랑에 속한 선을 뜻하고, 이웃을 향한 인애에 속한 선을 뜻하고, 그리고 교리와 믿음에 속한 진리를 뜻하는데, 이것으로 말미암아 천계와 교회는 존재합니다. 이러한 내용은, 넓은 뜻에서 주님의 천적인 나라와, 따라서 천적인 교회를 가리키는 "올리브 밭" "올리브 나무" "올리브"의 뜻에서 명확한데, 이런 교회들이 서로 분별되는 것은, 그들로 말미암아 존재하는 그 교회의 사람들은 주님사랑이나 이웃을 향한 사랑 안에 있기 때문입니다. 이것이 "올리브 나무"나 "올리브"가 이들 사랑들의 각각을 뜻하는 이유입니다. 다시 말하면 각각의 사랑에 속한 선을 뜻하는 이유입니다. "올리브 나무"나 "올리브"가 그 교회를 뜻하고, 그리고 또한 그 교회에 속한 선들을 뜻한다는 것은 이어지는 내용에서 볼 수 있을 것입니다. 이러한 사실은, 넓은 뜻으로 주님의 영적 왕국을 가리키는, 따라서 영적 교회를 가리키는 "촛대"(a lampstand)의 뜻에서 명확합니다. 그리고 그 교회의 주요한 것은 교리에 속한 진리나, 믿음에 속한 진리이기 때문에 그러므로 여기서 "촛대들"은 역시 이런 것들을 뜻합니다. 이것이 영적인 뜻으로 "촛대"의 뜻이라는 것은 본서 62항을 참조하십시오.

[2] "두 증인들이 올리브 나무 두 그루이고, 촛대 두 개"라고 언급되었는데, 그래서 그것은 넷(4)이 되었는데, 그 이유는 "둘"(2)이 결합을 뜻하고, 그것으로 인하여 하나(a one)를 뜻하기 때문입니다. 왜냐하면 여기서 두 개의 것들은 하나를 이루기 때문입니다. 다시 말하면 선과 진리는 하나를 이루기 때문입니다. 만약에 그것이 진리에서 비롯된 것이 아니라면 선은 선이 아니고, 그리고 선에서 비롯된 진리가 아니라면 그 진리는 진리가 아닙니다. 결과적으로 이들 둘(2)이 존재(being)나 실재(existence)를 하나(one)로 이룰 때, 그것은 한 존재입니다. 하나가 된 이 결합은 이른바 천계적인 혼인(the heavenly

marriage)이라고 부르고, 천계나 교회는 그 혼인으로 말미암아 존재합니다. "두 올리브 나무들"이 뜻하는 천적인 선도 마찬가지입니다. 그리고 또한 "두 촛대들"이 뜻하는 영적인 선에게서도 마찬가지입니다. 왜냐하면 주님의 천적인 왕국에 있는 선은 주님사랑에 속한 선이기 때문이고, 그 선에 속한 진리는 형제나 동무를 향한 사랑의 선이라고 불리우기 때문입니다. 이에 반하여 주님의 영적인 왕국에 있는 선은 이웃을 향한 인애에 속한 선을 가리키고, 그리고 그 선에 속한 진리는 믿음에 속한 선이라고 부릅니다. 그러나 이런 것들의 진정한 개념은, 만약에 천적인 선이 무엇인지 알지 못하면, 그리고 또한 이들 사이의 차이가 무엇인지 알지 못하면, 거의 가질 수 없습니다. 이러한 사실은 여기서 "두 증인들"이 "올리브 나무 두 그루요, 촛대 두 개"라고 불리운 이유를 명확하게 합니다. "둘"(2)이 하나(one)가 되는 결합을 뜻한다는 것, 그리고 또한 천계적인 혼인을 뜻한다는 것은 본서 532항 말미를 참조하십시오.

[3] "올리브 나무"가 천적인 교회를 뜻하는데, 그것은 일반적으로 "나무들"이 지각들이나 지식들을 뜻하기 때문이고, 그리고 모든 교회는 진리나 선의 지식들로 말미암아 교회이기 때문이고, 그리고 그 지식들은 그들의 지각들에 일치하기 때문입니다. 그리고 "기름"(oil)은 사랑에 속한 선을 뜻하기 때문입니다(본서 475[A · D · E]항 참조). 그러므로 "올리브 밭"(an olive-yard)이나 "올리브 나무"는 그것 안에서 선이 통치하는 교회를 뜻합니다. 특히 교회를 뜻하는 나무들은 셋(3)이 있는데, 다시 말하면 "올리브 나무" · "포도나무"(the vine) · "무화과나무"(the fig-tree)입니다. 여기서, "올리브 나무"는 천적인 교회를 뜻하고, "포도나무"는 영적인 교회를 뜻하고 "무화과나무"는 천적인 교회나 영적인 교회의 외적인 것을 뜻합니다.

[4] "올리브 나무 두 그루와 촛대 두 개"의 뜻이 이러하다는

것은 어느 누구나 이런 것에서 알 수 있고, 결론을 지을 수 있는 것인데, 그것은 그것들이 "증인들"이라고 불리웠다는 것이고, 따라서 그것은 주님의 증거를 뜻하기 때문입니다. 다시 말하면 주님을 시인하고, 고백하는 것입니다. 그들에 관해서 언급된 것에서 뒤이어지는 것은 "짐승이 그들을 죽인다"는 것이고, 그 뒤에는 "생명의 기운(=하나님에게서 비롯된 생명의 영)이 하나님으로부터 나와서 그들 속으로 들어간다"는 것, 그리고 이런 것들이 천계의 천사들이나 교회의 사람들에게 있는 주님에게서 비롯된 것들을 뜻한다는 것을 알지 못하면 주님을 증거한다는 것, 다시 말하면 천사들이나 사람들이 주님의 증거를 위한 것이라는 것을 알지 못한다면, 올리브 나무 두 그루나 촛대 두 개의 뜻을 어느 누구도 알지 못합니다. 왜냐하면 천사들이나 사람들은 자기 자신들로 말미암아서는 주님을 증거할 수 없기 때문입니다. 그러나 주님에게서 비롯된 그들에게 있는 선이나 진리들로 말미암아, 다시 말하면 주님 당신께서는 그들에게 있는 당신 자신의 선이나 진리로 말미암아 증거하는 일을 할 수 있기 때문입니다.

[5] 성경말씀의 수많은 장절들에는 정원들(=동산들 · gardens), 숲들(forests)이 있고, 그리고 또한 올리브 농원이나 포도 농원들이나 수많은 종류의 나무들이 언급되었는데, 예를 들면 올리브 나무 · 포도나무 · 무화과나무 · 삼목(cedar) · 포플러(poplar) · 참나무(oak) 등이 거명되었습니다. 그러나 지금까지는 "포도원"이 영적인 교회를 제외하면, 이런 나무들의 각각은 천계나 교회에 속한 어떤 영적인 것들을 뜻한다는 것을 어느 누구도 알지 못하였습니다. 그러나 사실 "포도원"이 교회를 뜻할 뿐만 아니라, "올리브 밭" "삼목의 숲"(a forest of cedar)이나 "레바논"이나 심지어 그것의 나무들까지도, 예를 들면 "올리브 나무" · "포도나무" · "무화과나무"나 "삼목"(cedar)도 교

회를 뜻한다는 것입니다. 그것은 이런 것들이 교회를 뜻하기 때문이고, 그리고 성경말씀에 그것들이 자주 언급된 그런 것에 속한 영적인 것들을 뜻하기 때문입니다.

[6] 정원들이나 숲들에 관한 것입니다. "동산들이나 낙원들"(gardens or paradises)은, 개별적으로는 교회에 속한 사람들이 가지고 있는 총명이나 지혜를 뜻하고, "숲(=산림 · forests)이나 작은 숲들"(groves)은 자연적인 사람의 총명을 뜻하고, 본질적으로는 영적인 사람의 총명을 섬기는 지식(=과학지)을 뜻합니다. 그러나 "올리브 밭"이나 "포도원"은 교회를 뜻합니다. "올리브 농원"은 천적인 교회, 즉 주님사랑에 속한 선 안에 있는 교회를 뜻합니다. 그리고 "포도원"은 영적인 교회, 즉 이웃을 향한 인애에 속한 선 안에 있는 교회를 뜻하고, 그것에서 비롯된 믿음에 속한 진리들 안에 있는 교회를 뜻합니다. "올리브 나무"나 "포도나무"는 동일한 뜻을 가지는데, 이것은 "기름"이 주님사랑에 속한 선을 뜻하기 때문이고, 그리고 "포도주"는 이웃을 향한 인애에 속한 선과 믿음의 선을 뜻하기 때문입니다. 이에 반하여 "무화과나무"는 천적인 교회나 영적인 교회의 자연적인 것을 뜻합니다. 이런 것들은 영계에서 표징들로 말미암아 이런 뜻들을 가지는 것이고, 따라서 대응들로 말미암아 이런 뜻들을 가지는 것입니다. 왜냐하면 극내적인 천계에는 주님의 천적인 나라가 있고, 주님사랑이 지배하는 곳이기 때문입니다. 그리고 낙원들이나 숲들은 올리브 나무들이나 무화과나무들로 이루어졌기 때문입니다. 그러나 둘째 천계(=이층천)은 포도원이나 열매를 맺는 수많은 종류의 나무들로 이루어졌습니다. 가장 낮은 천계(=일층천)도 이와 마찬가지인데, 그러나 이 천계에 있는 나무들은 그렇게 아름답지 않은 것이 차이가 있을 뿐입니다. 이런 부류의 것들이 천계들 안에 존재하는데, 그것은 이들 천계에 있는 천사들이 있는 천사들이 가지

고 있는 그것들의 지혜 · 총명 · 사랑 · 인애 · 믿음에 대응하기 때문입니다. 이렇게 볼 때 "증인들"이 "올리브 나무"라고 불리운 이유를 잘 알 수 있겠습니다. 다시 말하면 "올리브 나무들"이 주님의 천적인 교회를 형성하는 모두를 뜻한다는 것을, 즉 주님사랑의 선이나 형제나 친구를 향한 선 안에 있는 모두를 뜻한다는 것을 잘 알 수 있겠습니다.

638[B]. [7] "올리브 농장" · "올리브 나무들" · "올리브"의 뜻이 성경말씀에서 이런 것이라는 것은 아래의 장절들에게서 잘 알 수 있겠습니다. 스가랴서의 말씀입니다.

> "등잔대 곁에는 올리브 나무 두 그루가 서 있는데, 하나는 등잔대 오른쪽에 있고, 다른 하나는 등잔대 왼쪽에 있습니다."…… "등잔대의 오른쪽과 왼쪽에 있는 올리브 나무 두 그루는 무엇을 뜻합니까?"…… "기름 담긴 그릇에서 등잔으로 금빛 기름을 스며들게 하는 금대롱 두 개가 있고, 그 옆에 올리브 나무 가지가 두 개 있는데, 이 가지 두 개는 무엇을 뜻합니까?"…… 그 천사는, 올리브 나무 두 그루와 가지 두 개는, 온 세상을 다스리는 주님을 섬기도록, 주께서 기름 부어서 거룩히 구별하신 두 사람이라고 말해 주었다(스가야 4:3, 11, 12, 14).

이 구절은 스룹바벨에 의하여 세워진 집의 기초, 즉 성전의 기초를 다루고 있습니다. 그리고 "집"(house), 즉 "성전"은 교회를 뜻합니다. 그러므로 예언자가 본 "등잔대"(=촛대 · a lampstand)나 "그 등잔대 가까이에 있는 두 올리브 나무 두 그루들"은 묵시록서에서 요한이 본 것과 거의 동일한 것을 가리킵니다. "두 그루 올리브 나무들"이나 "올리브 열매들"은 주님사랑에 속한 선들이나, 형제나 벗(=동무)을 향한 사랑에 속한 선들을 가리키는 천적인 선들을 뜻합니다. 전자의 선은 "등잔대 오른쪽에서 본인 올리브 나무"가 뜻하고, 후자의 선은 "그것의 왼쪽에서 보인 올리브 나무"가 뜻합니다. 이 선에 속한 진리들은 "온 세상을 다스리는 주님을 섬기도록, 주께서 기름부어 거룩히 구별하신 두 사람"(=올리브 나무의 자손들)이 뜻합니다. "주께서 세우신다"는 것은 그분으로 말미암아 있고, 존재한다는 것을 뜻합니다.

[8] "올리브 나무들"이 이들 선들을 뜻하기 때문입니다. 열왕기 상서의 말씀입니다.

> 솔로몬은 지성소 안에 올리브 나무로 두 개의 그룹을 만들었고, 지성소 어귀에는 올리브 나무로 문을 두 짝 만들고, 그리고 올리브 나무로 본당의 외실 어귀를 만들었다(열왕기 상 6 : 23-33).

왜냐하면 여기서 "그룹"(=케르빔들)은, 성전의 기성소에 들어가는 문들이나 문설주와 꼭 같이, 사랑에 속한 선을 통하지 않고서는 주님에게 가까이 근접하는 것을 막는 보호(=지킴이)를 뜻하기 때문입니다. "지성소"(the adytum)은 주님 계신 곳을 뜻하고, "올리브 나무"는 사랑에 속한 선을 뜻하는데 그것은 "올리브 농장"이나, "올리브 나무"나 "올리브"가 사랑에 속한 천적인 것들을 뜻하기 때문입니다.

[9] 그것은 "올리브 농장"이나 "올리브 나무"가 주님사랑 안에 있는 교회를 뜻하기 때문입니다. 출애굽기서의 말씀입니다.

> 교회의 거룩한 기구들, 상과 기구들, 등잔대와 그 기구들, 분향단과 번제단과 그 기구 물두멍과 그 받침에 그것을 발라서 거룩하게 성별하는 기름은 올리브 기름과 몰약과 육계와 향초로 만들었다(출애굽기 30 : 23, 24).

왜냐하면 교회의 모든 것들은, 그것들이 주님사랑에서 얻는 것에 꼭 비례하여, 거룩한 신령한 것들이기 때문입니다. 그러므로 그 기름은 주님의 표징을 뜻하고, 세워진 천계나 교회의 표징을 뜻합니다(이런 것들에 관한 설명은 《천계비의》에 기술괸 수많은 것들을 참조하십시오).
[10] 동일한 이유 때문입니다.

> 너는 이스라엘 자손에게 명하여, 올리브를 찧어서 짜낸 깨끗한 기름을 가져다가 등불을 켜게 하되, 그 등불을 늘 켜 두어라(출애굽 27 : 20 ; 레위기 24 : 2).

여기서 "빛"이나 "등불"(=등잔대)은 주님의 영적인 교회를 뜻한다는 것, 그리고 등에 켜 있는 "불"(fire)은, 이웃을 향한 사랑을 가리키는, 영적인 사랑을 뜻합니다. "찧어서 짜낸 깨끗한 기름"은, 그것에서 비롯된 불이 가지는 것과 같은 것을 뜻합니다. 이것에 관해서는 《천계비의》의 같은 구절의 설명을 참조하십시오.
[11] "올리브 나무"나 "올리브"가 사랑에 속한 선을 뜻한다는 것은 아래의 장절들에게서 명확합니다. 호세아서의 말씀입니다.

> 내가 이스라엘 위에 이슬처럼 내릴 것이니,
> 이스라엘이 나리꽃처럼 피고,
> 레바논의 백향목처럼 뿌리를 내릴 것이다.
> 그 나무에서 가지들이 새로 뻗고,
> 올리브 나무처럼 아름다워지고,
> 레바논의 백향목처럼 향기롭게 될 것이다.
> (호세아 14 : 5, 6)

이 말씀은 "이스라엘"이 뜻하는, 영적인 교회에 관해서 언급하고 있습니다. "이스라엘 위에 이슬처럼 내린다"는 것은 그 교회의 존재(exitence)나 영적인 새로운 탄생을 뜻합니다. 그 교회의 새로운 탄생의 처음 상태나 중생의 처음 상태는 "이스라엘이 나리꽃처럼 필 것이다"는 말씀이 뜻하는데, 여기서 "나리꽃"(lily)은 그 열매에 선행하는 개화(開花)를 뜻하고, 중생의 둘째 상태는 "백향목처럼 뿌리를 내릴 것이다"는 말씀이 뜻하는데, 그 상태는 자연적인 것 안에 있는 그것의 존재를 가리킵니다. 왜냐하면 거기에는 뿌리가 고정되어 있기 때문입니다. 그것의 셋째 상태는 "그 나무에서 가지들이 새로 뻗는다"는 말씀이 뜻하는데, 그 가지는 지식들이나 선험지들의 증대(增大)를 뜻합니다. 열매를 맺는 상태인 그것의 다섯 번째 상태는 "올리브 나무처럼 그가 아름다워진다"는 말씀이 뜻합니다. 여기서 "올리브 나무"는 사랑에 속한 선을 뜻하고, "아름다움"은 그것에 관해서 서술합니다. "아름다움"(=영화·honor)이 사랑에 속한 선을 서술한다는 것은 본서 288·345항을 참조하십시오. 총명이나 지혜에 속한 상태를 가리키는 여섯 번째 상태는 "레바논의 백향목처럼 향기롭게 될 것이다"는 말씀이 뜻하는데, 여기서 "향기"(odor)는 지각을 뜻하고, "레바논"은 합리성(rationality)을 뜻하는데, 거기에서 총명이나 지혜는 비롯됩니다.

[12] 시편서의 말씀입니다.

> 나만은 하나님의 집에서 자라는,
> 푸른 잎이 무성한 올리브 나무처럼,
> 언제나
> 하나님의 한결같은 사랑만을 의지한다.
> (시편 52:8)

"하나님의 집에서 자라는 푸른 잎이 무성한 올리브 나무처럼"이라고 언급되었는데, 그것은 "푸른 잎이 무성한 올리브 나무"

가 성경말씀에 속한 진리에 의하여 솟아나는 사랑에 속한 선을 뜻하고, 그리고 "하나님의 집"은 교회를 뜻하기 때문입니다.

[13] 같은 책의 말씀입니다.

> 집 안방에 있는 네 아내는
> 열매를 많이 맺는 포도나무와 같고,
> 상에 둘러앉은 네 아이들은
> 올리브 나무의 묘목과 같다.
> 주님을 경외하는 사람은
> 이와 같이 복을 받는다.
> (시편 128 : 3, 4)

문자의 뜻을 가리키는 자연적인 뜻으로 이 말씀은 아내와 아이들과 관계를 가지고 있지만, 성경말씀의 영에 속한 뜻을 가리키는 속뜻(the internal sense)으로 "아내"(wife)는 진리의 정동(the affection of truth)을 뜻하고, "자녀들"(sons)은 그것에서 생성한 진리들 자체를 뜻합니다. 왜냐하면 모든 진리 안에는 진리의 정동에서 태어난 생명이 그것 안에 있기 때문입니다. 그리고 "아내"는, 그녀가 열매를 많이 맺는 포도나무에 비유된 그 정동을 뜻하기 때문에, 그리고 "포도나무"가 교회를 뜻하고, "많은 열매를 맺는 포도나무"는 진리의 정동의 측면에서 교회를 뜻하기 때문입니다. "집"(家 · house)은 영적인 마음을 뜻하고, "네 집 옆"(=네 집 안에 있는 · its sides)은 자연적인 사람 안에 있는 모든 것들을 뜻하고, "자식들"(=아이들)은 영적인 정동에서 태어난 진리들을 뜻하고, 그리고 이것들이 "올리브 나무"(=올리브 나무의 어린 가지들)에 비유되었습니다. 그 이유는, 올리브 나무들이 가리키는 사랑의 선들이나 인애의 선들은 그 진리들을 통해서 생겨나기 때문입니다. 그리고 "상에 둘러

앉는다"(=네 식탁 주위에 있다)는 것은 영적인 전유(專有)와 양육(養育)에서 생긴 즐거움들을 뜻합니다.
[14] 신명기서의 말씀입니다.

> "주 너희의 하나님이, 너희의 조상 아브라함과 이삭과 야곱에게 맹세하여, 너희에게 주기로 약속하신 그 땅에, 너희를 이끌어들이실 것이다. 거기에는 너희가 세우지 않은 크고 아름다운 성읍들이 있고, 너희가 채우지 않았지만 온갖 좋은 것으로 가득 찬 집이 있고, 너희가 파지 않았지만 이미 파놓은 우물이 있고, 너희가 심지 않았지만 이미 가꾸어 놓은 포도원과 올리브 밭이 있으니, 너희는 거기에서 마음껏 먹게 될 것이다(신명기 6 : 10, 11).

영적인 뜻으로 이 장절들의 말씀들의 뜻은 역사적인 뜻(the historical sense)으로 그들의 뜻과는 전적으로 다릅니다. 왜냐하면 영적인 뜻으로 그들이 끌려들어간 "가나안 땅"은 교회를 뜻하기 때문입니다. 그러므로 여기서 "성읍들"·"집들"·"우물"(=저수지·물통·cistern)·"포도원들"·"올리브 밭들"은 교회에 속한 것들을 뜻합니다. "크고 아름다운 성읍들"은 사랑의 선들이나 인애의 선들을 가르치는 교리적인 것들을 뜻하고, "온갖 좋은 것으로 가득 찬 집들"은 지혜에 속한 모든 것들을 뜻하고, "파지 않은 우물들"(=저수지들)은 선험지들이나 지식들을 가리키는 자연적인 사람 안에 있는 총명에 속한 모든 것들을 뜻하고, "포도원들이나 올리브 밭들"은 진리들이나 선들의 측면에서 교회에 속한 모든 것들을 뜻합니다.
[15] 노아에 관해서 언급된 창세기서의 말씀입니다.

> 노아는 이레를 더 기다리다가, 그 비둘기를 다시 방주에서 내보냈다. 그 비둘기가 저녁 때가 되어서, 그에게로 되돌아왔는데, 비둘기가 금방 딴 올리브 잎을 부리에 물고 있었으므로, 노아는 땅 위에서

> 물이 빠진 것을 알았다.
> (창세기 8:10, 11)

이 장절은 영적인 뜻으로 "노아와 그의 아들들"이 뜻하는 교회에 속한 사람의 중생을 기술하고 있습니다. 여기서 두 번째 보낸 "비둘기"(a dove)는, 거짓들이 제거되고, 영적인 선이 진리들을 통하여 생겨나오기 시작하는 때인 상태를 가리키는 계속되는 두 번째 상태를 뜻합니다. 왜냐하면 여기서 "잎"(a leaf)은 진리를 뜻하고, "올리브 나무"는 거기에서 솟아나는 선을 뜻하고, "물"(waters)은 거짓들을 뜻하기 때문입니다. 이러한 내용은 그것에 관해서 충분하게 설명된 《천계비의》 870-892항을 참조하십시오.

638[C]. [16] 스가랴서의 말씀입니다.

> 그 날이 오면,
> 주께서 예루살렘 맞은편 동쪽,
> 올리브 산 위에 발을 디디고 서실 것이다.
> 그러면 올리브 산은 한가운데가 갈라져서
> 동서로 뻗은
> 깊고 넓은 골짜기가 생길 것이다.
> 산의 반쪽은 북쪽으로
> 다른 반쪽은 남쪽으로 옮겨질 것이다.
> (스가랴 14:4)

이 말씀이 뜻하는 것이 무엇인지는 이미 앞에서 설명되었는데 (본서 405[D]항 참조), 거기에는 "올리브 산"이 신령사랑(the Divine love)을 뜻한다는 것이 입증되었습니다. 왜냐하면 올리브 산은 예루살렘의 동쪽에 있고, "예루살렘"은 교리의 측면에서 교회를 뜻하기 때문이고, 그리고 모든 교회나 교리에 속한 모든 진리는 동쪽에 계시는 주님에게서 비롯된 빛에 의하여 조요(照耀)되고 영접, 수용되기 때문입니다. 그리고 천계에서 동쪽은 주님께서 태양처럼 나타나는 곳입니다. 그리고 "태양"은 신령사랑을 뜻하기 때문에, 그러므로 "동쪽"(the east)이나 예루살렘의 동쪽에 있는 "올리브 산"은 동일한 뜻을 가지기 때문입니다. 앞에서 언급한 것과 같이, 이 산이 주님의 신령사랑을 뜻하기 때문에, 주님께서 자주 그 산에 머무셨습니다. 복음서의 말씀입니다.

> 예수께서는, 낮에는 성전에서 가르치시고, 밤에는 나와서 올리브 산이라고 하는 산에서 지내셨다(누가 21:37 ; 22:39 ; 요한 8:1).
> 예수께서 올리브 산에 앉아 계실 때에, 제자들이 따로 그에게 다가와서 여쭈었다. "이런 일들이 언제 일어나겠습니까? 선생님께서 오시는 때와 세상 끝 날에는 어떤 징조가 있을 것인지를, 저희에게 말씀해 주십시오(마태 24:3 그 이하 ; 마가 13:3 그 이하).
> 그들이 예루살렘 가까이에 이르러, 올리브 산이 있는 벳바게 마을에 들어섰을 때에, 예수께서 두 제자를 보내시며……(마태 21:1 ; 26:30 ; 마가 11:1 ; 14:26 ; 누가 19:29, 37 ; 21:37 ; 22:39 ; 요한 8:1).

이런 모든 것들이 일어난 것은 "올리브 산"이 신령사랑을 뜻하기 때문이고, 그리고 그것들이 천계와 교회의 표징적이기 때문에 표의적인 것들은, 그 때 주님께서 천계와 교회를 결합한 것을 가리킵니다. 더욱이 극내적인 천계, 즉 삼층천의 천사들은 동쪽에 있는 산에서 사는데, 거기에는 다른 나무들에 비하여 올리브 나무들이 더 많이 주위에 있는 곳입니다.

[17] 예레미야서의 말씀입니다.

> 유다야, 한때 나 주도 너를

11장 1-6절

'잎이 무성하고 열매가 많이 달린
올리브 나무'라고 불렀으나,
이제는 요란한 천둥소리와 함께
내가 그 잎을 불로 사르고,
그 가지를 부러뜨리겠다.
이스라엘과 유다를 나무처럼 심어 주신 만군의 주께서, 너희에게 재앙을 선포하셨다. "이스라엘 백성과 유다 백성은, 내 마음을 상하게 하려고 바알에게 분양하였으니, 저지른 그 죄악 때문에 그들에게 재앙을 내리겠다"(예레미야 11 : 16, 17).

여기서도 이스라엘 집과 유다의 집(=이스라엘 백성과 유다 백성)은 "잎이 무성하고 열매가 많이 달린 올리브 나무"라고 불리웠는데, 그것은 "올리브 나무"나 "그것의 열매"가 사랑에 속한 선을 뜻하기 때문이고, "잎이 무성한 나무"(=푸른 나무)나, "모양이 아름답다"는 것은 총명이 그것에서 비롯된, 그 선에 속한 진리를 뜻하기 때문입니다. 왜냐하면 "유다의 집"(=유다의 백성)은 사랑에 속한 선의 측면에서 교회를 뜻하기 때문이고, "이스라엘의 집"(=이스라엘의 백성)은 그 선에 속한 진리의 측면에서 교회를 뜻하기 때문입니다. "그의 이름을 부른다"는 것은 그것의 성질(=성품)을 뜻합니다. 악에 속한 사랑에 의한 그 교회의 파괴나 황폐가 "여호와께서 그 잎을 불로 사르고, 그 가지를 부러뜨리겠다"는 말씀에 의하여 기술되었습니다. 여기서 "불"은 악에 속한 사랑을 뜻하고, 그것들이 그 사랑에 속한 추론에 의하여 멸망한 때인, "그 가지를 부러뜨리겠다"고 언급된 "가지들"(branches)은 진리들을 뜻합니다. 이런 일을 여호와(=주님)의 탓으로 돌리는 이유는, 거의 모든 악이 하나님에게서 비롯되는 것처럼 보이는 외현(外現 · appearance) 때문입니다. 그것은 그분께서 전능(全能)하시기 때문이고, 그리고 그것은 피하시지 않으시기 때문입니다. 왜냐하면 그것은 형벌에 속한 악을 피한다는 것이 질서에 반대가 된다는 것을 모르기 때문입니다. 왜냐하면 그것을 피한다면 악은, 선이 전혀 남아 있지 않을 때까지, 증대한 것이기 때문입니다.

[18] 이사야서의 말씀입니다.

> 이 땅에 이러한 일이 일어나고,
> 거기에 사는 백성에게
> 이러한 일이 일어날 것이니,
> 마치 올리브 나무를 떤 다음과 같고,
> 포도나무에서 포도를 걷은 뒤에
> 남은 것을 주울 때와 같을 것이다.
> (이사야 24 : 13)

이 말씀은 역시 천적인 선의 측면에서, 그리고 영적인 선의 측면에서, 교회의 황폐에 관해서 언급하고 있습니다. 여기서 천적인 선은 곧 주님사랑에 속한 선을 가리키고, 영적인 선은, 그것의 본질 안에 있는 그 선에서 비롯된 진리를 가리킵니다. 천적인 선은 "올리브 나무"가 뜻하고, 천적인 선에서 비롯된 진리를 가리키는 영적인 선은 "포도수확"(vintage)이 뜻합니다. 그리고 그 교회의 황폐는 수확이 끝난 뒤 나무를 "떨다"(=털다 · beating)는 것이나, "이삭을 줍는다"(gleanings)는 것에 의하여 기술되었습니다.

[19] 신명기서의 말씀입니다.

> 너희가 포도를 심고, 가꾸어도, 벌레가 갉아먹어서, 포도도 따지 못하고, 포도주도 마시지 못할 것이며, 너희의 온 나라에 올리브 나무가 있어도, 그 열매가 떨어져서. 너희는 그 기름을 몸에 바를 수 없을 것이다(신명기 28 : 39, 40).

여기서 "포도밭"(=포도원)은 영적인 교회를 뜻하고, "올리브 나무"는 천적인 교회를 뜻하는데, 그러므로 "포도원"은 역시 그 교회의 진리를 뜻하고, "올리브 나무"는 그것의 선을 뜻합니다. 따라서 "포도원을 만들고, 포도나무를 심지만, 포도주를 마시지 못한다"는 것은, 비록 교회가 세워지고, 그리고 교리에 속한 진리들이 가르쳐져도, 여전히 진리들은 감동을 주지 못하고, 그 일을 수행하지 못한다는 것을 뜻합니다. 여기서 "포도주"는 교리에 속한 진리를 뜻하고, "벌레가 갉아먹기 때문이다"는 말씀은 거짓들이 파괴할 것이라는 것을 뜻합니다. "네가 네 모든 지경에 올리브 나무를 심는다"(=너희의 온 나라에 올리브 나무가 있다)는 것은 성경말씀을 통해서, 그리고 온 교회에 두루 걸쳐 성경말씀에서 비롯된 설교를 통해서 주님에게서 비롯된 사랑에 속한 선들이 있을 것이라는 것을 뜻합니다. "그 기름을 몸에 바르지 못한다"는 것은 기쁨이 전혀 없다는 것을 뜻하고, 뿐만 아니라, 선에 속한 기쁨이나, 그것에서 비롯된 즐거움도 전혀 없다는 것을 뜻합니다. "올리브 열매가 떨어질 것이다"는 것은 그 선이 멸망할 것이라는 것을 뜻합니다. 이러한 내용은, 만약에 그들이 다른 신들을 예배하고, 그리고 법령들이나 공평들(judgments)을 지키지 않는다면, 저주받은 사람이나 악담(惡談)과 관련한 것입니다.

[20] 미가서의 말씀입니다.

너희가 씨는 뿌려도,
거두어들이지 못할 것이며,
올리브 열매로 기름을 짜도,
그 기름을 몸에 바르지 못할 것이며,
포도를 밟아 술을 빚어도,
너희가 그것을 마시지 못할 것이다.
(미가 6:15)

아모스서의 말씀입니다.

> "내가 잎마름병과 깜부기병을 내려서
> 너희를 치고,
> 너희의 정원과 포도원을 황폐하게 하였다.
> 너희의 무화과나무와 올리브 나무는,
> 메뚜기(=모충)가 삼켜 버렸다.
> 그런데도 너희는
> 나에게로 돌아오지 않았다."
> (아모스 4:9)

여기서 "포도원"은 영적인 총명에 속한 것들을 뜻하고, "잎마름병과 깜부기병으로 친다"는 것은, 가장 외적인 것 안에 있는 악과 거짓을 뜻하고, 그리고 또한 관능적 감관적인 것에서 비롯된 악과 거짓을 뜻합니다. "포도원들"은 그 교회의 영적인 진리들이나 또는 내면적인 진리들을 뜻하고, "무화과나무"(fig-tree)는 이른바 도덕적인 것이라고 부르는, 외면적인 선들이나 진리들을 뜻하지만, 그러나 "올리브 나무들"(olive-trees)은 그 교회의 선들을 뜻하고, "모충"(=메뚜기·palmerworm)은 선을 파괴하는 거짓을 뜻합니다.

[21] 하박국서의 말씀입니다.

> 무화과나무에 과일이 없고,
> 포도나무에 열매가 없을지라도,
> 올리브 나무에서 딸 것이 없고
> 밭에서 거두어들일 것이 없을지라도,
> 우리에 양이 없고
> 외양간에 소가 없을지라도…….
> (하바국 3:17)

여기서도 역시 "무화과나무"는 교회의 외적인 것들을 뜻하고, "포도나무들"은 그것의 내적인 것을 뜻하고, "올리브 나무"(=올리브 나무 밭)는 그것의 선들을 뜻하고, "밭"(field)은 사람에게 있는 교회 자체를 뜻합니다.

[22] 사무엘 상서의 말씀입니다.

> 그(=왕)는 너희의 밭과 포도원과 올리브 밭에서 가장 좋은 것을 가져다가 왕의 신하들에게 줄 것이다.
> (사무엘 상 8:14)

여기서도 역시 "밭들"(fields)·"포도원들"·"올리브 밭들"은 동일한 뜻을 가지고 있습니다. 여기서는 왕의 권한(the right of the king)이 다루어졌는데, 그것에 의하여 영적인 사람을 다스리는 자연적인 사람의 통치를 뜻하고, 기술하고 있는데, 다시 말하면 그것은 그 교회의 모든 진리들이나 선들을 파괴할 것이라는 것을 기술하고 있습니다. 그리고 또한 그것들이 자연적인 사람을 섬기게 한다는 것, 따라서 악들이나 거짓들을 섬기게 한다는 것을 뜻합니다.

[23] 사사기서의 말씀입니다.

> 사람들이 이 소식을 요담에게 전하니, 그가 그리심 산 꼭대기에 올라가 서서, 큰소리로 그들에게 외쳤다. "세겜 성읍 사람들은 내 말을 들으십시오. 그래야, 하나님이 여러분의 청을 들어주실 것입니다. 하루는 나무들이 기름을 부어 자기들의 왕을 세우려고 길을 나섰습니다. 그들은 올리브 나무에게 가서 말하였습니다. '네가 우리의 왕이 되어라.' 그러나 올리브 나무는 그들에게 대답하였습니다. '내가 어찌 하나님과 사람을 영화롭게 하는, 이 풍성한 기름 내는 일을 그만두고 가서, 다른 나무들 위에서 날뛰겠느냐?' 그래서 나무들은 무화과나무에게 말하였습니다. '네가 와서 우리의 왕이 되어라.' 그러나 무화과나무도 그들에게 대답하였습니다. '내가 어찌 달고 맛있는

과일맺기를 그만두고 가서, 다른 나무들 위에서 날뛰겠느냐?' 그래서 나무들은 포도나무에게 말하였습니다. '네가 와서 우리의 왕이 되어라.' 그러나 포도나무도 그들에게 대답하였습니다. '내가 어찌 하나님과 사람을 즐겁게 하는 포도주 내는 일을 그만두고 가서, 다른 나무들 위에서 날뛰겠느냐?' 그래서 나무들은 가시나무에게 말하였습니다. '네가 와서 우리의 왕이 되어라.' 그러자 가시나무가 나무들에게 말하였습니다. '너희가 정말로 나에게 기름을 부어, 너희의 왕으로 삼으려느냐? 그렇다면, 와서 나의 그늘 아래로 피하여 숨어라. 그렇게 하지 않으면, 이 가시덤불에서 불이 뿜어 나와서 레바논의 백향목을 살라 버릴 것이다.'"(사사기 9 : 7-15).

요담이 한 이 말들은 세겜의 백성들이, "올리브 나무"가 가리키는 천적인 선을 가지기를 원하지 않는다는 것, 그리고 또한 "포도나무"가 가리키는 천적인 선의 진리들을 가지기를 원하지 않는다는 것, 그리고 또한 "구화과나무"가 가리키는 도덕인 선, 즉 외적인 천적인 선이나 영적인 선을 가지기를 원하지 않는다는 것, 그러나 "가시나무"가 가리키는, 그들에게 선처럼 보이는 거짓에 속한 악이 그들을 다스리는 것을 원한다는 것을 뜻합니다. 가시덤불에서 나온 "불"은 정욕이나 탐욕에 속한 악을 가리키고, "레바논의 백향목들"은 진리들에게서 비롯된 합리적인 것들을 뜻합니다. 위에 인용된 장절에서 밝히 볼 수 있는 것은 대부분 올리브 나무나 포도원이 함께 언급되었을 경우, 그와 같은 일은 성경말씀의 모든 개별적인 것들 안에 있는 선과 진리의 혼인(=결혼)에 의하여 행해집니다. 왜냐하면 "올리브 나무"나 "기름"(oil)은 교회에 속한 선을 뜻하고, "포도원"과 "포도주"는 그 선에 속한 진리를 뜻하기 때문입니다. "기름"이 사랑에 속한 선이나, 그것에서 비롯된 천계의 기쁨을 뜻한다는 것은 본서 375항에서 볼 수 있고, "포도주"가 인애에 속한 선이나 믿음에 속한 진리를 뜻한다는 것은 본서 376

항에서 볼 수 있습니다.

639. 이 세상을 다스리는 주님 앞에 서 있다(=땅의 하나님 앞에 서 있다).

이 말씀은 주님에게서 발출하는 신령한 것들을 뜻하고, 그리고 천계와 교회 안에 있는 그분의 것들을 뜻합니다. 이러한 내용은 천지(天地)의 하나님을 가리키는, 개별적으로는 천계나 이 세상에 있는 교회의 하나님을 가리키는, 주님을 가리키는 "땅의 하나님"(the God of the earth)의 뜻에서 명확합니다. 왜냐하면 성경말씀에서 "땅"(the earth)은 교회를 뜻하고, 그리고 교회는 천계(=하늘)나 이 세상에 있기 때문입니다. "땅"이 천계를 뜻하고, 그리고 거기에 있는 교회를 뜻하는데, 그것은 영계에는, 자연계에 있는 것과 꼭 같은, 땅들(lands)이 있기 때문이고, 겉모양에서 그것들은 이 세상에 있는 것과 같이 그 세계에 있는 것과 전적으로 꼭 같기 때문입니다. 이러한 것이 "땅의 하나님"이 천지(天地)의 하나님을 뜻하는 이유이고, 특별하게는 천계나 이 세상에 있는 교회의 하나님을 뜻하는 이유입니다. 주님께서 천계와 이 땅의 하나님이시라는 것은 주님께서 친히 가르치셨습니다. 마태복음서의 말씀입니다.

> 예수께서 다가와서, 그들에게 말씀하셨다. "나는 하늘과 땅의 모든 권세를 받았다"(마태 28 : 18).

앞서의 내용은, 주님에게서 비롯된 존재(the being · esse)를 뜻하는, 그리고 따라서 천계와 교회 안에 있는 그분의 것을 뜻하는 "그분 앞에 서 있다"는 말의 뜻에서 명확합니다.

[2] 성경말씀에는 여기저기에 천사들이나 교회에 속한 사람들에 관해서, "그들이 하나님 앞에 서 있다" 또는 "그들이 하나님 앞에서 걷고 있다"(=살아 간다)는 것은 그분으로 말미암아

존재하는 것을 뜻하고, "하나님 앞에서 걷는다"(=살아 간다)는 것은 그분에게서 비롯된 존재에 일치하여 사는 것을 뜻합니다. 왜냐하면 천계나 이 세상의 모든 존재는 주님에게서 발출하기 때문입니다. 왜냐하면 천계나 이 세상의 모든 것들을 창조하고 형성한 것이 신령발출이기 때문입니다. 이 신령발출(this Divine proceeding)이 요한복음서 1장 1-3절에서 말씀(聖言·the Word)이라고 불리웠습니다. 거기에서 "말씀"(聖言·the Word)은 신령진리라고 불리우는 신령발출을 가리키는, 삼라만상(森羅萬象)은 그것에서 완성되고, 창조되었습니다. 이것이 그 자체를 모든 방향에서 태양이신 주님 주위에 확장, 확대되었기 때문에 그것은 당연하게 "그분 앞에 서 있다"고 언급되었습니다. 왜냐하면 그것은 그것의 공통의 중심(its common center)인 주님을 모든 방위에서, 그리고 모든 변방에서 우러르기 때문입니다. 이것이 그것의 본질에서 천계에 계신 주님이십니다. 왜냐하면 그것이 바로 신령발출이기 때문이고, 그리고 발출하는 것은 그것이 발출한 근원인 그분에 속한 것이기 때문입니다. 예를 들면 그것은 마치 태양에서 발출한 별과 빛(the heat and light)은 태양에 속한 것과 꼭 같습니다. 이런 이유 때문에 신령진리라고 불리우는 이 신령발출의 수용그릇들인 모든 천사들은 자기 자신들을 주님에게로 돌릴 수밖에 없고, 그리고 따라서 그들은 계속해서 주님의 임재(=현존·His presence) 안에 존재할 수밖에 없습니다. 왜냐하면, 앞에서 언급한 것과 같이, 신령발출은 그것이 그것으로 말미암아 존재하고 그리고 그것이 그것을 우러르는, 그것의 중심인 주님을 우러를 수밖에 없기 때문입니다. 그러므로 신령진리들의 수용그릇들인, 그리고 말하자면 모양으로 신령진리들을 가리키는, 천사들은 그렇게 할 수 밖에 없습니다. 이러한 것은 천사들이 "주님 앞이 서 있다"고 언급된 이유입니다. 왜냐하면 "서 있다"(to stand)는 것

11장 1-6절

은 본래 신령진리에 관해서 서술하기 때문이고, 그리고 이것은 태양이신 주님 주위에 서 있기 때문입니다.

[3] "하나님 앞에 서 있다"는 것은 신령진리 안에 있다는 것을 뜻하고, 따라서 주님과 함께 있다는 것을 뜻한다는 것은 아래 장절에서 명확합니다. 누가복음서의 말씀입니다.

> 천사가 그에게 말하였다. "나는 하나님 앞에 서 있는 가브리엘이다. 나는 네게 이 기쁜 소식을 전해 주려고 보내심을 받았다"(누가 1:19).

열왕기 상서의 말씀입니다.

> (미가야가 말을 계속하였다.) "내가 보니, 주께서 보좌에 앉으시고, 그 좌우 옆에는, 하늘의 모든 군대가 둘러 서 있었다"(열왕기 상 22:19).

예레미야서의 말씀입니다.

> 레갑의 아들 요나답의 자손 가운데서 나를 섬길 사람(=내 앞에 설 사람)이 영원히 끊어지지 않을 것이다(예레미야 35:19).

시편서의 말씀입니다.

> 임금님의 오른쪽에 서 있는 왕후는
> 오빌의 금으로 단장하셨습니다.
> (시편 45:9)

누가복음서의 말씀입니다.

> 너희는 앞으로 일어날 이 모든 일을 능히 피하고 또 인자 앞에 설

수 있도록, 기도하면서 늘 깨어 있어라(누가 21 : 36).

묵시록서의 말씀입니다.

> "그들의 큰 진노의 날이 이르렀다. 누가 이것을 버티어 낼 수 있겠느냐?"(=누가 감히 설 수 있으리요?)(묵시록 6 : 17).
> 모든 천사들이 보좌와 장로들과 네 생물을 둘러 서 있다가, 보좌 앞에 엎드려 하나님께 경배하였다(묵시록 7 : 11).
> 나는 하나님 앞에 서 있는 일곱 천사들을 보았습니다(묵시록 8 : 2).

스가랴서의 말씀입니다.

> 나는 그 천사에게 물었다. "등잔대의 오른쪽과 왼쪽에 있는 올리브 나무 두 그루는 무엇을 뜻합니까?"…… "금대롱 두 개가 있고, 그 옆에 올리브 나무 가지가 두 개 있는데, 이 가지 두 개는 무엇을 뜻합니까?"…… 그 천사는, 올리브 나무 두 그루와 가지 두 개는, 온 세상을 다스리는 주님을 섬기도록, 주께서 기름 부어서 거룩히 구별하신 두 사람이라고 말해 주었다(스가랴 4 : 11, 12, 14).

이밖에도 여러 곳이 있습니다. 그것은 "주님께서 심판하시기 위해 서 계신" 주님 그분에 관해서, 언급하고 있습니다. 그것은 신령진리라고 불리우는, 주님에게서 비롯된 신령발출에 관해서 언급하고 있는데, 그 이유는 심판은 그것으로 말미암아 존재하기 때문입니다. 따라서 이사야서에는 이렇게 언급되었습니다.

> 주께서 재판하시려고 법정에 앉으신다.
> 그의 백성을 심판하시려고 들어오신다.
> (이사야 3 : 13)

11장 1-6절

시편서의 말씀입니다.

> 하나님이
> 하나님의 법정에 나오셔서서(=회중 가운데 서 계시며),
> 신들을 모아들이시고
> 재판을 하셨다.
> (시편 82 : 1)

"하나님의 법정"(=하나님의 회중 · the congregation)과 여호와(=하나님)께서 서 있는 "신들"(gods)은 천사들을 뜻하고, 영적인 뜻으로 그들은 신령진리들을 뜻합니다. 그리고 주님께서는 천계에서 신령진리이시기 때문에 그분은 여기서 "서 있다"(=서 계신다)고 언급되었습니다. 이런 내용은 "땅의 하나님 앞에 서 있다"는 것이, 천계나 교회 안에 있는 그분의 것을 가리키는, 주님에게서 비롯된 신령발출(the Divine proceeding)을 뜻한다는 것을 명료하게 합니다. 이것이나, 이것 안에 있는 자들을 뜻한다는 것은 이것에서 잘 알 수 있겠는데, 즉 "땅의 하나님 앞에 서 있다"(=이 세상을 다스리는 주님 앞에 서 있다)는 말씀은 "올리브 나무 두 그루"와 "촛대 두 개"에 관해서 서술한다는 것에 잘 알 수 있겠습니다. 그리고 이것들은 선과 진리를 뜻하고, 따라서 신령발출을 뜻합니다. 앞서의 단락 본서 638항을 참조하십시오.

640. 5, 6절. 그들을 해하려고 하는 사람이 있으면, 그들의 입에서 불이 나와서, 그 원수들을 삼켜 버릴 것입니다. 그들을 해하려고 하는 사람은, 누구나 이와 같이 죽임을 당하고 말 것입니다. 그들은, 자기들이 예언 활동을 하는 동안에, 하늘을 닫아 비가 내리지 못하게 할 수 있는 권세를 가지고 있습니다. 또 물을 피로 변하게 하는 권세와, 그들이 원하는 대로 몇 번이든지, 어떤 재앙으로든지, 땅을 칠 수 있는 권세를 가지고

있습니다.

[5절] :

"만약에 그들을 해하려는 사람이 있다면"(=누구든지 그들을 해치려고 하면)이라는 말씀은, 그들이 어떤 방법으로든지 해치지 못한다는 주님에 의한 이들의 보호(=방어 · protection)를 뜻합니다(본서 641항 참조). "그들의 입에서 불이 나와서, 그 원수들을 삼켜 버릴 것이다"는 말씀은 그들을 해치려는 자들은 지옥에서 비롯된 악들이나 거짓들에 떨어진다는 것을 뜻하고, 그리고 이런 것들이 그들을 멸망, 파괴할 것이라는 것을 뜻합니다(본서 642항 참조). "그들을 해하려고 하는 사람은, 누구나 이와 같이 죽임을 당하고 말 것이다"(=누구든지 그들을 해치려고 하면 반드시 이와 같이 죽게 될 것이다)는 말씀은 악을 주려고 하는 그들의 노력이나 애씀에 일치하여 그들이 멸망한다는 것을 뜻합니다(본서 643항 참조).

[6절] :

"그들은, 자기들이 예언 활동을 하는 동안에, 하늘을 닫아 비가 내리지 못하게 할 수 있는 권세를 가지고 있다"(=이들에게는 하늘을 닫는 권세가 있어서 그들이 예언하는 날 동안 비를 오지 못하게 한다)는 말씀은, 주님에게서 발출하는 것들인, 천계나 교회에 속한 선들이나 진리들을 배척, 부인하는 자들은 천계에서 나오는 입류를 결코 전혀 받지 못한다는 것을 뜻합니다(본서 644항 참조). "그들은 또 물을 피로 변하게 하는 권세를 가지고 있다"는 말씀은 이런 무리들이 가지고 있는 진리들은 악에 속한 거짓들로 바뀐다는 것을 뜻합니다(본서 645항 참조). "그들이 어떤 재앙으로든지, 땅을 칠 수 있는 권세를 가지고 있다"(=언제든지 온갖 재앙으로 땅을 칠 것이다)는 말씀은 그들에게 있는 교회가 악에 속한 정욕들이나 탐욕들에 의하여 파괴, 멸망될 것이라는 것을 뜻합니다(본서 646항 참조). "그들이 원하는 대로 몇 번이든지"(=원하는 때면 언제든지)라는 말씀은, 그가 그들에게 악으로 해치기 위하여, 그것들로 말미암아 주님을 시인하고, 찬양(=고백)하는, 그리고 주님의 증거를 담당하는 사랑에 속한 선들이나 교리에 속한 진리들을 사람이 공격, 해칠 때마다를 뜻합니다(본서 647항 참조).

641. 5절. 그들을 해하려는 사람이 있으면……(=누구든지 그들을 해치려고 하면……)

이 말씀은, 그들이 어떤 방법으로든지 해를 당하지 않게 하기 위한 주님에 의한 그들의 보호나 방어를 뜻합니다. 이러한 내용은 그 아래에 이어지는 것에서 명확합니다. 왜냐하면 "누구든지 그들을 해치려고 하면 그들의 입에서 불이 나와 그들의 원수를 삼킬 것이다" "누구든지 그들을 해치려고 하면 반드시 이와 같이 죽게 될 것이다"는 말씀이 언급되었기 때문입니다. 이 장절들이나 그 아래에 이어지는 자세한 장절에서 밝히 알 수 있는 것은, "누구든지 그들을 해치려고 한다"(=그들을 해하려는 사람이 있으면)는 말씀은 그들이 어떤 방법으로든 해를 당하지 않게 하는 주님에 의한 보호나 방어를 뜻한다는 것입니다. 이 말씀은 "두 증인들"에 관해서 언급된 것인데, 여기서 두 증인들은 주님사랑에 속한 선의 교리를 뜻하고, 그리고 이웃을 향한 인애에 속한 선의 교리를 뜻하는데, 그것은 믿음의 교리가 섬기려고 하는 삶의 교리를 가리킵니다. 그리고 이런 교리들은 교회의 마지막 때에 가르쳐질 것입니다.

[2] 그 아래 두 절에 이어지는 것이 무엇인지는 이미 위에서 언급하였지만, 그러나 그들이 알지 못하는 것들 가운데 있기 때문에 재차 설명하고자 합니다. 교회의 마지막 때가 임박하면, 그 때 성경말씀의 내면적인 것들이나, 그리고 교회나 예배의 내면적인 것들은 계시되고, 가르쳐져야 합니다. 이러한 일은 선한 사람이 악한 사람에게서 분리되기 위하여 행해집니다.

그리고 천적인 것이나 영적인 것을 가리키는 성경말씀, 교회, 예배에 속한 내면적인 것들이 선한 사람에 의해서는 영접, 수용되어야 하고, 악한 사람에 의해서는 부인, 배척되어야 하기 때문에, 거기에는 반드시 분리(分離 · separation)이 있어야 합니다. 더욱이 교회의 마지막 때에 계시되는 성경말씀의 내면적인 것들은, 그 때 세워질 새로운 교회에 대한 교리나 삶을 위해 섬기는 것들입니다. 이것이 사실이라는 것은 이런 내용에서 명확한데, 그것은 유대 교회의 마지막 때가 임박했을 때 주님께서 친히 성경말씀(=성언)의 내면적인 것들을 공개(公開)하시고, 가르치셨다는 것입니다. 특히 성경말씀에서 주님에 관해서 예언된 것들을 계시하셨습니다. 그리고 이런 것들이 공개되고, 계시되었을 때 교회에 속한 외적인 것들은 폐지, 파기되었습니다. 그런 것은 주로 주님을 드러내 보이려는 희생제물들, 예전들이나 계률들(statutes)을 구성하는 것들이었습니다. 그리고 주님께서 계시하신 내면적인 것들은, 주님을 표징하고, 그것으로 말미암아 뜻하는 것들입니다. 그리고 이런 일이 행해졌다는 것은 예언서들의 다종다양한 장절들에 예언되었습니다.

[3] 작금에도 이와 동일한 일들이 행해지고 있습니다. 왜냐하면 그와 같은 천계의 수많은 비의(秘義)들을 계시하는 것은 주님을 기쁘시게 하는 것이기 때문입니다. 특히 지금까지 전혀 알려지지 않았던, 성경말씀의 속뜻, 즉 성경말씀의 영적인 뜻이 계시된다는 것은 주님을 매우 기쁘시게 하는 것이기 때문입니다. 주님께서는 그것으로 교리에 속한 본연의 진리들을 가르치셨습니다. 이 계시가 마태복음서에서 "주님의 강림"(the coming of the Lord)이 뜻하는 것입니다(마태 24 : 3, 30, 37). 이 계시는, 앞에서 언급한 것과 같이, 그것에 의하여 선한 사람이 악한 사람에게서 분리되기 위하여, 그리고 새로운 교회(a new church)를 세우기 위하여 교회의 마지막 때에는 필수적인 것입

니다. 그리고 또한 사람들이 있는 자연계뿐만 아니라, 영들이 나 천사들이 있는 영계에서도 이것은 필수적입니다. 왜냐하면 이들 양계(兩界)에는 교회가 있기 때문이고, 그리고 계시는 양계에서 일어나고, 새로운 교회의 설시를 가리키는 그것에 의한 분리가 양계에서 일어나기 때문입니다. 이상에서 볼 때, 이들 말씀들이 그들이 해를 입지 않도록 주님에 의한 보호를 뜻한 다는 것은 명확합니다.

[4] 우리의 지구에 있는 교회의 계속적인 상태들에 관해서 살펴볼 때, 그것들은 개혁되는 사람이나 중생하는 사람의 계속적인 상태와 명료하게 꼭 같다고 하겠습니다. 다시 말하면 영적인 사람이 되는 상태와 꼭 같다고 하겠습니다. 사람은 처음에는 수태(受胎)되고, 다음에는 출생하고, 그 다음에는 성장(成長)하고, 그리고 그 다음에는 점점 더 총명이나 지혜에 이르게 됩니다. 태고시대로부터 유대교회의 마지막에 이르기까지 교회는 마치 한 사람이 수태되고, 출생하고, 성장하는 것과 같이, 진전하였고, 그리고 그 때에 가르침을 받고, 배움을 받았습니다. 그러나 유대교회의 종말 뒤, 또는 주님의 시대로부터 오늘에 이르기까지 교회의 계속적인 상태는, 마치 사람이 총명이나 지혜 가운데 증대하고, 또는 쇄신하는 것 같이 되었습니다. 이런 목적 때문에, 성경말씀에 속한 내면적인 것들이나, 또는 교회나 예배에 속한 내면적인 것들은, 주님께서 이 세상에 계실 때는 주님에 의하여 계시되었고, 그리고 다시 지금은 보다 더 내면적인 것들이 주님에 의하여 계시되었습니다. 그리고 어느 정도 계시된 내면적인 것들은 사람을 보다 더 현명하게 하였습니다. 왜냐하면 내면적인 것이 된다는 것은 보다 더 현명하게 되는 것이고, 보다 더 현명하게 되는 것은 내면적인 것이 되는 것이기 때문입니다.

642. 그들의 입에서 불이 나와서, 그 원수들을 삼켜 버릴 것입

니다.
이 말씀은 그들을 해치려는 자들은, 지옥에서 비롯된 악들이나 거짓들 속에 떨어진다는 것을 뜻하고, 그리고 이런 것들이 그들을 멸망, 파괴시키는 것을 뜻합니다. 이러한 내용은, 여기서는 자기사랑이나 세상사랑을 가리키는, 그리고 이것에 관해서는 본서 68 · 504 · 539항에 언급된, 모든 종류의 악에 속한 사랑(=애욕)이나 거짓에 속한 사랑(=애욕)을 가리키는, 양쪽의 뜻에서 사랑(=애욕)을 가리키는 "불"(fire)의 뜻에서 명확합니다. 여기에 뒤이어진 "불이 그들의 입에서 나온다"는 것은 그들을 해치기를 열망하고, 그리고 또한 그들을 해치는 자들은, 지옥에서 비롯된 온갖 종류의 악들이나 거짓들에 떨어진다는 것을 뜻합니다. 그리고 또한 이런 것들은 악에 속한 거짓들에 의하여 파괴, 멸망될 것이라는 것을 가리키는 "그들의 원수를 삼킨다"(=그 원수들을 삼켜 버릴 것이다)는 말씀의 뜻에서 명백합니다. 왜냐하면 성경말씀에서 "원수들"(enemies)은 악에 속한 거짓들을 뜻하고, "적군들"(adversaries)은 온갖 악들을 뜻하고, 그리고 악에 속한 사랑(=애욕)이나 거짓에 속한 사랑(=애욕)은 파괴, 멸망시키는 것을 가리킵니다.
[2] "그들의 입에서 불이 나와서 그들의 원수를 삼킬 것이다"고 언급되었습니다. 그러나 이것은 겉보기에 따라서 언급된 것이고, 그리고 그것은 "불이나 불꽃이 하나님의 입에서 나온다"고 언급된 것에, 그리고 "분노나 격정(anger and wrath)이 그분의 콧구멍에서 나온다"는 것에 따라서 언급된 것이지만, 그럼에도 불구하고 그분에게서 나오는 분노나 격정의 불이나 불꽃에 속한 것은 아무것도 없습니다. 왜냐하면 그분께서는 선 자체시고, 사랑 자체시고, 자비 자체시기 때문이고, 그리고 그것에서 불에 속한 것이나, 분노와 격정에 속한 것은 아무것도 나올 수 없기 때문입니다. 그럼에도 불구하고 그와 같이 언급된

것은 그것이 겉모습에서 그와 같이 보였기 때문입니다. 그것이 겉모습에서 그와 같이 보였다는 것은, 악령들이나 지옥적인 영들이 그것을 해치려는 의도나 목적을 가지고 그 어떤 신령한 것을 공격할 때, 그것은 사람이 주님이나 주님의 말씀(=성언)을 모독할 때를 가리키고, 또한 교리에 속한 선이나 진리를 공격, 모독하는 때이고, 또한 주님께서 그들을 보호, 방어하는 선한 영이나 천사를 공격, 모독하는 때이기 때문입니다. 그리고 악령은 그 즉시 주님의 보호나 방어에 속한 그 사람으로 박탈하는 때입니다. 왜냐하면 선한 영과 꼭 같이 악령까지도, 모든 영은 주님의 보호나 방어 아래에 있기 때문입니다. 그리고 이 보호나 방어가 제거되었을 때, 그 사람은, 지옥에서 비롯된 모든 종류의 악들이나 거짓에 떨어지게 되고, 그리고 동시에 그는, 이른바 벌주는 자들(punishers)이라고 불리우는 지옥에서 온 자들의 손아귀에 떨어집니다. 그 때 이들은, 그 사람이 행하고, 그리고 그것을 행하려고 시도했던 악에 일치하여, 그에게 벌을 주고, 고통을 줍니다. 이렇게 볼 때 여기서 밝히 알 수 있는 것은 주님께서는 그 누구에게도 결코 악을 행하지 않으신다는 것이고, 그러나 악령 자신은 그 사람에게 악을 가져온다는 것, 다시 말하면 그 사람 안에 있는 악 자체가 그 일을 행한다는 것입니다.

[3] 이러한 내용은 우리의 본문말씀, 즉 "누구든지 그들(=두 증인들)을 해치려고 하면 그들의 입에서 불이 나와서 그들이 원수를 삼켜 버릴 것이다"는 말씀의 뜻을 명확하게 합니다. 여기서 두 증인들은 사랑의 선과 인애의 선을 가리키고, 그리고 진리의 교리와 믿음의 교리를 가리킵니다. 그리고 그것들이 천사나 사람과 함께 하시는 주님에게서 비롯되기 때문에, 이것들은 신령합니다. 그리고 이러한 뜻, 불이 이런 것들에게서 비롯된 것이 아니고, 오히려 바로 앞에서 언급한 것과 같이, 그

들을 해치려고 애쓰는 악 자체에서 비롯된 것입니다. 이러한 내용은, 불·분노·격노 따위가 여호와에게서 나온다고 언급되었을 때, 꼭 같은 방법으로 이해하여야 할 것입니다. 그러나 이런 것들이 충분하게 설명된《천계와 지옥》545-550항을 참조하시고, 주님께서 어느 누구도 지옥으로 내쫓지 않으시고, 오히려 악령이 자기자신을 지옥으로 내동댕이친다는 거기의 주된 내용을 참조하십시오.

643. 그들을 해하려고 하는 사람은, 누구나 이와 같이 죽임을 당하고 말 것이다(=누구든지 그들을 해치려고 하면 반드시 이와 같이 죽게 될 것이다).

이 말씀은 악으로 해치고, 공격하려는 그들의 애씀에 따라서 그들이 멸망한다는 것을 뜻합니다. 이러한 내용은 악하게 공격, 해치려는 애씀을 가리키는 "해치려고 한다"는 말의 뜻에서 명료합니다. 왜냐하면 의도한다(=원한다·to will)는 것은 애쓰는 것을 가리키기 때문입니다. 그리고 또한 멸망하는 것을 가리키는, 여기서는 악들이나, 악에 속한 거짓들에 의하여 오로지 파괴, 멸망되는 영적인 생명에 대한 멸망을 가리키는 "죽임을 당하게 될 것이다"(=반드시 이와 같이 죽게 될 것이다)는 말의 뜻에서 명료합니다. 왜냐하면 이런 부류의 것이 영적인 죽음의 원인이기 때문입니다(본서 315·589항 참조). 여기서 "누구든지 그들을 해치려고 한다"는 말씀이 다시 언급되었는데, 그것은 모두가 악하게 고통이나 타격을 가하려는 그의 바람이나, 애씀(=노력)에 일치하여 멸망, 파괴되기 때문입니다. 왜냐하면 그것이 곧 모두의 생명(=삶)을 이루는 의지(=뜻)이기 때문입니다. 모두는, "올리브 나무 두 그루와 촛대 두 개"가 가리키는 "두 증인들"을 해치기를 열망하는 그의 바람에 일치하여 멸망합니다. 다시 말하면 사랑과 인애에 속한 선과 교리와 믿음에 속한 진리를 해치기를 원하는 자신의 열망에 일치하여 멸망합니다.

그것은 그 사람이 반대되는 의지에 있기 때문이고, 그리고 사랑에 속한 선이나 교리에 속한 진리에 반대되는 그 의지는 어느 정도는 그런 반대의 상태에 있기 때문입니다. 결과적으로 "이와 같이 죽임을 당할 것이다"는 것은 멸망할 것이라는 것은, 다시 말하면 그 사람이 그들(=두 증인들)을 해치기를 열망하는 것에 비례하여 멸망할 것이라는 것을 뜻합니다. 더욱이 모든 사람이나 모든 영은 주님의 보호, 방어 아래에 있고, 그리고 악한 사람도 선한 사람과 꼭 같이 주님의 보호 아래에 있습니다. 그리고 주님의 보호, 방어 아래에 있는 자에게는 결코 나쁜 일이 일어날 수 없습니다. 왜냐하면 그것은, 어느 누구도 멸하지 않고, 그리고 멸망 받지 않는다는 것이 주님의 뜻이고, 바람이기 때문입니다. 그러나 어느 누구가 주님의 보호나 방어 아래에 있는 것에 비례하여 그 사람은 악행을 금하게 되지만, 그러나 그가 그것을 금하지 않는 것에 비례하여 그 사람은 자기자신을 주님의 보호에서 이동, 옮겨집니다. 그리고 그가 이와 같이 자기자신을 이동, 옮기는 것에 비례하여 그 사람은 지옥에서 온 악령들에 의하여 해를 받습니다. 왜냐하면 지옥적인 영들은 다른 자들에게 악을 행하기를 열망하는 끝없는 열망(an unceasing desire)을 가지고 있기 때문이고, 그리고 어느 누구가 주님의 신령보호 밖에 있는 것에 비례하여, 다시 말하면 그들이 악을 행하는 것에 비례하여 그들은 형벌을 주입(注入)시키는 것에 의하여, 그리고 영적인 생명에 속한 그런 것들에게서 그것들을 빼앗는 것에 의하여, 그들에게 악을 행하는 자들의 능력이나 권한 속에 빠지기 때문입니다. 한마디로 어느 누구나 사랑에 속한 선들이나, 교리에 속한 진리들을 해치려고 하는 열망에 비례하여 그 작자는 "불에 삼키우고, 죽임을 당합니다." 다시 말하면 그 사람은 악들에 의하여, 그리고 악에 속한 거짓들에 의하여 지배되고, 사로잡힙니다. 그리고 그것에 비례하여, 영적으로 죽습니다. 이와 같은 일은, 그 사람이 행한 악 자체에서 비롯되는 것을 제외하면 결코 신령존재에게서는 일어나지 않습니다.

644. 6절. 그들은, 자기들이 예언 활동을 하는 동안에, 하늘을 닫는 권세를 가지고 있습니다.
이 말씀은, 주님에게서 발출하는 천계의 선들이나 진리들을, 그리고 교회의 선들이나 진리들을 부인, 배척하는 자들은 천계에서 오는 입류(入流)를 전혀 영접, 수용하지 못한다는 것을 뜻합니다. 이러한 사실은, 이것에 관해서 곧 언급하겠지만, 천계에서 나오는 입류를 영접, 수용하지 못하는 것을 가리키는, "하늘을 닫는다"(shutting heaver.)는 말의 뜻에서, 그리고 또한 이것에 관해서도 곧 언급하겠지만, 그것으로 말미암아 천계에서 내려오는 선의 근원인 기름지게 하는 진리를 가리키는 "비"의 뜻에서, 그리고 또한 주님에 관해서, 주님의 강림에 관해서, 그리고 또한 주님사랑에 속한 선과 주님을 믿는 믿음에 속한 진리들에 관해서, 예언하는 것을 가리키는 "그들의 예언"의 뜻에서, 명백합니다. 교회의 마지막 때의 이 계시나, 이 계시의 선포(宣布)는 "두 증인들의 예언의 날들"이 주로 뜻하는 것입니다. "두 증인들"이 주님사랑에 속한 선과 주님을 믿음에 속한 진리를 가리키기 때문에, 교회의 마지막 때에 "두 증인들"에 의하여 주로 선포되는 것은 주님을 증거하는 것이기 때문에, 그것은 주님을 가리킵니다. 그러므로 그 뒤에 이렇게 언급되었습니다. 묵시록서의 말씀입니다.

"나도 예수의 증언을 간직하고 있는 네 형제자매들 가운데 하나요, 너와 같은 종이다. 경배는 하나님께 드려라. 예수의 증언은 곧 예언의 영이다"(묵시록 19 : 10).

[2] "하늘을 닫는다"(to shut heaven)는 것은 천계에서 나오는

입류의 영접, 수용을 막는 것을 뜻합니다. 그것은 천계에서 나오는 신령진리의 입류(influx of Divine truth)를 뜻하는 "비가 내리지 못하게 한다"는 말씀이 부연되었기 때문입니다. 왜냐하면 우리가 주지하고 있는 것은, 사람에게 있는 사랑에 속한 모든 선이나, 믿음에 속한 모든 진리는 하늘에서 유입한다는 것, 다시 말하면 주님으로부터 천계를 통하여 유입한다는 것이고, 그리고 그것은 계속해서 유입한다는 것입니다. 이런 사실에서 뒤이어지는 것은, 사랑에 속한 선이나 믿음에 속한 진리는 어느 현명한 사람의 것 안에 있지 않고, 오직 그런 사람에게 있는 주님의 것이라는 것입니다. 이들 양자는 악이나 거짓이 막히고, 차단(遮斷)되지 않는 것에 비례하며, 유입합니다. 이런 것들이 바로 그와 같이 하늘을 닫는 것이므로 거기에는 진정한 입류는 결코 없습니다. 왜냐하면 악과 선, 그리고 거짓과 진리는 서로 상반되기 때문이고, 결과적으로는 전자가 있는 곳에는 후자가 있을 수 없기 때문입니다. 왜냐하면 사람에게 있는 악은 선의 입구를 막기 때문이고, 그리고 거짓은 진리의 입구를 막기 때문입니다. 이에 반하여 선은 악으로 하여금 옮겨지게 하고, 진리는 거짓을 옮겨지게 하기 때문입니다. 왜냐하면 이들은 서로 상반되기 때문인데, 그것은 마치 천계와 지옥이 상반되는 것과 같습니다. 그러므로 전자는 후자에 대하여 파괴, 멸망시키려는 끝없는 애씀을 가지고 거슬러 행동합니다. 이 싸움에서 이긴 전자는 후자를 파괴, 멸망시킵니다.

[3] 더욱이 모든 사람 안에는 두 마음(two minds)이 있는데, 하나는 영적인 마음이라고 하는 내면적인 마음이고, 다른 하나는 자연적인 마음이라고 하는 외면적인 마음입니다. 영적인 마음은 천계에서 오는 빛의 수용그릇을 위해 창조되었고, 그러나 자연적인 마음은 이 세상에서 오는 빛의 수용그릇을 목적해서 창조되었습니다. 그러므로 사람의 내면적인 마음을 가리키는

영적인 마음은 그 사람에게 있는 천계(=하늘 · heaven)이고, 사람의 외면적인 마음을 가리키는 자연적인 마음은 그 사람에게 있는 이 세상입니다. 사람에게 있는 천계(=하늘)를 가리키는 내면적인 마음은, 사람이 주님의 신령존재(=신성 · the Divine of the Lord)를 시인하는 것에 비례하여 개방되고, 그리고 사람이 이것을 시인하는 것에 비례하여 그 사람은 사랑이나 인애에 속한 선 안에, 그리고 교리나 믿음에 속한 진리들 안에 있습니다. 그러나 사람에게 있는 천계를 가리키는 내면적인 마음은, 사람이 주님의 신성을 시인하지 않는 것에 비례하여 닫혀집니다. 그리고 그 마음은 사람이 악들 안에 있고, 그것에서 비롯된 거짓들 안에 있는 것에 비례하여 닫혀집니다. 그 마음이 닫혀질 때, 사람에게 있는 자연적인 마음은 하나의 지옥이 됩니다. 왜냐하면 자연적인 마음에는 온갖 악들이나 거짓들이 있기 때문입니다. 결과적으로 사람에게 있는 천계를 가리키는 영적인 마음이 닫혀질 때 지옥을 가리키는 자연적인 마음이 통치를 합니다. 이렇게 볼 때 "비가 내리지 못하게 하늘을 닫았다"는 우리의 본문이 뜻하는 것이 무엇인지, 밝히 알 수 있겠습니다.

[4] "두 증인들"이 "하늘을 닫는다"는 권세를 가진 것으로 언급되었지만, 그럼에도 불구하고 이들은 그것을 해치지는 않습니다. 그러나 그것을 닫는 악이나 거짓은 교회의 마지막 때에 교회에 속한 사람들을 지배합니다. 이러한 내용은, 위에서 언급한 것과 같이, "그들의 입에서 불이 나와서, 그 원수들을 삼켜 버릴 것이다"는 두 증인들에 관해서 언급하고 있습니다. 그럼에도 불구하고 결코 그들의 입에서 불이 나오지 않고, 그리고 그들을 삼켜 버리지도 않습니다. 이러한 내용은 앞서의 두 단락에서 언급되었습니다. "비가 내리지 못하게 한다"는 것은 천계에서 비롯되는 신령진리의 입류가 전혀 없다는 것을 뜻합

니다. 그것은 비를 만드는 "물"이 성언에 속한 진리를 뜻하기 때문이고, 그리고 그것에서부터 교리나 믿음의 진리가 나오기 때문입니다(본서 71 · 483 · 518 · 537 · 538항 참조). 빗물 (rain-water)이 하늘에 있는 구름들에게서 내리기 때문에 그러므로 "비를 내린다"는 것은 천계에 계신 주님에게서 비롯된 신령진리의 입류를 뜻하고, 그리고 비가 땅을 비옥(肥沃)하게 하기 때문에, 그러므로 "비"(rain)는 교회를 살지게 하고, 열매를 맺게 하는 신령진리를 뜻합니다. 이런 이유 때문에 "비"는 역시 영적인 축복(spiritual blessing)을 뜻합니다.

644[B]. [5] 성경말씀에서 "비"(rain)가 비를 뜻하지 않고, 오히려 총명이나 지혜의 원인이 되는 신령유입(the Divine infowing)을 뜻하고, 그리고 역시 사람 안에 있는, 자라서 열매를 맺는 사랑의 선이나, 믿음의 진리를 뜻합니다. "비가 내린다"(to rain)는 것이 입류를 뜻한다는 것은 아래의 장절들에게서 잘 알 수 있겠습니다. 신명기서의 말씀입니다.

> 나의 교훈은 내리는 비요,
> 풀밭을 적시는 소나기다.
> 나의 말은 맺히는 이슬이요,
> 채소 위에 내리는 가랑비다.
> (신명기 32:2)

여기서 교훈(=가르침 · doctrine)은 비에 비유되었는데, 그것은 "비"가, 교리에 속한 모든 것이 그것에서 비롯되는 근원을 가리키는 발출하는 신령진리를 뜻하기 때문입니다. 왜냐하면 성경말씀에 있는 모든 비유는 역시 대응에서 비롯되기 때문입니다. "비"가 내려오는 신령진리를 뜻하기 때문에 "나의 교훈 (=가르침)은 내리는 비다"고 언급되었습니다. "이슬"(dew)이 선을 뜻하고, 그리고 "말"(word)이 동일한 뜻을 가지고 있기 때문에, 그러므로 "나의 말은 맺히는 이슬이다"(=내 말은 이슬처럼 맺힐 것이다)고 언급되었습니다. 그러므로 그것에서 비롯된 총명이나 지혜는 "채소 위에 내리는 가랑비다"(=연한 풀잎 위의 이슬비 같다)는 말씀이나, "풀밭을 적시는 소나기다"(=풀밭에 소나기 같다)는 말씀이 뜻합니다. 왜냐하면 풀이나 밭의 채소는 비나 이들의 물들로 말미암아 성장하기 때문에, 그러므로 총명이나 지혜는 주님에게서 비롯되는 신령진리의 입류에 의하여 성장하기 때문입니다. 이것은 제일 처음에 모세에 의하여 언급되었는데, 그것은 신명기서의 이 장에서 모세는, 영적인 뜻으로 교회에 속한 모든 진리들이나 선들을 뜻하는, 따라서 하나의 온전한 복합체 안에 있는 교리를 뜻하는, 이스라엘의 열두 지파에 관해서 언급, 말씀하고 있기 때문입니다.
[6] 같은 책의 말씀입니다.

> 너희가 건너가서 차지할 땅에는 산과 골짜기가 많아서, 하늘에서 내린 빗물로 밭에 물을 댄다.…… 주께서 너희 땅에 가을비와 봄비(=이른 비와 늦은 비)를 철 따라 내려 주셔서, 너희 곡식과 포도주와 기름을 거두게 하실 것이며,…… 너희는, 유혹을 받고 마음이 변하여, 다른 신들을 섬기거나, 그 신들 앞에 엎드려서 절을 하는 일이 없도록 주의하여라. 너희가 다른 신들을 섬기면, 주께서는 너희에게 진노하셔서, 하늘을 닫고, 비를 내리지 않으실 것이며, 너희는 밭에서 아무것도 거두지 못할 것이다. 그렇게 되면 너희는, 주께서 주신 기름진 땅에서도 순식간에 망할 것이다(신명기 11:11, 14, 16, 17).

이 장절은 가나안 땅과 그 땅의 다산(多産)의 열매맺음에 관해서 기술하고 있지만, 그러나 그 땅은 영적인 뜻으로 교회를 뜻하기 때문에, 뒤이어지는 것은 여기의 기술된 모든 것들이 그 교회에 속한 그런 것들을 뜻한다는 것입니다. 예를 들면, "산들" "골짜기들" "곡식" "새 포도주" "기름" "소출"(=그 땅이 맺는 열매) "비"가 뜻하는 그런 것들입니다. "그 땅의 산과 골짜기"는 그 교회의 높고 낮은 것들이나, 내적인 것들이나 외적인 것들을 뜻합니다. 그 교회의 내적인 것들은, 영적인 사람이라고 불리우는 속사람에게 있는 교회의 내적인 것들을 뜻하고, 그리고 그 교회의 외적인 것들은 자연적인 사람이라고 불리우는 겉사람에게 있는 그 교회의 외적인 것을 뜻합니다. 양자의 이런 것들은, "그 곳은 하늘에서 내리는 빗물을 마신다"는 말씀이 뜻하는 신령진리의 입류를 영접하는 그런 것들을 가리킵니다. 신령진리가 양자의 상태에 입류한다는 것, 다시 말하면, 교회의 사람이 그의 영적인 상태에 있을 때, 그리고 교회의 사람이 그의 자연적인 상태에 있을 때, 신령진리가 입류한다는 것은 "내가 그 때를 맞추어서 너희에게 이른 비와 늦은 비를 너희 땅에 내릴 것이다"는 말씀이 뜻합니다. 왜냐하면 그 교회의 사람은 번갈아서 영적인 상태나 자연적인 상태에 있기 때문이고, 그리고 영적인 상태에 있는 신령진리의 입류나 그것의 수용은 "이른 비나 아침의 비"(the former or morning rain)가 뜻하고, 자연적인 상태에 있는 신령진리의 입류나 그것의 수용은 "늦은 비나 저녁의 비"(the latter or evening rain)가 뜻합니다. 교회의 사람이 가지고 있는 영적인 선이나 천적인 선이나 그것에 비롯된 진리는, 그들이 거두어들일 "곡식" "새 포도주" "기름"이 뜻하고, 교리에 속한 거짓들이나, 예배에 속한 거짓들은 신령진리의 입류나 수용을 막을 것이라는 것, 그리고 결과적으로 영적인 생명(=삶)의 증대는 "너희가 다른 신들을 섬기면, 주께서는 하늘을 닫고 비를 내리지 않을 것이다. 너희는 밭에서 아무것도 거두지 못할 것이다"는 말씀이 뜻합니다. 여기서 "다른 신들"(other gods)은 교리에 속한 거짓들이나 예배에 속한 거짓들을 뜻합니다.

[7] 레위기서의 말씀입니다.

> 너희가, 내가 세운 규례를 따르고, 내가 명한 계명을 그대로 받들어 지키면, 나는 철 따라 너희에게 비를 내리겠다. 땅은 소출을 내고, 들의 나무들은 열매를 맺을 것이다(레위기 26 : 3, 4).

여기서 "철 따라 내리는 비와, 땅이 내는 소출"은 위의 뜻과 동일한 뜻을 가지고 있습니다. 그 당시 외적인 교회인 그 교회는 영적인 내면적인 것들의 표징적인 교회였기 때문에, 그러므로 그들이 규례들을 따라서 살고, 계명들을 지키고, 그것을 행할 때, 그들은 철 따라 비를 얻게 되고, 그리고 땅은 소출들을 내고, 들의 나무들은 열매를 맺을 것이라고 하였습니다. 그러나 그럼에도 불구하고 비나 그것에서 비롯된 소출은 표징적이고, 표의적입니다. 여기서 "비"는 신령입류를 표징하고, "소출"은 교리의 진리나, 진리의 이해를 표징하고, 그리고 "나무들의 열매"는 사랑의 선이나, 선에 속한 의지를 표징합니다.

[8] 이러한 내용은 그것에 관해서 언급된 것에서 잘 알 수 있겠습니다. 열왕기 상서의 말씀입니다.

> 아합 왕 때에 그들이 다른 신들을 섬기고, 예언자들을 죽였기 때문에, 비가 오지 않고, 결과적으로 삼 년 반 동안 이스라엘 땅에 기근이 있었다(열왕기 상 17 · 18장, 누가 4 : 25).

이 장절은 "다른 신들"이, 그리고 그들이 섬긴 "바알"이 뜻하는 것인, 악에 속한 거짓들 때문에, 영접, 수용하여야 할 하늘에서 오는 신령진리의 입류가 전혀 없다는 것을 가리키는 표징적이고 표의적입니다. "예언자들의 죽임"은 신령한 것의 파괴를 뜻합니다. 왜냐하면 성경말씀에서 "예언자"는 성경말씀(=성언 · the Word)에서 비롯된 진리에 속한 교리를 뜻하기 때

11장 1-6절

문입니다.
[9] 이사야서의 말씀입니다.

> 내가 그 밭을 황무지로 만들겠다.
> 가지치기도 못하게 하고
> 북주기도 못하게 하며,
> 찔레나무와 가시나무만 자라게 하겠다.
> 내가 또한 구름에게 명하여,
> 그 위에 비를 내리지 못하게 하겠다.
> (이사야 5 : 6)

이 장절 역시 그가 포도원을 황폐하게 만들 여호와에 관해서 언급하고 있습니다. "그 위에 비를 내리지 못하게 구름에게 명령한다"는 것, 그러나 그럼에도 불구하고 여호와, 즉 주님께서 이런 일을 행하시지 않는다는 것, 왜냐하면 그분께서는 선한 사람의 밭이나 악한 사람의 밭에 모두 비를 내리시기 때문입니다. 이러한 뜻은, "아버지께서 의로운 사람에게나 불의한 사람에게나, 꼭 같이 비를 내려주신다"(마태 5 : 45)는 말씀이 뜻하고 있습니다. 그러나 그가 신령진리의 입류를 받지 못한다는 그 원인은 교회에 속한 사람에게 있었습니다. 왜냐하면 그것을 영접, 수용하지 못하는 사람은 스스로 영접, 수용하여야 할 그의 마음의 내면적인 것들을 닫아 버리기 때문입니다. 그리고 이런 것들이 닫혀 버리게 되면, 신령한 입류는 부인, 배척됩니다. 황무지로 만들게 될 "포도원"(=포도밭)은 교회를 뜻하고 그리고 "가지치기도 못하고, 북주기도 못한다"는 것은, 경작(耕作)하고 재배할 능력도 전혀 없고, 따라서 영접, 수용할 준비도 전혀 없다는 것을 뜻합니다. 여기서 자라게 될 "찔레나무와 가시나무"는 악에 속한 거짓들을 뜻하고, "그 위에 비를 내리지 못하게 구름에게 명령한다"는 것은, 영접, 수용하여야 할 천계에서 비롯되는 신령진리의 입류가 전혀 없다는 것을 뜻합니다.
[10] 예레미야서의 말씀입니다.

> 그러므로 이른 비가 오지 않고,
> 늦은 비도 내리지 않는데,
> 너는 창녀처럼 뻔뻔스러운 얼굴을 하고,
> 부끄러워하지도 않았다.
> (예레미야 3 : 3)

같은 책의 말씀입니다.

> 너희는 마음 속으로라도
> '주 우리의 하나님은 두려운 분이시다.
> 그분은 제때에 비를 주시고,
> 이른 비와 늦은 비를 철따라 내리시며,
> 곡식을 거두는 일정한 시기를
> 정하여 주신 분이시다'
> 하고 말한 적이 없다.
> 바로 너희의 모든 죄악이
> 이러한 것들을 누리지 못하게 하였고,
> 너희의 온갖 범죄가
> 그 좋은 것들을 가로막아,
> 너희에게 이르지 못하게 하였다.
> (예레미야 5 : 24, 25)

아모스서의 말씀입니다.

> "그래서 추수하기 석 달 전에 내리는 비도 너희에게는 내리지 않았다. 또 내가 어떤 성읍에는 비를 내리고, 어떤 성읍에는 비를 내리지 않았다. 어떤 들녘에는 비를 니리고, 어떤 들녘에는 비를 내리지 않아서 가뭄이 들었다. 두세 성읍의 주민들이 물을 마시려고, 비틀

거리며 다른 성읍으로 몰려갔지만, 거기에서도 물을 실컷 마시지는 못하였다. 그런데도 너희는 나에게로 돌아오지 않았다."(예레미야 4 : 7, 8).

에스겔서의 말씀입니다.

"사람(=사람의 아들)아, 너는 유다 땅에 이렇게 말하여라. '유다 땅아, 너는 진노의 날에, 더러움을 벗지 못한 땅이요, 비를 얻지 못한 땅이다. 그 가운데 있는 예언자들은 음모를 꾸미며, 마치 먹이를 뜯는 사자처럼 으르렁댄다'"(에스겔 22 : 24, 25).

스가랴서의 말씀입니다.

이 세상의 어느 백성이라도, 예루살렘에 올라와서 왕이신 만군의 주께 경배하지 않으면, 그들의 땅에는 비가 내리지 않을 것이다(스가랴 14 : 17).

이 장절들에서 "비"는 역시 영적인 총명의 근원을 가리키는, 신령진리의 입류의 수용을 뜻합니다. 그리고 거기에 "비가 전혀 없다"는 것은, 그것을 영접, 수용하는 것을 거절하고, 그것을 배척하는 악들이나 거짓들 때문에, 그 어떤 입류에 의한 총명이 결코 주어지지 않는다는 것을 뜻합니다.

[11] 예레미야서의 말씀입니다.

귀족들이 물을 구하려고 종들을 보내지만,
우물에 가도 물이 없어서
종들은 빈 그릇만 가지고 돌아온다.
종들이 애태우며 어찌할 바를 모른다.
온 땅에 비가 내리지 않아서
땅이 갈라지니,

> 마음 상한 농부도 애태우며,
> 어찌할 바를 모른다.
> (예레미야 14 : 3, 4)

여기서 "귀족들"(nobles)은 가르치고 인도하는 자들을 뜻하고, "종들"(=작은 자들 · little ones)은 가르침 받고 인도되는 자들을 뜻하고 "물"(water)은 교리의 진리를 뜻하고, "물이 전혀 없는 우물"은, 거기에 진리들이 전혀 없는 교리적인 것들을 뜻하고, "온 땅에 비가 내리지 않는다"는 것은 교회에 있는 거짓들 때문에 수용할 신령진리의 입류가 전혀 없다는 것을 뜻하고, "농부도 애태우며 어찌할 바를 모른다"(=밭가는 사람들이 부끄러워하며 자기들의 머리를 가린다)는 것은 가르치는 자들을 뜻하고, 그리고 그들의 슬픔이나 태도를 뜻합니다.

644[C]. [12] 이사야서의 말씀입니다.

> 네가 땅에 씨앗을 뿌려 놓으면,
> 주께서 비를 내리실 것이니,
> 그 땅에 실하고 기름진 곡식이 날 것이다.
> 그 때에 너의 가축은
> 넓게 트인 목장에서 풀을 뜯을 것이다.
> (이사야 30 : 23)

이 말씀은 주님께서 강림하실 때를 가리킵니다. 주님에게서 발출할 신령진리의 입류는, 주님께서 뿌린 씨에 주실 "비"가 뜻합니다. 여기서 "비"는 신령입류(Divine influx)를 뜻하고, "씨"는 성경말씀의 진리를 뜻합니다. 그리고 "땅에 씨를 뿌린다"는 것은 본질적으로 교회를 세우고(plant), 완성하는 것(form)을 뜻합니다. "그 땅에서 실하고 기름진 곡식이 날 것이다"(=땅에서 나는 빵이 풍족하게 넘치게 될 것이다)는 입류에 의하여 생기를 얻은 성언의 진리들에 의하여 생성되는, 사랑의 선이나 인애의 선을 뜻합니다. "기름지고 풍성하다"(fat and rich · 기름지고 실하다)는 것은 사랑에 속한 선이나 그것에서 비롯된 진리들의 풍부함(=가득함)을 뜻합니다. 왜냐하면 "기름지다"(fat)는 것은 선에 관하여 서술하고, "풍성하다"(rich)는 것은 진리들에 관해서 서술하기 때문입니다. "그 날에 가축이 넓은 초장에서 풀을 뜯을 것이다"는 말씀은 신령입류에 의한 선과 진리의 확장이나 증식을, 결과적으로는 영적인 양육(養育)을 뜻합니다. 여기서 "가축"(cattle)은 사람 안에 있는 선들이나 진리들을 뜻하고, "그 날"(that day)은 주님의 강림을 뜻하고, "넓게 트인 목장"(=넓은 초장)은, 그것을 통하여 신령입류나 영적인 양육이 존재하는 성언(=성경말씀 · the Word)을 뜻하고, "넓다"(=폭 · breadth)는 것은 진리의 확장이나 증식에 관해서 서술합니다.

[13] 같은 책의 말씀입니다.

> 비와 눈이 하늘에서 내려서,
> 땅을 적셔서 싹이 돋아 열매를 맺게 하고,
> 씨뿌리는 사람에게 씨앗을 주고,
> 사람에게 먹을 것을 주고 나서야,
> 그 근원으로 돌아가는 것처럼,
> 나의 입에서 나아가는 말도,
> 내가 뜻하는 바를 이루고 나서야,
> 내가 하라고 보낸 일을 성취하고 나서야,
> 나에게로 돌아올 것이다.
> (이사야 55 : 10, 11)

이 장절에서 하나님의 입에서 나오는 "말씀"(the Word)은 하늘에서 내려오는 "비와 눈"(the rain and snow)에 비유되었는데, 그것은 "말씀"(聖言 · the Word)이 그것을 통해서 우리에게 입류하는, 주님에게서 발출하는 신령진리를 뜻하기 때문입니다. "하늘에서 내리는 비와 눈"도 동일한 뜻을 갖습니다. 여기서 "비"(rain)는, 사람에게 전유되는 신령진리를 뜻하고, "눈"(snow)은, 그것이 오직 기억 안에 있을 때 눈과 같은 것을 가리키는 자연적인 진리를 뜻합니다. 그러나 그것은 사람에 의하여 영적인 것이 되는데, 그것은 마치 눈이 열에 의하여 빗물(rain-water)이 되는 것과 같습니다. "땅을 적시고, 싹이 돋아 열매를 맺게 한다"는 것은 교리의 진리나 믿음의 진리를 맺기 위하여, 그리고 사랑의 선이나 인애의 선을 열매맺기 위하여, 교회를 생기있게 하는 것을 뜻합니다. 여기서 교리의 진리나 믿음의 진리는 "그것이 씨뿌리는 사람에게 씨앗을 준다"는 말씀이 뜻하고, 사랑의 선이나 인애의 선은 "먹는 자에게 먹을 것(=빵)을 준다"는 말씀이 뜻하고, "그것은 내게 헛되이 돌아오지 않는다"(=내가 하라고 보낸 일을 성취하고 나서야 나에게 돌아올 것이다)는 말씀은, 그것이 영접, 수용될 것이고, 그리고 그것에 의하여 사람은 주님을 우러르게 인도될 것이라는 것을 뜻합니다.

[14] 에스겔서의 말씀입니다.

> 내가 그들과 내 산 사방에 복을 내려 주겠다. 내가 때를 따라 비를 내릴 것이니, 복된 소나기가 내릴 것이다. 들의 나무가 열매를 맺고, 땅은 그 소산을 내어 줄 것이다. 그들이 자기들의 땅에서 평안히 살 것이다(에스겔 34 : 26, 27).

"내 산 사방"(=여호와의 언덕의 주변)은 교리의 진리들 안에 있는 자들이나, 그것으로 인하여 인애의 선 안에 있는 자들을 뜻합니다. "때를 따라 비를 내린다"는 것은 전자의 수용에 속한 정동이나 뜻(=의지)에 적용된 신령진리의 입류를 뜻합니다. 선의 생육과 진리의 번성(the fructification of good and the

multiplication of truth)이 그것에서 비롯되기 때문에 그것들은 "복된 소나기"라고 하였고, 그리고 "들의 나무는 열매를 맺고, 땅은 그 소산을 내어 줄 것이다"는 말씀이 언급되었는데, 여기서 "들의 나무"나 "땅"은 교회와 그 교회에 속한 사람을 뜻하고, "들의 나무의 열매"는 선의 결실을 뜻하고, "그 땅의 소산"은 그것의 진리의 증대를 뜻합니다.
[15] 요엘서의 말씀입니다.

> 시온에 사는 사람들아,
> 주 너희의 하나님과 더불어
> 기뻐하고 즐거워하여라.
> 주께서 너희를 변호하여
> 가을비를 내리셨다.
> 비를 흡족하게 내려주셨으니,
> 옛날처럼 가을비와 봄비를 내려 주셨다.
> 이제 타작 마당에는 곡식이 가득 쌓이고,
> 포도주와 올리브 기름을 짜는 틀마다
> 포도주와 기름이 넘칠 것이다.
> (요엘 2 : 23, 24)

이 장절에서 "시온의 사람들"(=시온의 자녀들)은, 그것을 통해서 그들이 사랑의 선을 취할, 순수한 진리들(genuine truths) 안에 있는 자들을 뜻합니다. 왜냐하면 여기서 "시온"(Zion)은 순수한 진리들을 통하여 주님사랑에 속한 선 안에 있는 천적인 교회를 뜻하기 때문입니다. 주님께서 이들과 함께 사랑의 선에 입류하시고, 그리고 그 선에서부터 진리들에 입류하신다는 것은 "주께서 그들에게 의 가운데 옛날처럼 비를 주셨다"는 말씀이 뜻하는데, 여기서 "의"(righteousness)는 사랑의 선에 속한 성언 안에 있는 것을 예언하고, 그리고 "의로운 사람"은 그 선 안에 있는 자들을 뜻합니다(본서 204[A]항 참조). 주님께서는 사랑의 선과 함께 진리들에게 계속해서 입류하신다는 것은 "주님께서 처음에는(=첫달에는) 이른 비와 늦은 비를 내리게 하신다"는 말씀이 뜻하고, 이것으로 말미암아 그들이 형제와 친구(=동무)를 향한 사랑의 선을 가진다는 것은 "타작 마당에는 곡식이 가득 쌓인다"는 말씀이 뜻하고, 그리고 이것으로 말미암아 그들이 주님사랑에 속한 진리와 선을 갖는다는 것은 "새 포도주와 기름으로 큰 통(=틀 · 독들 · vats)이 넘칠 것이다"는 말씀이 뜻합니다. 주님의 천적인 교회에 속한 자들은 형제나 친구를 향한 사랑의 선을 갖는다는 것, 그리고 주님의 영적인 교회에 속한 자들에게 있는 이 사랑은 이웃을 향한 인애라고 불리웁니다.

[16] 스가랴서의 말씀입니다.

> 너희는 봄철에
> 비를 내려 달라고 주께 빌어라.
> 비구름을 일게 하시는 분은 주님이시다.
> 주께서 사람들에게 소나기를 주시며,
> 각 사람에게 밭의 채소를 주신다(=각 사람에게는 들의 풀을 주신다).
> (스가랴 10 : 1)

여기서도 역시 "비"(rain)는, 주님에게서 비롯되는 신령진리의 입류를 뜻하고, 사람은 그것에서 영적인 총명을 취합니다. 주께서 주시는 "소나기"(=비의 소나기)는 풍부하게 입류하는 신령진리를 뜻하고, "밭의 채소를 주신다"(=들의 풀을 주신다)는 것은 성경말씀에서 비롯되는 진리와 선의 지식을 뜻하고, 그리고 그것에서 비롯되는 총명을 뜻합니다.

[17] 시편서의 말씀입니다.

11장 1-6절

> 주께서 땅을 찾아오셔서,
> 땅에 물을 대주시고,
> 큰 풍년이 들게 해주십니다.
> 하나님께서 손수 놓으신 물길에,
> 물을 가득 채우시고,
> 오곡을 마련해 주시니,
> 이것은, 주께서 이 땅에다가
> 그렇게 준비해 주신 것입니다.
> 주께서 또 밭이랑에 물을 넉넉히 대시고,
> 이랑 끝을 마무르시며,
> 밭을 단비로 적시며,
> 움 돋는 새싹에 복을 내려 주십니다.
> (시편 65 : 9, 10)

여기서도 "땅"은 교회를 뜻하고, "물을 가득 채운 물길"은 진리들로 가득 찬 교리를 뜻하고, "밭이랑에 넉넉하게 물을 대신다, 이랑 끝을 마무리한다(=고르게 하신다), 밭은 단비로 적신다"(=소나기로 땅을 부드럽게 한다)는 등등의 말씀은 선과 진리의 지식들로 가득 채우는 것을 뜻하고, "오곡을 마련해 주신다"(=곡식을 주신다)는 것은 영혼을 살지게 하는 모든 것을 뜻합니다. 그러므로 "주께서는 그처럼 땅을 예비하신다"(=땅에다가 그렇게 준비해 주신다)는 말씀이 부연되었는데, 다시 말하면 교회를 세우시는 것을 뜻합니다. "새싹에 복을 내려 주신다"는 말씀은 계속해서 새로운 것을 생성하는 것을 뜻하고, 진리들이 솟아나오게 하는 것을 뜻합니다.

[18] 같은 책의 말씀입니다.

> 하나님,
> 주께서 주신 땅 위에
> 주께서 흡족한 비를 내리셔서

> 그 땅이 메마르지 않게 지켜 주셨습니다.
> (시편 68 : 9)

역시 같은 책의 말씀입니다.

> 왕이 백성에게
> 풀밭에 내리는 비처럼
> 땅에 떨어지는 단비처럼
> 되게 해주십시오.
> 그가 다스리는 동안,
> 정의가 꽃을 피우게 해주시고,
> 저 달이 다 닳도록
> 평화가 넘치게 해주십시오.
> (시편 72 : 6, 7)

이들 장절에서 "비"는 비를 뜻하지 않고, 그가 그것에서 영적인 생명을 취하는, 사람에게 있는 신령진리의 입류를 뜻합니다. 욥기서의 말씀입니다.

> 내가 말을 마치면 다시 뒷말이 없고,
> 내 말은 그들 위에
> 이슬처럼 젖어들었다.
> 사람들은 내 말을 기다리기를
> 단비를 기다리듯 하고,
> 농부가 봄비를 기뻐하듯이
> 내 말을 받아들였다(=그들은 늦은 비를 찾듯이 입을 크게 벌렸다)(욥기 29 : 22, 23).

여기서도 명확하게 "비"는 누구에 의하여 전해진 진리를 뜻하고, 그리고 다른 자에게 유입하는 진리를 뜻합니다. 왜냐하면

"낱말"(word) "말"(speech) "입을 연다"(opening the mouth)는 등등의 말들은 언어에 의하여 어느 누구에게서 나오는 진리를 뜻하기 때문입니다. 이것이 바로 그것이 "비"나 "늦은 비"라고 불리운 이유이고, 그리고 여기서는 말하는 것을 뜻하는 "그들 위에 젖어들었다"(=떨어진다 · to drop)고 언급된 이유입니다.
[19] 예레미야서의 말씀입니다.

> 권능으로 땅을 만드시고,
> 지혜로 땅덩어리를 고정시키시고,
> 명철로 하늘을 펼치신 분은 주님이시다.
> 주께서 호령을 하시면,
> 하늘에서 물이 출렁이고,
> 땅 끝에서 먹구름이 올라온다.
> 주님은 비가 내리도록 번개를 일으키시며,
> 바람 창고에서 바람을 내보내신다.
> (예레미야 10 : 12, 13 ; 51 : 16 ; 시편 135 : 7)

"땅을 지으신 분께서 그분의 능력에 의하여 세상을 준비하였다"는 말씀은 전체적인 지구(the whole globe) 안에 있는 교회를 뜻하고, 여기서 "능력"(power)은 신령진리의 세력(=효능 · the potency of Divine truth)을 뜻하고, "주께서 지혜와 총명(=이해)에 의하여 펼치신 하늘"은 땅에 있는 교회에 대응하는 천계에 있는 교회를 뜻하고, "지혜와 총명"(=이해 · wisdom and understanding)은 천사들이나 사람들이 그것에서 선의 지혜나 진리의 이해를 취하는 신령발출(the Divine proceeding)을 뜻하고, "펼친다"(=뻗친다 · to stretch out)는 것은 일반적으로는 하늘의 형성이나 확장(the formtion and extension)을 뜻하고, 영접, 수용한 당사자에게는 이해나 진리의 확장을 뜻합니다. "주께서 그의 음성을 발하시니, 하늘들에 많은 물들이 생긴다"(=그분이 음성을 발하시면 하늘의 물이 요동친다. 주께서 호령하시면, 하늘에서 물이 출렁인다)는 말씀은 신령발출(the Divine proceeding)로부터 헤아릴 수없이 풍부한 영적인 진리들이 있다는 것을 뜻하고, 여기서 "음성"(=호령 · voice)은 신령발출을 뜻하고, "많은 물"은 진리들을 뜻하고, "요동친다"(=출렁인다)는 것은 풍부함을 뜻합니다. "주께서 땅 끝에서 수증기(=먹구름 · the vapors)를 올라오게 하신다"는 것은, 영적인 진리들이 그것 안에 내재해 있는, 문자의 뜻 가운데 있는 성경말씀의 그런 부류의 진리들을 가리키는, 궁극적인 것들 안에 있는 진리들을 뜻합니다. 여기서 "땅 끝"(the end of the earth)은 교회에 속한 궁극적인 것들을 뜻하고, "수증기"(=먹구름 · the vapors)는 궁극적인 것들 안에 있는 자들을 위한 진리들을 뜻하고, "그것들을 올라오게 한다"는 것은 그들이 궁극적인 것들 안에 있기 때문에, 궁극적인 것들에서 비롯된 신령진리를 준다는 것을 뜻합니다. 왜냐하면 영적인 진리들은, 특히 교회가 많은 열매를 맺게 하는 것을 가리키기 때문입니다. "주님은 비가 내리도록 번개를 일으키셨다"(=주님은 비를 위해 번개를 만드셨다)는 말씀은 그들에게 있는 신령진리의 입류에서 비롯된 조요(照耀)를 뜻하고, "바람 창고에서 바람을 내보내신다"(=창고에서 바람을 꺼내신다)는 말씀은 성경말씀 안에 있는 영적인 것들은 천계(=하늘)에서 비롯되었다는 것을 뜻합니다.
[20] 누가복음서의 말씀입니다.

"너희는 구름이 서쪽에서 이는 것을 보면, 비가 오겠다고 서슴지 않고 말한다. 그런데 그대로 된다. 또 남풍이 불면, 날이 덥겠다고 말한다. 그런데 그대로 된다. 위선자들아, 너희는 땅과 하늘의 기상은 분간할 줄 알면서, 왜 이 때는 분간하지 못하느냐?(누가 12 : 54-56).

주님께서 가르치신 이 비유에 의하면 그들은 땅의 것들은 알지만 천적인 것들은 알지 못한다는 것입니다. 그리고 성경말씀의 다른 비유들과 같이, 비유 자체는 대응에서 유래되었습니다. 왜냐하면 "서쪽에서 일어나는 구름"은 성경말씀에 예언된 교회의 마지막 때의 주님의 강림을 뜻하기 때문입니다. 그리고 여기서 "구름"(cloud)은 문자 안에 있는 성언을 뜻하고, "일어난다"(rising)는 것은 주님의 강림을 뜻하고, "서쪽"(the west)은 교회의 마지막 때를 뜻합니다. "비가 오겠다고 서슴지 않고 말한다"(=즉시 소나기가 오겠다고 말한다)는 것은, 그 때 거기에 신령진리의 입류가 있을 것이라는 것을 뜻합니다. "그리고 또 남풍이 부는 것을 본다"는 말씀은 주님의 강림의 선언을 뜻하고, "날이 더울 것이라고 말한다"는 말씀은 그 때 신령선의 입류가 있을 것이라는 것을 뜻합니다. 동일한 말씀은 악에서 비롯된 거짓과 선에서 비롯된 진리와의 논쟁들이나 싸움들을 뜻합니다. 여기서 "소나기나 뜨거운 더위"(shower and scorching heat)는 그런 부류의 논쟁들의 싸움들을 뜻합니다. 왜냐하면 이 비유는 주님의 이런 말씀에 뒤이어지기 때문입니다. 같은 책의 말씀입니다

> 너희는, 내가 세상에 평화를 주러 온 줄로 생각하느냐? 내가 너희에게 말한다. 그렇지 않다. 도리어, 분열을 일으키러 왔다. 이제부터 한 집안에서 다섯 식구가 서로 갈라져서, 셋이 둘에게 맞서고 둘이 셋에게 맞설 것이다. 아버지가 아들에게, 아들이 아버지에게 맞서고, 어머니가 딸에게, 딸이 어머니에게 맞서고, 시어머니가 며느리에게, 며느리가 시어머니에게 맞서서, 서로 갈라질 것이다(누가 12:51-53).

이 말씀은 그런 부류의 논쟁이나 싸움(=다툼)을 뜻합니다. 여기서 "소나기"(shower)가 이런 뜻을 지닌다는 것은 아래의 설명에서 알 수 있겠습니다. 영적인 뜻으로 살펴볼 때 이 비유는

주님의 강림을 의미, 내포하고 있기 때문에, 그리고 거짓들에 의하여 생긴 무지나 맹목(blindness)으로 말미암아 그들이 주님을 시인하지 않기 때문에, 비록 그들이 성경말씀으로 말미암아 그분을 안다고 할지라고, 그러므로 이런 말씀이 뒤이어지고 있습니다. 같은 책의 말씀입니다.

> 위선자들아, 너희는 땅과 하늘이 기상(=현상·변화)은 분간할 줄 알면서, 왜 이 때는 분간하지 못하느냐?(누가 12:56).

다시 말하면, 주님이 강림의 때나, 그 때에 생기는 선에 속한 진리들과 악에 속한 거짓과의 분쟁이나 다툼을 알지 못한다는 것입니다.

[21] 호세아서의 말씀입니다.

> 우리가 주를 알자.
> 애써 주를 알자.
> 새벽마다 여명이 오듯이
> 주께서도 그처럼 어김없이 오시고,
> 해마다 쏟아지는 가을비처럼 오시고,
> 땅을 적시는 봄비처럼 오신다(=그의 나오심은 아침처럼 마련되어 있으며, 그는 우리에게 비처럼 오시리니, 땅에 내리는 늦은 비와 이른 비처럼 오시리라)(호세아 6:3).

이 장절은 주님과 주님의 강림에 관해서 언급하고 있습니다. 그리고 모든 신령진리가 그분에게서 발출하고 있기 때문에, 그리고 천사들이나 사람들은 그것으로부터 생명과 구원(life and salvation)을 취하기 때문에, "주님께서는 비처럼 우리에게 오신다, 땅을 적시는 늦은 비처럼 오신다"고 언급되었습니다. 여기서 "땅을 적신다"는 것은 교회를 풍요롭게 만드는 것을 뜻

11장 1-6절

하는데, 그런 일은, 진리들이 증식되고, 그것으로 인하여 총명이 증가되는 때를, 그리고 선들이 많은 결실을 맺고, 그것으로 인하여 천적인 사랑이 증가하는 때로 언급되었습니다.
[22] 사무엘 하서의 말씀입니다.

> 이스라엘의 하나님이 말씀하셨다.
> 이스라엘의 반석께서 나에게 이르셨다.
> 모든 사람을 공의로 다스리는 왕은,
> 하나님을 두려워하면서 다스리는 왕은,
> 구름이 끼지 않은 아침에 떠오르는
> 맑은 아침 햇살과 같다고 하시고,
> 비가 온 뒤에 땅에서 새싹을 돋게 하는
> 햇빛과도 같다고 하셨다.
> (사무엘 하 23 : 3, 4)

이 말씀은 주님에 관해서 언급하고 있는데, 그분에게서 발출하는 신령진리로 말미암아 그분은 "이스라엘의 반석"이시라고 불리셨습니다. 그분의 신령선에게서 발출하는 신령진리는 "아침에 떠오르는 맑은 아침 햇살과 같다"는 말씀이 뜻합니다. "빛"이 발출하는 신령진리를 뜻하기 때문에, 빛으로 비유되었고, 그리고 "아침"이 신령선을 뜻하기 때문에 아침에 비유되었고, 그리고 "뜬다"(=오름 · 일출 · rising)는 것이나 "해"(=태양)가 신령사랑을 뜻하기 때문에, 일출(日出 · 떠오르는 해)로 비유되었습니다. 그리고 불영명(不英明)이 전혀 없을 때 이런 것들은 "구름이 끼지 않은 아침의 햇살"이 뜻합니다. 그 교회에 속한 사람의 조요는 주님의 신령선에서 비롯된 신령진리의 수용과 그 뒤의 수용은, "비가 온 뒤의 햇빛(=맑게 반짝임 · brightness)과 같다"는 말씀이 뜻합니다. 여기서 "반짝임"(=햇빛 · 밝은 빛 · brightness)은 조요(照耀)를 뜻하고, "비"는 입류를,

결과적으로는 수용을 뜻합니다. 교회에 속한 자들이 그것으로 말미암아 지식(=과학지) · 총명 · 지혜를 취한다는 것은 "땅에서 돋는 새싹"이 뜻하는데, 여기서 "새싹"(=풀잎 · grass)은, "목장"(=목초지 · pasture)과 같이, 영적인 양분을 뜻하고, 그리고 그것으로 말미암아 영적인 먹거리를 가리키는, 지식 · 총명 · 지혜를 뜻합니다. 그리고 "땅"(the earth) 은 교회와 그 교회에 속한 사람을 뜻합니다.

[23] 마태복음서의 말씀입니다.

> 그러나 나는 너희에게 말한다. 너희의 원수를 사랑하고, 너희를 박해하는 사람을 위하여 기도하여라. 그래야만, 너희가 하늘에 계신 너희 아버지의 자녀가 될 것이다. 아버지께서는, 악한 사람에게나 선한 사람에게나, 꼭 같이 해를 떠오르게 하시고, 의로운 사람에게나 불의한 사람에게나, 똑같이 비를 내려 주신다(마태 5 : 44, 45).

이 말씀에서 첫째는 이웃을 향한 사랑인 인애(charity)이고, 그것은 선하기를 원하는 것이고, 심지어 적군들인 원수들에게까지 선을 행한다는 것인데, "그들을 사랑한다, 저주하는 자들을 축복하고, 그들을 위하여 기도하여라"는 말씀에 의하여 기술되었습니다. 왜냐하면 본연의 인애(genuine charity)는 다른 사람의 선을 염려하는 것이기 때문입니다. 여기서 "사랑한다"(to love)는 것은 인애(仁愛 · 仁德 · charity)를 뜻하고, "축복한다"(to bless)는 것은 가르침(=교육 · 교훈 · instruction)을 뜻하고, "기도한다"(to pray)는 것은 중재나 알선(仲裁 · 斡旋 · intercession)을 뜻합니다. 이런 이유 때문에 내적으로 인애에는 선을 행하려는 목적이 있습니다. 이것이 사람에게 있는 신령존재이고, 그리고 그런 것이 중생한 사람들에 있다는 것은 "그래야 너희가 하늘에 계신 너희 아버지의 자녀들이 될 것이다"는 말씀이 뜻합니다. 여기서 "하늘에 계신 아버지"(Father in the heavens)는 신령발출(the Divine proceeding)을 뜻합니다. 왜냐하면 이것(=신령발출)을 영접한 모두는 "아버지의 자녀들"(sons of the Father)이라고, 다시 말하면 주님의 자녀들이라고 불리우기 때문입니다. "그분께서 악한 사람이나 선한 사람 위에 떠오르게 하시는 태양"(=해)은 입류하는 신령선을 뜻하고, "의로운 자나 불의한 자 위에 내리는 비"는 입류하는 신령진리를 뜻합니다. 왜냐하면 "하늘에 계시는 아버지"를 가리키는 신령발출은 선한 사람에게 하는 것과 동일하게 악한 사람에게도 입류하시지만, 그러나 그것의 영접, 수용은 반드시 사람의 본분(man's part) 위에 있어야 합니다. 그럼에도 불구하고 만약에 사람으로 말미암은 것이라면 그것은 사람의 본분 위에 있지 않다는 것인데, 왜냐하면 수용하는 능력은 계속해서 사람에게 주어지기 때문입니다. 그리고 그 능력은, 사람이 정반대되는 악들을 제거하는 범위까지 입류합니다. 이런 입류는, 비록 그것이 주님의 것이지만, 그 능력 자체는 마치 사람의 것처럼 보이는 것으로 계속해서 주어지는 능력으로 말미암아 행해집니다.

644[D]. [24] 이상에서 볼 때 밝히 알 수 있는 것은 "비"(rain)가 성경말씀에서, 사람이 그것에서 영적인 생명을 취하는 주님에게서 비롯되는 신령진리의 입류를 뜻한다는 것입니다. 이것은 비를 구성하는 "물"(water)이 교리에 속한 진리나, 믿음에 속한 진리를 뜻하기 때문입니다. 그러나 반대적인 뜻으로, "물"은 교리에 속한 거짓들이나, 믿음에 속한 거짓들을 뜻하기 때문에, 따라서 "소나기의 비" 또는 "소나기"(a shower)는, "물의 범람"이나 "홍수"와 꼭같이, 진리들을 파괴하는 거짓들을 뜻할 뿐만 아니라, 그것에서 사람이 악습에 빠지고, 정복되는 온갖 시험들을 뜻합니다. 이것이 마태복음서의 소나기의 뜻합니다. 마태복음서의 말씀입니다.

> 그러므로 내 말을 듣고 그대로 하는 사람은, 반석 위에다 자기 집을 지은, 슬기로운 사람과 같다고 할 것이다. 비가 내리고, 홍수가 나고, 바람이 불어서, 그 집에 들이치지만, 무너지지 않는다. 그 집을 반석 위에 세웠기 때문이다. 그러나 내 말을 듣고서도 그대로 행하지 않는 사람은, 모래 위에 집을 지은 어리석은 사람과 같다고 할 것이다. 비가 내리고, 홍수가 나고, 바람이 불어서, 그 집에 들이치면 무너진다. 그리고 그 무너짐은 엄청날 것이다(마태 7 : 24-27).

여기서 "소나기"나 "홍수"(=강들·river)는 시험들을 뜻하는데, 사람은 그것에 정복되고, 악들에 빠집니다. "물"(water)이 일상적으로 시험들에 유입하는 거짓들을 뜻하고, 그리고 여기서 소나기로 말미암아 물의 범람을 가리키는 "강들"(rivers)은 시험들을 뜻합니다. "불어오고, 들이치는 바람들"(winds)은 그것에서 야기되는 생각들을 뜻합니다. 왜냐하면 시험들은 악령들에 의하여 생각들에 주입되는 거짓의 돌격(突擊)에서 생겨나기 때문입니다. 그것들이 들이치는 "집"(house)은 사람을 뜻하고, 엄밀하게는 이해나 이해의 생각과 의지나 의지의 정동으로 이루어지는 사람의 믿음을 뜻합니다. 주님의 말씀들, 즉 신령진리들을 생각이나 이해의 일부분을 가리키는 마음의 일부분에서 영접, 수용하고, 동시에 정동이나 의지의 다른 부분에 영접, 수용하지 않는 사람은 온갖 시험들에 빠지고, 그리고 악에 속한 거짓들을 가리키는, 매우 중증의 거짓에 떨어집니다. 그러므로 여기서 "그 무너짐은 엄청날 것이다"는 말씀이 부연되었습니다. 그러나 양쪽의 영역에서 신령진리를 영접, 수용한 사람은, 다시 말하면 이해나 의지에서 영접, 수용된 신령진리는 온갖 시험들을 정복, 승리합니다. 그 집의 기초가 되어서 세워진 "반석"(=바위·the rock)은 신령진리의 측면에서, 또는 영혼이나 심령(heart)에 의하여 영접, 수용된 신령진리의 측면에서 주님을 뜻합니다. 다시 말하면 믿음이나 사랑에 의하여 영접, 수용된, 다른 말로 하면, 이해와 의지에 의하여 수용된 진령진리의 측면에서 주님을 뜻합니다. 이에 반하여 "모래"(the sand)는 오직 기억 안에 수용된 신령진리를 뜻하고, 그리고 그것에서 비롯된 생각 안에 있는 그 무엇을, 따라서 흩어지고, 끊어진 영역 안에 있는 신령진리를 뜻합니다. 그것은 그것이 거짓들과 뒤섞여 있기 때문이고, 그리고 개념들(notions)에 의하여 위화되었기 때문입니다. 이러한 내용은 우리의 본문, "말씀들을 듣고, 그것들을 행하지 않는다"는 것이 뜻하는 것이 무엇인지를 명확하게 합니다. 이들 말씀의 뜻이 이런 내용이라는 것은 그것의 앞서 자세하게 언급된 것에서 더 잘 이해할 수 있겠습니다.

[25] "범람하는 비"(an overflowing)나 "소나기"는 에스겔서에서는 거짓의 범람을 뜻합니다. 에스겔서의 말씀입니다.

> 그러므로 너는, 회칠하는 자들에게, 그 담이 무너질 것이라고 말하여라. 내가 소나기를 퍼붓고, 우박을 쏟아 내리고, 폭풍을 일으킬 것이니,…… 그러므로 나 주 하나님이 말한다. 내가 분노하여 폭풍을 일으키고, 내가 진노하여 폭우를 퍼붓고, 내가 분노하여 우박을 쏟으면, 그 담이 무너질 것이다. 너희가 회칠한 그 담을, 내가 허물어서 땅바닥에 쓰러뜨리고, 그 기초가 드러나게 하겠다. 그 담이 무너지면, 너희가 그 밑에 깔려서 죽을 것이다(에스겔 13:11, 13, 14).

여기서 "어울리지 않는 것으로 칠한다"(=회반죽으로 바른다)는 것은 오류들에 의한 거짓의 확증을 뜻하는데, 그것은 그것에 의하여 거짓이 진리처럼 보인다는 것입니다. 여기서 "우박들"은 선이 결여된 진리들을 뜻하고, 따라서 내적으로 모든 거짓들을 가리키는, 영적인 생명이 전혀 없는 진리들을 뜻합니다. 왜냐하면 죽은 개념들은 그것들을 단순한 껍데기로 만들기 때문이고, 그리고 살아 있는 것이 그것 안에 전혀 없는 그림들과 같기 때문입니다. 자연적인 사람에게 속한 이런 알지 못하는 진리들은 영적인 입류에서 그것에 들려오는 것은 아무것도 없습니다. "퍼붓는 소나기"(=폭우가 내린다)나 "사나운 바람"(=폭풍)은 맹렬하게 돌격하는 거짓들을 뜻하고, 그리고 상상적인 것들(imaginary things)이나, 진리에 속한 것을 눈에 보이게 한다는 것은 불가능하다는 진리들에 관해서 논쟁하고, 따라서 그것이 사람을 멸망시키는 맹렬하게 돌격하는 거짓들을 뜻합니다.

[26] 같은 책의 말씀입니다.

> 내가 전염병과 피 비린내 나는 일로 그를 심판하겠다. 또 내가, 억수 같은 소나기와 돌덩이 같은 우박과 불과 유황을, 곡과 그의 전군과 그와 함께 한 많은 연합군 위에 퍼붓겠다(에스겔 38 : 22).

여기서 "곡"(Gog)은 내적인 예배가 결여된 외적인 예배 안에 있는 그런 부류를 뜻하고, 그리고 이런 부류의 예배는 그것의 살(kernels)은, 썩었거나, 벌레들이 다 먹어치운 살이 전혀 없는 조개껍질 같은 것으로 이루어지는데, 이런 것들은 "억수같은 소나기와 돌덩이 같은 우박"으로 불리웠습니다. 이런 것은 저돌적으로 돌진하는 거짓들이나, 사람을 멸망시키는 상상적인 것들을 뜻합니다. 거짓에 속한 악들이나, 악에 속한 거짓들은 "불과 유황"이 뜻합니다.

[27] "물의 홍수"에 관해서 이렇게 언급되었습니다. 창세기서의 말씀입니다.

> 홍수가 사십 일 동안 계속되어서, 물이 불어나, 노아와 그의 아들을 제외하고, 모두가 전부 멸망되었다(창세기 7 · 8장).

이 말씀의 내용은, 그것에 의하여 종국에 태고교회가 멸망한 거짓들의 범람(the flood of falsities)을 뜻합니다. 여기서 "노아와 그의 아들들"은, 고대교회(the Ancirnt Church)라고 불리게 될, 그리고 태고교회가 황폐하게 된 뒤에 세워질 그 교회를 가리키는 새로운 교회(a new church)를 뜻합니다. 그러나 홍수에 관한 이들 장들의 설명이나 노아의 가족의 구원에 관한 개별적인 기술은 《천계비의》에 설명된 것을 참조하십시오. "물"(=많은 물 · waters)이 진리들을 뜻하고, 반대적인 뜻으로는 거짓들을 뜻한다는 것은 본서 71 · 483 · 518 · 537 · 538항을 참조하시고, "억수 같이 퍼붓는 비"가 거짓들의 넘침이나 매우 심한 시험들을 뜻한다는 것은 본서 518[E]항을 참조하십시오.

645. 그들은 물을 피로 변하게 하는 권세를 가지고 있습니다. 이 말씀은 이런 부류의 작자들에게 있는 진리들은 악에서 비롯된 거짓들로 바꾼다는 것을 뜻합니다. 이러한 내용이나 뜻은, 사랑에 속한 선들이나 교리에 속한 진리들을 뜻하는, "올리브 나무들이나 촛대들"과 관계를 가지고 있을 때, "권세를 가지고 있다"는 말의 뜻에서 명확합니다. 그것들 자체가 이런 권세(=능력)를 가지고 있지 않다는 것, 다시 말하면 진리들을 거짓들로 변하게 하는 권세를 가지고 있지 않다는 것, 왜냐하면 이런 권세는 거짓들을 진리들로 바꾸는 것을 가리키는 그들의 본성에 정반대이기 때문입니다. 왜냐하면 그들에게 있는 선이 활동하지, 악이 활동하지 않기 때문입니다. 그럼에도 불구하고 그들이 이런 권세를 가지고 있는 것처럼 보이고, 그리고 이런 일을 하는 것처럼 보이는데, 그것은 그들이 상처를 입을 때 이런 일이 일어나기 때문입니다. 그러나 그것은 지옥에서 비롯된 악이고, 모든 악들이 그것에서 비롯된 지옥을 가리킵니다. "물을 피로 변하게 한다"는 것은 다시 말하면 진리들

을 악에서 비롯된 거짓들로 바꾸는 것입니다. 이런 일은 진리들을 가리키는 "물"의 뜻에서(본서 71 · 483 · 518 · 537 · 538항 참조), 그리고 또한 성경말씀의 진리를 가리키는 "피"의 뜻에서, 그리고 그것으로 말미암아 성언에서 비롯된 교리의 진리를 가리키는, 그리고 반대의 뜻으로는 거짓을 가리키는, 그리고 개별적으로는 위화된 성경말씀의 진리를 가리키는, "피"의 뜻에서 명확합니다. 왜냐하면 "피를 흘린다"는 것은 인애에게 폭행을 저지르는 것을 뜻하고, 그리고 또한 성경말씀 안에 있는 신령진리에게 모독이나 폭행 따위를 저지르는 것을 뜻하기 때문입니다. 양쪽의 뜻으로 "피"의 이런 뜻에 관해서는 본서 329항을 참조하십시오.

646. 그들은, 어떤 재앙으로든지, 땅을 칠 수 있는 권세를 가지고 있습니다.
이 말씀은 그런 부류에게 있는 교회는 악에 속한 정욕들이나, 탐욕들에 의하여 파괴되었다는 것을 뜻합니다. 이러한 뜻은, 앞에서 자주 언급한 것과 같이, 교회를 가리키는 "땅"의 뜻에서, 그리고 영적인 생명을 파괴하는 그런 것들을 가리키는 "재앙"(災殃 · plague)의 뜻에서(본서 584항 참조) 명확합니다. 그러므로 "물을 피로 바꾼다"는 것은 선들을 악들로 바꾸는 것을 뜻하고, 따라서 그것으로 말미암아 진리들을 "두 증인들"에게, 다시 말하면 주님을 시인하는 것이나, 고백하고 찬양하는 것을 가리키는 천계나 교회의 선들이나 진리들에게 상처를 가하고 위해(危害)를 행하기를 열망하는 자들에게 있는 거짓들로 바꾸는 것을 뜻합니다.

[2] 그것이 이런 일을 행하는 것을 가리킨다는 것은 누구나 잘 알 수 있고, 그리고 이런 것에서 누구도 결론을 얻을 수 있는 것은, 사랑에 속한 선이나 믿음에 속한 진리는 모두가 주님에게서 온다는 것이고, 그리고 주님을 기인하지 않고, 주님을

고백, 찬양하지 않는 자들은 그 어떤 사랑에 속한 선이나 믿음에 속한 진리를 영접, 수용하는 것이 불가능하다는 것입니다. 왜냐하면 비시인(非是認 · non-acknowledgment)이나 부인(否認) 따위에 의하여 그들은 자기 자신에게 하늘(=천계)을 닫아 버리고, 다시 말하면 그들은 천계에서 오는, 또는 주님으로부터 천계를 통해서 오는 모든 선의 입류나 진리의 입류를 배척합니다. 결과적으로 그들은, 본질적으로 악 이외에 아무것도 아닌 것을 주시하고, 그리고 그것에서 비롯된 거짓을 주시하는, 그들 자신의 고유속성(=자아 · 自我 · *suum proprium*)에 빠져 있습니다. 그리고 이런 이유 때문에, 그들이 그들 자신의 고유속성으로 말미암아 생각하고, 원하기 때문에, 다시 말하면 자아(自我)에서 생각하고 원하기 때문에, 그들은 자기 자신이나 세상 사랑에서 유입되는 것이 아닌 것은 그 어떤 것도 생각하지도 못하고, 원할 수도 없고, 그리고 이런 사랑들(=대욕들)에 속한 탐욕에 유입된 것이 아니면 어떤 것도 생각하지도 못하고, 원하지도 않습니다. 따라서 그들은, 주님사랑이나, 이웃을 향한 사랑에서 비롯된 것은 무엇 하나 생각하고, 원한다는 것은 전혀 불가능합니다. 자기사랑이나 세상사랑에서, 그리고 자신들의 탐욕들이나 정욕들로 말미암아 원하고, 생각하는 자들은 악들 이외의 어떤 것을 원한다는 것이나, 거짓들 이외의 어떤 것을 생각한다는 것은 전혀 불가능합니다. 이런 일이 사실이라는 것은 모든 선이나 진리가 주님에게 온다는 것을 알고 있는 사람은 누구나 잘 알 수 있고, 결론지을 수 있고, 그리고 모든 거짓이나 악은 사람의 자아(=고유속성)에서 온다는 것은 잘 알 수 있고, 결론지을 수 있습니다.

[3] 우리가 반드시 주지하여야 할 것은, 사람이 주님을 시인하고, 그분의 계명들에 따라서 사는 것에 비례하여 그 사람은 자기 자신의 자아(=고유속성) 위에로 상승(上昇), 제고(提高) 되는

데, 그와 같은 것은 이 세상의 빛에서 천계의 빛으로 들어가는 것입니다. 사람이 이 세상에서 사는 동안, 그는 자기 자신이 자신의 고유속성(=자아) 이상으로 상승한다는 것을 알지 못합니다. 그리고 그가 그것을 느끼지 못하기 때문에, 그리고 그럼에도 불구하고 거기에 이런 상승(=제고)이 있기 때문에, 다시 말하면 주님을 우러르는 사람의 내면적인 이해나 내면적인 의지의 이끌림(a drawing)이 있고, 그리고 그의 영혼의 측면에서 주님을 향해 우러르는 사람의 얼굴의 상면(相面)이 있습니다. 사람이 죽은 뒤에 이런 일은 선한 사람에게는 명확하게 드러나는데, 그것은 그 때 거기에는 주님을 향한 그의 얼굴의 변함없는 상면(=우러름)이 있기 때문이고, 다시 말하면 공통적인 중심(a commen center)을 가리키는 주님을 향한 이끌림이 있기 때문입니다. 이런 상면이나 이끌림은 《천계와 지옥》 17 · 123 · 142-145 · 253 · 272 · 552 · 561항을 참조하십시오.

[4] 그러나 그것은, 거기에 반드시 추진력(推進力 · an impelling force)이 있어야 하는, 이끌림(a drawing)이 있는 신령질서(Divine order)에 일치합니다. 왜냐하면 이것이 없다면 거기에 결코 이끌림이 없기 때문이고, 그러므로 그것은 사람에게 있는 추진력을 가리키는 신령질서에 일치하기 때문입니다. 비록 이것이 주님에게서 비롯된 것이지만, 그럼에도 불구하고, 그것이 마치 사람에게서 비롯된 것처럼 보이지만, 그리고 그와 같은 외현은 그것이 마치 사람의 것처럼 보이게 할 뿐입니다. 마치 사람에게서 비롯되는 것처럼 보이는 이 추진력이 주님에게서 비롯되는 이끌림에 대응한다는 것은 시인(是認)을 가리키고, 따라서 주님의 시인이나 고백, 찬양에서 비롯된 수용을 가리키고, 그리고 그의 계명들에 일치하는 삶(=생명)에서 비롯된 수용입니다. 이런 일은 반드시 사람의 영역에 있어야 하고, 그리고 사람의 생명의 자유(his life's freedom)로 말미암아 있어

야 합니다. 그럼에도 불구하고 사람은 반드시, 비록 사람이 마치 자기 자신에게서 비롯된 이외의 다른 느낌을 가지지 못한다고 하는 그가 처해 있는 불영명의 지각 때문이라고 해도, 이러한 일은 주님에게서 온다는 것을, 시인하여야 합니다. 이런 것들이 언급된 것은 주님을 부인하는 사람은 악들이나 그것에서 비롯된 거짓들 이외에 그 어떤 것에 있을 수 없다는 것을 밝히 알게 하기 위한 것입니다. 그것은 그 사람이 자신의 고유 속성(=자아)에서 물러날 수 없기 때문이고, 다시 말하면 그 사람이 그것 위에 오를 수 있기 때문입니다. 그 사람은 주님에게서 비롯된 이끌림에 의하여 감화, 감동 수 있기 때문이고, 결과적으로는 그의 마음의 내면적인 것들은 님을 향해 상면할 수 없기 때문입니다.

647. 그들이 원하는 대로, 몇 번이든지, 어떤 재앙으로든지(땅을 칠 수 있는 권세를 가지고 있습니다).

이 말씀이, 사람이 수시로 주님의 증거를 담당하는 사랑에 속한 선들이나 교리에 속한 진리들을 습격, 공격한다는 것을 뜻하고, 그리고 그것을 말미암아 사람은 주님을 시인하고, 고백, 찬양하지만 그 사람은 여전히 그들에게 악을 주입시킬 수 있습니다. 이런 내용은, 주님을 시인하고, 고백, 찬양하는 자들이 뜻하는 "두 증인들"에 관해서 언급할 때, "그들이 원하는 대로 몇 번이든지"(=원하는 때면 언제든지)라는 말의 뜻에서 잘 알 수 있습니다. 왜냐하면 이들은 지금까지 언급된 악들을 원하지 않고, 행하지 않았지만, 그러나 악은, 그들이 그들에게 위해를 주입시키기 위하여, 주님에게서 발출한 선들이나 진리들을 공격, 습격할 때, 그들 자신들에게 이런 악들을 주입시키기 때문입니다. 성경말씀의 문자적인 뜻에는 사실 여호와 하나님, 다시 말하면 주님에 관해서, 그분은 성내시고, 분노하시고, 그리고 그분은 선한 자에 대해서 모지시고, 분노하시고, 그리고 그분께서는 그들에게 악을 행하시고, 사실은 그분께서 그런 일 하는 것을 원하신다는 등등의 말로 언급되었습니다. 그럼에도 불구하고 주님께서는 결코 성내시지도 않으시고, 분노하시지도 않으시며, 어느 누구에게도 악을 행하는 것을 원하시지 않습니다. 왜냐하면 주님께서는 모든 사람에게 선으로서 선으로 말미암아 입류하시고, 선에서 비롯된 진리로서 진리를 말미암아 입류하시기 때문입니다. 왜냐하면 주님께서는 모두를 주님 자신에게 데려오기를 원하시고, 그리고 그들을 구원하기를 원하시기 때문입니다. 이러한 일련의 내용은 "증인들이 원하기만 한다면 몇 번이든지"라는 말씀은 그들이 원하면 언제든지를 뜻하지 않고, 오히려 악이 원하면 언제든지를 뜻합니다. 다시 말하면 악을 행하기를 원한다는 것을 뜻합니다. 다른 말로 하면 그들이 그들에게 위해를 가하기 위하여 주님에게서 비롯된 천계나 교회에 속한 선들이나 진리들을 공격, 습격한다는 것을 뜻합니다.

[2] 주님, 따라서 사람이나 천사에게 있는 주님에 속한 사랑의 선이나, 믿음의 진리는 어느 누구에도 악을 결코 행하지 못한다는 것은 이런 사실, 즉 주님 하나님께서는 어느 누구에게 있는 악의 원인이 아니시라는 것, 그리고 악의 원인이 아닌 존재는 형벌의 원인도 아니라는 것, 그러나 사람에게 있는 그 악 자체가 그 원인이라는 사실에서 잘 알 수 있습니다. 천계와 지옥이 존재하는 영계에는 주님께서 어느 누구도 지옥으로 결코 내쫓지 못하고, 다만 악령들 스스로 내쫓긴다는 모든 것들이 잘 정리, 정돈되어 있습니다(《천계와 지옥》 545-556항 참조). 이러한 것은 주님께서 악의 원인(the cause of evil)이 아니시기 때문이고, 그리고 악의 원인이 아닌 존재는 악에서 솟아나는 그 어떤 결과의 원인이 될 수 없기 때문입니다. 이렇게 볼 때 명약관화 것은, 우리의 본문절의 내용, 말하자면 두 증인들은

"그들이 물을 피로 변하게 하는 권세를 가졌다"는 것이, "그들이 원하기만 하면 언제든지 온갖 재앙으로 땅을 치는 권세를 가지셨다"는 내용은 문자의 뜻에 따라서 이해해야 할 것이 아니고, 오히려 영적인 뜻에 따라서 이해하여야 한다는 것입니다. 다시 말하면 "두 증인들"에게 악을 행하는 자들은 그런 것들을 자기 자신들에게 가져온다고 이해해야 한다는 것입니다. 왜냐하면 어느 누구나 들에게 악을 행하는 것에 비례하여, 그 자는 자기 자신에게 천계를 닫기 때문이고, 그리고 자기 자신이 가지고 있는 진리들을 거짓들로 바꾸기 때문이고, 그리고 자기 자신을 악에 속한 탐욕들이나 정욕들에 으하여 파괴하기 때문입니다.

《묵시록 해설》 9권 끝

□ 옮긴이 약력

이 영 근 서강대학교 경상대학 경제학과, 중앙대학교 사회개발 대학원 사회복지학과, 한국 새교회 신학원에서 공부하였으며, 예수교회 목사로 임직한 이후 예수교회 공의회 의장을 역임하였고, 월간「비지네스」편집장, 월간「산업훈련」편집장, 한국 IBM(주) 업무관리부장을 역임하였다. 현재 예수+교회 제일예배당 담임목사이고, 「예수 +교회」 발행인 겸 편집인, 도서출판 〈예수인〉 대표이다. 역서로는 스베덴보리 지음 <창세기1·2·3장 영해>(1993), <순정기독교 상·하>(공역·1995), <최후심판과 말세>(1995), 우스터 지음<마태복음 영해>(1994), 스베덴보리 지음<천계비의1권>아담교회·2권 노아교회[1]·3권 노아교회[2]·4권 표징적 교회[1]·5권 표징적 교회[2]·6권 표징적 교회[3]·7권 표징적 교회[4]·8권 표징적 교회[5]·9권 표징적 교회[6]·10권 표징적 교회[7]·11권 표징적 교회[8]·12권 표징적 교회[9]와 13권 표징적 교회[10]·14권 표징적 교회[11]·15권 표징적 교회[12]·16권 표징적 교회[13]·17권 표징적 교회[14]·18권 표징적 교회[15]·19권 표징적 교회[16]·20권 표징적 교회[17]<천계와 지옥(上·下)>(공역·1998), <신령사랑과 신령지혜>(공역·1999), <혼인애>(2000) <새로운 교회·새로운 말씀>(공역·2001), <스베덴보리 신학 총서(上·下)>(2002), <영계일기[1]>(공역·2003)·<영계일기[2]>공역·2006)·<영계일기[3]>(공역·2008), <묵시록해설[1-6]>, <새로운 교회의 사대교리>(2003)와 저서로는 <이대로 가면 기독교 또 망한다>(2001), 성서영해에 기초한 설교집 <와서 보아라>[1]·[2](2004)와 [3](2005)과 편찬으로는 <천계비의 색인·용어 해설집>이 있다.

묵시록 해설 [9]
―묵시록 10장 1-11장 6절 해설―

2016년 6월 1일 인쇄
2016년 6월 5일 발행
지 은 이 임마누엘 스베덴보리
옮 긴 이 이 영 근
펴 낸 이 이 영 근
펴 낸 곳 예 수 인

　　　1994년 12월 28일 등록 제 11-101호
　　　(우) 157-014
　　　연락처·예수교회 제일예배당·서울 강서구 화곡 4동 488-49
　　　전　화·0505-516-8771·2649-8771·2644-2188
　　　대금송금·국민은행 848-21-0070-108 (이영근)
　　　　　　　우리은행 143-095057-12-008 (이영근)
　　　　　　　우 체 국 012427-02-016134 (이영근)

ISBN 97889-88992-29-6 04230(set)　　　　　　값 **19,000원**
ISBN 97889-88992-70-8

◇ 예수인의 책들 ◇

순정기독교(상.하)
스베덴보리 지음 · 이모세 · 이영근 옮김 각권 값 20,000원

혼인애
스베덴보리 지음 · 이영근 옮김 값 35,000원

천계와 지옥(상 · 하)
스베덴보리 지음 · 번역위원회 옮김 각권 값 11,000원

신령사랑과 신령지혜
스베덴보리 지음 · 이모세 · 이영근 옮김 값 11,000원

최후심판과 말세
스베덴보리 지음 · 이영근 옮김 값 9,000원

천계비의 ① 아담교회
―창세기 1-5장 영해―
스베덴보리 지음 · 이영근 옮김 값 11,000원

천계비의 ②③ 노아교회 [1]·[2]
―창세기 6-8장 / 9-11장 영해―
스베덴보리 지음 · 이영근 옮김 각권 값 11,000원

천계비의 ④-⑱ 표징적 교회
[1]·[2]·[3]·[4]·[5]·[6]·[7]·[8]·[9]·[10]·[11]·[12]·[13]·[14]·[15]
―창세기
12-14/15-17/8-19/20-21/22-23/24-25/26-27/28-29/30-31/32-34/35-37/38-40
/41-42장 /43-46/47-50영해―
스베덴보리 지음 · 이영근 옮김 각권 값 11,000원

천계비의 ⑲ 표징적 교회 [16]·[17]
―출애굽기1-4장/ 5-8장 영해―
스베덴보리 지음 · 이영근 옮김 각권 값 14,000원

묵시록 해설[1]·[2]
스베덴보리 지음 · 이영근 · 박예숙 옮김 각권 값 15,000원

스베덴보리 신학총서 개요 (상 · 하)
스베덴보리 지음 · M. 왈렌 엮음 · 이영근 옮김 각권 값 45,000원

영계 일기[1]·[2]·[3]
스베덴보리 지음 · 안곡 · 박예숙 옮김 각권 값 11,000원

새로운 교회의 사대교리
스베덴보리 지음 · 이영근 옮김 값 40,000원

이대로 가면 기독교 또 망한다
이영근 지음 값 12,000원

성서영해에 기초한 설교집 ≪와서 보아라≫[1]·[2]·[3]
이영근 지음 각권 값 9,000원

* 이 책들은 영풍문고 · 교보문고 · ≪예수인≫본사에서 구입할 수 있습니다.